ISADORA
DUNCAN

邓肯自传

伊莎多拉 邓肯 著
李洪顺 周柳宁 谭继斌 译

团结出版社
UNITY PRESS

图书在版编目（CIP）数据

邓肯自传 /（美）邓肯（Duncan, I.）著；李洪顺，
周柳宁，谭继斌译. -- 北京：团结出版社，2014.1（2022.5 重印）
ISBN 978-7-5126-2261-6

Ⅰ. ①邓… Ⅱ. ①邓… ②李… ③周… ④谭… Ⅲ.
①邓肯，I.（1877~1927）－自传 Ⅳ. ①K837.125.76

中国版本图书馆 CIP 数据核字（2013）第 295936 号

出　版：	团结出版社
	（北京市东城区东皇城根南街 84 号　邮编：100006）
电　话：	（010）65228880　65244790　（出版社）
	（010）65238766　85113874　65133603（发行部）
	（010）65133603（邮购）
网　址：	http://www.tjpress.com
E-mail：	zb65244790@vip.163.com
	tjcbsfxb@163.com（发行部邮购）
经　销：	全国新华书店
印　装：	三河市东方印刷有限公司

开　本：	170mm×240mm　　16 开
印　张：	24.5
字　数：	372 千字
版　次：	2014 年 1 月　第 1 版
印　次：	2022 年 5 月　第 2 次印刷

书　号：	978-7-5126-2261-6
定　价：	68.00 元

（版权所属，盗版必究）

天才舞蹈家——伊莎多拉·邓肯

关于邓肯

□看邓肯小姐跳舞,你的思绪和精神会回到那混沌初开的远古时代,回到这个世界的黎明时刻。那时人类伟大的灵魂在美丽的身体上找到了自己的自由表达;那时动作的韵和声音的律和谐一体;那时人体的动作与海合而为一;那时女子的胳膊美妙一摆是玫瑰花瓣的开放,而她落在芳草地上的脚则是落叶在地球上轻盈的飘浮。当所有的宗教热情、天热的爱和爱国的情怀、所有的牺牲和激情,和着西萨罗竖琴或铃鼓一泻而出的时候,或者当他们因为生活的欢乐在林中、在海边情不自禁地舞之蹈之的时候,那一定是人类心灵美好而有力的激情传达到了身体,然后与整个自然融为一体而与之同脉。

——摘自《艺术》杂志编辑的评论

邓肯说:

□凡是金钱都带着咒语,而拥有金钱的人则整日坐卧不宁。

□我认为在每个生命之中都有一条精神之线,一条向上的曲线。所有附着在这条线上并使这条线更加强壮的是我们真正的生活——其余的东西只不过是在我们心灵的进程中从我们身上落下的废物而已。而这条精神之线就是我的艺术。我一生只有两件大事——爱情和艺术——而爱情常常会毁灭艺术;而经常是艺术的紧急召唤使爱情悲剧性地终结。这两者没有共同点,只有不停地战斗。

□我有三个了不起的大师,这三位20世纪的舞蹈先锋是——贝多芬、瓦格纳和尼采。贝多芬以有力的节奏创造了舞蹈,瓦格纳创造了雕塑式的舞蹈,尼采则是在精神方面创造舞蹈,尼采是第一个起舞的哲学家。

□爱情也许是一种消遣,也许是一种悲剧,我带着一种异教徒的纯真投身其中。

□我一生都为复古艺术不懈努力,去发现迷失在代代相传的迷宫里的纯朴自然。

□就这么,我面前站着一位杰出而帅气的美男子,是一位天才。我内心突然燃起爱的火焰,我一下子扑进他的怀里。两年来我性情中那潜伏的磁性般的依附突然一下子爆发了出来。我在克雷格身上发现一种与我相呼应的气质。在他身上,我找到了相连的骨肉和同脉的血液。他常对我大声喊道:"啊,你真是我的小妹妹。"我感到我们的爱中有些乱伦的味道。

□曾有人问我是否认为爱情高于艺术,我说二者不可分割,因为艺术家是真正的情人,艺术家本身对美有着至纯的理解,而当用爱去审视不朽之美时,爱就是对心灵的阐释。

ISADORA
DUNCAN

引言

1	第一章	六岁办学
5	第二章	初恋
12	第三章	初吻
19	第四章	大舞台上的"无名小卒"
24	第五章	初次与音乐大师合作
28	第六章	伦敦的惊喜与困顿
31	第七章	与艺术大师的交往
42	第八章	在巴黎的际遇
55	第九章	与罗丹相识
62	第十章	在布达佩斯
67	第十一章	与"罗密欧"私奔
76	第十二章	亲吻希腊
88	第十三章	梦醒雅典娜
93	第十四章	结识瓦格纳夫人
98	第十五章	一次心醉的爱情
105	第十六章	闻到智慧的香味

111	第十七章	初访俄罗斯
121	第十八章	创办舞蹈学校
127	第十九章	爱女降生
140	第二十章	要艺术，还是要爱情
151	第二十一章	罗斯福总统的赞美
161	第二十二章	"我要找个百万富翁"
170	第二十三章	儿子诞生
176	第二十四章	"英雄主义"的本能
189	第二十五章	死亡之吻
203	第二十六章	在君士坦丁堡
210	第二十七章	重新回到学校
217	第二十八章	孩子夭折
227	第二十九章	南美之行
241	第三十章	对美国舞蹈的思考
248	第三十一章	巫师的预言

ISADORA
DUNCAN

附：《未讲完的故事》

261	第一章	奔赴俄罗斯
272	第二章	遭遇叶赛宁
279	第三章	美国之旅
288	第四章	叶赛宁病发
294	第五章	疯狂生活
305	第六章	回归巴黎
314	第七章	柏林惨景
319	第八章	叶赛宁之死
327	第九章	巴黎岁月
336	第十章	重返舞台
344	第十一章	尼斯之行
353	第十二章	尼斯窘况
359	第十三章	洛亨格林
368	第十四章	邓肯之死

引　言

老实说，有人初次建议我写这本书时，我心里有些七上八下。这倒不是因为我的生活没有小说有趣，也不是比不上电影刺激，如果把我的生活经历很好地写出来，是不难成为一本划时代的传记，可是难就难在——如何将它写出来。

一个简单的舞姿往往要花费我几年的奋斗和艰辛的探索。我非常了解写作这门艺术，我知道要写出简练而漂亮的一句话同样会需要我多年专心致志的投入。我一贯认为：有人尽可以长途跋涉去赤道做出降狮伏虎的骇世之举，但让他把此举诉诸笔端时却拙于言辞；而换了另一个，这人足不出户，但他可以将丛林屠虎描绘得有声有色，让人读了觉得他曾身临其境，读者甚或感觉到了他的剧痛与惊惧，嗅到了狮子的气息，听见了响尾蛇可怕的紧逼声，一切尽在想象之中。因为我没有塞万提斯[①]或卡萨诺瓦[②]的神来之笔，我妙不可言的生活经历可能在我的笔下失去其原有的韵味。

再就是，一个人如何去忠实地写自己。我们确实了解自己吗？朋友对我们是一种看法，我们自己对自己是一种看法，爱我们的人对我们又有一种看法，而仇人对我们还有别的看法——所有这些看法都各不相同。我这么说可不是信口开河，因为今天早上喝咖啡时，我看到报纸评论说我美若天仙，是天才，随手又拿起另一张报纸，脸上的笑容还未消退之际，我看到上面的文字说我是个庸才，是个体型丑陋、不折不扣的母夜叉。

我从此再也不看评论我的文章了，我不能让人家赞不绝口，但坏话却实在令我灰心丧气，而且坏话往往带有挑衅性的人身攻击。有一位柏

[①] 塞万提斯（1547—1616），西班牙小说家、剧作家、诗人。其代表作为长篇小说《堂吉诃德》。

[②] 卡萨诺瓦（1725—1798），意大利冒险家和作家，浪荡公子，其主要著作为自传《我的生平》。

林批评家老是对我轻口薄舌。他说我简直没有乐感可言。有一天我写信诚邀他前来，好让他相信自己是错误的。他来了，与我对桌而坐。我费尽口舌给他讲我从音乐中演化出舞蹈的理论，足足讲了一个半小时。我发现他呆笨之极，而最令我哭笑不得的是他从口袋里掏出一副助听器来，并告诉我他耳朵很背，即使带上这玩意儿坐在前排也很难听清乐队演奏，也就是这么一个人对我的评论让我夜不能寐！

不管他人对我们的看法怎么不一样，我们在此书中的主人公将如何来写呢？是写成圣母玛丽亚，淫荡的密萨琳娜，从良的玛格德琳，还是女才子？我去哪里找这么一个经历丰富的女性？对我来讲这样的女性似乎不止一个，而是成百上千，而我的心灵却远远不受这些人中任何一个的影响。

有人说得好，写作基本的东西就是作者对其所写的东西毫无经历。要把自己的亲身经历用语言表达出来你就会发现这些语言是多么难以捉摸。回忆不像梦境那么有枝有叶。我做过的许多梦可比真实经历的回忆要生动。人生如梦，还多亏如此，要不然谁能承受得了其中的某些经历？比方说，卢西塔尼亚号①豪华轮的沉没。遭此大难的人们脸上该留下永不消失的恐怖表情才是，而我无论在哪里遇上他们都发现他们幸福快乐。只有在传奇故事里，人们才会有身心巨变。而在正常生活中，即使其经历极度恐惧，人也还是原来的人，试看许多俄罗斯的王公贵族在一无所有之后还不是像战前一样夜夜在蒙特马特②与歌女们饮酒作乐吗？

无论是谁，只要他（她）能够将自己的生活经历如实写出来都会写成一部杰作的。但是没有人敢写出自己生活的本来面目。让—雅克·卢梭为人类做出了最大的牺牲——他揭示了自己真实的灵魂、隐私和最深处的思想。他写成了一部不朽之作。沃尔特·惠特曼向美国人民披露真我，他的作品曾一度作为"不道德的书"而遭禁。今天，这个字眼对我们来说太荒唐了。迄今为止，还没有任何女性讲过她生活的全部。好多女名人的自传讲的只是她们外部世界的琐琐碎碎和逸闻趣事，并没有触及她们真实的生活。一到欢乐或痛苦的关键时刻，她们都莫名其妙地缄口

---

① （英国）卢西塔尼亚号豪华轮，1915年5月7日被德国潜艇的鱼雷击沉。
② 法国地名

不言。

　　我的艺术就是通过舞姿和节奏来努力展现真我的,为探究一个绝对真实的动作我要花费几年的时间。这与语言表达完全是两码事。在蜂拥而来的观众面前,我可以毫不犹豫地用艺术向他们展示我心灵深处最隐秘的冲动。从一开始我就是用舞蹈来表现自我的,从孩提时代,我就开始用跳舞的方式表达对万物生长而感到的难以自抑的欢乐。少年时,初次认识到生活中悲剧的暗流,我的舞蹈便由欢乐转向忧虑,我为生活中的残酷和时间的无可挽回而忧虑。

　　16岁时,有一次在没有音乐伴奏的情况下我给观众表演舞蹈。舞散之际,有一位观众突然喊道:"这是死神和少女。"后来这段舞蹈就叫《死神和少女》了。但这不是我的初衷,我当时只想尽力去表达对一切貌似欢乐盛景之下所隐含的悲剧的初步认识,那段舞蹈,按我的理解本该叫《生命与少女》的。

　　后来,我用舞蹈来表达与生活的抗争,这种生活也即观众所称的"死亡"。我用舞蹈来表达生活来之不易的瞬间的欢乐。

　　没有什么能比电影或小说中的男女主人公更脱离现实的了。这些人往往美德俱全,绝对不会犯什么错误。男主人公一定是高贵、勇敢、坚毅……好得不得了。女主人公必定是纯洁呀、温柔呀……诸如此类。所有的卑鄙和罪恶都算在恶棍和"坏女人"的头上。其实,我们知道,生活中的人不能简单地按好坏来分。我们并非人人都触犯"十诫",但肯定有触犯的能力。在我们身上都藏着有一个不守清规戒律的自我,一有机会就跳出来。有德行的人是因为他们受到的诱惑不够,因为他们的生活较为单调平静,或者他们用心太专而无暇顾及周围的事情。

　　我曾看过一部叫《铁路》的好片。其大意是说人的一生就像在固定轨道上运行的火车一样。当火车脱轨或遇上不可逾越的障碍,灾难就会来临。幸运的是当司机看到陡峭的下坡时没有恶魔般的冲动,要不然,他就会取下所有制动装置而冲向无底深渊了。

　　曾有人问我是否认为爱情高于艺术,我说二者不可分割,因为艺术家是真正的情人,艺术家本身对美有着至纯的理解,而当用爱去审视不朽之美时,爱就是对心灵的阐释。

或许我们时代最了不起的名人当是加布里埃尔·邓南遮①了，但他个头矮小，也只有在笑起来时才算得上好看。可当他与所爱的人交谈时，他却变得像阿波罗一样。加布里埃尔·邓南遮赢得了当今几位最伟大最美的女人的爱。当邓南遮爱一个女人时，他会让她的情绪高涨，使她觉得一下子从世间的凡人变成了仙域中的贝雅特里奇。他让女人们个个都飘飘欲仙，他让她所爱的人高高在上，大有与贝雅特里奇同在的感觉。但丁也曾为贝雅特里奇写过许多不朽的赞歌。在巴黎曾一度有崇邓南遮风，所有的美女都爱上了他。当时他给他每一位受宠的女人都蒙上一层闪光的面纱。言行举止之间禁不住神采飞扬，但当诗人的热情退去，面纱随之消失，女人的神采不再，她又成了肉骨凡胎。她自己确实不知道发生了什么变化，但却意识到了这种从仙域到尘世的突变。回首昔日的受邓南遮宠爱的日子，女人发觉邓南遮是当世不遇的情人，哀叹自己的命运，她变得越来越悲凉，直到有一天人们遇到她时议论说："哎呀，邓南遮当初怎么会喜欢这个姿色平平的红眼睛女人呢？"邓南遮的爱的力量是如此巨大，它可以使最平淡无奇的女人在爱情的幸福中拥有天仙般的容貌。

在邓南遮的一生中，只有一个女人经受了他魔力的考验，这女子本来就是仙女贝雅特里奇的化身，邓南遮也就用不着向她投去面纱了。因为我一直认为埃莉诺·杜丝②就是但丁笔下的贝雅特里奇的化身。因此在她的面前邓南遮只有仰慕拜倒，这在他快乐的一生中确实是从来没有过的事。他可以随心所欲地去改变其他的女人，唯有埃莉诺神灵一般高高在上。

人们对巧妙的奉承的威力是多么无知啊！我感觉听到邓南遮那带有魔力的赞语就如同夏娃在伊甸园中听到毒蛇的不可抗拒的诱惑一样，邓南遮可让任何女人感觉到她就是世界瞩目的中心。

我曾在林中同她一块惬意地散步。停下来时，我们彼此都沉默不语，

---

① 邓南遮（1863—1938），意大利诗人、小说家，作品宣扬尼采的超人哲学、唯美主义和色情。主要作品有诗集《新歌》、小说《死的胜利》。

② 杜丝（1858—1924），意大利女演员，以演莎剧中的朱丽叶、左拉的《黛莱丝·拉甘》、易卜生《玩偶之家》中的娜拉等闻名。

然后邓南遮突然感叹："啊，伊莎多拉，只有与你独处才会领略自然。其他的女子会把风景糟蹋了，而你却与自然融为一体（哪一位女子能受得了这样的赞词？），你与花木、天空不可分割，你就是主宰自然之女神。"

这就是邓南遮的天才。他让每个女人都觉到自己是各自领域中的女神。

躺在内格拉斯的床上，我尽力去想他们称之为回忆的东西。我感觉到了米迪阳光的炎热。我听见了孩子们在附近公园里嬉闹的声音。我感到了自身的温暖。我低头看我赤裸的双腿，它们舒展开来。我柔软的乳房和双臂从没有静止过，它们总是轻柔地、波浪式地涌动。我认识到，12年来我一直很疲惫，我的乳房一直蕴含着无尽的痛楚。我面前的这双手满是忧伤：当我独处的时候，我的双眼很少是干着的。泪水，已经流淌了12年。12年前的一天，我正睡在另一张床上却突然被一声巨大的叫喊惊醒，转过头。我看到洛①像一个受伤的人，在说："孩子们都死了。"

我记得当时我一下子得了一种奇怪的病症，我感觉好像吞下了一些燃烧的煤块，喉咙灼痛，但我不明白是怎么回事。我很温柔地跟他说，我试图安慰他，并告诉他这不是真的。后来又进来一些人，但我想不通发生了什么事。后来又进来一位留着黑胡子的人，有人告诉我这是医生。医生说："这不是真的，我要救活他们。"

我相信了他的话，我想跟他一块去，可人们拦住了我，我现在才明白他们不想让我知道孩子们的确没救了。他们怕这个打击会让我失去理智，可当时的心情却是极喜。我看到四周的人都在哭，相反的倒有股去安慰每一个人的强烈欲望。回头想想，现在还是不明白当时的这种奇怪的心态。是我真的看破红尘了吗？我知道死亡不存在吗？那两个小小的冰冷的蜡像难道不是我孩子，只是他们丢掉的衣服吗？孩子的灵魂会依旧活泼可爱，可是不是永远这样？在孩子的一生中，母亲的哭声只有两次他们听不到——一次在生前，一次在死后。当我把他们冰凉的小手攥在手中时，那小手再也不会抚摸我的手了，我哭了，这哭声与生他们时

---

① 指洛亨格林，曾与邓肯同居。

的哭声一样。为什么一样呢？是不是因为一个是大喜而另一个是大悲。我不知道为什么。可我知道这哭声是一样的，在世上是不是只有一声大哭寓意无穷，这一声包含了忧伤、欢乐、狂喜、剧痛和母亲生育时的幸福哭声？

第一章 六岁办学 ①

孩子在母腹中时，其性格就早已形成了。母亲在生我前精神极度痛苦，饮食起居很不正常。除了冻牡蛎和冰镇香槟外她不吃任何东西。要是有人问我什么时候开始跳舞的，我就会说："在我妈的腹中时，大概是牡蛎和香槟的缘故吧——那可是代表爱与美的女神阿佛洛狄特吃的东西噢。"

怀着我的时候，母亲痛苦不堪，她常说："将来这孩子肯定不怎么正常。"她原以为会生个怪物哩！实际上，从我降生的那刻起，我就开始狂躁不安地挥舞小手小脚。因此母亲嚷道："你们看我说对了吧？这孩子真是个小疯子。"可是到了后来，我却成了家人和朋友们的小开心，他们给我穿上小围兜，我就会伴着音乐跳起来。

我刚记事的时候发生了一场火灾，我记得有人从上面的窗口把我扔到一个警察的怀里。那时我也就两三岁的样子，但我清楚地记得在混乱中尖叫声和烈焰中有人安慰我，我还记得那警察紧紧抱住我，我的小手勾住他的脖子。他大概是一个爱尔兰人。我听见妈妈疯了一样的叫喊："我的孩子，我的孩子！"并看见她试图冲进建筑物但被人阻止了。她以为我的两个哥哥还在大楼里呢。后来我记得见他们俩坐在一家酒吧间的地板上。穿着鞋子和长袜，后来他们又坐了童车，再后来他们就坐在吧台上喝热巧克力汁了。

我生于海边，而且我注意到我生活中的重大事件都发生在海边。我的第一个舞蹈造型理所当然是从波浪的起伏中演化出来的，我的星座是阿佛洛狄特而阿佛洛狄特也是生于海上，当这颗星上升时我万事吉利。在此时此刻，我会一帆风顺而富于创造激情。我也早已注意到当这颗星消失时我通常是霉运连连。现在的占星术或许没有古埃及人的时代或迦

---

① 章题为编者所加。

勒底人时代的占星术那么重要了，可我们的心灵却肯定受星球的影响。如果父母们知道的话，他们会研究星星的秘密而生出更漂亮的小宝贝的。

我也相信，出生在山里的孩子和出生在海边的孩子是大不相同的。大海对我有不可抗拒的吸引力；而在山里时我不知怎的会有不舒服的感觉而且有想飞起来的欲望。大山总让人感觉到我是地球的囚徒。仰望山峰，我不像一般游客有那样敬慕的心情，我总是想跨越山巅选出樊笼。我的生命和艺术属于海。

我应该感谢我们年轻时代母亲的贫穷。母亲请不起家庭教师，雇不起仆人，正因如此，从孩提起我才会有机会尽情挥洒自我而过上一种自然的生活而且从没失去过。母亲是个音乐家，靠教音乐糊口，她在学生家里上课，一整天都在外面，晚上很晚才能回来。逃离学校的牢笼后我就完全自由了。我可以独自在海边游逛，任思绪无边。我是多么可怜那些老是由保姆和家庭女教师侍候的孩子呀！他们总得有人保护，有人照看着，让人打扮得光光鲜鲜。他们在生活中有什么收获呢？母亲忙得顾不上考虑她的孩子们会有什么闪失，因此我和两个哥哥可以自由自在地到处闯荡。有时我们会做出些很冒失的事情，这要是让妈妈知道了，非急死她不可。谢天谢地她总算对此毫无所知。我说谢天谢地当然是还因为儿时的这种无拘无束给了我创作舞蹈的灵感，我的舞蹈是对自由的表达，从来没人对我说"不许"，那没完没了的"不许"在我看来对孩子的生活是不幸的。

我早在五岁的时候就去了公共学校。现在想起来，母亲当时肯定虚报了我的年龄，当时有必要把我安置在某个地方。我认为人长大以后不管做什么，所做的一切已经在还是孩子时体现无疑，我的性格中早就有舞蹈家和革命者的因子了。母亲受天主教的洗礼并在爱尔兰天主教的家庭里长大。在发现父亲不是她心目中期待的那样完美前，她还是一个虔诚的天主教徒，她后来与父亲离了婚并自己带着四个孩子闯荡世界。从那时起她一下子从一位天主教徒变成了一个坚定的无神论者，并成了鲍勃·英格索尔的信徒，她曾给我们读过英格索尔的著作。

有一点就是她认定所有的虚张声势都是胡扯。当我还是个婴孩的时候，她就给我们讲圣诞老人是怎么回事了。后来学校老师在过圣诞节分发糖果糕点时说:"看,孩子们,圣诞老人给我们带来了什么!"结果我站起来很庄重地说:"我不相信你说的话,从来就没有圣诞老人这回事。"老师大为恼火,她说:"糖果只发给信圣诞老人的小女孩。""那我不要你的糖果。"我说。老师一下火气冲天,她惩我示众,命我走到前面坐在地板上。我走到前面,转身面对同学们做了有生以来第一次著名的演讲。我大声说:"我不相信谎话,妈妈告诉我她太穷了,当不了圣诞老人;只有富妈妈才能打扮成圣诞老人发礼物。"

听到这,老师抓住了我并试图强迫我坐在地板上,可是我挺直了双腿不肯屈服,她只能把我的脚后跟磕打在木地板上。毫无办法之后,她令我站在墙角,可是本来就是站在那里的,我扭过头大声说:"没有圣诞老人,没有圣诞老人!"最后老师被迫把我送回家。路上我还一直喊:"没有圣诞老人!"可是我一直对那次的不公平待遇耿耿于怀,仅仅是因为讲真话就不发给我糖果还要罚站。我向妈妈讲这些时问她:"我说错了吗?没有圣诞老人,对不对?"她回答说:"没有圣诞老人,没有上帝,只有你的精神能帮助你。"那天晚上,我坐在她脚下的地毯上,听她给我们读鲍勃·英格尔索的演讲。

对我来讲孩子们在学校受到的普通教育毫无用途。我记得当时在学校我要么就让人看成绝顶聪明名列前茅,要么就是不可救药的大笨蛋,垫底学生。学习好坏全看死记硬背,看我是不是不嫌麻烦去背诵我们学的东西。我实在是不知道学了些什么。不管是名列前茅还是垫底,上课对我来讲乏味透顶,我老是盯着钟表,指针到了点的时候我们就自由了。到了晚上我真正的教育才会开始,这时母亲会给我们演奏贝多芬、舒曼、舒伯特、莫扎特、肖邦的曲子,或是给我们大声朗读莎士比亚、雪莱、济慈或彭斯的作品,我们在此时着了魔一般。大部分的诗都是由母亲给我们背诵下来的。六岁时,在学校的一个节目上,我模仿母亲的腔调背诵了威廉·利特尔的《安东尼致克娄巴特拉》:

  我要去了,埃及,我要去了!
  生命的红潮退得太快了!

这使听众吃惊非小。

又有一次,老师让每个学生写一写自己的生活经历,我这样写道:

"我5岁时我们在23号大街的一所小房子里,由于付不起房租,我们就不能再在那里住了,于是就搬到了17号大街;在那里房东见我们手头拮据就不答应;后来我们又搬到了22号大街,在那里我们也过不安生,于是就又搬到了10号大街。"

我的生活经历就是这么写的,家总是搬了又搬。当我站起来读时,老师一听就生气了,她认为我在瞎胡闹,把我带到校长那儿,校长就派人把我母亲找来。当可怜的妈妈读到我的作文时她的泪水夺眶而出并发誓这篇文章句句实言。这就是我们的流浪生活。

我希望现在的学校不再是我做小姑娘时的学校了。我记忆中的学校教育毫不体谅孩子们,甚至是冷酷无情。我记得空着肚子,穿着冰冷潮湿的鞋子,还要强迫自己一动不动地坐在硬板凳上,那情景很惨。在我看来老师就像一个不通人性的怪物在那里折磨我们。可孩子们从不提及遭的这些罪。

记忆中在家里我从不受什么罪,虽然穷但我们过惯了穷日子。只有在学校我才受罪。在记忆中对像我这样一个既敏感又骄傲的孩子来说学校就像监狱一样使人蒙羞受辱。我一直是学校的叛逆者。

大概是六岁的时候,有一天母亲回家发现我找来了街坊的六个孩子,他们都太小还不会说话,我让他们坐在我面前的地板上,然后教他们挥动手臂。说这是我的舞蹈学校。母亲乐了,她坐在钢琴前开始给我伴奏。这所学校就办了下去并且很受欢迎。后来邻近的小女孩都来我这,她们的父母给我点钱让我教他们,后来证明这是大为有利可图的职业,这就是我这一职业的开端。

我10岁时,学校的班变得越来越大,我就告诉母亲我上学毫无用途了,上学不过是浪费时间,因为那时我可以挣钱了,我认为挣钱比上学可重要多了。我把头发盘在头顶说我已经16岁了。因为那时按年龄说我长得算很高的,我姐姐伊丽莎白是由祖母带大的,她后来跟我们住在一块并和我一起教这些舞蹈班。我们一下子红了起来,并在旧金山许多很富的人家里教课。

第二章 初 恋

我还在襁褓中时，母亲就同父亲离了婚，所以我从没见过父亲。有一次我问我的一位姨妈是不是我曾有爸爸，他说："你爸爸是个大恶魔，他毁了你妈一辈子。"从那以后我心目中的爸爸总是画册上恶魔的样子，长着角和尾巴。而当学校里其他的孩子说起他们的爸爸时，我总是默不作声。

我七岁时，我们家住的三层楼上两间房子徒有四壁。有一天我听到前门铃响就跑过客厅去开门。我看到门口有一位先生戴着高顶黑色大礼帽，很有风度，他说：

"你知道邓肯太太的公寓吗？"

"我是邓肯太太的小姑娘，"我说。

"是我的翘鼻子公主吗？"陌生人说（从小他就这么叫我）。

他一下子把我抱在怀里亲我，我的脸上满是他的泪水和亲吻。我一下子蒙了，问他是谁，他满含泪水地说："我是你爸爸。"

听到这我很高兴，冲进屋里去告诉家里人。

"那有一个人，他说是我爸爸。"

母亲站起来，脸色苍白，焦虑不安。她跑进隔壁房间并把门锁上了，我的两个哥哥，一个躺到了床下，另一个藏进了碗柜，我姐姐疯狂地大喊大叫。

"叫他滚开，叫他滚开，"他们大叫。

我大为惊异，但我还是个懂事的孩子，我走到客厅说："家里人身体不舒服，今天不会客。"一听这样，陌生人拉着我的手请我陪他出去走走。

下了楼梯走到街上，我同他小步走着。我感到困惑不解：眼前这个潇洒的先生是我爸爸吗？可他即没有长角也没有长尾巴，与我以前想象的可大不一样。他带我到一家冰激凌小店给我买冰激凌和蛋糕让我吃了个够,我激动不已地回到家里却发现他们沮丧万分。

"他很神气呀,明天他还来再给我买冰激凌呢。"我告诉他们。

可家里人都拒绝见他,后来他就回到他洛杉矶的家里去了。

打那以后,我有好几年没见到父亲,可他突然来了。这次母亲很大度地见了他,他送给我们一套漂亮的房子,房子有很大的跳舞间,一个网球场,一个谷仓和一个风车房。这是在他第四次发财的时候。后来他这一次发财又破产了,房子什么的也就没了。可我们毕竟在里面住了好几年,它成了我们惊涛骇浪中避难的港湾。

在父亲破产以前,我时常见到他,并知道他是位诗人。我很欣赏他。他的诗里面,有一首在某种程度上讲可以说是我整个事业的预言。

我讲到父亲是因为父亲早期给我的印象对我以后的生活产生了巨大的影响。一方面,我把伤感的小说作为我的精神食粮,另一方面在我的眼前是活生生的婚姻的教训。我所有的童年生活似乎都没走出这位神秘的父亲的阴影,从没人愿意提起他。"离婚"这个可怕的字眼一直印在我那敏感的心中。因为对这些事情我不能从任何人那里问出个究竟,所以我就试着自己推断出来。大多数小说中的婚姻都是美满幸福的结局,关于这也没什么理由可写。但有些小说,特别是乔治·艾略特的《亚当·比德》中有一个女孩未婚而育,这位可怜的姑娘对世俗看来就成了丢人现眼。我对妇女受的这种不公正待遇印象尤深,并拿我父母的婚姻与之做比较。那时我就决定我要与不公正的婚姻做斗争,争取妇女解放,为每一位妇女争取她所喜欢的拥有孩子的权利,维护她的权利和美德。这些奇怪的想法对于一个12岁的小女孩来说似乎很奇怪。可生活环境的确让我很早熟。我查询过婚姻法,了解妇女奴隶般的地位,后来我义愤填膺。我开始用搜寻的目光去看母亲的已婚女性朋友的脸。我感到每张脸上都是嫉妒和奴隶的污点。那时我就发誓,永远不要把自己降低到如此的地位。我一贯保持这个誓言,为了这个誓言我甚至跟母亲闹别扭,世人也误解我。苏联政府曾废除过婚姻制。两个自愿结合的人在一本册子上签名。签名的下面印着:"签字不需要任何一方的责任,如果任何一方愿意的话此签署可随时终止。"这种婚姻是唯一所有自由思想的妇女所赞成的习俗，这也是我赞成的唯一的婚姻的形式。

现在我认为我的想法与每位有着自由性格的女性大致相同，可20年前我拒绝结婚和不婚而育的权利却招致了许多非议。事易时移，我们的观念已经发生了巨大变化。我认为今天的每一位有见地的女性都会同意我的观点，那就是崇尚自由的女性很赞同当今的婚姻道德观。尽管如此，有见地的女性还是一个个都结了婚，这仅仅是因为她们没有勇气来维护自己的信念。如果你看一看近十年离婚数字你就会认识到我的话不假。听过我自由主张宣传的许多女性说："可是谁来抚养孩子？"在我看来婚礼好像必不可少的形式，有了这种形式就加重了抚养孩子的砝码，你甚至可以和一个你不信赖的男人结婚。哪怕这个人在某些情况下拒绝抚养孩子。这真是有些下贱了。因为你可是要与你怀疑是恶棍的人结婚。但我可不会看轻男人，我相信他们中人格低下的只是少数。

是母亲让我们的整个童年充满了音乐和诗歌。晚上，她常坐在钢琴前一口气弹奏几个小时。我们作息也没固定时间。她也不用清规戒律来约束我们。相反，我倒认为母亲忘记了我们，完全沉浸在她的音乐和诗朗诵中了，对周围的一切浑然不觉。我们的一个姨妈奥古斯塔也极有天分。也常常来看我们并经常参加私人戏剧演出。她很漂亮，长着黑色的眼睛和乌亮的头发，我记得她穿着天鹅绒的"黑短裤"扮演哈姆雷特。她有一副好嗓子，要不是她父母把所有与戏剧有关的东西都看成与恶魔有瓜葛的话，她兴许会大有作为了。我今天才认识到她的一生是怎样让今天看来难以解释的东西毁了一个美国清教徒精神。美国早期移民带来的精神观念从没有完全消失过，他们性格的力量强加给了这个荒蛮的国家，以惊人的方式驯化了原始的印第安人和野兽。同样，他们一直在驯化自己，其结果虽说艺术，但总是灾难性的。

姨妈奥古斯塔从小就受这种清教徒精神的摧残。她的美丽、她的率真和她的金嗓子都成了黯然无光的东西。那时人们会说："我宁愿看着女儿去死也不愿看到她出现在舞台上！"是什么东西在作怪呢？在今天看来，这种感情几乎无法理解，今天的大牌明星们可以进入上流社会的圈子了。

我想，可能是因为我们爱尔兰血统缘故，我们家的孩子们对这种清教徒的专制都桀骜不驯。

我们搬到父亲送给我们的大房子里的第一件大事就是我哥哥奥古斯丁在粮仓中开了他的戏院。我记得他从客厅中的毛毯上割下一小块做胡子，扮成瑞普·凡·温克尔。当我从观众席通过一个饼干盒看他时，我不由得笑出了眼泪，他演得太真了。我们都是感性的孩子，拒绝别人的压抑。

小小的戏院慢慢大了，在附近有了不小的名气。后来这使我们萌发了在沿海组一个演出团的想法。我跳舞，奥古斯丁诗朗诵，后来我演了一出喜剧，伊丽莎白和雷蒙德也参加。那时虽然我只有12岁，他们也不过十几岁。可是我们沿海在圣克拉拉、圣罗莎和圣巴巴拉等地进行演出，非常成功。

我童年主调就是与我们生活的社会的狭隘做坚定的抗争，与生活的不自由的坚定抗争精神以及想飞到我心中较为宽容的东方的欲望越来越强烈。我经常想起我给家里人及亲戚没完没了地说个不停，最后总是那句话："我们一定要离开这个地方，在这里我们将一事无成。"

在我们家我是最泼辣的一个了。当家里粒米不剩的时候我总是自告奋勇去肉铺利用我的小聪明让屠户赊给我几块羊肉。家里人总是让我去面包铺说动老板继续让我们赊账。在这些差事中我总有冒险的乐趣，特别是当我做成了的时候。而我常常是带着战利品欢快地一路跳着回家，感觉像个拦路抢劫的大盗。这就是很好的教育。因为学会了花言巧语从凶恶的屠户那里哄骗东西，让我后来得以有能力去对付那些凶恶的经理们。

我记得有一次我还很小的时候，看见母亲守着一堆东西哭。她给一家商店织了东西，可人家却不收了。我从她手里接过篮子，把她织的一顶帽子戴在头上，把她织的手套也戴上，然后挨门挨户地去推销。我都卖完了，得的钱是母亲要卖到那家商店价格的两倍。

当我听到作为一家之长的父亲们许诺要给他们的孩子留下好多钱而工作时，我怀疑他们是不是知道这样做等于剥夺了孩子们的冒险精神。他们每给孩子留一块钱，孩子就会弱一分。留给孩子的最好遗产就是让他们自己闯天下，完全用自己的脚走路。因为教舞蹈，我和姐姐曾去过旧金山最富有的家庭。我不羡慕那些富家孩子们，相反，我倒可怜他们。惊异于他们生活的狭小与无知。同这些百万富翁的孩子们相比，我好像在各方面都比他们富有一千倍。我所做的是使生活富有意义。

我们的学校名气越来越大了。我们称之为新舞蹈形式。可实际上没有什么形式。我即兴而做，由感而创，一想到漂亮的动作就教。我最早的舞蹈中有一首是朗费罗的一首诗《我把箭射向天空》。我常背诵那首诗，并教孩子们如何用舞蹈来附和其诗意。晚上母亲给我们弹奏钢琴时，我就编舞。那时有位可爱的老太太常来我们家。她曾在维也纳住过，老太太说看见我她想起了范妮·埃尔斯勒，她常向我们讲述范妮·埃尔斯勒的了不起。老太太常说"伊莎多拉会成为第二个范妮·埃尔斯勒的"，这使我感到雄心勃勃。她劝母亲把我带到旧金山一位很有名气的芭蕾舞老师那儿去，可我一点儿也不喜欢他教的课。老师要我用脚趾尖站在地上，我问他为什么要这样做，他就说"因为这样很美"，我说这难看又别扭。因此上了三节课后我就走了，再也没去上。这种古板又平庸的体操动作，他竟然叫舞蹈，这只能搅了我对舞蹈的梦想。我梦中的舞蹈可不是这样。我不清楚我的梦中的舞蹈是什么样子，可我却感觉到有一个无形的世界。凭直觉我只要找到了钥匙就可以畅行无阻。我还是个小女孩的时候就有艺术的潜质了，是因为母亲的勇敢和闯荡决心，我的艺术才免遭扼杀。我相信孩子一生的事业该从小做起。不知道能有多少父母认识到他们在给孩子所谓教育的时候，他们恰恰使孩子变得平庸，剥夺了他们展现美和创新的机会。但我觉得这样也好，要不然那成千上万的商店店员和银行管理员由谁来做呢？他们对有序的文明生活必不可少。

母亲有四个孩子。依教育和义务制度她或许早把我们变成居家过日子的普通人了。有时候她很后悔："为什么你们四个非得都当艺术家，没有一个本分的呢？"可却正是她自己的追求美和不安分的精神使我们成为艺术家的。母亲毫不在乎物质的东西，她教会了我们对房子家具和各种身外之物持蔑视的看法。母亲的言传身教使我终生没戴过一件珠宝。她告诉我这些东西都是累赘。

我辍学后就开始大量地读书。我们当时住在奥克兰，那有一个公共图书馆,不管我们离图书馆有多远,我总是跑着、蹦着、跳着来往于家和图书馆之间。图书管理员是位可爱又漂亮的女子,叫艾娜·库尔伯斯,是加州的一位女诗人。她鼓励我读书,记得每当我跟她要好书看时,她都非常高兴,她有双美丽的眼睛,闪烁着火一样的热情。后来我才知道我父亲曾和她热恋过一阵。她显然是我父亲生命的激情,也很可能是这条隐在的情由把我们拉得很亲近。

那时,我读遍了狄更斯、萨克雷、莎士比亚和数不清的其他人的小说,不管是好是坏,给人启迪也好,垃圾书也好,我都贪婪地读完。我常常就着我白天捡的蜡烛头的灯光一整夜一整夜地读书。我也开始写一部小说;当时还编过一份报纸,从社论到当地新闻和短篇故事都由我一个人来写。另外我还写日记,写日记用秘语,因为当时我有一个天大的秘密:我恋爱了。

除了儿童班,我跟我姐还收了一个大一点的学生班,姐姐教这个班"交际舞",也就是华尔兹、玛祖卡、波尔卡等。在这班里有两位年轻人,一个是医生,另一个是药剂师。药剂师非常漂亮,他有一个很可爱的名字:弗农。当时我11岁,可是看上去却大一点,因为我把头发盘在顶上,穿的衣服很大。像丽塔中的女主人公一样,我在日记中写道,我疯狂而热情地爱上了一个人,我相信是这样。弗农当时觉察出来没有,我就不知道了。在那个年龄我羞于讲感情。我们一块去舞厅和舞场,几乎每一场舞他都同我一起跳。后来我到早上三四点钟还不睡觉,在日记里记下我激动不已的兴奋,如同我写的一样:"在他的怀抱里飘飘然。"白天他在主街上的一家药店工作,我就走上几英里的路,只为从药店门前走过。有时我鼓足勇气走进去说一句"你好吗?",我也找到了他住的房子,晚上我常从家里跑出来去看他窗子灯光。这种单相思持续了两年之久,我觉得极度痛苦。过了两年他宣布要与奥克兰的一位年轻小姐结婚了。我把痛苦和绝望都写在日记中,我清楚地记得他结婚的那天,我看见他与一位头戴白色面纱一位很平常的女子沿教堂走出时我心里的难过。从那以后我再也没有见过他。

我最后一次在旧金山跳舞时又遇到了弗农,我正在化妆间化妆时走进来一个头发雪白的人,但那人看上去很年轻,极其漂亮。我马上认出那就是弗农。当时我考虑过了这么多年我可以告诉他年轻时的感情了吧？我原以为他会让我逗乐了，可他听后害怕极了，并谈起他的太太，那个长相一般的女子。她好像还在世，他从没背叛过她的感情。有些人的生活多么单调呀！

　　这就是我的初恋。我当时疯狂地爱上一个人，我相信从那时起我就没停止地疯狂地恋爱。现在我正从这次的打击中慢慢愈合爱的伤痛，这次打击似乎令我痛彻心扉。可以说，我现在正处在最后一幕的开幕前的休息间隙，可我的爱情剧是不是已谢幕了？我不知道。我应该出版我的影集，问一问读者做何感想。

第三章 初 吻

受我所读过的那些书的影响，我计划离开旧金山出国。我想跟随一个大剧团出国。于是有一天我就去见一个巡回演出剧团的经理，这家剧团当时正在旧金山做一周的演出。我要求给经理试跳一下。试跳在上午进行，试跳的地方是一个大大的、黑色的光光的舞台。母亲给我伴奏。我穿着白色的紧身衣和着门德尔松①的"无言的歌"试跳了一下。曲子终了时，经理沉默片刻，扭头对母亲说："这种舞绝不适合在剧院跳，对教堂更合适些。你还是带着你的小女孩回家吧！"

我很失望，可并不服气，于是就想别的法走出去。我召集家人开了一个会并用一个小时的时间向他们阐明我在旧金山无法待下去的种种理由。母亲有点茫然不解，可到什么地方她都愿意跟着我，因此我们俩就买了两张到芝加哥的旅游车票。姐姐和两个哥哥就留在了旧金山，我们想的是在芝加哥混好了他们就搬过来。

我们在一个炎热的 7 月到芝加哥，随身只带了一口小箱子，祖母留下的一些旧式的珠宝和 20 美元。我盼望马上就有人请我演出，这样一切都好说了。可事情并不是这样，带着那件短袖紧身衣我见了一个又一个的经理并试跳。可他们的看法与原来的那位经理一样。他们说："你跳得很好看，但却不适合舞台演出。"

眼看过了一周又一周，我们的钱用光了，而靠典当祖母的珠宝却弄不到几个钱。不可避免的事又发生了：我们终于流浪在大街上身无分文。当时我还戴着一条花边衣领，就在我们被赶出来的那一天，我沿街在灼热的阳光下走啊走，不知有几个小时，想法卖掉那条花边衣领。到了下午很晚的时候我才卖掉（记得当时卖了 10 美元）。那是条非常漂亮的爱尔兰花边衣领，卖的钱够我们付房租的了。我出了个主意，就是用

---

① 门德尔松（1729—1786），德国犹太人哲学家，《圣经》翻译注释家、作曲家。

第三章 初　　吻

剩下的钱买了一箱西红柿，整整一个星期我们都吃西红柿——没有面包和盐。可怜的母亲身体太虚弱，坐都不能坐了。以前我都是早晨早起去见经理，可最后我决定能找到什么工作就干什么，于是我就到就业局去申请。

"我能帮您点什么吗？"坐在柜台边上的一个女子问。

"什么都行。"我说。

"嗯，可看你这样子好像什么都不能做唉！"

万般无奈，我只好去"共济会空中花园"找经理求职。经理叼着一根大雪茄，帽子歪戴着盖住一只眼睛。我随着门德尔松的《春之歌》飘然跳起来，经理不屑一顾地看我跳。

"哎，你长得很漂亮，"他说，"也很得体。如果你改换路子，跳得来劲一点我就会雇你。"我想到可怜的母亲正在家里吃最后那点西红柿饿得发晕，我就问他跳得来劲一点是什么意思。

"啊，"他说，"不是你现在跳的这样。是穿着带荷叶边的裙子和鞋跳舞。你可以穿着短袖紧身衣跳，然后换上荷叶边的裙子和鞋子，这样便会有趣。"

可我去哪弄有荷叶边的裙子呢？我知道跟他借钱或要预付酬金是徒劳的，于是只好说明天我会把荷叶裙和鞋子这些道具带来。我就走了出去。那是炎热的一天——芝加哥天气向来如此。我在街上漫无目的地沿街走，疲惫不堪饿得发晕，这时我突然看见一家马歇尔·菲尔德大商店。我走进去并要求见经理。有人把我领进办公室，我看见桌子那边坐着一个年轻人，他面色温和。我跟他解释说明天我得用一套带荷叶边的裙子，他是不是能赊给我一套，我演出赚钱后能很轻松地还给他。我不知道我的请求是怎么打动了他，可他这么做了。几年后我再遇到他的时候他已成了腰缠数百万的富翁，这就是戈尔登·谢弗里奇先生。我就赊了这些东西：白的、红的衬裙和荷叶花边。我把包挟在腋下回到家里，发现母亲都快不行了。但她马上鼓足劲儿在床上坐起来给我做衣服。她干了整整一夜和第二天的整个上午把最后的荷叶边缝上。带着那件服装去找空中花园剧院的经理。管弦乐团已准备好给我的舞伴奏了。

"你用什么音乐伴奏?"他问。

我没有想过这个问题,可我说:《华盛顿邮报》。这首曲子在当时非常流行。音乐开始了,我尽力让经理看着带劲儿些,边舞边即兴发挥。他非常高兴,从嘴里拿出雪茄说:

"很好!你可以明天晚上来,我要作为特别节目来宣布。"

他付给我一周50美元,他人还不错,是预付给我的。我化名参加了这次空中花园的演出非常成功。可这件事使我感到很恶心,所以一星期满后,他提出让我延长演出甚至让我参加巡回演出,我拒绝了。那点钱使我们免于饿死,可我得尽力用违背理想的东西去迎合公众,这可让我受够了。那是我第一次也是最后一次那么做。

我觉得那个夏天是我今生最痛苦的人生经历,从那以后,每当我到芝加哥看见大街时我都有种因饥饿而要呕吐的感觉。可这次可怕的经历过后,我那坚强的母亲再也不提回家的事了。

一天有人给我一张叫安伯尔的女记者的名片,她是芝加哥一家大报的副编辑。我去见她,她长得又高又瘦,大约有55岁,有一头红发。我告诉了她我对舞蹈的一些想法,她很慈祥地听我讲,并邀请我和母亲去"波尔米亚",她说在那儿我们会遇到艺术家和搞文学的人。那天傍晚我们就去了那个俱乐部。那是一所位于大楼顶屋的没有装饰的空房间,里面有桌子和椅子,满是与我所见的不一样的人。安伯尔正在他们中间,她正像位男子一样粗声大气地吆喝着:

"所有合格的艺人们都过来!所有合格的艺人们都过来!"

而她每叫一次,那些人就举起他们手里的大啤酒杯用欢呼和歌声作和。而就在这群人中间,我开始跳起宗教舞蹈。那些艺人一时不知做什么好。但尽管如此他们还是认为我是个可爱的女孩并邀请我每晚参加他们这些合格艺术家的聚会。

那些艺术家的组合各色各样,令人吃惊——有诗人,画家和演员,来自各个民族。他们只有一点共同之处:身无分文。我怀疑许多艺术家就像我们母女一样如果没有俱乐部里的三明治和啤酒就会什么也吃不上,这些食物大多是由安伯尔慷慨赠送的。

在这群艺人中有一个叫迈洛斯基的波兰人。他大约有45岁的样子,长着蓬松卷曲的红头发,红胡子,两只眼睛炯炯有神。他总是坐在角落里,抽着烟袋,看着艺人们"自娱自乐",他的笑容里有一点嘲弄。但在那些日子里,也只有他从我的舞蹈里明白了我的理想和我的工作。他也很穷。可他常常邀请我和母亲去一个小馆子里吃饭,有时他带我们乘有轨电车去乡下的林子里吃午饭。他特别喜欢黄花。他每次来看我都带一大捧黄花,那金红的花总让我想起迈洛斯基的红头发和胡子……

  他人很怪,是个诗人画家,在芝加哥他做生意糊口。可是他却总不成功,几乎饿死在芝加哥。

  那时我只是一个小女孩,年龄太小而不明白他的悲剧或是他的爱。我想在这个复杂的年代里,没有人能够认识到那时的美国人是何等的无知或者天真。我那时对生活想法纯粹是热情又浪漫还没有经历过或接触过爱情具体的反应,直到后来很长一段时间我才意识到我在迈洛斯基身上激起的疯狂的爱。这位45岁模样的男人已经疯狂地爱上了当时还是天真无知的我,只有波兰人才那么疯狂。母亲显然对此没有任何预感,她允许我们经常在一起。我们两人在林中促膝交谈和散步。最后他再也抵制不住吻我的诱惑了,他求我嫁给他,那时我相信这可能成为我一生中最伟大的爱。

  可夏天开始退去,我们一点钱也没有了。我坚信在芝加哥是没希望了,我决定必须去纽约。可怎么去?有一天我在报纸上看到著名奥古斯丁·戴利①和他的剧团及剧团的明星埃达·里恩就在芝加哥。我决定去见见这位名人,因为他在美国是最爱艺术和美的舞台经理。我在剧院的舞台门口站了无数个下午和晚上,叫人把我的名字一次次通报进去请求见一见奥古斯丁·戴利。人家告诉我他太忙,我只能见他下属的经理。可是我不听,我说我必须见奥古斯丁·戴利本人,有要事相商。最后,一天黄昏我终于被准许见一下这位大人物的尊容。奥古斯丁·戴利确实很帅气,但对陌生人他却知道如何摆出一副凶巴巴的面孔来。我感到很怕,但还是鼓足勇气做了一个非同寻常的长篇大论的演说。

---

  ① 奥古斯丁·戴利(1838—1899),美国剧作家和剧院经理,创作和改编大量剧作,代表作为《地平线》《离婚》等。后在纽约和伦敦开设戴利剧院。

"我有一个绝妙的主意讲给您听,戴利先生。在这个国家可能只有您才能明白。我发现了一种舞。我发现的这种艺术已经失传了两千年了,您是绝对高明的艺术家,可在您的剧院中缺一点东西,是它使希腊剧院变得辉煌。这就是舞蹈艺术——悲剧歌唱队。没有这个就如同一个人少了腿而只有头和身躯。我把舞给您带来了,我给你的主意将会变革我们的时代。我在哪儿找到的呢?在太平洋边上,在内华达山脉的松涛间。我曾见过年轻的美国在落矶山峰上跳跃的雄姿。而我们国家最伟大的诗人当属沃尔特·惠特曼,我发现的这种舞可与惠特曼的诗相媲美,我实际上就是沃尔特·惠特曼的灵魂之女。为了美国的孩子们创造一种新舞蹈来表达美国。我会给您的舞台带来不可或缺的灵魂,舞蹈家的灵魂。因为您知道,"我继续讲,尽量不去注意这位大牌经理不耐烦的插话("够了!够了!"),"你知道,"我继续讲,并提高了嗓门,"剧院是从舞蹈开始的,第一位演员就是舞蹈家。他又唱歌又跳舞。这就是悲剧的诞生,如果没有具备伟大的自然优美艺术的舞蹈家到您的剧院来,您的剧院就不会有真正的表现形式。"

奥古斯丁·戴利一时不知道如何去应付这个陌生的瘦瘦的少女,她竟敢以这种态度对他喋喋不休。他只好说:

"嗯,我在纽约要上演一出哑剧,里面有一个小角色。你可以在10月1日报名参加排演,如果合适,我们就会聘用你。你叫什么名字?"

"我叫伊沙多拉。"我说。

"伊沙多拉。名字很好听,"他说,"哎,伊沙多拉,我们10月1日纽约见。"

我喜不自禁地跑回家去看母亲。"最后,"我说,"终于有人赏识我啦,妈妈。大名鼎鼎的奥古斯丁·戴利聘用我啦。我们得10月1日赶到纽约。"

"行,"母亲说,"可我们怎么弄到火车票呀?"问题来了。然后我想了个主意,我给旧金山的朋友发了一份电报:顺利受聘,奥古斯丁·戴利10月1日要去纽约,请电汇100美元路费。奇迹发生了,钱到了。姐姐伊丽莎白和哥哥奥古斯丁看了电报受到感染也来了,他们认为我们发财的机会到了。我们设法坐火车去了纽约,欣喜若狂充满了美好的憧憬。

我想，世界终于承认了我！如果我知道后来遇到的坎坎坷坷的话，我可能早就失去勇气了。

伊万·迈洛斯基知道要与我分手后十分伤心。可我们都向对方表达了山盟海誓的爱，我跟他说等我在纽约发了财我们会很容易结婚的。不是我对婚姻抱什么希望，而是那时我认为必须让母亲高兴。那时我还没全力争取自由的爱情，后来我才真正为此而斗争。

"赤足"舞蹈家邓肯

第四章　大舞台上的"无名小卒"

我对纽约的第一印象是那儿比芝加哥有更多的美景和艺术。我又可以很高兴地去海边玩了。在内陆城市里我总感到透不过气来。

我们在第六大街的一条小街上租了一所包做饭的房间。在这里住着一群怪怪的人。他们就像流浪艺人一样似乎只有一点共同之处：没人能付得起房租，他们总处在被逐出房子的边缘。一天上午，我去戴利的剧院的舞台门口报到了，我看到了这位大人物。我想把我的想法再跟他说一遍，可他似乎很忙又有些担心。

"我们已经请来了大牌哑剧明星，简·麦，"他说，"从巴黎来的。如果你能演哑剧的话倒有一个角色适合你。"

到现在，哑剧对我来说算不上艺术。动作是抒情性的，是感情的流露，这可以与语言无关；可在哑剧中人们用动作来代替语言，因此这既不是舞蹈家的也不是演员的艺术，什么都算不上，是不会有什么作为的。可是，我毫无办法只好扮演这一角色。我把本子带回家研究，可是所有的东西对我来说笨拙不堪，怎么能配得上我的理想我的抱负呢？

第一次排演让我大失所望。简·麦是个脾气极为暴躁的小妇人，动不动就大发雷霆。人们教我说"你"时我得用手指着她，按着胸口表示"爱"，用手用力击打自己的胸部表示"我"，在我看来这一切真是可笑。因为心不在焉我做得很差，因此简·麦很生气。她扭头对戴利先生说我没什么天分不能演这个角色。听到这我意识到这意味着我们全家就要困在那家可怕房子里任凭狠心的房东太太摆布了。我心里一下子出现了前几天那个合唱队的小女孩被房东扣下箱子赶到大街上的情景，我又想起我那可怜的母亲在芝加哥遭的罪。想到这，我的眼泪一下子涌进了眼眶，顺着脸往下淌。我想当时我的样子一定很惨，因为戴利先生的脸色更加温和了。他拍了拍我的肩对简·麦说：

"你看，她哭时可表情丰富唉。她能学会的。"

可这种排演对我来说简直是殉道。他们让我做我认为是很粗俗很可笑的动作，那些动作跟他们配的音乐没任何关系。可是，年轻人的可塑性是很强的，我最后还是设法让自己进入角色。

简·麦演男丑角。有一个场面是我向男丑角求爱。配合三小节不同的音乐，我得走近男丑角并在他脸上亲三下。在彩排时用力大了点，我感觉到自己的红唇印在了男丑角的苍白面颊上。就在此时，男丑角变成了简·麦，她恼怒万分地打我一记耳光。这就是我舞台生涯动人的开始！可等排演进行时我禁不住钦佩这位哑剧女演员超人的充满生气的演技。如果不是误入虚假的苍白无力的哑剧，她会成为一名伟大的舞蹈家的。但艺术形式困住了她。我一直想对哑剧发表点建议：

"如果你想说，那为什么不说呢？为什么还像在聋哑疯人院里一样费尽气力去做那些动作呢？"

第一个夜晚来临了。我穿上一套华丽的蓝色缎服，戴上一顶金色的假发和一顶大草帽。可怜可叹我来到世界上要做的那些艺术革新！我化装成了另一个人。母亲就坐在观众席的前排，她茫然不解。即使在那个时候她也没有建议我回旧金山。可我能看出来她相当失望。这么多的奔波努力到头来却是如此结果！

在哑剧的排演期间我们没有酬金。因此我们被赶出了包饭的房子搬到了180号大街的徒有四壁的两间房里。没钱付车费，我经常得步行到29号大街的奥古斯丁·戴利剧院。为了缩短路程我常常在土路上走，穿越人行道，为此我想尽了种种办法。我不吃午饭因为我没钱，因此我常在午饭时间躲在包厢里因筋疲力尽而睡过去。下午又得空着肚子参加排演。我就这样在哑剧上演前排演了六个周，然后又一文不得地演了一个周。

剧团在纽约演出三个星期后开始做巡回的夜间停留演出。我每周可发15美元的薪水，我把一半寄回家供母亲生活。每到一地，我下了火车不敢进宾馆而是扛起行包徒步去找包饭的小饭店，那会很便宜。我一天顶多花五毛钱，包括所有的费用。有时为了找到便宜的房间我不得不步行几里地，累得两腿发酸。为此我得宿在一点都不熟的地方。记得他们给我的一间房间没有钥匙。那座房子里的男人几乎都喝醉了，他们一次又一次地砸我的门，试图破门而入。我吓坏了，就拖过一个沉重的衣柜堵在门上。即使这样我还是不敢入睡，就坐着守了一夜。到现在我也找不出比参加他们称之为"巡回"剧团时的非人生活更糟的日子。

简·麦真是精力充沛。她每天都要求排演一次，不是这不行就是那不行。

我随身带了几本书，看个不停。每天都给伊凡·迈洛斯基写一封长信，记得我并没有告诉他我处境是如何艰难。

巡回演出了两个月后，哑剧团回到了纽约。令戴利先生苦恼的是，他的这次尝试演出并没有赚到什么钱。简·麦回巴黎去了。

下一步，我干什么呢？我又一次去见戴利先生试图用我的艺术打动他。可他似乎充耳不闻，对我要做的一切都很冷淡。

"我要派一个剧团去演《仲夏夜之梦》，"他说，"如果你喜欢的话，你可在仙境一场中表演舞蹈。"

我主张舞蹈是用来表达情感的艺术。我对仙女可不怎么感兴趣。可我答应了，并建议在泰坦尼娅和奥伯龙出场前的那一个林中场景的舞蹈用门德尔松的《谐谑曲》来伴奏。

上演《仲夏夜之梦》时，我穿着一件白色的直而长的束腰外衣，戴着金色纱巾和两个亮闪闪的翅膀。我极力反对挂那两个翅膀，它们看上去很可笑。我试图说服戴利先生，我不挂这两个纸片子做的东西，也能跳出翅膀的样子，可他坚决不同意。这是我第一次晚上在舞台上跳。我很高兴，终于可以在大舞台上，面对很多观众跳舞了。我跳了——跳得很精彩，观众不禁鼓掌叫好，我制造了轰动效应。当我戴着那两个翅膀出来时，我希望能看到戴利先生高兴，听到他的祝贺。想不到的是他火冒三丈。"这不是音乐厅！"他大吼大叫。难道他真听不到观众的掌声吗？第二天晚上我又去跳舞时，发现所有的灯光都灭了。每一次《仲夏夜之梦》我都在黑暗中跳。人们只能看到舞台上有全白色的东西在忽隐忽现。

在纽约两周后，《仲夏夜之梦》也开始巡回演出，我又踏上那令人疲惫的征程开始四处找便宜房子住。有一点不同的就是我的薪水长到了一周25美元。这样过了一年。

我特别难受。我的梦，我的理想，我的抱负，似乎一切都渺茫。我在剧团没几个朋友。他们都觉得我怪怪的。我常到幕后读马克·奥勒利乌斯的书。我尽力采取禁欲哲学以冲淡我时时感到的凄凉。不过，在那次演出中我交了一位朋友——一个叫莫德·温特的少女，她在剧中扮演泰坦尼娅皇后。莫德很可爱，富有同情心。可她有种奇怪的偏食习惯。她什么都不吃，只吃橘子。我认为她本不该生在地球上的。若干年后我在报上看到她死于恶性贫血的消息。

奥古斯丁·戴利的剧团明星埃达·里恩是一个杰出的演员，可对下属丝毫没有同情心。在剧团时唯一让我高兴的是看她演出。她很少随我们的剧团巡回演出，可当我回到纽约时，我常去看她扮演萝莎琳德比特阿丽斯和鲍西娅，她是世界上最杰出的女演员之一。可这位伟大的艺术家在日常生活中却不去赢得剧团中的人的爱。她很傲气，寡于言辞，好像连跟我们打招呼都得耗费很多气力似的。有一天舞台的侧面贴出来一张通知：

"谨通知各位剧团演员，不必向里恩小姐问好！"

也真是，我虽在奥古斯丁·戴利剧院待了整整两年却从没有与里恩小姐说话的荣幸。她显然认为剧团的小人物没资格引起她的注意。记得有一天剧团的演员来晚了一点，她就冲着我们这些人指指点点，大呼小叫："咳，古纳，你怎能让我等这些无名小卒呢？"（我是这些无名小卒中的一员，却不怎么喜欢被这么叫！）我闹不懂像埃达·里恩这么一个大明星，这么令人着迷的女人还犯这样的错，我想可能那时她快到50岁的缘故吧。她一直是奥古斯丁·戴利的宝贝，可能是她恨透了戴利最终还是从剧团里挑出某个漂亮女孩的做法吧——这个女孩（指邓肯本人——译者著）有可能两三星期之内在无道理的情况下突然被抬高到演重要角色的地位。可能里恩小姐对此会莫名地反对。作为一名艺术家，我极其敬佩艾达·里恩，在那时哪怕给我一点小小的善意鼓励我都会一辈子不忘。可在那两年的时间，她从来都没正有看过我。记得在《暴风雨》一场戏中我扮演庆祝米兰达和斐迪南结婚跳舞的角色，在我整个的表演中她干脆扭过脸不看。这让我非常尴尬，简直跳不下去了。

在《仲夏夜之梦》的巡回演出中，最后我们到达芝加哥，找到我的男朋友时我欣喜若狂。那年又是一个夏天，如果没有排演，我们每天都出去在林中长长地散步，我也进一步懂得了如何去欣赏伊万·迈洛斯基的智慧。几个星期后，我要回纽约了，我知道他要跟我到那里去结婚。万幸的是，当哥哥知道这件事后，他打听了一下迈洛斯基的身世，发现他在伦敦已经有太太了。母亲吓呆了，坚决让我跟他分手。

第五章　初次与音乐大师合作

现在我们一家都搬到纽约来了。我们设法弄到一间带洗澡间的排练房，为了腾出足够的地方跳舞，我不想买家具，于是我们就买了五个弹簧床垫。工作室四周的墙壁上都挂着窗帘，白天我们就把床垫立起来。我们没有床就睡在床垫上，只盖一条被子。伊丽莎白就像在旧金山一样在这个排练房里办她的舞蹈班。奥古斯丁找了一家剧团做事，很少在家。大多数时间他都在巡回演出。雷蒙德在新闻界闯荡。为了减少开支，我们按小时把排练房租给人教演讲、音乐及练唱等。但家里只有这一间屋，租给人时，我们全家人都得出去散步。记得我们沿着中央公园不停地在雪地里走以保持体温。走完回来我们常在门口听一听。有一位演讲的老师老是教一首同样的诗"梅布尔，小梅布尔把脸贴在窗上"。这位老师总是用很夸张的感情来重复这首诗。那位学生却总是慢吞吞地重复，老师就大声说：

"你体会不出其中的感情吗？你一点也体会不出来吗？"

当时奥古斯丁·戴利想把日本"艺伎"的表演引进来。他让我参加一个四人演唱组。我从小就不会唱一个音符！其余的三个人说我老是让他们跑调，因此我常常是很乖地站着，光张嘴而不发声。母亲说我们演唱时，其他三个面孔都走形了，而我的脸却还是那么可爱，这真是太不可思议了。

"艺伎"表演这件蠢事使我跟奥古斯丁·戴利合作走到了顶点。记得有一天他从黑乎乎的剧院里走过时发现我正躺在一个包厢里哭。他停下来问我怎么了，我告诉他我再也受不了在舞台上做这种傻兮兮的事了。他说他跟我一样也不怎么喜欢这种"艺伎"表演，可他得为经济收入考虑。接着，他为了安慰我就用手抚摸我的后背，可这却让我很生气。

"您让我在这儿却不让我发挥我的才能，那有什么用途呢？"我说。

戴利只是吃惊地望着我，然后他"嗯"了一声就走了。

那就是我最后一次见到奥古斯丁·戴利，因为几天之后我鼓起勇气把工作辞掉了。可从那时起我就开始恶心剧院：你得夜夜重复那些无休止的话和动作，忍受反复无常的变化。戏剧中对生活的看法和长篇大论的废话让我很难受。

我离开了戴利回到了我在卡内基的排练房，我们没什么钱，但我又可以穿上我的短袖长衣在母亲的音乐伴奏下跳舞了。可白天我们很少能用上排练房，可怜的母亲经常为我整夜地伴奏。

在那时我非常喜欢埃塞尔伯特·内文的音乐。我按照他的乐曲《水仙》《奥斐丽娅》和《睡莲》等创作了舞蹈。有一天我正在排练房练舞，门突然打开了，一个年轻人冲进来，他瞪着双疯狂的眼睛，头发竖立着。虽然他很小，可他看上去好像染上了某种可怕的致命的疾病。他朝我跑过来，大喊大叫：

"我听说你在用我的音乐伴舞！不行，不行！这不是舞蹈音乐，我的音乐，任何人不得用它来跳舞。"

我拉住他的手让他在椅子上坐下。

"坐下，"我说，"你来看我用你的音乐来伴舞。如果你不喜欢的话，我发誓再也不会用了。"

然后我给他跳了一曲《水仙》。听着旋律我仿佛看见青年那喀索斯（水仙）站在溪边爱上他在水中的影子，他渐渐憔悴而死最后化为水仙。我就这样给内文跳了一曲。最后一个音符还没完全消逝，他就从椅子上跳了起来，冲过来一下子抱住了我。他望着我，眼中涌满了泪水。

"你真是天使，"他说，"你是天才，那些动作正是我创作音乐时见到的。"

按下来我给他跳《奥斐莉娅》和《睡莲》。他渐渐激情难抑。最后他坐下来即兴为我进行钢琴伴奏，这首美丽的舞曲叫《看》。使我终生引为憾事的是这首曲子他虽然给我伴奏过好多次，但最后没有写下来，内文被彻底打动了，他建议我们在卡内基厅的小音乐室共同兴办舞蹈表演会。他要亲自为我伴奏。

内文自己来张罗音乐会，租大厅，打广告等。每天晚上他还要和我一起来排演。我一直认为埃塞尔伯特·内文完全具备伟大作曲家的素质。他本可以成为美国的肖邦的,可在残酷的生活环境中他不得不为生计而奔波,这可能是引起他致命疾病的原因。疾病使他英年早逝。

第一场表演会极为成功,接着又演了几场,轰动了整个纽约。如果当时我们实际一点找一个好的艺术监理人的话,那时我就可开始自己一帆风顺的事业了。可当时我们出奇地不谙世事。

当时表演会观众中有许多上流社会的女士,表演会之后她们就邀我去她们纽约的客厅中去演出。当时我根据欧玛尔·海亚姆的一首诗编了一套舞蹈,那首诗是由菲茨杰拉德①翻译的。我跳舞时,有时哥哥奥古斯丁读给我听,有时姐姐伊丽莎白读给我听。

夏天来了。阿斯特太太请我到她纽波特的别墅去跳舞。我同母亲和伊丽莎白三人一块去了。纽波特在那时可是最时髦的消闲地。阿斯特太太在美国就像英国的女王在英格兰一样。人们见到她比见到英国皇室还要感到敬畏。纽波特最上流的人物也都来看我在草坪上跳舞。我有一张那次表演的照片,上面有德高望重的阿斯特太太坐在哈里莱贺的旁边,在她周围有王德贝尔特、贝尔蒙及菲什家族等一大群人。后来我也去纽波特的其他别墅去跳舞,可是那些太太们钱包守得太紧,付给我们的钱只够路费和吃饭的。并且,虽然她们认为我的舞蹈很优美,可她们对我做的一无所知。总的来说,我们的纽波特之行让我很失望。这些人好像老是自命不凡,因自己的财富而沾沾自喜,他们不会欣赏艺术。

那时他们认为艺术家低人一等——只不过是一种上等的仆人罢了。现在这种看法已大有改善,特别是自从帕岱莱夫斯基当上波兰总理后。就像在加利福尼亚一样,纽约的生活也不能令人满意。因此我很想找到一个比纽约更令人愉快的生活环境。我想起了梦中的伦敦,在那你可以见到好多画家和作家——乔治·梅雷迪斯、亨利·詹姆斯、瓦茨、史文朋、伯恩-琼斯、惠斯勒……多么神奇的名字。说真的,在纽约的这些日子里,我还没有找到一位交心的朋友,或有什么人来赞同我的见解。

就在这时,伊丽莎白的舞蹈班人数增加了,于是我们就从卡内基厅

---

① 爱德华·菲茨杰拉德(1809—1883),英国作家,以完全意译的方式翻译波斯诗人欧玛尔·海亚姆的《鲁拜集》,使之成为英国文学名著。

的排练房搬出来，搬到温莎旅馆一楼的两间大房子里去。房租是一星期90美元。不久我们就发现，用舞蹈班的学费来支付房租和其他的开支是不可能的。实际上，虽然我们表面上很成功，但我们的银行账户上仍然是赤字。温莎旅馆环境沉闷，我们住在那没有丝毫的快乐却还要支付那么多钱。有一天夜里，我和姐姐坐在火旁，想着到哪里去搞点钱来对付这些开支。我突然脱口说："救我们只有一个办法，就是把饭店烧掉！"在四楼住着一位老太太，她的房间里塞满了古旧的家具和图画。老太太有个习惯，每早8点钟准时到楼下餐厅吃早餐。我们打算第二天一早见到她，向她借点钱。我见到她了，可老太太脾气很坏，她不借并对咖啡抱怨不停。

"我在这旅馆里住了好多年了，"她说，"可如果他们不给我好咖啡喝我就搬走。"

当天下午她真的走了：整个旅馆成了一片火海，她被烧焦了！伊丽莎白很镇静，也很勇敢，她让舞蹈班的孩子们手牵着手陆续走了出来。可我们的东西都没带出来，全部烧毁了，其中有我们家珍贵的画像。我们就到这条街上的白金汉旅馆去避难。几天之内我们就像刚到纽约时那样了：一文不名。"这是命，"我说，"我们得去伦敦。"

第六章　伦敦的惊喜与困顿

我打算去伦敦，温莎旅馆的一场大火烧掉了我们所有的行李，我们连件换洗的衣服都没有。我曾在奥古斯丁·戴利的剧院工作过，我曾给纽波特的体面人跳过舞，给纽约上流社会表演过，可这一切使我感到梦幻破灭后的痛苦。我想如果这就是美国对我的答复的话，再去敲那紧闭的门是没有用的了。观众是如此的冷漠。我最强烈的愿望是去伦敦。

家里就剩四口人了。其时，奥古斯丁正随一个小剧团进行巡回演出，他扮演罗密欧时爱上了扮演朱丽叶的一个16岁的女孩子。有一天他跑回家宣布他结婚了，那被大家认为是对家庭的背叛。不知为什么母亲听了这消息勃然大怒。其情景如同父亲初次去我们家时一样。她走进另一个房间哐啷一声把门关上。伊丽莎白缄默保持中立，雷蒙德大喊大叫。我是其中唯一同情奥古斯丁的。奥古斯丁因极度痛苦而脸色苍白，我告诉他跟他一起去看他太太。他把我带到一条小街上的一套沉闷的寄宿舍，我们爬了五层楼梯见到了他的朱丽叶。她很漂亮但身体虚弱，一副病容。他们向我吐露说他们快要添小宝宝了。

因此，在我们去伦敦的计划中，自然就不再考虑奥古斯丁了。家里人好像把他看成掉队的人，配不上我们所要求的远大前程似的。

现在我们又住进了徒有四壁的排练房，在初夏之际身无分文。那时我想到了一个好主意，就是去求那些在沙龙里看过我跳舞的阔太太们借给我足够的钱，我们好去伦敦。首先我去拜访在59号大街的一位太太，她住着宫殿般的大厦，俯瞰中央公园。我告诉她温莎旅馆的那场大火以及我们如何两手空空，我们在纽约又无人理解，并告诉她我一定要在伦敦取得社会认可的决心。

最后她朝桌子走去，拿起笔写了一张支票。她把支票叠起来交给我。我眼含热泪辞别了她快步走出来。可是到第五大街时我发现支票只有50

第六章 伦敦的惊喜与困顿

美元,我们家要去伦敦的话远远不够。

接下来我又去找另一个百万富翁的妻子。她住在第五大街的一端,我走过第59号大街的整整50个街区才到了她的豪宅。在那有一个老太太更加冷淡地接待了我,她还斥责我是多么不现实。她还给我解释说如果我学的是芭蕾的话,她的看法就会不一样了,她认识的一位芭蕾舞演员就发了大财!在向她借钱的当儿,我急困交加一下子就晕倒了。当时已经下午4点多了而我还没吃午饭。看到我这样子,那位太太有点担心。她按铃叫进来一位体面的大管家,大管家给我带来一杯巧克力和一些烤面包。我的眼泪扑簌扑簌地落进杯子里,掉在面包上,我还是极力向这位太太讲清我们的伦敦之行是绝对必要的。

"将来我会成名的,"我告诉她,"您也会因慧眼结识一位美国天才而倍增信誉的。"

最后这位拥有6000万家产的富翁也送给了我一张支票——同样也是50美元!可她又加了一句:

"挣了钱后别忘了还给我。"

我再也不会还给她,宁愿把这50美元送给穷人。

就这样我游说了纽约大多数百万富翁的太太们,最后我们凑够了300美元,这一大笔钱作为去伦敦的路费。如果我们去伦敦后想剩点钱的话,这笔钱还不够买普通轮船上二等舱的船票。

雷蒙德想了个好主意,他到码头去寻觅。最后终于找到了一条开往赫尔的运牛船。船长被雷蒙德的话感动了,他违犯船上的规定同意我们坐他的船。一天早晨我们就上船了,随身只带了几只包,因为我们的行李箱全在温莎那场大火中烧掉了。我相信是这次航行使雷蒙德成了素食者。这几百头牛是从中西部的平原上买来运往伦敦,它们乱哄哄地挤在船舱里,用牛角互相乱顶,日夜呻吟,我们觉得特别难受。

每当我坐在大客轮豪华的房舱里时,我就常想起乘运牛船的那次航行,想起我们那时难以自抑的喜悦,我经常想长时间的舒适豪华生活会不会引起神经衰弱。当时我们的奢侈品是咸牛肉,喝有稻草味的茶叶;床铺很硬,船舱太小;伙食很差。可是在去赫尔的这两个星期的旅途中我们很高兴。当时我们很不好意思用真名字登记上船,因此我们签的是外祖母的名字——奥尔戈曼,我把自己叫作玛琪·奥尔戈曼,船上的大副是个爱尔兰人,我同他在船上一起度过了许多月夜,他常对我说:"玛琪·奥尔戈曼,如果你愿意的话,我会给你做个好丈夫的。"船长人非常好,有时候晚上他也会拿一瓶威士忌给我们做香甜热酒喝。尽管在船上很艰苦,可我们在一起过得非常愉快,只有底舱里牛群的呻吟和哀鸣使我们心情压抑。我到现在也闹不清为什么他们今天依然用这种野蛮的方式运牛。

奥尔戈曼一家在5月的一个早晨在赫尔上岸,乘火车几小时后他们到达伦敦,就改回姓邓肯。现在想来我们当时是通过《时代》杂志上的一则广告在大理石拱门附近住宿的。我们在伦敦头几天天天坐很便宜的公共汽车,我们欣喜若狂,对周围的一切既感到惊奇又觉得欣喜,我已经完全忘记了我们只有不多的几个钱。我们喜欢上了风景观光,往往花几个小时去西敏斯教堂、大英博物馆、南肯辛顿博物馆、伦敦塔;我们还去丘花园、里士满公园和汉普顿厅。我们回到住处又兴奋又劳累,就好像是游客,而美国有个富有的爸爸给我们往这寄钱一样。就这样过了几个星期,直到有一天房东催我们付钱时,我们才从旅游的梦中醒过来。

有一天我们在国家美术馆听了一场关于柯勒乔的维纳斯和阿多尼斯的非常有趣的演讲,回来时就看房东太太当着我们的面"砰"的一声把门关上了,里面还有我们的那点行李,而当时我们还没爬完最后的那段楼梯。我们大家翻遍了各自的口袋只找出了大约6先令的钱。我们就又走回大理石拱门和肯辛顿花园坐下来考虑下一步怎么办。

第七章　与艺术大师的交往

如果我们能看到自己的生平影片的话，我们一点也不会对其中的场面感到惊奇，会说："这不就是我嘛！"当初我们一家四口人流浪街头，这情形也许只有在查尔斯·狄更斯的想象中才有。现在我有点不敢相信那是真的。我们年轻人当时经历了那么多的灾难而乐观向上，这不足为怪。可怜的母亲若大年龄已经历那么多磨难了，当时她却跟我们一样把苦难视若等闲，回首那些日子，似乎难以置信。

我们走在伦敦的大街上身无分文，既没有朋友也没有找到过夜的地方。我们试了两三家旅馆，但他们坚持要我们预付押金，因为我们没有行李。我们又试了两三家寄宿舍，可所有的女房东都一样铁石心肠。最后我们只好在格林公园的长椅上将就，但一会儿来了一个大块头警察让我们赶快走开。

就这样持续了三天三夜。我们只能吃几分钱的小面包，就是这样我们还在大英博物馆泡了几天，足见我们顽强的生命力。记得那时我还在读温克尔曼①的《雅典之行》的英译本，把我们的艰难处境全忘了。我哭过，但不是为我们的不幸而哭，而是因温克尔曼伟大的探险活动后的惨死而哭泣。

第四天天刚亮我就下决心行动了。我告诉母亲，雷蒙德和伊丽莎白尽管跟在我的后面但不要说一句话。我们径直走进伦敦一家最豪华的旅馆。值夜班的门房正半睡半醒，我告诉他我们刚下火车，我们的行李随后就从利物浦运来，在这期间他要给我们安排房间，把早饭给我们送上去，早饭要有咖啡和荞麦蛋糕，还得有几样美国式的美味佳肴。

那一整天我们都睡在很阔气的床上，时不时地我就给门房打个电话

---

① 约翰·温克尔曼（1717—1768）德国考古学家、艺术史家、艺术上新古典主义的奠基者，其名著有《希腊绘画雕塑沉思录》和《古代艺术家》。

去冲他大发牢骚，说我们的行李怎么还不到。

"我们是万万不能不换衣服就外出的，"我说。那天晚上我们就在自己房间里吃饭。

第二天一大早，估摸着快露馅了，我们就都出了旅馆，跟进来时一样，只不过这一次我们没有惊动门房！

我们来到大街上，又精神饱满地面对这个世界。那天早晨我们溜达到切尔西，在一个旧教堂的墓地中坐下来，这时我突然看到在路上有张报纸。拾起报纸，我的眼光落在一篇文章上，文章说有一位女士在格罗夫纳广场弄到一座房子，正在那里玩得不亦乐乎，而在纽约时，我在这位太太家跳过舞。看到这我突然灵机一动。

"在这等会儿，"我对他们三人说。

我独自一人刚好在午饭前赶到格罗夫纳广场，在她家里找到了那位女士。她很热情地接待了我。我告诉她我已来到伦敦在为社交界跳舞。

"这跟我下周五晚上要举办的宴会是一回事呢，"她说，"饭后你能给多解释一下吗？"

我同意了，并委婉地暗示她最好能给我一笔聘用的预付款。她很痛快，马上就开了一张10英镑的支票。我拿着支票跑回切尔西墓地，到那儿发现雷蒙德正大谈柏拉图的灵魂思想说。

"周五晚上我要在格罗夫纳广场的夫人家里跳舞了。可能威尔士的王子也要去呢，我们发财了！"我给他们看了支票。

雷蒙德说："我们得用这笔钱找个排练房并付一个月的预付金，我们再也不能忍受那些下贱俗气的寄宿舍的女人们恶声恶语了。"

我们在切尔西区离国王路不远的地方找到了一个小排练房，那天晚上我们就睡在那。没有床，我们只好睡在地板上，可我们感到又可以像艺术家那样生活了，大家都觉得雷蒙德说得对：我们再也不能住像寄宿舍那么粗俗的地方了。

付完了排练房的房租我们还余下点钱，就用这点钱买了些罐装食品以备将来用。我又在一家叫自由的商店买了几尺纱，我就穿着纱衣星期五晚上在那位太太的宴会上跳舞。我跳了一曲内文的《水仙》，我跳的是一个纤弱少年的角色，因为我那时特别瘦，我也很醉迷主人公在水中的形象。我又跳了内文的一曲《奥斐莉娅》,这时我听见人们小声说:"这孩子何以表达得这么悲惨?"晚会结束时我跳了一曲门德尔松的《春之歌》。

母亲给我伴奏,伊丽莎白给我配读由安德鲁·兰①翻译的忒奥克里托斯②的几首诗,雷蒙德又开了个小会,讨论舞蹈及其对未来的心理可产生的影响。这后一点可让衣食不愁的观众们有点费解了,可这次舞蹈表演非常成功。女主人很高兴。

英国有教养的观众一般没有人对我赤脚穿浅帮鞋着透明纱衣跳舞有什么评论,但好多年后我这一身简单的与众不同的打扮使德国人议论纷纷。英国是个极有教养的民族,甚至没有一个人想起来评论我着装的别具一格,更妙的是他不对我舞蹈表演的卓然不群妄加评论。人人都说:"太漂亮了""真令人惬意""太感谢您了"及其他诸如此类的话——但仅此而已。

但从那晚上起,我就开始收到许多来自名门大宅的邀请。有时今晚去皇家表演,明晚去劳瑟太太的花园表演,可结果第二天发现没的可吃了。因为有时我可以拿到钱,可她们常常不给钱的。女主人往往说:"你会给某某公爵夫人跳,给某某伯爵夫人跳,那么多的名人都会见到你,你会在伦敦出名的。"

记得有一天为协助一次义演我跳了四个小时,一位有头面的女士亲手给我倒了一杯茶并给我草莓作为赏赐,可当时我正因为几天没有吃上充饥的食物而害病,那些草莓和茶中的奶油使我更加难受了。就在这时,另一位太太举起一大袋金币说:"看看你给我们'盲女之家'挣了那么多钱!"

我和母亲生性都太敏感而不愿意告诉这些人她们的做法是对我们闻所未闻的残酷刺激,另一方面,我们不吃饭是为了省下钱来买点像样的衣服,穿得体面些。

我们在工作室中添置了几张轻便单人床并租了架钢琴,可我们大部

---

① 安德鲁·兰(1844—1912),英国学者、诗人、荷马专家及翻译家。
② 忒奥克里托斯(310?—250? BC),古希腊诗人,创始田园诗,在30首田园诗中以《泰尔西斯》最著名。

分时间是在大英博物馆度过的。雷蒙德素描希腊花瓶和浅浮雕,而我则配合着步伐与酒神狄俄尼索斯的甩头及其挥舞手杖的动作相一致的任何音乐,用舞蹈的形式把花瓶的浅浮雕上的人形表达出来。我们每天在大英博物馆泡上几个小时,中午只吃点便宜面包,喝点加牛奶的咖啡。

我们对伦敦的美丽热情着迷。我在美国欣赏不到文化和建筑的美,但在伦敦我可以啜饮其美。

离开纽约来到伦敦前我曾见过伊凡·迈洛斯基,从那时到我在伦敦的时间已有一年了。有一天,我收到一位芝加哥朋友的来信,他告诉我伊凡·迈洛斯基志愿参加了西班牙的战争,远在佛罗里达宿营,在佛罗里达他染上了伤寒死去了。这封信对我是个极大的打击。我简直不相信这是真的。一天我沿街走到库珀协会看了看旧报纸存档,在其中我发现了他的名字与众多的死去的人列在一起,字迹很小。

朋友的来信中也告诉了我他的妻子在伦敦的地址,于是有一天我就乘一辆双轮坐马车去找迈洛斯基太太的家。她家非常远,在哈默史密斯的某个地方。当时我多少是受美国清教的影响,我认为伊凡·迈洛斯基在伦敦竟然留下了遗孀,这事他在生前从没有向我提起过,这太可怕了。因此我谁也没告诉去干了什么。我把地址告诉了车夫,我们走了该有好几里路,几乎到了伦敦郊区了。那里全是一排排的灰色小房子,一个个极为相似,脏而阴郁,而上面的标记侧是一个比一个气派。我挨家找着:舍伍德别墅、格伦宅院、埃尔斯米·恩尼斯摩尔及其他一些不符实的名字,最后我找到了斯特拉家,我按了门铃,开门的是一个愁容满面的女仆人。我说见迈洛斯基太太,她就把我领进了空气沉闷的客厅里。当时我穿一件平纹细布的凯特格里约维式的外衣,臂下佩一条蓝色彩带,头戴一顶大草帽,卷曲的头发搭在肩上。

我听到了头顶上有踢踢踏踏的脚步声,有人尖声高喊:"好了,姑娘们静静,静静。"斯特拉宅院是所女子学校。虽然伊凡已悲惨地离开人世,但当时我的心情极为复杂,我既感到害怕又妒火中烧,就在我妒怕交织时,从外面走进来一个身材非常矮小的人,我平生少见,她不超过4英尺,很瘦弱,头发灰白稀疏,灰色的眼睛很有神,脸型很小,嘴唇薄而苍白。她非常热情地请我进去。我给她解释了我是谁。

"我知道,"她说,"你是伊莎多拉,伊凡在写给我的好多信里都谈起过你。"

"真对不起,"我嗫嚅着说,"他从来没跟我谈起你。"

"是的,"她说,"他不会跟你谈起我的,我本来打算去找他的,可他走了。"

她说话的语气一下子使我哭了出来。然后她也哭了,好像我们是多年的老朋友一样。

她把我带到楼上她的房子里去,四壁挂满了伊凡·迈洛斯基的照片。有他年轻时的照片——一张极为英武的脸庞,有一张相片是他送给她的一身戎装的照片,她已用黑纱围了一圈。她告诉我他们的生活,以及他怎么去美国寻找机会,他们不在一起是因为没有足够的钱。

"我本该去找他的,"她说。他总是给我写信说:"过不了多久我就会有钱的,这样你就可以过来了。"

一年又一年,她仍然在女子学校当老师,她的头发都等白了,可伊凡一直没有送给她去美国的路费。

我把这位耐心的小老太(在我看来她很老了)同我大胆的旅程相比,我感到有点不可思议。既然是伊凡的太太,她想去怎么不去呢,坐统舱去也行啊。不光当时,后来我也一直搞不懂,为什么想做一件事时而不去做呢?因为如果我想做什么事的话我可一点也不犹豫。这常常给我带来灾难和不幸,但至少我从自行其是中得到了满足。这个可怜而耐心的小人儿怎么能年复一年地等着自己的丈夫派人来请呢?

我坐在她那挂满了伊凡相片的屋里。她紧紧抓着我的手不停地给我说伊凡,直到后来我发现天已黑了下来。

她让我答应以后再来,我说让她去看我们,可她说抽不出时间,她一大早就开始工作一直到夜里都得教孩子们做练习并给他们纠错。

因为我已打发出租马车走了,所以我乘双层巴士回的家。记得回家的路上想起伊凡·迈洛斯基和他可怜瘦小太太的苦命我就忍不住哭泣,但同时我自己也很奇怪地因自己的强大而自喜,同时我又对那些生活中的弱者,那消极等待的人持蔑视的态度。这就是易走极端的年轻人的残酷。

一直以来，我都头枕着伊凡·迈洛斯基的照片和信睡觉，但从那天起我就把它们打了个包放到箱子里去了。

我们在切尔西租的排练房第一个月到期后天气已经非常热了，于是我们就在肯辛顿找了一间带家具的排练房住下。在那里我有一架钢琴，工作空间也大了点。可我们手头却没有几个钱。整个8月我们是在肯辛顿博物馆和大英博物馆两地度过的。大英博物馆闭馆后我们经常步行回到我们在肯辛顿的排练房。

有一天晚上让我惊讶不已的是身材瘦小的迈洛斯基太太来了，她邀请我去吃饭。迈洛斯基太太很兴奋，这次造访对她来讲可真是不一般。她甚至点了一瓶勃艮第葡萄酒。她问我伊凡是多么喜欢在林中采集黄花，我是如何有一天看见阳光照耀在他的红胡子上，照在他那一把黄花上；以及我如何总是将他与黄花联系在一起，她哭了，我也陪着落泪。我们又喝了一瓶勃艮第，让自己完全沉浸在回忆的海洋中。然后她就换乘迷宫式的公共汽车回到她在斯特拉的家。

伊丽莎白一直与我们在纽约时的小学生的母亲们通信，进入9月后，有一位孩子的母亲送给伊丽莎白一张支票让她回纽约。伊丽莎白决定回美国挣些钱。

"这样，"她说，"如果我挣钱然后给你们寄过来，你们有名有钱后，我会很快过来与你们再聚的。"

记得我们去了肯辛顿商业大街的一家商店给她买了一件暖和的衣服，最后我们送她上了通往港口的火车，然后我们剩下的三个人就回到了排练房，从那以后有许多日子我们心情极度沮丧。

温柔活泼的伊丽莎白走了。10月逼近，又冷又让人感到疲惫。我们第一次领教了伦敦的雾，而经常喝廉价的汤可能都让我们贫血了。甚至连大英博物馆都失去了吸引力。很长时间我们都不敢外出，我们裹着毯子坐在排练房里下跳棋，棋盘是用硬纸板临时改制的。

正如回首我们精神很高涨时我感到非常吃惊一样，回头看看这段日子我也是惊讶无比，那时我们的精神已完全崩溃了。实际上，有时候我们早上都没有勇气起床，一睡就是一天。

后来伊丽莎白来了一封信，里面附有汇款。她已到了纽约，临时住在第五大街的白金汉旅馆，她的班招生了，干得还不错。这让我们都很高兴。排练房租期满了，我们又在肯辛顿广场租了一个配有家具的小房子，这使我们有了自由出入广场花园的特权。

在一个小阳春的晚上，我和雷蒙德正在花园中跳舞，这时突然来了一个戴一顶黑帽的美艳绝伦的女人，她说："你们究竟是从哪里来的？"

"不是来自地球，"我说，"是从月亮上下来的。"

"好，"她说，"不管是地球上的还是月亮上的，你们很可爱，不上我这儿来看看吗？"

我们跟她来到她肯辛顿广场的很可爱的家里，她家里挂着伯恩-琼斯①、罗塞蒂②和威廉·莫里斯③给她画的很多漂亮的肖像画。

她就是帕特里克·坎贝尔④夫人。她坐下来给我们弹钢琴唱英国的老歌，然后她又给我们背诗，最后我给她跳舞。她长得秀美极了，她有一头又黑又密的乌发，黑色的大眼睛，脸上的肤色凝脂一般，连她的脖子也像女神一样。

见了那一面，我们马上就喜欢上了她，她毫无疑问地把我们从忧郁和沮丧的心境中解救了出来。那一次也成了我命运的转机，坎贝尔太太·帕特里克对我的舞蹈非常满意，她写了一封信把我介绍给了乔治·温德姆太太，她告诉我在她还是个孩子的时候，她初次在温德姆太太家演出，背诵的是朱丽叶的台词，温德姆太太很高兴地接待了我，那时我是第一次守着火炉喝英国式的下午茶。

炉火、三明治、浓浓的香茶，而屋外是黄色雾气，远处传来拖长了腔调的伦敦口音，透出文化底气，这一切都是那么别有韵致，而使伦敦更加可爱。如果说以前伦敦吸引我的话，那此刻我是深深地爱上了它。

---

① 爱德华·科利·伯恩-琼斯（1833—1898），英国画家和工艺设计家，代表作有油画《创世》《维纳斯的镜子》等。

② 丹蒂·加布里埃尔·罗塞蒂（1828—1882），英国诗人、画家，"前拉斐尔兄弟会"创建人之一，创办杂志《萌芽》。作品有诗作《神女》《生命之屋》及油画《少女时代的玛丽亚》等。

③ 威廉·莫里斯（1834—1896），英国诗人、画家、工艺美术家。曾组织社会主义联盟。主要作品有诗集《地上乐园》《社会主义歌集》、散文《乌有乡消息》。

④ 坎贝尔夫人（1865—1940），英国女演员，最早演戏剧，68岁时开始其银幕生涯。

乔治·温德姆太太的房子里真是有股魔力，那里又安全又舒适，从容而又充满着文化气息；在那里我真是从容而又自在仿佛鱼儿找到了自己的水域，那个漂亮的图书馆也很让我着迷。

就是在温德姆太太家我第一次领略了高贵的英国仆人的卓越风度，他们的一举一动都是那么气定神闲，大有贵族的风范，而他们自己也乐于为仆，为自己服务于"最好的家族"而骄傲，不像美国仆人那样一个劲想往上流社会爬。这些仆人的父辈与他们一样而且他们的后代也会步他们的后尘。这样会让生活平静而安定。

有一天晚上，温德姆太太安排我在她家的客厅里跳舞，几乎所有伦敦文学家和艺术家都到场了。在那儿我遇到了一个使我终生难忘的人。那时他大约有50岁，面孔英俊，我平生少见。他额头向前突出，眼窝深陷，鼻梁挺直，双唇十分温柔，他身材很高，略显单薄，身体稍微前倾，灰白的头发中分开来，自然地盖在耳朵上，他面孔真是出奇地让人感到舒畅。这就是查尔斯·哈利，是一位著名钢琴家的儿子，当时我遇到的年轻人都向我表示爱心，却没有一个让我动心，实际上我甚至没有注意过他们的存在，这真是怪事，可当时我一下子很动情地爱上了这个50岁的男人。

年轻时他曾是玛丽·安德森的知己。他邀我到他的画室喝茶，在那里他给我看安德森扮演《科里奥兰纳斯》中的费吉利亚时穿的衣服，他一直把它当成圣洁的纪念品。初次见面后我们的友情已经很深，几乎没有一个下午我不往他那里跑的。他告诉了我许多关于伯恩-琼斯的事，他曾是哈利的密友。他还给我讲罗塞蒂·威廉里斯和所有前拉斐尔派的人，还有威斯勒①和丁尼生②，所有这些他都很熟。在他画室我度过了迷人的时光，我对那些大师们的艺术有所了解都是从与这位令人愉快的艺术家的友情中得到的呢。

在那时，查尔斯·哈利是新画廊的指导。所有现代派画家的作品都

---

① 詹姆斯·A. M. 威斯勒（1834—1903），美国画家，长期侨居英国，主张"为艺术而艺术"，以夜景画、肖像画和版画闻名，作品有油画《白衣少女》《艺术家的母亲》、铜版画《威尼斯的风景》等。

② 阿尔夫雷德·丁尼生（1809—1892），英国诗人，于1850年被封为桂冠诗人。其主要诗作有《夏洛蒂小姐》《尤利西斯》，组诗《悼念》《国王叙事诗》等。

在新画廊里展出,那个画廊小巧而迷人,中央有个厅和喷泉。查尔斯·哈利打算让我在那进行舞蹈表演。他把我介绍给他的朋友画家威廉·里士满爵士,安德鲁·兰先生和作曲家休伯特·帕里爵士。他们三人答应每人开个讨论会。威廉·里士满爵士讲舞蹈与绘画的关系,安德鲁·兰讲舞蹈与音乐的关系。我在中央厅上表演舞蹈,中间是喷泉,四周是稀有的花草和成排的棕榈树,这次演出极为成功,报纸都极大热情地对演出加以报道,而查尔斯·哈利也为我的成功而备加高兴。伦敦城的每位名人都邀我去喝茶用饭,在短时间内命运之神向我们开口笑了。

一天下午在罗纳德夫人的小家的宴会上有人把我介绍给威尔士王子,也就是后来的爱德华国王。他赞美我是庚斯博罗[①]笔下的清纯美女,这么一叫更增加了伦敦上流社会的热情。

我们交了好运,于是我们就在沃里广场租了一个大排练房,在那里我花费了好多日子来创造一套新舞蹈,其灵感是在国家美术馆欣赏意大利艺术时得来的,但我认为这段时期我也很受伯恩-琼斯和罗塞蒂的影响。

在那时有一位年轻的诗人走进了我的生活,他说话温柔,有一双梦幻般的眼睛。他是刚从牛津毕业的。他属于斯图尔特家族的一员,名叫道格拉斯·安斯利。每日黄昏他都出现在排练房,腋下挟着几卷诗集,然后他就给我读史文明、济慈、勃朗宁、罗塞蒂和奥斯卡·王尔德的诗。他喜欢高声朗诵而我也特别喜欢听。可怜的母亲成为她完全有必要在这些场合下扮演监督人的角色。虽然她懂得也很喜欢这些诗,但她却不欣赏这种牛津式的朗诵风格,因此往往在一小时左右,特别是读到威廉·莫里斯的诗时,她就睡着了,这当儿,年轻的诗人就身体前倾轻轻地吻我的脸。我很满足于这种友情,除了安利斯和查尔斯·哈利外,我不想要其他的朋友了。一般的年轻人真让我难以忍受,虽然当时有许多年轻人在伦敦的豪门客厅里见了我跳舞后很高兴地给我打电话或约我出来,但我是那么傲气,因此他们一点儿辙都没有。

查尔斯·哈利住在加德根街的一座古旧的小房子里,他有一个年轻

[①] 托马斯·庚斯博罗(1727—1788),英国肖像画和风景画家,其作品光色清新,富有诗意。代表作为《蓝衣少年》《清晨漫步》。

可爱的小妹妹。哈利小姐也对我极好，她经常邀我出去吃便饭，就我们三人。就是同他们俩在一起时我第一次去拜访了亨利·欧文[1]和埃伦·泰莉[2]。我第一次见欧文是在他表演《针》。他伟大的表演艺术激起了我的热情和敬佩，以至于我几个星期都激动得睡不好觉。至于埃伦·泰莉，她那时就成了我终生追求的偶像，从没见过欧文的人也能理解他对戏剧阐释的醉人的美和宏大气魄，他智慧的力量和阐释戏剧的能力是无法用语言来形容的，在他的身上有的是天才但丁的高贵，他是个天才的艺术家，就连他的缺点也成了被崇拜的品质。

有一个夏日，查尔斯·哈利带我去见大画家沃茨，我就在他的花园里给他跳舞。在他的房子里我看到了埃伦那令人惊喜的面孔，埃伦·泰莉的像我已看过无数次了。我们一起在花园中散步，他告诉了我关于她的艺术和生活的许多美丽的事。

埃伦·泰莉当时已是成年女人，年轻女人的美丽在她身上已展现到了极致。她已不再是那个又瘦又高的女孩子，那曾经俘获住沃茨的想象力。当时她已是一个丰乳肥臀仪态雍容的妇人，与今天人们的追求可大不相同！如果现在的观众见到正当年华的埃伦·泰莉的话，他们定会群起建议她怎样减肥。而我敢保证，如果她当时像现在的女演员一样竭力把自己弄得更年轻更苗条的话，她那了不起的演技将会大打折扣，她看上去不是苗条而小巧，但她无疑代表了成熟女性的美。

就这样我认识了当时伦敦知识界和艺术界最高层次的许多名人。但随着冬天的过去，沙龙举办的越来越少了。有一段时期我去了本森剧团工作，但在那里也不过是扮演《仲夏夜之梦》中的第一位仙女罢了。好像剧院的经理不理解我的艺术，或者他们不明白我的想法可以给他们的演出带来很大的收益。自从赖恩哈特、杰梅尔和其他戏剧先锋派的作品搬上舞台后，有人认为一下子出了那么多模仿我的舞蹈流派的坏版本，这多么奇怪呀！

一天我见到了泰莉女士（那时已是泰莉夫人了）。在排练期间我去

---

[1] 亨利·欧文（1838—1905），英国演员，曾任伦敦兰心剧院经理。演过《钟楼》等300多部戏里的400多个不同角色。

[2] 埃伦·泰莉（1847—1928），英国女演员，以主演莎剧中的朱丽叶和麦克白夫人等著称。

了她楼上的化妆室，她很热情。听了她的安排我穿上舞服，然后她带我去舞台上给比尔博姆·泰莉表演。我给他跳了一曲门德尔松的《春之歌》，可他几乎不正视我而是心不在焉地向上盯着几只苍蝇。后来在莫斯科他塞给我一束花并赞美我是世界上伟大的艺术家时我给他讲了这件事。

"什么？"他大叫着，"我看你跳舞，你的美丽，你的青春而不欣赏！啊哈！我真是蠢！""现在，"他补充说，"太晚了，太晚了！"

"从来不会晚，"我说。从那一刻起他便十分欣赏我，关于这件事以后再提。

实际上，在那时我也难以明白其中的原因。我已在伦敦激起了我所遇到的所有的画家和诗人如痴如狂的热情，如安德鲁·兰·沃茨、埃德温·阿诺德爵士、奥斯·J.多、布森和查尔斯·哈利等，但是伦敦的剧院经理却无动于衷，好像我的艺术表达的信息灵性不强，以他们粗俗而又功利的舞台艺术观点来看是难以理解的。

我整天在排练房工作，每近黄昏的时候，要么是诗人来给我读诗，要么就是画家带我出去或看我跳舞，他们从来不碰头，因为哈利和安斯利对对方都强烈地憎恨。诗人说他不明白我怎么可能跟那么个老家伙搅和在一起，而画家则说他搞不懂我那么一个聪明的女孩子怎么和个猴子似的粗人交朋友。但我很高兴同他们交朋友，我也弄不清究竟更喜欢哪一个。星期天完全是为哈利留的，我们俩中午在他的画室吃来自斯特拉斯堡的肥鹅肝酱，喝自制的雪莉酒和咖啡。

有一天他允许我穿上了玛丽·安德森那件有名的练功衣，并给我画了几张速写。

就这样冬天过去了。

第八章　在巴黎的际遇

我们总是入不敷出，可那段时间过得很平静。可这段安生日子却让雷蒙德坐立不安。他春季去了巴黎，从巴黎他用电报对我们狂轰滥炸，求我们去那，因此有一天我和母亲收拾了一下行李坐船越过海峡去了巴黎。

经过了伦敦的雾，我们在一个春天的早晨到了法国的瑟堡。法国看起来像个花园，从瑟堡到巴黎我们一路上老是把头伸出三等舱的窗口饱览风光。雷蒙德在火车站接我们，他已经蓄了长发，头发盖过了耳朵，他的领子往下扣着，领带飘起来。我们很惊异于他这古里古怪的变化，可他给我们解释说那是他住的拉丁区的时尚。他把我们带到住处，我们在那看见一个女店员正从楼上跑下来，他请我们喝了一瓶红葡萄酒，说那花了30分。喝完酒我们开始找排练房。雷蒙德知道两个法文单词就是"找"和"排练房"。于是我们沿街走着用法语说"找排练房"，可我们不懂的是 atelier（排练房）这个词在法语里不仅指排练房，它还可指任何种艺术的工作间。最后，黄昏时我们在一个四合院里找了一间排练房，价格便宜得要命，才50法郎一个月，还有家具，我们喜出望外，预付了一个月的租金。当时我们不知道为什么那么便宜，可到了夜里我们终于明白了，我们刚定下神来要休息，地一下子动了起来。整个排练房和里面的东西似乎跳到了半空然后结结实实地落了下来。这种地震来了一次又一次。雷蒙德下去查看的结果发现我们正住在一个夜间印刷厂的上面。怪不得房租那么便宜呢。这下子都让我们有点泄气，可是在当时50法郎对我们来说是一笔不小的数目呢，我说就权当我们听海的声音吧，我们就算是住在海边吧。看门给我们提供餐饭，午饭是25分，晚饭是1法郎，包括酒，她常常给我们端上来一盘沙拉，然后很有礼貌地笑着对我们说："沙拉由你们自己来调吧！"

第八章 在巴黎的际遇

雷蒙德辞退了女店员而专门陪着我，我们常早晨5点钟就起床，这是我们初到巴黎的兴奋劲儿使然。我们起来就在卢森堡花园里跳舞，然后走几英里到巴黎在卢浮宫待上几小时。雷蒙德已经画了一大本希腊花瓶雕刻了，我们在希腊花瓶藏室里一待就是很长时间，卫兵起了疑心。于是我只好连连比画着给他解释我们是来研究舞蹈的，他大概觉得我们俩是不害人的疯子了，于是就不再干涉我们，记得我们会在打蜡地板上一坐几个小时，滑来滑去地看下面的几个架子，或踮起脚尖看着："看，这是酒神，"或"快来看，美狄亚正在杀她的孩子呢！"①

我们日复一日地去卢浮宫，直到关门时才恋恋不舍地离去。我们在巴黎没有钱，没有朋友，可我们什么都不缺，卢浮宫是我们的天堂。在那里我常穿件白色外衣，戴一顶自由帽；而雷蒙德则戴一顶大黑帽，敞着领口，领带松松垮垮。人们在哪遇到我们都说我们这两个年轻人真是怪，完全忘情于希腊花瓶的世界中了。闭宫时我们步行回家，在杜伊勒利宫的花园里长长地逗留；吃完了白豆、沙拉、喝完酒时，我们真是快乐无比。

雷蒙德的铅笔画画得特别好，几个月内他已经画完了卢浮宫内的所有花瓶，但后来我们出版的画中有几张侧影图像，那不是从希腊花瓶上画下来的，而是我裸体跳舞时的剪影，雷蒙德给我拍的照，可后来就被认作是希腊花瓶上的图形了。

除了卢浮宫，我们还去了克鲁尼博物馆、卡纳莱博物馆、巴黎圣母院和巴黎的所有其他的博物馆。我对巴黎歌剧院门前的卡波尔群像和凯旋门上的吕德尤其着迷。没有一座纪念建筑我们不对它肃然起敬的，我们年轻美国人在这博大的文化面前心灵无不感到振奋，因为这也是我们竭尽全力想争取到的。

春季慢慢过去，夏天来了。当时1900年的博览会开幕了。有一天早晨，查尔斯·哈利突然来到我们快活街的排练房，我又惊又喜，而雷蒙德却很困惑。哈利是来看博览会的，从那一刻起我就成了他形影不离的伴儿。我再也找不到这样迷人聪慧的向导了。我们整天都在建筑物中逛来走去，

---

① 美狄亚（希神），Colchis 国王的公主，精巫术，曾助 Jason 取得金羊毛，并与之私奔；后被遗弃，愤而杀死亲生儿女。

晚上我就坐进轮椅。而我却总是累，因为博览会的艺术无法与卢浮宫的艺术相提并论，可我还是很高兴，因为我喜欢巴黎也喜欢查尔斯·哈利。

一到星期天我们就乘火车去乡下逛一逛凡尔赛宫的花园或去看看圣杰曼的森林。我在林中给他跳舞，而他则给我画像。就这样夏天过去了。当然可怜的母亲和雷蒙德并不高兴。

1900年的博览会给我印象最深的是日本伟大的悲剧舞蹈家贞八重子的表演。夜复一夜，我和查尔斯·哈利都为这位伟大的悲剧演员令人叹为观止的表演所倾倒了。

另一个在我一生中使我印象更深的事情是"罗丹展出馆"，在那个馆里罗丹这位大艺术家的全部作品都展出了。我第一次进这个展馆时，在这位大师的作品前我还不知道谁是罗丹，我感觉到自己置身于一个全新的世界里。每去一次每当我听到那俗不可耐的人喊："他的头在哪儿？"或"他的胳膊怎么没了？"时我义愤填膺。我常常转过身严厉地斥责他们，我常这么讲："知不知道？这不是表现事物的本身，这只是一个标志——是对理想生活的思考。"

秋天到了，博览会也到了尾声。查尔斯·哈利就要回伦敦了，但在回去之前他把我引荐给了他的外甥查尔斯·努夫拉尔。他临走时说："你来照顾伊莎多拉吧！"努夫拉尔大约有25岁，多少有点老于世故，但他马上被我这位美国小女孩的清纯俘虏了，他着手完成我的法国艺术教育，他给我讲了许多哥特艺术的知识，使我初次欣赏到路易十三、路易十四、路易十五和路易十六时代的艺术。

我们离开了快乐街的排练房，用手头的余钱在维莱尔大街租了个大排练房。雷蒙德颇具匠心地装饰了这个排练房，他把锡片卷起来套在煤气出口上，因此火焰可像古老的罗马火炬一样喷出来，这样一来我们的煤气费一个劲地往上涨！在这个排练房里母亲又开始演奏她的音乐，就像我们童年时代时，她会演奏肖邦、舒曼和贝多芬的曲子，一演就是几个小时。我们的排练房没有卧室也没有洗澡间，雷蒙德在四壁上画满了希腊柱子，我们还有几个雕花的柜子里面放着床垫。一到夜里我们就从箱子里取出床垫在上面睡觉。雷蒙德看什么鞋都看不惯，他于是就发明了他著名的凉鞋。雷蒙德是有点发明才气的，那天夜里他花了大半夜来完成他的发明，敲敲打打没完没了。我和可怜的母亲只能躺在柜子上尽最大努力入睡。

查尔斯·努夫拉尔是我们这儿的常客。有一天他把他的两位同事带到我们的排练房来了，一个叫雅克·博吉耶，是个很漂亮的年轻人；另一位是个文学青年，叫安德烈·博尼耶。查尔斯·努夫拉尔很自豪，他把我介绍给他的朋友，把我看成是了不起的美国人。自然，我给他们表演了舞蹈。那时我正在研究肖邦的前奏曲，华尔兹和玛祖卡舞曲。母亲的曲子演奏得好极了，她弹得如男子那般稳健而有力但又饱含情感，对作品的驾驭能力很强。她经常一口气给我伴奏几个小时。也就是在那时雅克·博吉耶想起请求他母亲德桑·马索太太——一位雕塑家的妻子，请我晚上去她家给她的朋友们跳舞。

德桑·马索夫人的沙龙是巴黎最雅致也最具艺术性的沙龙之一。她把我的排练安排在她丈夫的雕刻室里，有一个很引人注目的男子坐在钢琴边上，看他的手指就知他是一个行家。我马上就被他迷住了。

"多么令人陶醉！"他惊叹到，"多么迷人！多叫人怜爱！"然后他把我抱在怀里亲了亲我的双颊，完全是法国人的做法。他就是梅萨热，一个有名的作曲家。

夜晚来临，该我登台亮相了。这群观众是那么的友善，那么热情，我完全被感染了。不等到我跳完他们就大喊起来："好！好呀！？太精彩了！太妙了！"一曲跳罢，有一个个子高高，双眼炯炯有神的男子站起来拥抱我。

"你叫什么名字，小姑娘？"

"伊莎多拉，"我回答。

"你小时候名叫什么？"

"小时候他们叫我多丽塔。"

"噢，多丽塔，"他喊着，吻我的眼、我的脸、我的嘴，"多丽塔，"接着德桑·马索夫人拉住我的手说：

"这就是伟大的萨尔都。"

实际上那间房子里都是巴黎的知名人物，当我离开时可是满载鲜花和赞美。我那三位护花使者努夫拉尔、雅克、博吉耶和安德烈心满意足而又满面自豪地把我护送回家，因为他们了不起的小美国人可真露脸。

在这三位年轻人中，后来成为我莫逆之交的不是温文尔雅的查尔斯·努夫拉尔，也不是潇洒的雅克·博吉耶，而是身材矮小、面色苍白的安德烈·博尼耶。他面色苍白，长着一个小圆脸，而且戴着眼镜，可他是何等的聪慧呀！或许人们不相信，我过去一直是"理智型的"，我许多智慧的爱情与情感之恋同样有趣，安德烈那时正在写他的头两本书《皮特拉克》和《西蒙德》。他每天都来看我，也是因为他，我才了解了法国文学的精华。

那时，我已经学会用法语很轻松地阅读和会话了。安德烈·博尼耶经常整下午整晚上地在我的排练房给我朗读法语，他的嗓音富有韵味，特别叫人赏心悦目，他给我读莫里哀、福楼拜、泰奥菲勒·戈蒂埃和莫泊桑的作品，是安德烈·博耶吉给我读的梅特林克的《普莱雅斯和梅丽桑德》和所有现代法国文学。

每天下午都会有人怯生生地敲我排练房的门，那定是安德烈·博尼耶。他腋下总夹着一本新书或杂志。母亲不明白我怎么对这个男人那么热情，他可不是母亲要求的十全十美的恋人，我前面已经讲了，他又矮又胖，眼睛很小，只有"有头脑的"人才会看出那双眼睛闪烁着聪明才智。经常是在他给我读两到三个小时的书后，我们就出去坐上塞纳河边的公共汽车，一直到城市中的岛屿去欣赏月光下的巴黎圣母院。他了解正面上的每一个人物并能讲出每一块石头的来历。然后我们就步行回家，时不时我会感觉到安德烈小心翼翼地用手指捏我的胳膊，逢周日，我们会乘火车外出，在他书中曾描写过我们在林中散步的场景：我怎么沿着小路在他面前跳舞，怎么像个林中仙女一样向他招手又怎么像个树精一样朝他咯咯地笑。

他向我诉说他对文学的所有感觉和他想创作的文学形式，那当然不会是"流行小说"的描述。可我深信安德烈·博尼耶的名字将会为几个世纪后的人们列入他的时代最好的行列，安德烈·博尼耶曾有两次情绪非常激动。一次是因奥斯卡·王尔德的去世。当时他来我这时面色苍白、浑身颤抖，情绪非常低落。我听说过王尔德，对他的作品印象模糊，我对他知之甚少。我曾读过他的一些诗并很喜欢那些诗,安德烈就告诉了我一些关于王尔德的事。我问他王尔德为什么要坐牢,安德烈的脸一下子红到了耳根子并拒绝回答这个问题。

他抓住我的双手一个劲地颤抖。他和我在一起待到很晚,并一直不停地说:"你是我唯一的知己。"他让我产生一种怪异的感觉,觉得可怕的灾难已经降临到这个世界上。不久,一天上午他又来了,脸色惨白。他不告诉我为什么如此激动,他一句话也不说,头不动,眼睛直勾勾地望着前方,临走时他郑重其事地吻了一下我的额头以至于让我产生了他快要死的预感,这让我一直感到痛苦而焦虑。可三天后他神采飞扬地回来了,坦诚地告诉我他决斗去了,并把手伤了。我从来就不知道他为什么要决斗,实际上我对他的生活毫无所知。他一般下午5点或6点来我这,然后就给我读书或带我出去散步,这要视天气或我们的情绪而定。有一次我们去一块空地,在那里有四条路在默洞森林交会。他把右边的路叫"运气";左边的路叫"和平";前面的路叫"不朽"。我问:"我们这条路叫什么呢?""爱情。"他小声说。"那我情愿留在这里。"我高兴地大叫。可他只是说:"我们不能留在这里。"然后他站起来沿着眼前的路很快地走了下去。

我很失望又感到不解,于是就快走朝他追去大声喊着:"可为什么,可为什么你要离我而去?"可一路他再也没说话,陪我走到我排练房门口时就马上走了。

我们这种不伦不类的热烈友情已经持续一年多了,在我的心目中我梦想着用另一种方式表现出来。有一天晚上我支开了母亲和雷蒙德,让他们去了歌剧院就剩下我一个人——那天下午我偷偷地买了一瓶香槟,晚上我摆了一张小桌子,上面放好鲜花,香槟和两个酒杯——然后我穿上了透明的练功衣,用玫瑰花在头上挽起了一个花环就开始等安德烈,我感觉就像泰依丝一样。他来了,但他似乎吃惊不小有些张皇失措——香槟他连碰都不碰。我给他跳舞,可他看上去心不在焉,到最后他突然要走,说晚上还有很多东西要写,守着香槟和玫瑰我伤心地哭了。

如果有人回忆起那时我多么年轻而又美貌出众的话,那么对于这件事是难以有个正确解释的。实际上我也不知道为什么,但那时我只能绝望地认为:"他不爱我。"安德烈对我虚荣心的伤害使我又气又恼,我开始疯狂地与这三个崇拜者中的一个——高高的、满头金发的那一位调情,他对于拥抱接吻很主动,与安德烈的畏畏缩缩可大不一样。但这次尝试也以失败而告终。有一天夜里,我们大喝了一通香槟,然后他就把我带到早已在旅馆订好的房间里,是用化名夫妻的名义开的。我浑身颤抖可感到很幸福,我最终将尝尝爱的滋味了。他把我抱在怀里狂风暴雨般地抚摸我,我的心咚咚跳个不停,每一根神经都很舒坦,我整个人都处于极乐的状态。我精神极度高涨,我最终将知道什么是生活了。突然他一下子惊起,双膝跪在床边,激动得难以言表,他喊道:"噢——你为什么不早告诉我?我差点犯了罪——不,不。你得保持纯洁,穿上衣服,马上穿上衣服!"

他对我的抱怨充耳不闻,给我披上了衣服并赶紧把我带上了出租车,一路上他恶狠狠地咒骂自己,我都让他吓坏了。

我问自己:到底要犯什么罪?我感到头晕目眩,心情不安,这一次又是停在了排练间的门口,我感到很丧气。我这位年轻的金发朋友再也没有回来,不久他去了法国的殖民地。几年之后我又遇到他时,他问:"你原谅我了吗?"

"原谅你什么?"我问……

这就是我在爱情这片难以捉摸的土地上进行的青春探险。我渴望进入这片境地,可多少年来我一直被拒绝入内。因为我总是让我的情人感到敬畏,产生宗教式的朝拜。最后这次打击让我的情感世界更加坚定,它促使我把一切都投进了我的艺术世界,让我在其中寻找爱情拒绝给予的快乐。

我夜以继日地在练功房研编一种舞蹈,这种舞蹈可通过身体的动作把人类的精神美妙地表达出来。我常常一动不动地站上几个小时,双手叠放在胸间盖住心窝。见我一动不动地站那么长的时间,仿佛呆了一般,母亲就警觉起来,可实际上我正有探寻并最后找到所有运动的源泉,发力的中心,所有不同的运动形式的核心、舞蹈创作之本——这次发现产生了我以后创办舞蹈学校的理论依据，一般的芭蕾舞学校都教育学生说舞蹈的中枢是在脊柱底部的中心，芭蕾舞老师讲人的胳膊、腿和躯干都围绕这个中心运动，这样就像一个连接起来的木偶在动。这种方式产生的是很造作的机械运动，体现不出人的灵魂，而我要寻找的则是表达人类精神的源泉，把它注入人体的每一部分，赋予人体以生命的灵光——这种向外散发的力量就是人类精神的幻象。经历了多少个岁月，当我学会了把所有的力量集中在这个中心上时我发现从那以后当我听音乐时，音乐的辐射和振动会潺潺流入我心中这个光的源头——然后它们就投影在"精神幻象"里，不是头脑的明镜，而是心灵的明镜。我的舞蹈表达就是来自这个幻象——我一直努力向艺术家们解释我艺术中的这第一个基本理论。斯坦尼斯拉夫斯基[①]在他的《我的艺术生活》中曾提到过我这一见解。

这好像很难用语言解释清楚，站在舞蹈班的孩子们面前时我会说："用你们的心灵去听音乐。现在，听一听，你没感觉到你内心深处有自我在觉醒吗？不是靠这个自我的力量你抬起你的头，举起你的臂，靠它你正慢慢地走向光明吗？"他们明白了。这种觉醒是舞蹈中的第一步，我以为是这样。

连最小的孩子也懂了，从那时起，即使是走路，他们的一举一动都尽力领悟，姿态优美；这仅靠外在形体动作是无法具备的，仅靠理智也是无法产生的，这也就是为什么我的学校中很小的孩子就是在特罗卡得罗都市大剧院这样的地方亮相也能以其磁力吸引观众的原因，而这种磁力一般只有大艺术家才会具备，可当孩子们长大以后物质文明的破坏力会把这种力量从他们身上夺走——他们就会失去其灵性。

我青少年时代独特的生活环境已使这种力量在我身上定型，在我生命中的任何时候我都能拒绝外界的任何影响而独自靠这种力量生活下去。所以在经历了我那悲天悯人的尘世之爱的追求之后，我的情感巨变，一下子就回复到了这种力量。

从此以后，当安德烈有点怯意而又内疚地来我这儿时，我滔滔不绝

[①] 康斯坦丁·斯坦尼斯拉夫斯基（1863—1938），苏联戏剧家、演员、导演，以其创作的体验派表演体系著称，著有《我的艺术生活》《演员自我修养》等。

地给他讲了几个小时关于我的舞蹈艺术和我的人体运动的新学校。我敢肯定当我向他解释我所发现的每一个姿势时他看上去一点也不烦不累而是极有耐心地认真听着。我那时也梦想找到一种姿势，有了这一种姿势就可不用我的意志而产生出一系列的舞姿，而这些舞姿仅仅是第一个舞姿不由自主的反应，或者说"悲伤"会引发出哀恸之舞，而一个好的动作的展现则如鲜花的绽放，舞者所表达的就是四溢的流香。

这些舞蹈没有音乐伴奏，但它们似乎从某些不可见的音乐韵律中演化而来。在这些研究中我首先尝试表达肖邦的序曲。我也开始介入格卢克的音乐。母亲总是不厌其烦地为我伴奏，她常常一遍又一遍地重复"俄尔甫斯"的乐谱，直到排练房的窗口上出现晨光。

那扇窗子很高，覆盖了整个天花板，而且也没有窗帘——抬头一望，母亲总能看到天空、星星和月亮——可有时候急雨会敲打窗子，细小的雨流会洒落在地板上，因为顶层的排练房的窗子一般很少防雨——而且到了冬天排练房冷得要命，穿堂风呜呜叫个不停，而到了夏天我们则烤焦了一般——因为只有一间房子，所以我们挪动地方也不总是那么方便。可是年轻人的可塑性极强，我们可不惧任何困难，而母亲是那么天使般地忘我，她宁可牺牲自我而只愿对我的工作能有所帮助，当时巴黎上流社会的头面人物是格雷菲勒伯爵夫人。我接到邀请去她家的客厅跳舞，在那里云集了上层社会的人，包括巴黎上层圈里的名流。伯爵夫人惊呼我是希腊艺术的复兴，可我觉得她是受皮埃尔·路易的《爱神阿罗狄蒂》和《比利提之歌》的影响，而我表达的则是多利克柱和帕台农庙的人字墙，这是我在大英博物馆冷冷的灯光下所观察到的。

伯爵夫人在她的客厅里用格子架起了一个小舞台，在每个小格子里面都放有一朵玫瑰花，这种玫瑰装饰的背景与我朴素的舞衣和我舞蹈的宗教含义颇不相称，虽然当时我已经读过了皮埃尔·路易的书及《比利提之歌》、奥维德[①]的《变形记》和萨福[②]的诗歌，但我全然没接受其中

[①] 奥维德（前43—17）古罗马诗人，代表作为长诗《变形记》，其他重要作品还有《爱的艺术》《岁时记》《哀歌》等。

[②] 萨福（约前612—？）古希腊女诗人，作品以热情奔放著称。其作品有抒情诗9卷、哀歌1卷，仅有残篇传世。

满足于感官享乐的描写，这说明限制年轻人的文学读物是没有必要的。如果没有亲身体验，你是永远不会体验到那些文字描写的。

我依然是清教主义的产物——我的外婆以开拓者的身份乘篷盖马车于1849年穿越大平原，他们抄近路越过落基山脉的原始森林，跨过炎热的平原，与满怀敌意的印第安部落周旋或进行残酷的战斗，所以不管是因为我外公外婆的血统也好，还是由于我父亲的苏格兰血统也好，不管怎样——美国这片土地如它造就其他美国青年一样把我造就成一个清教徒，一个神秘主义者，一个崇尚英雄行为的奋斗者而不是一个追求任何物欲的人。我相信大多数的美国艺术家与我如出一辙。拿沃尔特·惠特曼来讲，虽然他的作品曾一度遭禁并列为不受欢迎的文学作品之列。尽管他曾不断宣扬肉体之乐，他在心底仍然是个清教徒，就像我们大多数美国作家、雕刻家和画家一样。

是美国这块伟大而艰苦的土地，是这些广袤而风吹日晒的空间，还是亚伯拉罕·林肯的影子占据了一切而与法国享乐的艺术形成了鲜明的对比？有人或许会说美国艺术的主流就是把感官享乐降低到近乎零的状态。真正的美国人不是如传说中所说的逐命爱钱的人，他们是理想主义和神秘主义者，我丝毫没有说美国人没七情六欲的意思。相反，一般盎格鲁—萨克逊血统或带有凯尔特血统的美国人在危机时刻会比意大利人更富有激情，比法国人更敏感，比俄国人更偏激。但早期的磨炼却把他们的性情禁锢在了铁壁之中，被寒冰般封冻，只有当生活中非同一般的事件打破了他的拘谨，他的这些性情才得以展现。这样盎格鲁—萨克逊或凯尔特人是所有民族中最火热的情人。我曾认识这样一些人：他们上床睡觉要穿两层睡衣，一层丝绸柔软贴身，一层羊毛睡衣保暖。他们手里还要拿着《泰晤士》报和《尖刀》杂志，口叼着木根烟斗；可就这样的人会突然间变成一个大色鬼，这会让希腊人望尘莫及，这种火山爆发式的感情冲动会把意大利人吓得一个星期内目瞪口呆！

因此，那天晚上在格雷菲勒伯爵太太的家里，挤满了打扮得靓丽时髦珠光宝气的女人；几千束玫瑰花的香气使人感到窒息；我就被坐在前排的一群青春崇拜者紧紧盯着，他们的鼻子紧挨着舞台，几乎可以擦到我的舞鞋了。当时我感到非常不自在并认为跳得非常糟糕。可第二天上午我收到伯爵夫人措辞亲切的便条,她说感谢我并告诉我去门房那取酬金。我不想去找门房,因为我对钱格外敏感,但我还是去了,因为毕竟这笔钱可以抵一下我们排练房的房租。

令人欣喜的是,有一天晚上在知名的马德莱娜·勒迈尔夫人的练功房伴着奥费的音乐跳舞时,我在观众丛中第一次看到了法国的萨福·诺瓦娜伯爵夫人那灵感洋溢的面庞。让·若兰也到场了,后来他在《杂志》上描述了他对这次舞蹈的印象。

除了前面两个我最快乐的源泉卢浮宫和国家图书馆外,我又发现了第三个快乐的源泉:那就是迷人的歌剧院图书馆。图书馆管理员以极大的热情支持我的研究,让我随便阅读每本舞蹈方面的书并给我所有关于希腊音乐和戏剧艺术方面的书籍。我的全身心都扑在所有的有关舞蹈艺术的书籍上,从最古老的埃及人的艺术到今天的艺术,并且我把读过的书的所有心得都记在笔记本里。可当我完成这个巨大的实验之后我发现我心目中的舞蹈大师只有让-雅克·卢梭(《爱弥尔》)、沃尔特·惠特曼和尼采。

一个阴暗的下午,有人敲响了我排练房的门。一个女子站在门口。她亭亭玉立、气质不凡,她一进门就带着瓦格纳的音乐氛围,深沉而有力,给人一种山雨欲来的感受。实际上,她当时的这种气质已从那时贯穿了我的一生,它在其震荡的旋律中带来了暴风雨般不平静的一生。

"我是波利尼亚克亲王夫人,"她说:"我是格雷菲勒伯爵夫人的朋友。你的舞蹈让我很感兴趣,我的先生更感兴趣,他是位作曲家。"

她的脸端庄而秀美,但她的下巴特别有力,向前突出而衬出她的武断,这多少有点破坏她的气质之美。如果不是她一脸的孤高冷漠掩饰住了她那性感的面庞和眼神,她的脸就极似罗马皇帝的脸了。一开口说话,她的嗓音也是生硬而不带任何感情,话从她这样一个人的口里说出来让人感到很神秘,她的声音本该是更圆润更深沉的。后来我猜测,她那冷若冰霜的面孔和不近人情的口气可能是为了掩饰她的极度敏感和羞涩,虽然她贵为公主身份,我向她谈了我的艺术和我的希望,公主马上提出在她的练功房给我安排一场音乐会。她会画画并且是个不错的音乐家,而且她既会弹钢琴又会演风琴。公主似乎觉察到了我们的贫穷,因为她看到了我们简单冷落的排练房和我们消瘦而深陷的面孔。她突然动身走时很小心地把一个信封放在了桌子上，我们发现里面有2000法郎。

我相信波利尼亚克夫人经常这样做，尽管有人说她相当冷漠和没有人情味。

第二天下午我去了她家并见了波利尼亚亲王，他是个很有天分的音乐家。那是位优雅但略显单薄的绅士，永远戴顶黑色的小绒线帽，帽子与他秀气的脸正好相配。我穿上舞衣在他的工作室给他跳舞，他看得如醉如痴。他向我欢呼喝彩并称我是他等待已久的梦幻，我的运动和音乐相关的理论使他大感兴趣，我对舞蹈作为一门艺术而复兴所寄予的理想和愿望也同样打动了他。他兴致勃勃地给我弹奏一架美丽的拨弦古钢琴，他很喜欢那架琴，用他那修长的手指抚摸个不停。最后他突然说："伊莎多拉，多么可爱的孩子，多可爱呀。"而我则羞怯地回答说："我也非常崇敬您，我多想伴着您富于灵感的乐曲给您跳舞呀！"

然后我们打算合作。我期待着合作，那将是我极其珍贵的合作，但这一希望却由于他的英年早逝化为了泡影。唉！在这个世界上那是个多么无法挽救的损失呀！

亲王夫人为我举办的音乐会极为成功，她很慷慨地向公众开放了她的排练房，观众不仅仅限于她的朋友，因此越来越多的人对我的艺术开始感兴趣。从那以后我们也在自己的排练房里安排了一系列的收费表演会，有二三十个观众的样子，波利尼亚克亲王和太太每一次都来，记得有一次亲王摘下他的小绒帽很赞赏地在空中挥来挥去，高喊着："伊莎多拉万岁！"

欧仁·卡里埃也常带着他的全家来参加这些音乐会，有一次卡里埃就舞蹈做了简短的演讲，这给了我很大的荣耀。其中有这么一段：

伊莎多拉孜孜寻找表达人类情感的手段，她在希腊艺术中发现了最精彩的表达方式。她很欣赏那些美丽的浅浮雕人体而且从中得到了灵感。然而她也有善于挖掘的天赋本能，她带着这些灵感重归自然，从自然之中她创造出这些优美的舞姿；依靠她对希腊舞蹈的模仿并给它重新注入活力，她找到了自己的表达方式。她会联想起古希腊人，但她更相信自己。她展现给我们的是自己的喜怒哀乐。她不计时空对幸福不懈地追求，这就是她的愿望。她把希腊艺术整个呈现给我们，她激励我们去创造自己的艺术，在她为我们复活希腊艺术的一瞬间，我们变得与她一样年轻，我们心目中又升起新的希望。当她的舞蹈表达出对命运的不可抗拒时，我们也感觉同她一样听天由命了。

伊莎多拉·邓肯舞蹈不再是"消遣"节目，它是生命的体现。作为艺术作品它更富有生气，它足以激励我们为自己的艺术而努力去创作。

第九章　与罗丹相识

虽然我的舞蹈为许多名人所了解并得到他们的欣赏，可我的经济状况依然很不稳定，我们常常为如何付排练房的房租而犯愁。因为没有钱给火炉买煤我们得常挨冻，也就是在这种穷困交加的环境中，在这单调的清冷的排练房里一站就是几个小时，就这样等待着灵感到来的时刻以求用舞蹈来表达自我。最后直到情绪高涨，我就会很流畅地表达我的灵魂。

有一天我正这样站着时，有一位面色红润的先生来拜访我们。他穿一件很阔气的毛领上衣，手戴钻戒，他说：

"我从柏林来。我们已听说过你们的赤脚舞了。"（可想而知，用这么一个词来描绘我的艺术简直是把我吓坏了）"我是受那最大的音乐厅之托来聘请你即刻去演出的。"

他搓着手，满脸堆笑，好像他给我带来了天大的红运。可我像只受伤的蜗牛一样缩在壳里。我淡淡地说："噢，谢谢你。我可不愿意把我的艺术带进音乐厅。"

"可你真糊涂，"他大声说，"最伟大的艺术家都去我们的音乐厅演出，会有很多钱的。我已经给你定下每晚500马克的价格了。以后还会加的。你将会很露脸地作为'世界头号赤脚舞蹈家'出场。（世上第一位赤脚舞蹈家定会成功的）你肯定会接受吧？"

"绝不，绝不。"我连连说。我生气地说："怎么讲都不行。"

"可这是不可能的。不可能，不可能，我可不想听到'不'。我已经把合同准备好了。"

"不，"我说，"我的艺术不适合在音乐厅演出。将来我会去柏林的，我希望让你们的爱乐乐团伴奏，但是要在真正的音乐厅里、殿堂里，而不是在杂技演员和驯兽师陪伴下的音乐厅里。上帝呀，太可怕了！不，这绝不可能。再见吧。"

看了看我们简陋的住处和破旧的衣服，这位德国经理简直不相信自己的耳朵。他一年来了三次，最后提出每晚付给我1000马克，为期一个月，这样也打动不了我。他于是很恼怒，叫我"去你的吧，小姑娘"。最后我也冲他发了火，我说我来欧洲是用舞蹈给人们带来伟大的宗教复兴，通过人体运动的表达形式让人们了解人体的美和圣洁，我可不是让那些饱食终日粗俗平庸的小市民在茶余饭后看跳舞找乐子的。

"请便吧！请便！"

"那这一晚上1000马克你就不要了？"他气呼呼地说。

"当然不要。"我很严厉地回答说，"我还会拒绝1万马克，10万马克。我所追求的东西你永远不懂。"他走时我又加了一句："将来有一天我会去柏林的。我会为歌德和瓦格纳的国人跳舞的，但我会在配得上他们的剧院里跳，有可能一晚上还不止1000马克哩！"

我的预言后来应验了，三年以后我在科隆歌剧院演出，柏林的爱乐乐团为我伴奏，也就是这位经理很通情达理地把鲜花送到包厢里来。当时歌剧院的票房收入高达25000马克之多，他当时很友好地承认自己的错误："你对了，请让我吻一下你的手吧。"

可当时我们那么急需钱，王公贵族的欣赏和我正在鹊起的名声就不能让我们填饱肚子。当时有位瘦小的女士经常光顾我们的排练房，她长得很像一位埃及公主，虽然实际上她来自落基山脉以西的某个地方，并且在其漫长而闻名的事业中一直用她土生土长的美国名字。她的歌声像海妖一样迷人，我发现我们的门下一清早时总塞有带着紫罗兰香气的便条，然后雷蒙德就悄悄地没了影。因为雷蒙德没有饭后散步的习惯，所以我把这两件事一联系就得出了结论。然后有一天雷蒙德宣布他已在去美国巡回演出的一个音乐团中谋到了一份差使。

因此在巴黎就剩下我和母亲了。因为母亲正在生病，所以我们搬到了马格丽特街上的一个小宾馆去住。在那她就可以在床上睡而免遭排练房中地板上的穿堂冷风了，在那她的饮食还可有规律些，因为我们住的是家庭式的膳宿公寓。

在膳宿公寓里我发现有一对夫妇很引人注目，女的长得相貌出众，

30 岁左右的样子，有一双大眼睛——这是我所见过的最奇特的眼神——温柔、深沉、充满了诱惑而又富有磁性，洋溢出火一样的热情，其中还有壮大的纽芬兰狗那样的恭顺。一看她的眼睛你就会觉得掉进了火山口里。

男的略显清瘦，眉毛清秀，面色有些疲惫与他的年轻颇不相称，一般与另一个人在一起，他们三人总是忘情于那么热烈又激情洋溢的谈话，好像这三个人与凡人不一样。他们一刻不停，乐此不疲；他们一直被自己内心的火焰持续燃烧着。男的是纯洁美丽的智慧的火焰，女的则是激情的火焰，是女人甘心让火吞噬，让火毁坏的火焰。只有那第三个人显得懒洋洋的，似是想不断享受人生的快乐。

有一天早晨，那个年轻的女子来到我的桌前说："这是我的恋人，亨利·巴特伊，这是让·若兰，他曾写过关于你的艺术的文章，我叫贝尔特·巴迪。如果你愿意给我们跳舞的话，我们想哪天晚上去你的排练房看。"

我当然非常激动非常高兴，我以前从没听过，以后也再也没听过像贝尔特·巴迪那样充满磁性的温暖、充满生机和爱意的声音，我多羡慕她的美呀！那时女子的时装总是缺乏美感，而她总是穿着别出心裁的紧身的衣服，颜色多变而且挂有闪光的服饰，我有一次见她穿这样的衣服，她的头上插满了紫花，正动身去参加一个聚会，她在聚会上要朗读巴塔伊的诗，那时我深信从没有诗人拥有过这么美的缪斯女神呢。

那一次认识后，他们经常来我的排练房，巴塔伊曾在那给我们读过诗。就这样，我这个未受过教育的美国小女孩用某种神秘的方式找到了一把钥匙，通过这把钥匙我发现了热情的心扉和智慧的头脑与巴黎的艺术精英得以相识。巴黎在这个世界上代表了我们的时代，代表了古希腊辉煌时代的雅典。

我和雷蒙德习惯在巴黎长长地散步。在漫步之中我们经常遇到很有趣的地方，比如，有一次在蒙索公园区，我们发现了一位性情古怪的法国百万富翁留下来的中国博物馆。又有一次我们去了吉梅博物馆看了里面的东方珍宝，卡纳瓦莱博物馆，在那拿破仑的面罩前使我们激动不已；还有克吕尼博物馆，在波斯盘子前面一待就是几个小时，在那他疯狂迷上了一块 15 世纪挂毯上的一个女子和一只独角兽。

有一天我们信步来到特罗卡代罗剧院。我们的目光马上被一张海报吸引住了，海报说那天下午穆内－苏利要来演讲索福克勒斯的《俄狄浦斯王》。当时穆内－苏利这个名字我们还比较陌生，可我们很想看这个剧，我们在海报的下边看了看票价，看我们的钱袋同不同意。我们兜里正好剩下三法郎，而上廊台位置的最低价格是 75 分。这意味着我们会吃不上饭，可我们毫不犹豫地去了廊台后面的站台位置。

特罗卡代罗的舞台没有幕。其场景在某些现代人看来只不过是对希腊艺术的粗糙模仿。歌唱队上场了，他们穿得很不像样，正如某些书上所讲的希腊服装一样，音乐也很一般，甜甜的没有一点生气，从交响乐团那儿一阵阵向我们飘过来。我和雷蒙德交换了一下眼色，我们感觉到牺牲了这顿饭真不值得。这时从左边的门廊（在这出戏里表示宫殿）上来一个人。面对着三等的歌剧合唱队和二等的法国喜剧场面，他举起了一只手：

为什么老卡德摩斯年轻后代的孩子们

用哭声在装点宫殿？

为什么用这些折磨人的枝叶来装点宫殿？

噢，我真是无法描述当听到那第一声唱时，我心中涌起了何种感情。我怀疑是不是在希腊所有辉煌时期的古老年代，在狄奥尼索斯的戏剧舞台上，在索福克勒斯最有成就的时期，在整个罗马，在任何时代，任何国家，是不是曾有这么一个美妙的声音，从那一刻起，穆内－苏利的身影，穆内－苏利的声音变得越来越伟大，可以包容所有的语言，所有的艺术，所有的舞蹈，其气势越来越庞大，特罗卡代罗太小，已经容纳不了这位艺术巨人。我和雷蒙德在台廊上一动不动，屏住了呼吸，我们激动得脸色苍白，几乎要晕倒，我们的眼泪泉水般夺眶而出，最后第一幕结束后我们只有用紧紧拥抱的方式来表达我们的狂喜。幕间休息时，我们明确地感到这就是我们艺术追求的典范，这就是我们漂泊海外的理由。

第二幕开始了，伟大的悲剧一点点地展开。得胜的年轻国王的自信心开始出现犹疑和焦虑。渐渐地他充满了无法抑制地不惜一切代价弄清事实的渴望，然后生死关头到来了，穆内－苏利起舞，啊，这才是我梦寐以求的——伟大的英雄之舞。

幕间休息又到了，我看了看雷蒙德。他脸色苍白，眼中燃烧着火焰，我们的身体开始摇动。第三幕，任何人都无法用语言形容，只有见过这场戏见到伟大的穆内-苏利本人才会明白我们的感受。最后是他痛不欲生的时刻，他处于狂迷和阵阵袭来的恐怖之中，是对宗教的罪愆和受伤的自尊心的恐惧；因为他自己成了万恶之源，这就是众避不及的万恶代言人。最后一刻，他把自己的双眼抠了出来，这时他知道自己已什么都看不见了，他把孩子们叫到跟前，最后自己寂然离场，这时6000多观众唏嘘之声充斥了整个剧院。

我和雷蒙德慢慢地走下剧院长长的楼梯，恋恋不舍，最后保安人员把我们推了出去。就在那时我才认识到什么是伟大的艺术的表现。从此以后我知道路该怎么走了。我们像沉浸在灵感中的人那样，晕头转向地走回了家，一连几个星期我们都处于这种状态，我做梦也没想到有一天我会与伟大的穆内-苏利在那个舞台上同台演出！

自从在展览会上看了罗丹的作品后，他的天才意识在我身上久久不散。有一天我去了他在大学街的工作室，我去罗丹工作室取经就像精灵普塞克去洞中找潘神一样，不过她问的是去爱神厄洛斯的路，而我要求的是艺术之神阿波罗。

罗丹个子很矮，但强壮有力，他头发很短，留着大胡子。他用大手笔进行简洁创作，有时候他嘟囔着自己雕塑的名字，但你可以感觉到这些名字对他来说没什么意义。他抚摸着这些雕塑，他手底的大理石像熔化的铅一样在流动，最后他拿了一小块黏土在手掌中捏着，同时他的呼吸很重，他呼吸中的热流像辐射的火炉那么热，一会他就做出了一个女子的胸，那雕像在他手指底下跳跃个不停。

他拉着我的手，雇了一辆车来了我的练功房，在那里我很快换上舞衣给他跳了忒奥克里斯托的《田园曲》，《田园曲》是由安德烈·博尼耶给我翻译的：

潘神爱少女之神厄科，
厄科则喜欢色神萨梯。

然后我停下来给他解释我新舞蹈的理论,可是我发现他没有听,他一动不动地盯着我,眼帘低垂,他的眼里冒着火,然后就像他对自己作品的表情一样,他朝我走过来,他的手在我的脖子上和胸部滑动,他轻轻抚摸我的双臂,然后他的手又在我的臀部、我赤裸的腿上和脚上游弋,他开始像摆弄黏土那样摆弄我的身体,他身上散发出的热要把我烤焦,把我熔化,我渴望着把整个身子都给他,如果不是我那荒谬的教养使我恐惧并让我退缩的话,我就会那么做了,我把衣服套在舞衣外面,满脸困惑地把他送走了,多么遗憾呀!我常常后悔当年我的少不更事葬送了我把贞操献给我伟大的潘神的机会,丧失了给伟大罗丹的机会。如果那样的话,我的艺术和生命从此就会更加丰富多彩了!

以后我再也没见到罗丹,两年以后我从柏林回到巴黎时才见到他,后来的许多年他一直是我的朋友和老师。

与这情形完全不同但同样令人高兴的是与另一位伟大的艺术家欧仁·卡里埃的相识,是作家凯泽的太太把我领到欧仁·卡里埃的画室,凯泽的太太对我们的无依无靠非常同情,她常请我们到她家吃饭,在她家,她的小女儿学小提琴,而她的儿子路易很有天分,现在已是很著名的作曲家了。她的一双儿女就在灯下奏出极美的和声来。我看到墙上有一张奇特的画,画中人楚楚动人但又神情抑郁,凯泽太太说:"这是卡里埃给我画的肖像。"

一天她把我带到卡里埃在埃热西佩莫罗街上的房子里,我们爬到卡里埃在楼顶的画室,卡里埃就坐在他的书、他的家人和他的朋友中间。他是我感觉到最有精神气质的一位画家,他身上散发着对他人的慈爱,他的画中所有的美、所有的力量和奇迹无不是他高尚灵魂的直接体现。我每次见到他都在心目中感觉到是见了耶稣一般。我心中充满了敬畏,我真想双膝跪倒,要不是我天性中的怯懦和矜持阻止我这样做的话,我也许早就跪倒了。

约斯科太太多年以后描叙这次会面的情景,写道:

在我的少女时代,有一件事情是我终生都难以忘怀的,那就是我第一次和欧仁·卡里埃的会面。在卡里埃的画室里我遇到了他,那天他的名字和脸庞一下子涌入了我的心田,那天我像往常一样心怦怦直跳地敲响了卡里埃公寓的房门。我每次走近那所"贫穷的圣殿"都得拼命压抑自己的情感。在他蒙特马特的那所小房里，这位伟大的艺术家正幸福安然地在他可爱的人中间工作着，他的太太和母亲都穿着黑色的羊毛衣，他的孩子们没什么玩具，但他们脸上流露着对他们伟大父亲的热爱，啊，这是多么圣洁的人啊。

伊莎多拉站在这位谦恭的大师和他的朋友和梅泰尼科夫中间，除了利莲·吉丝之外，她比那两位先生还要安静。我从来没有见过像她那么羞涩的美国姑娘。欧仁·卡里埃牵着我的手，好像要把一个孩子拉到某些东西之前让他仔细观赏一样，他把我拉到伊莎多拉的眼前，我眼睛不眨地看着伊莎多拉，我听见他说："这是伊莎多拉·邓肯。"然后一阵沉默把那个名字定格了。

突然一向说话声音很小的卡里埃用深沉响亮的声音宣布："这个年轻的美国人将要改造这个世界。"

记得那时我就成了卡里埃画家的常客，现在一看到他们家在卢森堡的全家福我就禁不住热泪盈眶。他们一家人马上就喜欢上了我，把我看作是他们的朋友。从那以后每当我怀疑自己，我就想起了他们家对我的接纳，然后我就恢复了自信。欧仁·卡里埃的天才就像上天祝福一样在我的生命中无处不在，它激励我去追求艺术的完美，它引导我进入更纯美的艺术的神圣天空，令人感到惊异的是，当悲伤快要把我逼疯的时候，是身边的卡里埃的作品给了我生活的信念。

还从没什么艺术有他艺术那么强大的力量，还从没有艺术家像他那样给予周围以圣洁的同情和帮助，他的画不应该陈列在博物馆，而是应该放在精神力量的庙堂之中，在那里所有的人类可以感受他伟大的精神并因此而得到净化和保佑。

第十章　在布达佩斯

西部夜莺曾告诉我:"萨拉·伯恩哈特是个伟大的艺术家,可亲爱的,遗憾的是她是个好女人。现在我有洛耶·富勒,她不但是个伟大的艺术家,也是位纯洁的女人。她的名字还从没与什么丑闻沾什么边呢。"

有一天晚上,她把洛耶·富勒带到了我的排练房,自然,我给她表演了舞蹈并向她解释了我所有的理论,就像给其他人做的一样,就算是水暖工来了,我也会这么做给他看的。洛耶·富勒很热情地讲了自己的看法,她还说她第二天要去柏林了,她希望我能在柏林同她会合,她本身不仅是位艺术家,而且还做着贞八重子的经纪人,贞八重子的艺术我是很钦佩的。她建议我在德国同贞八重子一块演出音乐会,我非常高兴地接受了,因此就这样我们安排好在柏林同洛耶·富勒碰头。

最后一天安德烈·博尼耶来与我道别。我们到巴黎圣母院作了最后一次瞻仰,然后他把我送到了火车站。他像往常一样很矜持地与我吻别,但我似乎瞥见他眼镜后面一丝极度痛苦的眼神。

我到达了柏林的布里斯托尔宾馆,在那里的一座豪华的公寓里我见到了洛耶·富勒,她正被一群随行人员围着,有十几位少女正围着她,一个个抚摸她的手并亲吻她。在我朴实的家教中,虽然母亲很爱我们,可她绝少爱抚我们,所以一见到这种表达感情的极端方式我简直惊呆了,这对我来说可真新鲜,这种热烈的氛围我可从来没见过。

洛耶·富勒大方得没边,她按了一下铃订了饭,我禁不住想这么一餐饭得花多少钱啊!那天晚上她订好在"冬日花园"里跳舞,可我怀疑她怎样才能如约,因为她的脊柱处好像有难以忍受的疼痛,她那群可爱的随行人员时不时就得给她弄来冰袋放在她的背和椅背之间。"再来一个冰袋就行了，亲爱的，"她常说，好像不疼了。

那晚我们坐在包厢中看洛耶·富勒跳舞，我们面前这个耀人的形象与几分钟前那个痛苦的病人有什么关系吗？在我们的面前她变得如此光彩照人，变成了鲜艳夺目的玉兰花，变成了大海之上飘曳的花朵，最后成了冉冉而起的百合，她像默林①手中的魔术一般在天光水色间流影般变幻，多么伟大的天才！洛耶·富勒的模仿者连她天才的边都没沾着。我看呆了，但我认识到这是天才激情的涌现，再也不会有第二次了，她在观众的面前把自己幻化成了一千个光彩照人的形象，简直令人难以置信。这就是富勒无法形容的绝唱！洛耶·富勒是所有变幻飘扬的"自由"之中的开创者。她是利用光影及色彩变幻的开创人之一，我回到宾馆时还为这位神奇的艺术家的表演所感动，惊叹不已。

第二天上午我出门第一次观光柏林，我曾梦想过希腊和希腊的艺术，柏林的初次观光使我对柏林的建筑印象很深。

"不对，这不是希腊嘛！"我惊叹道。

可再仔细一看，我发现柏林与希腊就不一样了。这只是日耳曼式的希腊。柏林的柱子不是希腊在奥林匹亚蓝天上高耸入云的多利斯之柱，这些柱子是日耳曼的学究气的考古教授们对希腊的构想。当我看见凯泽里奇的皇家卫兵正步行走出波茨坦的多利斯国柱时，我回到布里斯托尔宾馆说："请给我一杯啤酒，我太累了。"

我们在柏林逗留了几日，然后就随洛耶·富勒演出团离开布里斯托尔宾馆去了莱比锡。我们没带箱子，就连我从巴黎带来的小箱子也留下了。那时我不明白为什么这件事会发生在一位那么成功的音乐厅艺术家身上，我们可以过餐餐香槟和日日富丽堂皇套间的阔华生活，可我不明白我们还得被迫把箱子留下，后来我发现这是因为贞八重子。当时洛耶·富勒是她的经理，当时她的演出很不景气而洛耶·富勒所有的钱都用于还债了。

在这群霓裳羽衣的靓丽仙女中间有一位身着朴素黑衣的身影显得与众不同，她很羞怯，沉默寡言。她长得很标致但脸色中也透出坚毅，她

---

① 默林，中世纪传说中的魔术师和预言家，亚瑟王的助手。

的黑发从额头往后梳起,目光中带着聪慧,但又有忧伤,她总是把手插在上衣的口袋里,她对艺术很感兴趣,她尤其能滔滔不绝地谈起洛耶·富勒的艺术。她围着那群色彩艳丽的花蝴蝶结,像一只古埃及的圣甲虫。我马上被她的气质吸引,但我感觉到她对洛耶·富勒的热情占据了她所有的情感,她的心里已不会有留给我的空间。

在莱比锡,我每晚都去看洛耶·富勒演出。坐在包厢里我对她那瞬间的精湛表演越看情绪越高涨。那真是一个精灵——她动作非常优美,她是光、她是色彩和火焰,最后化作了团团升腾的火焰朝着无极飘去。

在莱比锡,我记得有一次早晨2点钟时被说话的声音惊醒。声音很杂,但我听清其中是有个红头发的女孩在讲话,我们大家都叫她"护士",因为每当谁头痛时她总是乐于去减轻人家的痛苦并给予照料。从她们兴奋的窃窃私语中我慢慢弄清了"护士"是在说她要回柏林去与某个人协商一下,好弄到足够我们去慕尼黑的费用。也就在那时,这位红发女子走到我床前很动情地亲吻我,她火热地对我说:"我就要动身去柏林了。"因为就那么几个小时的路程,我搞不懂她离开我们时怎么那样激动不安,她不久就从慕尼黑带着钱回来了。

在慕尼黑我们打算去维也纳,可我们的钱又不够了,这次好像不可能会弄到什么钱了,我就自告奋勇去美国领事那请求帮助。我告诉他务必给我们弄到去维也纳的车票,最后终于把他说动了,于是我们就去了维也纳。在布里斯托尔宾馆,我们下榻在一座很豪华的公寓里,可我们随身并没带什么行李,到那时,尽管我很钦佩洛耶·富勒的艺术,可我开始疑问我为什么要把母亲一个人扔在巴黎,而我在这群漂亮但疯狂的女士组成的剧团中又做了些什么呢?到目前为止,我只不过是这些巡回演出中那些富有戏剧性的一个充满同情却又无助的看客。

在维也纳的布里斯托尔宾馆,我与那个叫"护士"的红发女孩住在一个房间,有一天早晨大约4点钟的时候,"护士"起床了,她点燃蜡烛朝我的床走来,大叫:"上帝派我来掐死你!"

我曾听说过,如果一个人突然疯了,不要惹怒她。尽管我很怕,可我还是能控制住自己来说话:"怎么都行,你可得先让我做完

第十章 在布达佩斯

祈祷。"

"好吧,"她同意了,说完把蜡烛放在我床头的小桌子上。

我悄悄溜下床,如同被恶魔追赶一般,我哗地打开了门,在长长的走廊里飞奔,逃下一段宽宽的楼梯,跑进宾馆办事员的办公室,当时我还穿着睡衣,我的头发乱蓬蓬的,我大喊:"有个女的疯了。"

"护士"如影子般追来,六个宾馆的人扑过去把她逮住,等待着医生到来,医生的会诊结果让我感到很尴尬,我决定拍电报让母亲从巴黎赶来。母亲来了,我把我对这里的感受告诉她后,我就和母亲决定离开维也纳。

以前在维也纳与洛耶·富勒在一起时,有一晚我在"艺术之家"给艺术家跳舞,来的每位男士都带了一束玫瑰花来,每当我跳到热烈之处我完全被鲜花淹没了。那晚到场的有一位匈牙利的剧院经理——亚历山大·格罗斯,他走到近前跟我说:"如果你想大展身手的话,就去布达佩斯找我。"

因此,在这个我吓得要死的环境里,我渴望和母亲赶快离开维也纳,我们自然想起了格罗斯先生的话,我们就去了布达佩斯以期寻找更光明的前途,他跟我签了30个晚上的合同,让我在乌拉尼亚剧院表演单人舞。

这是我第一次在剧院公开表演单人舞,我犹豫了。我说:"我的舞蹈是为精英们表演的,是给艺术家、雕塑家、画家、音乐家看的,不是为一般观众的。"但是格罗斯则反对,说艺术家是最挑剔的观众,如果他们喜欢我的舞蹈的话,一般观众就会百倍地喜欢它。

亚历山大·格罗斯说服我把合同签了,他的预言果真应验了,乌拉尼亚剧院的第一个晚上的演出好得难以言表。我在布达佩斯的30场演出,舞票场场售罄。

啊,布达佩斯!那时正值4月,是春季。一天晚上,第一场演出刚完,亚历山大·格罗斯邀请我们去一家饭店吃晚饭,饭店里有吉卜赛音乐演出。啊,吉卜赛音乐!是它第一次唤起了我的青春的朝气。也难怪这音乐使我那情感的蓓蕾绽放成了鲜花,还有能与这相媲美的音乐吗?与这长于匈牙利大地上的吉卜赛音乐相媲美吗?记得多年后我同约翰·沃纳梅克有一次谈话，当时我们俩正在他的留声机商店，他请我听听他机器里放出来的美妙音乐，我对他说："在这些构造精巧的机器中——这是能工巧匠的发明家的产品——没有一台能替代匈牙利土路上的一个农民所唱的吉卜赛音乐，一个匈牙利吉卜赛音乐可抵得上世界上所有的留声机。"

第十一章 与"罗密欧"私奔

美丽的布达佩斯一下子成了花的世界。河那边的山上，丁香花在每一个花园里盛开。每天晚上热情的匈牙利观众都狂热地给我喝彩，他们把帽子扔到舞台上狂喊"好呀"。

一天晚上，我心目中忽然闪现出早晨所见日光下波光粼粼蜿蜒流淌的多瑙河，我就找人告诉乐队的指挥要在演出的最后即兴表演施特劳斯的《蓝色多瑙河》。这一加演把整个剧院都震了！整个剧院的观众都疯狂地跳了起来，我不得不一遍又一遍地跳那段圆舞曲让他们把情绪稍有稳定。

那晚在观众中大喊大叫的有一位神仙般面孔和身材的匈牙利青年，后来就是他把我从淑女变成了狂野不拘礼法的魔女。一切都注定要改变。那个春天，在月色温柔的夜晚，我们离开了剧院时空气中总是弥漫着丁香花的香气，观众狂热的激情，我同那些自由自在，享受生活的人们最初的那几顿晚餐，吉普赛人的音乐，匈牙利辣子烩牛肉、浓浓的匈牙利葡萄酒——实际上这是我一生中第一次吃得这么好，滋养过度且有吃不完的食物——所有这一切都让我初次意识到我活生生的身子不只是用来表达神圣的音乐的机器。我的乳房以前还是小得难以看出来，但它们已开始轻轻地向外鼓胀，我惊讶地发现这很迷人，但同时又叫我难为情。我的臀部以前就像男孩子那样，现在也曲线毕露，我感到躯体中有股巨大的奔涌、渴望和伸手触及的冲动。晚上我辗转反侧难以入睡，痛苦而焦躁不安。

一天下午，在一次友好的聚会中，喝着一杯金黄的福尔明葡萄酒时，我撞上了一双黑亮的大眼睛，那燃烧的双眸中火一样的爱意灼痛了我的眼睛，那满是匈牙利式的情感装着整个布达佩斯的春意，他个子很高，身材匀称，一头浓密而乌亮的卷发里闪着紫红的光泽。实际上他都可以给米开朗琪罗的《大卫》当模特了。他一笑那性感的红唇就露出结实的白牙，那一望使我们心中所有的吸引力都争相涌出疯狂地合成了一对，那一望使我们都不由自主以怀抱相迎，世上没有力量将阻止我们。

"你的脸像花儿一样，你就是我的花儿。"他说，他一遍遍地重复着"我的花儿——我的花儿"，这在匈牙利语中是天使的意思。

他给我一张小方纸，上面写着："去匈牙利皇家剧院的包厢。"那晚我和母亲去看他演罗密欧，他是个好演员，在匈牙利是最棒的，他对罗密欧青春热火的表演把我征服了。后来我去他的化妆室看他，整个剧团的人都好奇地微笑着打量我。每个人似乎都知道怎么回事，而且很高兴，可有一位女演员似乎不怎么高兴，他陪我和母亲去饭店，我们稍稍吃了一点饭，因为演员在演戏前是从不吃饭的。

后来，当母亲认为我睡着了时，我就回去同我的罗密欧在公寓的沙龙里约会，沙龙与我们的卧室间只隔着一条长长的走廊，然后他告诉我那天晚上他改变了对罗密欧角色的表演："我一般是跃过墙头后马上就一板一眼地朗诵：没受过创伤的人，常嘲笑别人的伤痕。可从那边的窗户里泄出来的是什么轻柔的光呀？那是东方，朱丽叶就是太阳。可是今天晚上你记着我是在低语。好像这些话把我噎住了一样，因为自从我认识了你才知道爱会让罗密欧怎样说。只有现在我才真正明白，伊莎多拉，是你第一次让我明白罗密欧的爱像什么，现在我会把他演成另一个样子了。"他站起来把罗密欧的戏一幕幕演下去，经常停下来说："对对，我明白了，如果罗密欧真去爱的话，他会这么说——这跟我第一次演这个角色时的想象可大不相同了，现在我知道了。噢……亲爱的，花儿一般的姑娘，你给了我灵感，有了爱我会成为真正伟大的艺术家的。"他就这样给我讲罗密欧的角色，直到晨曦爬上窗子。

我欣喜若狂地看着他，听他讲。我时不时模仿他一下或给他建议个姿势，就在牧师出场前的那一场戏，我们都跪下来讲了我们白头偕老的誓言。啊！青春和春天，布达佩斯和罗密欧！当我想起你的时候似乎并不那么遥远，就好像昨晚刚发生一样。

一天晚上演完戏后我们去了沙龙，这事母亲一点也不知道，她认为我睡熟了呢。刚开始时，罗密欧眉飞色舞地讲他的角色，他的艺术和他的剧院，我也很高兴听他讲，可渐渐地我注意到他好像很激动，有时他躁动不安一个字也讲不出。他握紧了双手好像病了一样，当时我发现他那张英俊的脸憋得通红，他的眼睛喷火嘴唇肿大起来，他紧咬嘴唇，血都渗了出来。

我自己也感到头晕目眩，有股不可扼制的欲望驱使我把他抱得越来越紧，最后一切失控，他猛然把我抱进屋里，我很害怕但又很陶醉，这一天终于到来了。坦白说这第一次把我吓坏了，可看到他那痛苦的样子我就不忍心跑开，那第一次简直是一种折磨。

那天早晨，我们一起离开了宾馆，在街上找到一辆来迟的马车，走了几里路到了乡下。我们住在了一家农舍里，农夫的妻子给我们腾出一间房，房子里有一张旧式四柱帐帷床。那整个一天我们都待在乡下，罗密欧不断劝着小声哭泣的我并擦干我的眼泪。

恐怕那天晚上我给观众跳得特别糟糕，因为我心情很坏，可后来我在沙龙里遇到罗密欧时，他是那么眉飞色舞，我就感到所有的痛苦都得到了回报，只渴望再来一次，特别是他温柔地安慰我说，让我最后知道什么是人间天堂，这一预言后来应验了。

罗密欧有副金嗓子，他给我唱他们国家所有的歌和吉普赛人的歌曲，他还教我歌词是什么意思，有天晚上亚历山大·格罗斯给我在布达佩斯歌剧院安排了一个欢乐之夜。在跳完了格拉克的音乐之后，我突然想把一个简单的匈牙利吉卜赛乐团带到舞台上来，我想和着他们的乐曲跳舞，其中有一首爱情的歌曲这样唱道：

　　世上有个小女孩，

　　她是可爱的小鸽子，

　　上帝一定宠爱我，

　　因为他把你赐给我。

这是一段优美的旋律，它充满了情感、渴望、泪水和爱慕，我满含激情的舞蹈使观众禁不住热泪盈眶，最后我穿着红色的舞衣跳了《拉克夫斯基进行曲》，我是将它作为一首革命的赞歌献给匈牙利的英雄的。

晚会是布达佩斯艺术节的终曲，第二天我就和罗密欧去乡下住了几天，就在那农夫的家里，我第一次知道了在彼此怀抱中睡去的欢乐，早晨醒来我发现我的头发同他散发着香味的黑色卷发纠缠在一起，感觉到他的怀抱，我感到这是无法超越的幸福，我们回到了布达佩斯，幸福大堂里的第一片阴云就是母亲极度的痛苦，这时伊丽莎白也从纽约来了。她似乎认为我犯了罪，他们的担忧叫人难以忍受，最后我说服她们暂时去蒂罗尔玩玩。

不光那时，我的性情一直是这样：不管感情或情欲多么强烈，我的脑子同时反应得很清晰也很敏捷，因而我从来没有按时行的说法：失去理智。相反肉体的欢乐越多，我的思维越清晰，当这种状态持续发展到一定程度时，理性就要求对感官做出评判，打击甚至诅咒贪图享乐的自我，而这种理性和情欲的冲突必将会导致对自我妥协的渴望，渴望有某种麻醉剂来卸去理性这种不受欢迎的没完没了的评判。我很羡慕这样一些人：他们可以完全纵情于一时的欢乐，而不去在乎那些高高在上的批评家们在最需要走开时把自己的观点强加给别人，非要让人家分出哪是哪来。

而理智投降的时候总是有的，它喊着："是的，我承认在生活中所有其他的东西,包括你的艺术与这一刻的辉煌相比都是闲扯,什么也不是；在这一刻，我情愿堕落，情愿毁灭，情愿去死。"因此这种智慧的溃败可引起最后的混乱，堕落和虚无，并常导致最严重的灾难——智慧和精神的灾难。

因此，最后懂得了这种欲望，这几个小时中会一步步走向疯狂，紧要关头可能会一下子失去这最后的一刻，我不再在乎我的艺术可能会毁于一旦，不再在乎母亲的绝望，不再在乎世界是否会毁灭或消失。

谁能评判谁就评吧，但首先还是责怪自然或上帝吧，是上帝让人们觉得这一时刻比宇宙中我们所知道的和所经历的更值得活下去，更让人渴望。自然，飞得越高梦醒时的跌落就越重。

亚历山大·格罗斯给我安排了一个环匈牙利的巡回演出。我曾在许多城镇演出，包括"七将军教堂"，在那里曾有七位革命将军被绞死，我被这个故事深深地打动了，在"七将军教堂"镇外的一片很大的野地里，我用自编的进行曲和着李斯特英雄的、庄严肃穆的音乐纪念那些将军们。

第十一章 与"罗密欧"私奔

整个巡回演出的过程中，在所有的这些匈牙利小镇，观众都对我的表演疯狂喝彩。每一次演出，亚历山大·格罗斯都准备好一辆白马拉的四轮马车，上面插满白色鲜花，而我则全身白服，就在人们的欢呼和叫喊声中马拉着我缓缓行过城镇，就像是来自另一个世界的年轻女神，可是尽管艺术让我陶醉，公众的喝彩使我高兴，我时时对罗密欧有无法忍受的渴望，特别是当晚上我独自一人的时候，我感觉到我宁愿用所有的成功甚至我的艺术来换取在他怀抱中的片刻。我渴望着回到布达佩斯的那一天，这一天终于来了，当罗密欧满怀喜悦地在车站接我，可我发现他有些奇怪的变化，然后他告诉我他就要去排演并要进行扮演马克·安东尼的首场演出。角色的改变至于把他那热情的气质影响那么大吗？我不知道，但当时我的确感觉到我的罗密欧当初纯真的情爱有了变化，他谈起我们的婚姻就好像结婚早已定好一样，他甚至带我去看了些公寓，让我选一套我们好住在里面，那些没有洗手间的公寓，使我突然感到莫名的战栗和沉重。

"以后怎么办？住在布达佩斯？"我问。

"怎么了？"他说，"你每天晚上得坐在包厢里看我演出，你还得学会模仿我，帮我进步呀。"

他给我背了一段马克·安东尼的台词，但现在他所有的情感都集中在罗马平民身上了，而我，他的朱丽叶则不再是他注意的中心了。

有一天晚上，我们在乡下长长地散步，坐在一个干草垛旁，最后他问我是不是我觉得我们俩各自去追求各自的事生好一点？这不是他的原话，可意思是这样，现在我依然记得那个草垛和我们面前大片的田野，当时寒冷使我战栗。当天下午我就和亚历山大·格罗斯签了个合同去维也纳、柏林和德国所有其他的城市去演出。

我看了罗密欧扮演安东尼的首场演出，最后见他时是在剧院观众的疯狂的热情之中，而我坐在包厢里吞着泪水，我感觉到自己好像吃了几箱碎玻璃。第二天我就去了维也纳，我心中的罗密欧消失了，我跟马克·安东尼道别。他看上去面色严峻，似乎很担心我从布达佩斯去维也纳的这段路程，在他看来也许是我所经历的最痛苦最凄惨的行程了。所有的欢乐突然一下子离开了这个世界。在维也纳我病倒了，亚历山大·格罗斯把我送进了诊所。

几个星期我都极度虚弱，痛苦不堪，罗密欧从布达佩斯赶来了。他甚至在我屋里支了张床。他温柔又体贴，可是一天早晨醒来，我看到一张护士的脸，是个天主教修女，带着黑箍，把我和小床上罗密欧的身影分开了，我一下子听到了爱情葬礼的丧钟声。

我恢复的时间非常长，因此亚历山大·格罗斯就让我去弗朗赞巴德调养，我心灰意冷情绪低落，我不愿去看乡下的美景也不愿好心的朋友来陪伴我。格罗斯的太太特地赶来了，她很热心地照料我度过了许多不眠之夜。幸运的是，高价的医生们和护士们把我们存折里的钱全用光了，于是格罗斯就安排我去弗朗赞巴德、马里安巴德和卡尔森巴德演出。因此，一天我打开了行李箱取出了我的舞衣。记得我当时泪水夺眶而出，我吻着那件红色的小衣服，就是穿着它我跳了所有革命的舞蹈。我发誓再也不因爱情而抛弃艺术了。当时我的名字在那个国家已很有魔力了，记得有一天晚上我正同经理和他的太太三个人吃饭，饭店平板玻璃前面的人越聚越多，人群把一大块玻璃窗都挤破了，饭店经理一点办法都没有。

我把悲伤、痛苦和爱情梦幻的破灭都融进我的艺术，我编创了依菲琴尼亚①的故事，她在死亡的祭坛上向生命道别。最后亚历山大·格罗斯安排我去慕尼黑演出，在那我同母亲和伊丽莎白会合了，她们看到我又是独自一人就很高兴，但她们发现我变得很忧伤。

在我去慕尼黑表演前，我和伊丽莎白去了阿巴兹亚并乘车在街道上找宾馆住，我们找不到合适的，而我们的举动在这个平静的小镇却引起了人们极大的关注。费迪南德大公在路过时看到了我们，他很感兴趣并很同情地同我们打招呼，最后他邀请我们住在他斯蒂法妮宾馆花园的别墅里，这件事本来是清清白白的，可却在贵族圈里招来了流言。那些贵族阔太太们不久就开始来拜访我们，她们一点都不是受到我的艺术的感染，跟我那时天真的想法完全不同的是，她们巴望着来打探我在大公别墅里的真正身份。就是这些太太们每天晚上都在宾馆厅大公的桌前行深深的屈膝礼，我也依俗而行，比她们做的礼还要大。

---

① 依菲琴尼亚（希神），迈锡尼王阿加门农的女儿。

就是在那时我开始穿一种游泳衣,这种泳衣自我起开始流行——质地精良的中国薄纱做的浅蓝色的衣服,低领,白色的小肩带,裙子在膝盖以上,光腿赤脚。那个时代的流行做法是:女士们入水时穿得很庄重,黑裙子要在脚踝和膝盖之间,黑色长袜,黑色泳鞋。你尽可以想象我当时制造的轰动,费迪南德大公经常在潜水桥旁散步,他常用看戏用的望远镜看我,当时他咕哝的声音很大:"啊,邓肯小姐太棒了!啊,太好了!她简直就像这个春天一样美妙!"

过了不久,我在维也纳的卡尔剧院跳舞,大公和他年轻英俊的护从和副官们每晚都来包厢看,这自然引起人们的流言蜚语。可是公爵对我纯粹是出于对美和艺术的欣赏。实际上他似乎在躲避着女性的陪伴而喜欢与他年轻漂亮的军官护从们在一起,多年之后我听说奥地利宫廷发布命令把 H. R. H 费迪南德囚禁在萨尔茨堡的一个阴暗的城堡里,我很是同情他。也许他与其他的人有些不同,可真正富有同情心的人不也有点与众不同吗?

在阿巴兹亚的别墅,我们的窗前有一棵棕榈树。这是我第一次看到棕榈树长在温带的气候里。我常注意到它的叶子在晨风中婆娑起舞,后来我就据此创作了胳膊和手绢轻颤的舞蹈,可后来我的模仿者们将它糟蹋得不成样子,因为他们忘了去寻找源头和思考棕榈树风中的样子,忘记了内有所思才能给予很好的外部表达。常常,当我盯着这棵棕榈树时,我没有什么艺术的思考,记住的只有海涅动人的诗句:

南方有棵孤独的棕榈树……

我和伊丽莎白从阿巴兹亚去了慕尼黑。那时慕尼黑所有的生活是以"艺术之家"为中心,一些大师们晚上聚在一起,一边喝着慕尼黑啤酒,一边谈论哲学和艺术。格罗斯希望能在艺术之家安排我的首场演出。莱蒙巴赫和卡尔巴赫很愿意,只是史都克坚持说舞蹈不适合在"艺术之家"这样的艺术殿堂演出。一天早晨我去史都克的家找了他,就是为了让他相信我的艺术的价值,我在他的工作室脱下了衣服换上了舞衣,我给他跳舞,然后一气不停地给他讲了三个小时,给他讲我使命的神圣和舞蹈会成为一门艺术的潜力。后来他常常告诉他的朋友,他一生中从没有这样感到震惊,他说他感到奥林匹斯山上的森林女神突然从另一个世界走来了。他当然是同意了,我在慕尼黑"艺术之家"的初次演出是这个城镇许多年以来经历的最伟大的艺术事件。

后来我在卡恩·萨勒跳舞。那些学生们如醉如痴。每天晚上他们都把马从我的车上卸下来拉着我走过大街,唱着他们学校的歌,在我的车两边举着火炬又蹦又跳,他们经常在旅馆外面唱歌,直到我把鲜花和手绢从窗子扔给他们,他们就把这些东西均分,每人头上都戴一份。

有一天晚上她们把我抱到了他们的学生咖啡厅,在那他们抬着我从一桌跳到另一张桌上。整个晚上,他们不停地唱;其中来回重复的调子是:"伊莎多拉,伊莎多拉,啊,我们的生活多美好!"那天晚上的情景那完全是一个很纯洁的"狂欢",虽然他们在早晨将我送回家时把我的衣服和围巾都撕成了布条条戴在了帽子上。

慕尼黑在当时可真是个艺术和知识活动荟萃的场所,大街上挤满了学生,每个少女腋下都夹个文件包或音乐卷宗。每个商店的橱窗都有善本书和古书等真正的珍品,也有很诱人的新版书。这,再加上博物馆了不起的收藏,秋天的霜气从阳光下的大山里阵阵吹来,满头银发的莱蒙巴赫大师、哲学大师卡维尔霍恩等也常光顾我的排练房,这所有的一切都激励我回到那中断已久的精神生活。我开始学习德语,开始阅读叔本华和康德的原著。不久我就能听懂每晚来"艺术之家"聚会的艺术家、哲学家和音乐家的谈话了,我从中得到极大的享受。我也学会了喝慕尼黑啤酒,感情上所受的刺激也不知不觉平静下来了。

一天晚上,在"艺术之家"一个特别的欢乐的艺术表演中,我意识到有一个引人注目的男人的身影正坐在前排鼓掌。这个身影使我想起一位大师,他的作品当时我初次接触。他的眉头向外凸出,鼻子很引人注目,只有他的嘴柔和些,显得不那么有力。表演结束后我才知道这就是齐格弗里德——理查德·瓦格纳[①]的儿子。他加入了我们的圈子,这是第一次我有幸结识仰慕已久的朋友,他以后成了我最为难得的朋友之一,他的谈话特别引人入胜。他常回忆起他那伟大的父亲,就像环绕在他头上神圣的光环。

[①] 理查德·瓦格纳(1813—1883),德国作曲家,毕生致力于歌剧的改革与创新,作品有歌剧《漂泊的荷兰人》《纽伦堡名歌手》及歌剧四联剧《尼伯龙根的指环》等。

那时我也是第一次读叔本华，他对音乐和意志力的关系有着哲学的洞察力。这种阐释让我很着迷。

他的思想常把我领进了一个至高无上的神一般的思想家的世界，他的思想比我在漫长的行程中所遇到的任何人的思想都远大和神圣，实际上，在这里，哲学的思考似乎被理解为满足人类的最高点，也只有更加神圣的音乐世界才能与之相匹敌，在慕尼黑的博物馆里我也见到了来自意大利的辉煌作品，知道我们离意大利国境很近时，在不可扼制的冲动的驱使下，我和母亲及伊丽莎白坐上火车去了佛罗伦萨。

第十二章　亲吻希腊

我们跨越了蒂罗尔山，那种奇妙经历我永远也忘不了，然后我们从山的阳面下来，到了翁布里亚平原。

我们在佛罗伦萨下了火车，然后花了几个星期乐陶陶地去参观画廊、花园和橄榄园。那时是波堤切利①吸引了我年轻的思考，我在波堤切利的名画《春》前一坐就是几个小时。受这张画的启发，我创作了一种舞蹈，在这种舞蹈里我努力去实现画作衍射出来的柔和与奇妙的动感，画面上有处处鲜花的大地的缓和起伏，仙女们手拉手的圈舞和西风之神的飞翔，所有这一切都聚集在中心人物的周围，而中心人物一半是仙女阿芙洛狄，一半是圣女玛丽亚，她的一个很意义深远的姿势象征了春天的生机和繁衍。

我在这幅画前坐了几个小时，完全让它迷住了，有一次好心的保安给我拿来一张凳子，善意而饶有兴趣地看我观赏，我坐在那里，直到我真正看出了鲜花在开放，赤裸的脚翩翩起舞，仙女们身体在婀娜摇摆，直到传递喜讯的使者向我走来，我想："我要把这幅画跳出来，把这种春机和生命繁衍的信息传输给人们，这信息可是我痛苦的收获，我将用舞蹈传达给他们，这则是莫大的喜悦。"

该闭馆了，而我还坐在画前不肯离去，我想通过这美好而神秘的一瞬间发现春天的意义，我感到目前为止生活就是一团糟，是无目的的盲目追求；我相信如果我能找到这幅画的秘密，我可以告诉人们如何去寻找生命的多彩和快乐。记得那时我想，生命就如同一个带着良好的愿望走向战场的人，但他却受到了致命的创伤，然后他反思说："我为什么不倡导一种教义来饶恕这些残杀的暴行呢？"

---

① 桑德罗·波堤切利（1445—1510），意大利文艺复兴时期画家，运用背离传统的新绘画方法，创造出富于线条节奏且擅长表演情感的独特风格，代表作有《春》《维纳斯的诞生》等。

这就是我在佛罗伦萨波堤切利的《春》前的冥想，后来我就努力将它编成了舞蹈。噢，那幸福的有异域风情的生活，慈祥温柔的圣母的身上透出阿芙洛狄的神态，阿波罗去拿第一枝橄榄枝，就像圣塞巴斯蒂安[①]一样！我感觉到所有这一切带着静谧的喜悦潮水般涌进我的胸腔，我急切地想把这些转化进我的舞蹈，后来我把它叫作"未来之舞"。

现在，在一个旧宫殿的房子里，在蒙特威尔地[②]的音乐和早期的一些不知名的其他音乐大师旋律的伴奏下，我给佛罗伦萨艺术界的人表演舞蹈，伴着优美的旋律，我跳的是一位天使在想象中的小提琴上起舞。

正如我们平时的不切实际一样，我们的钱又快花光了，我们不得不给亚历山大·格罗斯打电话，让他给我们寄一笔钱来，好在柏林同他会合，他在柏林给我安排了首场演出。

到了柏林我们有点手足无措，乘车走过市镇时我们发现满大街的海报上全是我的名字及我在克罗尔歌剧院首场演出的宣传，演出将由爱乐乐团来伴奏，亚历山大·格罗斯把我们领进了在菩提树下漂亮的套间，整个德国新闻界似乎都在等着采访我，在慕尼黑的学习研究和佛罗伦萨的经历使我当时富于思考而又超脱，我用美国式的德语把舞蹈艺术讲成是"第一伟大的艺术，是天真而又辉煌的艺术"。我认为舞蹈将重新唤醒所有其他的艺术，这使得新闻界的先生们吃惊不小。

这些德国记者仔细倾听我的讲解，他们与后来在美国听我讲理论的那些人可大不相同，他们虔敬而又热切地听我讲解，第二天德国报纸上就出现了用重大的哲学含义来谈论我的舞蹈艺术的长篇文章。

亚历山大·格罗斯是个勇敢的开拓者。他拿他全部的资金作赌注来推动我在柏林的演出。他不惜一切花费来给我作广告，租用第一歌剧院的场地，聘请最好的乐队指挥。当剧幕升起时，露出来的是朴素的蓝色幕帘做背景，我那么一个娇小的身影与巨大的舞台形成了鲜明的对比，如果我一开始就难以赢得困惑不解的柏林观众的掌声，亚历山大·格罗

[①] 圣塞巴斯蒂安（？—288？）罗马军官，早期基督教徒，引导许多士兵信奉基督教，事发后皇帝命以乱箭射死，侥幸不死，后被乱棒打死。

[②] 克劳迪欧·蒙特威尔地（1567—1643），意大利作曲家，创立威尼斯歌剧风格，对后世音乐有很大影响，主要作品有《奥菲欧》《尤利赛返乡》等。

斯可就前功尽弃了。但他是个伟大的预言家，我没有辜负他的期望，我震动了整个柏林，我跳了两个多小时后，观众拒绝离开歌剧院，他们喊着"再来一个""再来一个"，最后在热情的冲动下，他们一下子涌向了脚灯，几百名年轻的学生爬上了舞台，我差点就被这种狂热的崇拜挤死了。多少个夜晚他们都重复着这迷人的仪式——他们把马从车上解下来，然后喜气洋洋地拉着我穿越条条大街，顺着菩提树下大街来到我的宾馆。

从第一天晚上起，我就以"神圣的伊莎多拉"的名字在德国家喻户晓了。有一个这样的晚上，雷蒙德突然从美国赶回来了，他很思念我们。他说他再也不与我们分开了。然后我们又恢复了我们珍视已久的计划，到最神圣的艺术发源地，到我们最钟爱的雅典去取经，我感到我刚刚到艺术殿堂的门口。因此在柏林经过短暂的演出后，不顾亚历山大·格罗斯的恳求和惋惜，我坚持离开德国。我们又乘上了去意大利的火车，然后取道威尼斯，瞪大了眼睛，怀着激动的心情一块踏上了我们拖延已久的雅典的旅途。

我们在威尼斯逗留了几个星期，虔敬地观看教堂艺术馆，可威尼斯对我们来说并不是那么重要了，比起威尼斯我们一百倍地敬佩佛罗伦萨的至高无上的智慧和精神之美，直到多年以后威尼斯才给我展示了它的秘密和可爱之处，那时我在威尼斯有了个瘦小的褐色面孔黑眼睛的情人，才第一次领略了威尼斯美丽的迷人之处，但初访威尼斯时却是很沉不住气的，当时只想乘船远行艺术更高的境地。

雷蒙德认为我们的希腊之行必须尽可能简单，因此我们就没乘舒适的大客船，我们改乘一艘航行于布林迪亚和圣莫罗之间的小邮船，而且那里有萨福在绝望中投海自尽所站的岩石，即使现在，我还能记起当时想到的拜伦的诗句：

希腊群岛啊，希腊群岛！
火热的萨福在这里爱过，唱过，
在这里战争与和平的艺术曾并行不衰，
堤洛斯在此诞生，太阳神在此跃出！

第十二章　亲吻希腊

永恒的夏天依然把海岛镀成金色，
可除了太阳，哪里还有你昔日的辉煌？

从圣莫罗我们早上乘小帆船出发，船上只有两个人。我们就在这么一个骄阳似火的7月天渡过爱奥尼亚海，我们进入安布罗斯海湾在喀法索拉斯小镇登陆。

在雇小渔舟时，雷蒙德大都比比画画地给人家解释，还用了一些古希腊语，我们希望我们的行程尽可能像尤利西斯①的行程，渔人好像不怎么知道尤利西斯，但一看到那么多的德拉克马（希腊货币），他便鼓起勇气扬帆起航，虽然他很不乐意走那么远，有好多次他都指着天空说："轰隆隆，轰隆隆。"他还用胳膊比画出海上风暴的样子，告诉我们海上风云多变，我们想起了《奥德赛》中描写的诗句：

说完，他就抓起三股叉，聚起云雾，
搅动大海，呼唤风暴来兴风作浪。
乌云顿时罩住了大地和海洋，
黑暗一下子从天上降下来。
东风南风相斗，西风锐啸，
而寒气逼人的北风又卷起巨浪，
打在他的筏子上，
在一瞬间撕碎了所有的勇气和希望。

《奥德赛》第五章

没有哪一个海比爱奥尼亚海更加多变了，我们拿富贵的生命去冒险，但这次航行的结果真有可能像尤利西斯的那样：

他正这么说着，一个巨浪迎头打来，
其势正猛，把木筏打得团团转，
舵被打落海中，而他也被打出很远。
突然又起狂风，

---

① 尤利西斯，古希腊史诗《奥德赛》中的英雄。

桅杆拦腰折断，被巨浪上下冲击，
木筏失去了舵和桨，
他长时间被压在浪底，
无法探出头来，
华丽的衣衫成了累赘。
但最后他从海中跃出头，
吐出苦咸的海水，
把滴着水的乱发从眼前抹开。

后来尤利西斯的船触礁，他遇到了瑙西凯厄：

我是个历经磨难的人。
二十天前我从海上出发（返乡），
直到昨天我方从幽暗的海水中逃脱。
这些天来，海风和巨浪从
俄古亚岛把我吹打到此，
是命运让我到此，
也许我会把苦难带到您的岛上来，
也许天神们还会让我再受磨难。
可是，我恳求王后您帮助我，
我经受了那么多的劫难，
第一个遇到的就是你，
除了神仙，
岛上再也无人知道我了。

《奥德赛》第六章

我们在伊庇鲁斯海滨的普莱弗萨的土耳其小镇停靠，我们买了吃的：一大块干酪，很多熟橄榄和干鱼，因为帆船上没有遮风避雨的地方，我到死也忘不了那干酪和干鱼的气味，因为它们总是暴晒在火热的阳光之下，特别是我们的小船总是轻轻的可很有力的来回摇晃，小风常常停下来，我们不得不拿橹摇船。最后，黄昏时分，我们在喀法萨拉斯靠岸了。

第十二章 亲吻希腊

岛上的居民们都跑到沙滩上去迎接我们，或许克里斯佛·哥伦布也没在当地居民中引起这么大的动静——当我和雷蒙德跪下来亲吻土地时，人们都一言不发好奇地望着我们，雷蒙德朗诵道：

美丽的希腊，看到你正如看到薄命的情人，
要不然，那就太麻木了；
看到你斑驳的城墙，坍塌的神殿而不落泪，
那目光将会是多么冷漠呀！

实际上我们是喜犹参半，我们想拥抱村里的所有居民大喊："漂泊多日，终于到了希腊的神圣岛屿了！向您致敬，噢，奥林匹亚的宙斯！还有阿波罗！还有阿芙洛蒂！准备吧，缪斯女神，再起舞吧！我们的歌唱可能会惊醒狄奥尼索斯和他沉睡的女酒神们呢！"

起来呀，酒神、太太和少女们，
来吧，酒神，来吧，
啊，赐给我们欢乐；
上帝，万物的创造者，
给布洛米厄斯力量，
从弗里吉亚的圆顶山，
到街道，到城镇到楼塔，
噢，把布洛米厄斯带回家吧！

穿上你的小鹿皮衣衫，挂上洁白的流苏，
像我们的，如金羊毛一般洁白。

我与他一同起誓，白发对银丝，
来装点神灵崭新的手杖，
穿起他的小鹿皮衣裳，把藤环套在头上。

喀法萨拉斯没有宾馆也没有铁路，那天晚上我们睡在一间房子里，那是小客栈能给我们的唯一的房间，我们没怎么睡，首先，整个晚上雷蒙德大谈苏格拉底的智慧和柏拉图爱情的天堂;其次床是由单片小木板拼成的,非常粗糙,还有希腊有成千上万的"小居民"(指蚊子)拿我们大开盛宴呢!

早晨我们动身离开小村庄,母亲坐在一辆双马拉的马车里,车上有我们盛衣物的四个小皮箱,而我们则砍了几根桂树棍护送着她,整个村子里的人伴随着我们走了好长的一段路,我们走了一条古路,两千多年前,马其顿帝国的菲利浦曾率他的部队从这条路上走过。

我们走那条从喀法萨拉斯到阿格林尼的路蜿蜒穿越高山,山势起伏,荒凉却又宏伟壮丽。那是个美丽的早晨,空气很清新,我们年轻的步伐如长了翅膀一般加速向前,还常常蹦跳到车的前面,我们大喊大叫纵情欢歌。当我们跨越阿斯普罗波特摩斯河(阿基利斯古河)时,不管伊丽莎白满眼泪水的苦苦哀求,我和雷蒙德执意要在那清澈见底的河中来一次洗礼,没想到河水那么急,我们差点就被卷走了。

在旅途中,有一次有两条凶猛的牧羊犬从山谷那边的一个农舍冲我们跑过来。要不是我们勇敢的车夫拿大鞭子把它们吓跑的话,它们肯定会像狼一样凶猛地向我们进攻了。

我们在路边小店里吃了午饭,在那里我们第一次喝到了用古老的猪皮袋子存的酒,酒是用树脂来保存的。那酒喝起来有家具漆的味道,可尽管如此,我们还一个劲说它好喝。

晚上我们到了阿格林尼,都筋疲力尽了,但我们的眼中却闪着愉悦的光辉,普通人难得有这种幸福。第二天早晨我们乘驿车去了迈索隆吉翁,在那里我们拜谒了拜伦那颗火热的心,它就珍藏在这个英雄城镇的遗址中,这里的土地都浸染着烈士的鲜血。是拜伦把雪莱的心从烈火燃烧的余烬中抢出来,这不是有些奇怪吗?雪莱的心珍藏在罗马,可能这两位诗人的心正在冥冥之中互交心渠,从"希腊的辉煌"到"罗马的壮丽"。

所有这些记忆使我们从异教徒不可抑制的欢乐一下子跌到悲伤的心境,这座城镇依然留有德拉克洛瓦①的名画《迈索隆吉翁的突围》中的悲壮气氛,当时所有的居民,男女老幼在不顾一切地冲破土耳其防线时全

---

① 尤金·德拉克洛瓦(1798—1863),法国浪漫主义画家,对印象派和后期印象派均有影响,作品色彩绚烂,富于表现力,代表作有《自由引导人民》等。

部惨遭屠杀。

拜伦于1824年4月死于迈索隆吉翁，两年之后，同在4月，几乎是拜伦病逝两周年的纪念日，这些烈士们在这个阴影密布的岛上与他相会了，拜伦为了他们的解放情愿牺牲一切，还有比拜伦在英雄的迈索隆吉翁小镇的死更动人的吗？他的心埋在那些烈士中间，世人又可以知道希腊的不朽之美了。因为所有的殉道都不是无所谓，满含热泪，怀着崇敬的心我们在薄暮之中离开了迈索隆吉翁，我们坐上了去柏特雷的小轮船，从甲板望着迈索隆吉翁渐渐远去。

在帕特雷我们为去奥林匹亚还是去雅典争执了好半天，可是对帕台农神庙的神往还是占了上风，我们就乘火车去了雅典。火车穿越灿烂的希腊大地，我们望见了冰雪覆盖的奥林匹斯山峰；穿过曲曲绕绕的橄榄林，树影婆娑像翩翩起舞的林中仙女，又像是跳跃的森林大神，我们高兴得不得了。常常我们激动得无法扼制，只能泪盈盈地相互拥抱来表达彼此的情感。那些林中的农民在小站不解地打量着我们，他们可能在想，我们不是喝醉了就是疯了，而我们则是在兴奋不已地去寻找所有智慧中最高尚和最明亮的一种——雅典娜蓝蓝的眼睛。

那天晚上我们到了笼罩在紫光中的雅典。第二天早晨，我们因敬仰而浑身激动得发抖，心怦怦直跳。我们就这样拾级爬上雅典娜的神庙。向上攀登时，我感觉我以前所有的生活好像一件百衲衣一样从我身上滑落；好像以前从来没活过；好像我们在那长长的屏气和纯美的凝视中刚刚诞生一样。

太阳正从彭特里克斯山的那一边升起。雅典娜神庙的大理石墙在阳光里泛着金鳞，显示出其神妙的清晰与壮观。我们登上了山门的最后一个台阶，凝望着神庙在晨曦中熠熠生辉。我们的心也一样，都很肃穆。我们彼此稍稍分开一点，因为这神圣的美叫我们难以用语言赞叹。我们心中充满了敬畏，叫喊和拥抱会亵渎这份神圣。我们找到了各自参拜的地点，就那么在冥想的极乐中沉默了几个小时，这使我们浑身因虚弱而发抖。

我们现在又聚到一起了：母亲和她的四个孩子。我们肯定邓肯一家在一块就足够了，其他人的介入只会让我们背弃自己的理想。而且当观看帕台农神庙时，我们好像达到了完美的顶点。我们自问我们为什么要离开希腊呢？我们已在雅典找到了一切符合我们美感的东西。有人可能会问，我既然已经取得了那么大的成功，在布达佩斯也有一段热情似火的恋情，为什么我对这两件事没有一点点渴望呢？

事实是，我已经开始了这个朝圣，我对于功名和金钱已没有什么欲望了，这纯粹是精神的朝拜，好像我要寻找的精神正是无形的雅典女神，她仍然神居在帕台农神庙的废墟中。因此我们决定邓肯家要永远留在雅典，在那建一座屋宇。

因为我在柏林的演出，我们在银行似乎存了一笔取之不尽的款子，因此我们就开始为这座屋宇选合适的场所，其中唯一有点忧虑的人就是奥古斯丁，他考虑了很长一段时间，最后他承认他很想念妻子和孩子，我们觉得他的想法是一个很大的缺憾，可我们同意了，因为他已经娶妻生子了，我们毫无办法，只好派人去把她们接来。

他的太太带着一个小女孩来了，她穿着很入时，还穿一双路易十五时期的高跟鞋，我们都对她的高跟侧目而视，因为怕亵渎了帕台农神庙的大理石地板，我们都换上了凉鞋，但她极力反对穿凉鞋，可我们觉得甚至我的短衬裤服，雷蒙德的灯笼裤和松松垮垮的领带都是堕落的服装，我们必须换上古希腊人的服装，我们真这么做了，这使很开放的希腊人大吃一惊。

我们穿上了短袍，系上带荷叶边的斗篷，把发带束在头发上，然后我们就动身去寻找我们的庙址。我们找遍了科隆诺斯和帕勒农以及阿提卡所有的山谷，可我们还是找不到什么地方适合修建我们的屋宇。最后有一天我们去伊米托斯山散步，那里有蜂房，以盛产蜂蜜而著称。我们翻过了一座小丘，雷蒙德突然把他的手杖放在地上，大声喊起来："看呀，这地方与卫城一样高！"还真是，我们朝西望时看见了雅典娜神庙，望见神庙离这儿很近，可实际上那儿离神庙4公里远呢。

可这地方有点麻烦，首先没人知道这是谁的地。这离雅典很远只有牧人才赶着他们的牛羊群来这。后来过了很长一段时间我们才知道这块地属于五家农人，他们拥有此地已经有一百多年了。这块地就像馅饼一样从中间分成好几块。找了好长时间我们才找到这五家的主事人问他们卖不卖。这些农人可是吃惊非小，因为以前还没有人对这块地感兴趣。离雅典很远，土地多石，只有荆棘丛生，而且山的附近连水都没有。从来没人觉得那块地有什么价值。可我们一告诉他们我们要买这块地，这些农人就聚在一起，认为这块地或许是无价之宝。他们要了很高的价。然而我们邓肯家下决心要买下这个地方了，就与他们讨价还价。我们宴请他们，席上备满了烤羊羔肉和其他诱人的食品。我们还请他们喝了许多"拉其"——这地方的白兰地酒。宴会上，在一个雅典小个头的律师的帮助下，我们拿出一张卖据，这些农人不会写字，只能按上手印。虽然我们买的这块地有点贵了，可我们还是觉得这顿饭还是很值的。那个从古时候起被称作"科帕诺斯"的荒凉小山丘，那个与卫城齐高的小土丘从此属于我们邓肯家了。

接下来是弄到图纸和建筑设备来做建筑计划，雷蒙德发现了建造阿加门农①宫殿时的建筑模型。他不屑用建筑师帮助，而是自己雇用工人和运石工。我们认为配得上建庙的石头只能从帕特里克斯运来，因为万神庙里那高贵的石柱就是从它发光的山岩上拓造出来的。我们喜欢上了山脚下红色的山岩。从那时起，每天人们都可以看到长长的运送红石的大车队，蜿蜒穿行于帕特里克斯和科帕诺斯之间。每有一车红石卸到我们的地盘上我们都感到兴奋异常。

最后终于等来了我们的神庙铺奠基石的那一重大时刻。我们觉得这一重大事件应该认认真真地举行个仪式才对。天知道我们家的人都对宗教不感兴趣，我们的思想都让现代科学和自由思考给解放出来了。可我们还是觉得以希腊的方式请一个希腊牧师来主持一个仪式庆祝奠基礼不是更漂亮更合适吗？我们邀请了方圆几英里的农人们来参加这个仪式。

老牧师来了，身着黑色的教袍，头戴黑色的帽子，黑色的面纱从宽大的帽冠上飘落下来。牧师向我们要一只公鸡来祭祀。这是阿波罗神庙时期拜占庭牧师代代传下来的仪式。费了老大的劲才找来一只黑公鸡，我们又给牧师一把祭刀。与此同时，成群的农人从乡下的各个地方赶来了。另外还有一些上流社会的人从雅典赶来。黄昏时分，科帕诺斯已经聚集

---

① 阿加门农（希神），迈锡尼国王，特洛伊战争中希腊联军的统帅。

了一大批人。

　　老牧师庄重肃穆地开始了他的仪式，他要求我们对房屋的地基划定一个确切的界线。我们就沿着一个四方形跳了一圈舞，四方形是雷蒙德早日在地上画好了的。然后牧师找到了离房子最近的基石，正当残阳西斜的时候，他割开了黑公鸡的喉咙，殷红的鲜血就溅在基石上。一只手举着祭刀，一只手捧着黑公鸡，他神情肃穆地围着四方地基走了三圈。然后就开始祈祷并念咒语。他保佑房子的石块，并问清了我们每个人的名字，然后他开始祈祷，在祷词里我们能反复听见伊莎多拉·邓肯（母亲）、奥古斯丁、雷蒙德、伊丽莎白和小伊莎多拉（我自己）。他每次说邓肯时，我们都听见他好像叫"桑肯"，他发的是一个很重的"S"而不是"D"。他一次又一次地劝诫我们要虔诚和谐地在这所房子里生活。他还祈祷说我们的后代也要宁静而虔诚地在这所房子里世世代代生活下去。他做完祈祷后，就有乐师带着希腊古老的乐器赶来了。我们打开了成桶的葡萄酒和白兰地。山上点燃了熊熊的篝火，我们与我们的农人邻居饮酒起舞度过了一个欢快的夜晚。

　　我们决定永远留在希腊。不仅这样，就像哈姆雷特那样我们起了誓，发誓永不结婚，"而那些结过婚的就让他们这样吧。"诸如此类的话。

　　我们对收留奥古斯丁的太太都有看法，想掩饰可又掩饰不住，但我们自己却在习字簿上起草了一个计划，计划打算只包括邓肯家的人，我们就这样给我们在科帕诺斯今后的生活列了规章制度。我们的做法有点像柏拉图在他的《理想国》里讲的一样。我们规定日出即起，我们要以欢快的歌舞迎着升起的太阳。然后我们就喝一小碗羊奶来充实体力。早晨我们应该把全部精力用在教居民唱歌和跳舞上。他们应该庆祝希腊众神并脱下那些难看的希腊现代装束。然后，我们简单吃点蔬菜做午餐，因为我们已决定不吃肉而当素食主义者了；下午的时间用于冥想；晚上用适当的音乐来伴奏做异教的活动。

　　接下来就开始兴建科帕诺斯了。因为阿加门农宫殿的墙大约是两英尺厚，所以科帕诺斯的墙也应该是两英尺厚。直到这些墙建了很长一段时间后我才认识到我们需要从帕特里克斯山弄多少红石头，我才知道每车红石头得花多少钱。几天以后，我们决定在工地宿营过夜，可我们突然意识到方圆几英里连一滴水都没有！我们望了望伊米托斯山养蜂的高处,我们的眼前全是泉水和淙淙的溪流。然后我们又凝视着帕特里克斯山,上面终年不化的积雪像瀑布一样直泻下山坡。啊！我们终于明白科帕诺斯完全是贫瘠而干旱的。最近的泉水有4英里之远！

可雷蒙德一点都没被吓倒,他雇了更多的工人,并让他们动手挖一口自流井。在挖井过程中他碰上了不同的古代遗物。他坚持说在这些高坡上以前肯定有个古村庄。可我有自己充分的理由觉得那不过是一座坟墓,因为自流井越往下挖越干。最后,在科帕诺斯几个星期徒劳无功的找水工作之后,我们回到了雅典去寻找预言神灵的灵谕,我们相信他们就住在卫城。我们从城里搞了张特别许可证,这样我们就可以在月夜去那了。我们习惯于坐在狄奥尼索斯圆形大剧场,在那里雷蒙德会背诵他希腊悲剧里的片段,我们也常在那跳舞。

我们一家完全是自得其乐,一点也不与雅典当地的居民混在一起。甚至有一天我们听农人说希腊国王乘骑去看我们的神庙时,也不为所动。因为我们是受其他王的统治：他们是阿加门农、梅内厄斯[①]和普里阿摩斯[②]。

[①] 梅内厄斯（希神），斯巴达国王，海伦之夫,阿加门农之弟。
[②] 普里阿摩斯（希神）,特洛伊最后一位国王,其统治期间暴发了特洛伊战争。

第十三章　梦醒雅典娜

一个月夜，我们正坐在狄奥尼索斯剧场，突然有一声高昂的男孩的歌声划破了宁静的夜空，那种哀婉的声音是男孩所特有的，突然又有另一个男孩的歌声，他们正在唱希腊的一些老歌。我们坐着，心花怒放。雷蒙德说："这一定是古老的希腊合唱队里男孩子的嗓音。"

第二天晚上这个合唱组又来了。因为我们给了他们许多德拉马克，第三天晚上合唱队人多了。渐渐地，雅典所有的男孩子们都来这聚会，在狄奥尼索斯剧场的月光下给我们唱歌。

那时我们对希腊教堂里的拜占庭音乐主题极感兴趣。我们参观了希腊教堂并听了主事那美妙的、悲伤的圣歌，参观位于雅典城外的培养希腊年轻牧师的神学院。他们给我们看了手稿收藏馆，那些手稿是从中世纪就开始收藏的。我们那时提出，现在好多著名的希腊专家也这么认为，阿波罗、阿芙洛蒂及所有其他的异教之神的赞歌在进入希腊教堂前都是经过修改了的。

那时我们心中就有了再次从这些希腊男孩子身上找到原汁原味的希腊合唱的想法。我们每天晚上都在狄奥尼索斯剧场举行演唱竞赛，谁能唱出最古老的希腊歌曲谁就能得到奖赏。我们也邀请了一位拜占庭音乐教授来帮忙。就这样我们组成了一个10名男孩的合唱组，这些孩子是全雅典嗓音最好的。有一位年轻的神学院的学员，他也是学古希腊语的一个学生，他帮我们把这个合唱队配上埃斯库罗斯[①]的《祈求者》。这些合唱曲可能是有史以来写得最好的合唱曲。有一首我记得特别清楚，那是描述一群少女的恐惧的合唱曲，说的是这群少女围在宙斯圣坛的周围，以企图从他们跨海过来的乱伦的堂兄们那寻求保护。

[①] 埃斯库罗斯（前525？—前456），古希腊三大悲剧作家之一，相传写了80多个剧本，现存有《被缚的普罗米修斯》等。

第十三章 梦醒雅典娜

就这样，我们研究卫城、建造科帕诺斯并研修埃斯库罗斯合唱曲的舞蹈，完全忙于自己的工作。除了偶尔去远处的几个村庄远足，我们什么也不需要。

阅读依洛西斯①的神秘故事使我们肃然起敬。

"这些神秘的事情无人能说。只有能看到这些神秘事情的人才能受到保佑，他死后的命运将与他人不同。"

我们准备去依洛西斯看看，离雅典有13.5英里远。我们就凭着两条腿，赤着脚穿着凉鞋沿着白色的尘土飞扬的路走下去，那条路沿着海边绕过柏拉图古树林，我们想求神息怒，因此我们就一路以跳舞代替一般的步行。我们经过了达佛涅的一个小村庄和阿吉亚·特里亚斯的一个小教堂。经过群山中的一个缺口后我们看到了海和萨拉米斯岛。我们在岛上停息片刻来重构萨拉米斯当年那场著名的战斗，当时波斯兵是在薛西斯②的统率下，希腊人迎战并击溃了波斯东道国。

据说当年薛西斯坐在爱格利斯的银腿椅子里观看这场战斗。这场战斗发生在公元前840年，希腊人组成了300只船的舰队打败了波斯人，赢得了独立。当时大约有600名波斯精兵驻扎在一座小岛上来截断希腊人的退路，他们本打算击毁希腊人的船只，并把他们赶到岸上。可是亚里斯泰迪斯已经被从流放地召了回来，他识破了薛西斯要击毁希腊舰队的举措，并设计击败了波斯人。

一只希腊船领头攻袭，
一船首的腓尼基人已打中了船首雕像，
近身格斗就要开始，
每只船都荒乱异常。
开始的波斯舰队大军
临危不乱；可庞大的队伍
却成了溃军之源；在狭窄的海口，
他身有劲难使，挤做一团，

---

① 依洛西斯，古希腊城市。
② 薛西斯（519？—465BC），波斯国王，曾大举入侵希腊，在萨拉米斯大海战中惨败。

>他们的黄铜船首咬在了一起,
>挤碎了他们自己的橹,而在同时
>希腊人却在四周灵活的攻击,
>直到我们的船底朝天,只剩下蓝色的海
>漂浮的残船和尸体
>漫漫无边。

我们实际上每一步都是跳着走的。我们只在一个小小的基督教堂前停留过一次,有一个希腊牧师看我们越跳越近,也就越来越惊讶,他执意让我们看看教堂并请我们喝他的葡萄酒。我们在依洛西斯待了两天来观赏她的神秘。第三天我们回到了雅典,可我们不只是一家人回来的。我们是由一群影子似的新人陪伴着回来的;埃斯库罗斯、欧里庇得斯[①]、索福克勒斯[②]和阿里斯托芬[③]。

我们再无心远走了。我们已经到了我们的麦加,因为这里是无上的——希腊。从那时起我就背离了对智慧的雅典娜的纯粹的崇拜,我承认我最后一次参观雅典不是对她的崇拜吸引了我,而是达佛涅一所小教堂里耶稣受难的面部表情吸引了我。可在那时,我们正值生命的早晨,卫城对我们来说是欢乐和灵感。我们太强壮,太热衷于挑战而不能理解什么是怜悯。

每天早晨我们都爬普洛皮林山,通过它我们渐渐开始了解这座圣山了。我们带着书,考察每一块石头的历史。为了查找某些标志和预兆的出处,我们研究了著名的考古学家所有的理论。

雷蒙德得到了他自己独到的发现。他和伊丽莎白在卫城花费一些时间去寻找到山上吃草的山羊在岩石上留下的古老的足迹,这些足迹是在修建卫城以前留下来的。他们还真找到了一些印记,因为刚开始时卫城是由一伙牧羊人修的,修卫城是为了在夜里给羊群遮风避雨。雷蒙德和伊丽莎白成功地找到了羊群经常过往的一个十字路口。这些至少是建卫

[①] 欧里庇得斯(前485—前406)古希腊三大悲剧家之一,其剧作对罗马和后世欧洲戏剧有深远影响。
[②] 索福克勒斯(前496?—前406)古希腊三大悲剧诗人之一,代表作有《俄底浦斯王》等。
[③] 阿里斯托芬,古希腊喜剧作家。

城之前一千年的遗迹了。

通过竞赛的方式，在那位年轻的神学院学生的帮助下，我们从几百名雅典衣衫不整的小顽童里挑选了十名有天使般嗓音的小男孩。在神学院学生的帮助下，我们开始培养这些孩子唱合唱曲。我们发现了藏于希腊礼仪中的左右变音，它们是那样适合和声，这证明了我们认为这就是宙斯、父神、雷神和保护神的赞歌的推论是正确的。它也证明了这些歌为早期的基督徒所用，并把它们变成了赞美耶和华的圣歌。在雅典图书馆里我们找到了关于古希腊音乐的不同书籍，那些音乐的音阶和音程就是这样的。有了这些发现，我们都激动不已。经过了两千年，我们又能使这些失传的珍宝重见天日了。

我们当时在丹格勒特宾馆住着，宾馆很慷慨地让我随意使用一个大厅，在那，我可以每天工作。我每天花几小时给《祈求者》合唱曲配舞，并在希腊教堂音乐激起的灵感中编舞。我们是那样的执着并信服这些音乐，以至于我们从没想到这些音乐是宗教表达的喜剧混杂物。

那时的雅典如平时一样永远处于革命的状态之中。这次，革命是由保皇派和学生之间的争执引起的，在舞台上究竟是用古希腊语还是现代希腊语。成群的学生在街道上举着旗帜游行，力主使用古希腊语，有一天从科帕诺斯回来时，我们的车子让学生们给围住了，他们对我们穿的希腊古袍大声喝彩，并邀请我们加入他们的游行队伍，为了古老的希腊，我们一呼即应。因为这次聚会，学生们就在市政剧院安排了一个演出。那10个希腊男孩子和那位拜占庭神学院的学生都穿上了衣袖飘飘的多彩短袍子，用古希腊语唱着埃斯库罗斯的合唱曲，而我则翩然起舞。这使学生们迷狂般地喝彩。

乔治国王听说了这次游行，他表示想在皇家剧院再看一次表演。可是在皇家剧院的皇族和雅典所有使馆人员面前的那次表演却缺少了在小剧院里给学生们表演的热情和火爆。那带着白色小山羊皮手套的鼓掌丝毫没有鼓动力，乔治国王走到舞台后面的化妆室里，他请我去皇家包厢里去看看皇后，虽然他们看上去满脸喜色，可我能看出来那不是从心里高兴，他们也没有弄懂我的艺术。对皇宫里的大人物来说，芭蕾将永远是最好的舞蹈。

也就是在这时,我发现我们银行里的存款已告罄。记得在皇家剧院演出后的那天晚上我怎么也睡不着。早晨一起床我就独自一人朝卫城走去。我走进狄奥尼索斯剧场,在那翩然起舞。我感到这是最后一次在那跳舞了,然后我爬上了普洛皮林山站在万神庙的前面,突然我认识到,我们所有的梦像五颜六色的气泡一样破灭了,我们以前是普通的现代人,以后还免不了要做现代人,我们再也不会有古希腊人的那份感觉了。在我面前的这座雅典娜神庙,古时曾历经多彩。我只不过是一个苏格兰和爱尔兰人生的美国人。或许我与红色印第安人的亲缘还要比与希腊人近呢。在希腊生活的一年来美丽的梦幻突破破灭了,拜占庭希腊美妙的曲子变得越来越微弱。《伊索尔德死神》的和弦总飘散在我的耳际。

三天后,我们告别了浩浩荡荡的热情的人群,和那 10 个男孩子热泪纵横的父母,乘火车离开雅典去维也纳。在火车站我裹着希腊白蓝色的国旗,那 10 个男孩子和所有送别的人一起唱起了优美的希腊赞歌。

回首在希腊过的这一年,我认为那非常美丽。这回溯两千年去寻求美的努力,我们自己也可能不理解,其他人也理解不了。这种美正如勒南[①]所写的:

  啊,高贵!啊,朴实和纯真的美!是象征着智慧和理性的女神。你的神殿就是永恒的良知和真诚的一课,我迈进你神秘的大门也太晚了;我带着深深的自责来到你的圣坛。千辛万苦终于找到你。雅典人一降生你就赐给了他们入门的良机,而我则经过了许多努力和冥想才得到的呀!

因此我们离开了希腊,第二天早晨到达维也纳,带着我们的希腊男孩合唱队和他们的拜占庭琴师。

[①] 欧内斯特·勒南(1823—1892)法国哲学家、历史学家,以历史观点研究宗教,主要著作有《基督教起源史》等。

第十四章　结识瓦格纳夫人

我们重振希腊合唱队和古希腊悲剧舞蹈的愿望无疑是很值得的，但又是很不切合实际的。可经过了布达佩斯和柏林的经济上的成功后，我再也没有在世界上做巡回演出的想法了。我只把赚来的钱用来建造一座希腊神庙和复兴希腊合唱艺术。回首我年轻时的抱负，真是令人不敢想象。

第二天上午我们到达了维也纳，给迷惑不解的奥地利观众表演了埃斯库罗斯《祈求者》。在舞台上，希腊小男孩们唱歌，我跳舞。剧中有50位"达那俄斯的女儿[①]"，用我瘦弱的身体来同时表达50位少女的情感非常困难，可我的感情是个多样性的统一体，因此我就尽力去表达。

维也纳距布达佩斯只有4个小时的路程，但我却觉得很不平常。或许在万神庙待了一年，时间太久了，因此我的罗密欧不肯花这4个小时的时间来看我也就不奇怪了。我也不认为他就应该来看我，我一心扑在希腊合唱队上，因此它也就占去了我全部的精力和感情。说实话，我还真没有想起过他。相反，那时我脑子里充斥的全是智慧的问题，更重要的是，我的心思集中在令人敬佩的大智之人的友谊上——赫尔曼·巴赫。

几年前赫尔曼·巴赫曾在维也纳的"艺术之家"见我给艺术家们表演过舞蹈。我带着希腊男孩合唱队一回到维也纳，他就感到极大的兴趣。他在维也纳的《新报》上写了许多绝妙的评论文章。

赫尔曼·巴赫当时可能是30岁。他的脑袋很引人注目，有一头浓密的棕色头发，留着棕色的胡子。虽然他经常在演出后来布里斯托尔宾馆与我谈到天亮，我也经常起身给他跳一曲曲的希腊合唱来说明我的含义，但是，在我们中间却没有一丁点感情或情感的暗示。可能爱疑神疑鬼的

[①] 希腊神话中埃斯哥国王达那俄斯有50个女儿，受其父唆使各杀了她们的丈夫，因此神罚她们向无底桶注水。

人觉得难以置信，可是事实是经历了布达佩斯感情波折后的几年内，我整个的情感世界发生了很大的变化，我真正认为我的情感已随之成为历史，将来我只会投身于艺术之中。现在一想到我所有的一切都在"麦洛的维纳斯"的诗句上，这当然很令人吃惊，我现在也是这么认为的。虽然这有点不可思议，可历经了那次惨痛的觉醒之后，我一切的感觉都麻木了。我一点也不奢望那种感情。我整个的生命都集中在了艺术之中。

我的演出又在维也纳的卡尔剧院获得了成功。观众起初看到希腊男孩合唱队时相当冷淡，可当我最后表演舞蹈《蓝色多瑙河》时，他们情绪非常高涨。演出后我对观众解释说这不是我要达到的效果，我希望得到的是希腊悲剧的灵魂。我说，我们必须复兴合唱的美。可观众仍然大叫："不，不要做，跳舞、跳舞、美丽的蓝色多瑙河，再跳一个。"他们一次又一次地鼓掌。

就这样满载收获的我们离开了维也纳又去了慕尼黑。我们的希腊合唱队一露面，就在慕尼黑的学术界和知识界引起了很大的轰动。著名教授弗尔特王格勒发表了演讲，他就希腊教堂的拜占庭教授配乐的希腊圣歌作了演说。

慕尼黑大学的学生们相当激动。实际上，我们这些漂亮的希腊男孩子引起的轰动的意义是相当深远的。只是我一个人跳 50 个少女的角色真是有些力不从心，常常在演出结束后我向观众解释说，我不是表演单人舞，我是为 50 个少女跳的。我非常悲哀，我只是一个人，可是耐心点吧，不久我会建一所学校，把我变成 50 个"少女"的。

柏林对我们的希腊合唱队并不是很热情，虽然著名的教授科尼利厄斯从慕尼黑赶来为合唱队喝彩，可像维也纳一样，柏林的观众喊："噢，跳蓝色的多瑙河吧，不要再去翻唱这些希腊的合唱曲了。"

与此同时，那些希腊小男孩们自己也感到他们不合时宜了。我们尊敬的旅馆主人已经不止一次地向我抱怨他们的不懂礼貌和他们的坏脾气，他们一直要黑面包、黑熟橄榄和生洋葱，如果有一天他们的菜单里没有这些，他们就会对服务员大发脾气，他们会猖狂到把牛排扣在服务员的头上并用刀子袭击他们。好几家高级宾馆都把他们赶了出来。我没办法，只好在我柏林公寓的客厅里给他们搭了十张简易床让他们跟我们住一块。

第十四章 结识瓦格纳夫人

因为我们把他们看成孩子,早晨,我们经常很严肃地带着他们去散步;他们穿着凉鞋,打扮得就像古希腊人。有一天早晨我正和伊丽莎白走在这个奇异的队伍的前面,德国皇后骑马看见了我们。她吃惊不小,在下一个拐弯时她一下子从马上掉了下来,因为那匹精良的普鲁士马也从没见过这样的阵势,它受了惊吓自然就不那么老实了。

这些可爱的希腊孩子们同我们只待了六个月。然后我们不经意地发现他们那天使般的嗓音开始变调了,就连那些表示钦佩的柏林公众也开始相顾失色。我只能鼓足勇气努力去扮演宙斯神坛前祈祷的那50个小姑娘的角色,可这是个很繁重的工作,特别是当这些希腊男孩子们唱得跑调时,而他们的拜占庭琴师似乎也越来越心不在焉。

那位神学院的学生对拜占庭音乐越来越含糊不清。他似乎把对拜占庭音乐的所有热情都留在了雅典。而且他常常不到场,次数越来越多,时间越来越长。这一切有一天终于到达了高潮,警察当局告诉我们这些孩子夜里偷偷地从窗子里爬出来,就当我们认为他们睡熟的时候,他们却在光顾那些廉价的咖啡馆,在那里交了一些下三烂的朋友,同希腊女孩鬼混。

而且,自从他们来柏林后,他们已经完全失去了当初他们晚上在狄奥尼索斯剧院时的那天真的、天使般的孩子气表情。每个人都长了半英尺那么高。每天晚上,在剧院不管唱什么都会走调,人们不会因为是拜占庭音乐就原谅他们。他们发出的简直是可怕的噪声。有一天,我们忧心忡忡地反复商量后,决定把我们的希腊合唱队开到威尔特海姆的大百货商店去。我们给所有矮个的小男孩买了很好的现成的灯笼裤,给个子高的男孩子买了长裤,然后我们打的士把他们送到火车站,把他们安置在二等车厢里,给每人一张去雅典的车票,我们在车站深情地与他们道别。与他们分手之后我们就把复兴古希腊音乐的计划推迟了,然后我们又回头研究克里斯托弗·格拉克——《依菲琴尼亚和奥菲士》①

从一开始起我就把舞蹈看成是一种合唱的形式或一种团队的表现形式。正如我努力向观众勾画达那俄斯女儿们的悲伤一样,我还跳《依菲

---

① 奥菲士(希神)诗人和歌手,善弹竖琴。

琴尼亚》上的一段，哈尔基斯的少女们用她们的金球在多事的沙地上玩，后来是特丽斯凄惨的流放和她们的希腊同胞及受害者的血祭而引发的恐惧。我热切地想创办一个舞蹈乐队，这在我头脑中已经形成了，在舞台金黄的灯光下，我看到了我舞蹈的同伴们柔美的雪白的身影，她们强壮的胳膊、摇摆的头颈、充满活力的身体和迅急的双足围绕着我。在《伊菲琴尼亚》的最后，特丽斯的少女们为俄瑞斯忒斯①的得救而狂欢起舞。当我跳起这些如痴如狂的回旋曲时，我感觉到了握住了他们伸过来的手；当回旋曲越来越疯狂时，我感到了她们小小身体的摇摆和拉力。当我最后在极度欢乐之中倒地的时候，我看见他们：

> 在长笛的哀婉中酒醉
> 独自在林荫中寻猎。

我们在维多利亚街的家每周有一次招待会，现在这些招待会成了文学艺术激情的中心。这里把舞蹈看作是一种高雅艺术，因为德国人会极其严肃认真对待每一种艺术，并对那门艺术做出最深刻的思考。我的舞蹈成了争论最激烈也最热烈的讨论话题，整栏整栏的评论经常出现在各大报纸上，有时这些文章欢呼我是挖掘新艺术的天才，而有时候又把我贬成是真正古典舞蹈即芭蕾的破坏者。每晚演出结束告别那些欣喜若狂的观众回到家后，我就不脱白色舞衣一直坐到深夜，就着一杯牛奶细细研读康德的《纯粹理性批判》，天知道我是怎样从书中提到的纯粹之美中找到灵感的。

在经常光顾我们家的艺术家和作家中有一位年轻人，他高高的额头，一双眼神在镜片后闪闪发光。他说向我揭示尼采的天才是他的使命。他说只有通过尼采，你才能逐渐认识到你要寻找的舞蹈表达的全部内涵。他每天下午都来，用德语给我读《查拉图斯特拉如是说》，并给我解释我所有不懂的单词和句子。尼采哲学的诱惑让我着迷，卡尔·费登给我讲哲学的那几个小时的诱惑力非常大，剧院经理再三劝说我才恋恋不舍地去汉堡、汉诺威和莱比锡等地去做短期巡回演出，在那些地方观众群情激昂，他们用那成千上万的旗帜来欢迎我。我对他总是向我讲的那个

---

① 俄瑞斯忒斯（希神），阿加门农之子，为父报仇杀死母亲及奸夫。

巡回演出的成功的世界没多大兴趣了。我要学习，进行我的研究，创作那时还没有的舞蹈和舞姿，我想实现我的办学梦，这是我儿时就有的夙愿。我想变得更加强大。我的这个留在排练房和书房的愿望把我的经理人都快逼疯了。他一遍遍地苦苦恳求我去巡回演出，他一次次地走进来，痛苦地哀号着要我看一些报纸，那些报纸上讲伦敦及其他的地方是怎样流行我的幕帘和我的服装。我的舞蹈广为人们接受，人们把它看成巨大的成功，欢呼它是一个创举，可就这都无法打动我。夏天即将来临，我宣布了将在拜罗伊特度过整个夏天的打算，从艺术真正的源头，从理查德·瓦格纳的音乐中得到欢乐，最后经理的恼怒到了极限。有一天大名鼎鼎的理查德·瓦格纳的遗孀来看我，我留下的决定更坚决了。

从没有任何女性能像科西嫫那样，以她的聪明才智及热情打动我。她高高的个子，举止端庄，有一双美丽的眼睛，对女性来讲她的鼻子稍高了点，她的额头散发出智慧的光彩。她谙熟最深奥的哲学并能背诵哲学大师的每一个语句。她以令人鼓舞而又极其优美的方式对我讲起我的艺术，然后她又对我说理查德·瓦格纳生前是多么讨厌芭蕾舞学校的舞蹈和服装，她谈起她的"狂欢少女"和"鲜花少女"的梦，谈起瓦格纳的梦不可能容纳那个季节将在拜罗伊特上演的柏林芭蕾舞。她然后问我是不是愿意在《汤豪泽》①中表演舞蹈，可一旦这样难题又来了，我的理想可是与芭蕾舞不沾一点边儿。芭蕾的舞姿会破坏我的美感，而且芭蕾的表达方式在我看来是机械而又粗俗的。

"噢，我为什么没有自己梦想中的学校呢？"对她的邀请我脱口而出，"这样我就能把一群林泽仙女、农神、林神和美惠女神给您带到拜罗伊特，这正是瓦格纳梦寐以求的。可是我单独一个人能做得了什么呢？可我还是要去的，至少我将尽力去表现代表美惠三女神②的可爱、温柔和丰富性感的舞姿。"

---

① 汤豪泽（1200—1270）德国吟游诗人，有《抒情短诗》6首传世，后瓦格纳据其传说作歌剧《汤豪泽》。

② 美惠三女神为希腊之神，传说可赐人以美丽、魅力与快乐。

第十五章 一次心醉的爱情

我在宜人的5月到达拜罗伊特，下榻在黑鹰宾馆。下榻处有一间房子很大，我安置了一架钢琴，就可以在里面工作了。每天弗劳·科西嫫都传话过来邀我去吃午饭或晚饭，或者我们晚上一块去万弗里特别墅，在那里享受的是帝王般的热情和豪华。每天都有至少15个人或更多人来共进午餐。弗劳·科西嫫坐在上首，仪态端庄，言行举止特别沉稳。她的客人包括许多德国的伟大的智者，有画家、音乐家，而且常常有大公、公爵夫人和来自许多国家的王公贵人。

理查德·瓦格纳之墓就在万弗特里别墅花园中，从图书馆的窗口就可望见。午饭后弗芬·瓦格纳挽着我的胳膊走进花园，绕墓而行。那是一个长长的散步，弗芬·科西嫫时而忧伤时而幸福的语调里满是神秘的希冀。

晚上常常是四重奏，每一种乐器都是由演奏大师来表演的。汉斯·里克特伟岸的身影，卡尔·马克瘦小的身材，迷人的莫特尔，还有汉坡丁克和海因里希·索德，当时每一位伟大的艺术家都会在万弗特里别墅受到热情的款待。

我穿着小小的白色舞衣，竟然为那么多灿若星光的艺术名人所认可，我感到很骄傲。我开始学习《汤豪泽》的音乐。那段音乐表达的是一个"理智的人"对声色享乐疯狂的渴望——因为这种狂欢总是在汤豪泽的脑海中冲撞。森林之神、林泽仙女和美神维纳斯关在同一个洞穴中，而那个关闭的洞穴就是瓦格纳心智的洞穴。他躁怒不安地不断地想寻找一个享乐的发泄口，如果发现这个出口只存在于他的想象之中。

关于这种狂欢情节我写道：

"我只能给你一个模糊的暗示，只是一个以后将出现的危险的不确定的大概人们被这音乐汹涌的韵律所左右，他们如旋风般狂热冲动，充满了狂喜。如果是我自己的话，我也会有勇气去这么做的。这是因为它完全属于纯想象的领域。这些只是汤豪泽睡在维纳斯臂弯里的幻象。

"为了实现这些梦想，一个简单的求助动作可招来上千个张开的怀抱，就那么一回头就意味着狂欢的混乱，这就是流在汤豪泽血液中火热的情感表达。

"在我看来，这段音乐主题是没有满足的感官，疯狂的渴望，激情压抑的沉闷，简言之，它是世界上欲望的呐喊。

"这一切能被表达出来吗？这些幻想不仅仅存在于作曲家燃烧的想象之中吗？它们能被穿上衣服进行粉饰且清晰地表达出来吗？

"为什么要做这个不可能实现的努力呢？我一遍遍地说，我体现不了它，我只表达出是怎么回事。

"当这些可怕的欲望到达高潮，当它们冲破了所有的阻挡，它们会像一股不可扼制的洪流滚滚向前，我对这一场面作了模糊处理，因此人们不用看，光凭想象就认识到这一结局，这会胜过任何具体的场面。

"在这一爆发和毁坏，在这一成功破坏了所有的既成之后，到来的将是宁静。

"这就是代表着静穆的美惠三女神，爱欲满足之后的慵惰倦懒。在汤豪泽的梦中，这些欲望交织又分离，纠缠不休，时而联合，时而分开，它们在颂扬宙斯的爱欲之歌。

"它们讲的是宙斯的奇遇，他带着欧罗巴翱遨游在碧波之上。他们的头充满爱意地靠在了一起。他们被淹没了，他们被淹没在丽达和白天鹅做爱的情欲之中。因此它们使得汤豪泽憩在维纳斯雪白的怀抱之中。

"有必要给观众表演这些场面的粗俗么？你不期望细盯那块朦胧的空间看到欧罗巴女神伸出她那纤细的胳膊勾在那只大公牛的脖子上（是她搂住了宙斯）朝她的女伴挥手道别，而女伴们则在河岸上大声唤她的场面吗？

"你不想看那团影子，看见丽达的身子叫天鹅的翅膀遮住了一半，在热吻即将到来之前浑身颤抖吗？

"或许你会回答：'是的，你这是怎么了？'我只能简单地告诉你——'我会暗示出来。'"

从早到晚，在山上的一所红砖寺庙里，我参加了所有的排演，等待着第一场演出。《汤豪泽》《环》《帕西法尔》直到我一直处于对音乐的陶醉之中。为了更好地理解它们，我背过了所有的歌剧剧本，因此我心中烂熟了所有这些传说，我的整个身体都随着瓦格纳旋律的起伏颤动不已。我达到了一种忘我的状态；所有的外部世界都好像是冷冷的、模糊的和不真实的，对我来说，唯一的现实就发生在舞台上。这一天我是金发的舍格林德，躺在他哥哥西格蒙的怀抱中，而那美丽的山泉正淙淙地唱着歌儿敲着大地。

　　春日好时光，是爱情和跳舞的季节……
　　爱情、跳舞。

接下来，我又成了布吕希子德，为她失去的上帝而哭泣；而忽而我又成了孔德利在科林索的魔力之下疯狂诅咒。而体验最深切的还是我的心灵最激动的那一刻，我的心在血光照亮的圣杯里颤抖！啊！实际上我已经忘却了智慧的，有些蓝蓝的眼睛的雅典娜和在雅典的高山上那座美丽无比的神庙。在拜罗伊特山上的另一所庙宇以其波澜壮阔的回荡之气使雅典娜神庙相形见绌。

黑鹰宾馆拥挤不堪，让人觉得不舒服。有一天我正在隐士花园附近闲逛（这些花园是由巴伐利亚的疯人路德维格建造的），我突然看见了一所建筑很别致的旧石头房子。那是马格里夫古老的狩猎房子。那所房子有一个略显大的特别漂亮的客厅，它那古老的大理石台阶往下一直通到一个富有浪漫色彩的花园。这所房子已严重失修，由一大家子农民住着，他们已经在那住了大约 20 年了。我给了他们很大一笔钱让他们搬走，至少夏天我得住进去。然后我又请来了油漆工和木匠把屋内的四壁用泥灰抹了一遍并涂上一层淡淡的嫩绿色的漆，接着我又飞速赶到柏林订购了沙发、垫子、大大的藤椅和书籍。最后我就占据了这所叫"菲利浦歇脚处"的房子，因为它曾是打猎休息的地方，后来我总是把它想成是"海因里希的天堂"。

拜罗伊特就剩下我一个人了，母亲和伊丽莎白正在瑞士消夏，雷蒙德已经回到他心爱的雅典继续建科帕诺斯去了。他常给我发电报："自流井进展顺利。下周出水。送钱。"就这样一笔笔给他汇款,到最后用在科帕诺斯上的钱使我瞠目结舌。

布达佩斯的那份情感已经过去两年了,在这两年中我守身如玉,不可思议地又回到了处女时的那种心态。我身上的每一个细胞,从大脑到肉体在前几年都沉浸在希腊热情中,而现在我又迷上了理查德·瓦格纳的音乐。我睡觉很不实,醒了就唱昨晚刚学的主旋律。可是爱情又一次在我心中苏醒,虽然情形与上次完全不同了。是不是同一个爱神戴上了不同的面具呢?

我和朋友玛丽两人住在菲利普小屋,那没有仆人的房间,所以男仆和厨子只能住在附近的一个小旅馆里。有一天晚上玛丽朝我喊道:"伊莎多拉,不是吓唬你,快来窗户这看呀!在那边的大树底下有一个人每晚上都在盯着你的窗子,半夜才走呢。恐怕这是个心存不良的夜盗呢。"

还真是,树下站着一个瘦小的男人正朝我的窗子张望。我吓了一跳,可就在此时月光突然一下子照亮了他的脸。玛丽抓紧了我,我们俩都看见了亨利克·罗德的那张抬起的脸。我们赶紧从窗口走开了。当时我们可真是像女学生一样一阵大笑,可能是因为第一眼的恐惧。

"每天晚上他都这样,整一个星期了。"玛丽低声说。

我告诉玛丽等一会,我把外衣套在睡衣上轻轻地走出了房间,径直朝亨利克站的地方走去。

"亲爱的忠实的朋友,"我说,"你这样爱我吗?"

"是,是,"他结结巴巴地说,"你是我的梦,圣克拉拉。"

当时我不知道怎么回事,后来他告诉我他正在写他的第二本巨著,是关于圣弗兰西斯生平的。他的第一部书是米开朗琪罗的传记。罗德像其他伟大的艺术家一样会陷进他的创作状态中。那时他自己成了圣弗兰西斯,而他则把我想象成圣克拉拉。

我拉着他的手轻轻地把他牵上楼梯,领进别墅。可他却像在梦中一样,用充满了祈祷的亮闪闪的眼睛打量我。我回头望他,这相遇的目光突然让我感到与他一同升起,到了天国的境地,又像是到了光芒闪闪的路上。这种极乐的爱情体验我从没经历过。它使我的整个身心散发光泽。就是那一望,也不知持续了多长时间使我感到力乏头晕,我整个人都失去了知觉，一阵极大的天堂般的幸福使我昏倒在他的怀里，我醒来后发现那双漂亮的目光直视进我的眼里。他轻轻地诵起来：

> 在幸福之中爱情使我飘飘欲仙，
> 在幸福之中爱情使我飘飘欲仙。

我又一次体验到飘飘欲仙地飞向天堂的感觉。罗德俯身吻我的眼，我的额，这不是世俗的情欲之吻。虽然某些怀疑主义者会发现这难以令人置信，可事实是不仅仅是今天晚上，直到第二天早上我们分手的时候，而且以后的每一天晚上他每一次来别墅他从来没有强迫过我。他总是那样含情脉脉地望着我，当我回望时，他的目光会把我融化，我的心就会长上翅膀与他一同飞去。我也不期望他对我有什么身体的表达。我沉睡了两年的感官无不处在超凡的极乐之中。

拜罗伊特的排演开始了。我同罗德坐在昏暗的剧院中倾听《帕西法尔》序曲的开始。我的欣喜传遍了身上的每一根神经，这种欣喜强烈而敏感，他的胳膊对我不经意地一碰，我的全身就会涌上一阵极乐的狂喜，我就会感到甜甜的、刻骨铭心的、痛楚的欢乐。这种感觉像千万束灯光在我脑中回旋迷离。这种感觉如幸福哽在喉咙，我真想抑制不住地大哭一场。常常他用手轻柔地按在我的嘴唇上来，制止我不能自抑的呻吟和叹息。好像我的每一根神经都达到了爱的高潮，这高潮通常只限于瞬间。而这种感觉却在我身上持久不去，我分不清那是极度的喜悦还是难言的痛苦。或许这二者兼而有之，我真想同安福塔斯一起放声大哭，与孔德利一起尖声呼啸。

每天晚上罗德都来菲利浦小屋。他从不以任何方式像情人那样抚摸我，也从不试图去解开我的舞衣去爱抚我的乳房和身体，虽然他知道这上面的寸土都是属于他的。我以前懵懂不解的情感在他的盯视之下忽然醒来。这激动令我喜极而难以忍受，我常感到幸福使我晕倒，然后又在他那俊美的凝视中醒来。他已占有了我整个的灵魂，我只想在他的目光中死去。因为我们没有世俗的爱，没有任何满足或乏力，只有我心目中的对某种状态的沉迷的渴望。

我完全失去了胃口，彻夜难眠，唯有《帕西法尔》的音乐能使我落泪哭泣，好像只有这样才能暂时把我从这可怕而美丽的爱情中拉出来。

亨利克·罗德的意志力非常坚定，即使是在飘飘欲仙的陶醉和令人炫目的幸福中，如果他喜欢他也能够让你头脑清晰地思考，在这种珍贵的时刻，他会滔滔不绝地给我讲解艺术，此时世上能与他相提并论的也只有加百列·邓南遮了。罗德在某种程度上与邓南遮很相似。他也是身材矮小、大嘴，有一双与众不同的碧眼。

每天他都把圣弗兰西斯的手稿带来。他每写一章都要给我朗诵。他也曾给我读过但丁的《神曲》，从头到尾。他常给我读到深夜，读到天明。他常在日出的时候才离开。他像一个醉汉似的摇头晃脑，虽然在诵读过程中，他仅用水润喉。他已完全陶醉在他的无上智慧的神圣精华之中。一天早晨当他离开菲利浦小屋时，他突然惊恐地抓住了我的胳膊。

"我看到科西嫫夫人走过来了！"

一点不错，科西嫫夫人出现在晨曦中。她脸色苍白，我以为她正怒火填膺呢，但实际并不是这样，前天我们因我在我的美惠三女神的舞蹈中加进了《汤豪泽》的狂欢而发生了争执。那天晚上科西嫫夫人睡不着，就起来翻看她的纪念品，她在理查德·瓦格纳的遗稿中发现了一本小练习册，上面准确无误地记录着酒神之舞的狂欢，与我的想法正相吻合。

这位可爱的女人坐不住了，她天刚亮就跑过来跟我说是我对了。不仅如此，她还颤抖着说："我亲爱的孩子，你肯定从大师本人那得到了灵感。你吃透了他的作品。这与你的直觉完全一致。从今往后我再也不会干涉你了。在拜罗伊特我会让你自由地去跳。"

我想也就是在那时，科西嫫夫人打算让我同齐格弗里德结婚并与他一起继承大师的传统。可实际上虽然齐格弗里德对我有兄长般的情感并一直是我的朋友，但是我从来就没有要把他当成恋人的意思。我的整个身心已完全沉浸在与亨利克·罗德的超凡脱俗的爱中了，那时我还看不出这种结合对我有什么价值。

我的心灵就像一个战场，阿波罗、狄俄尼索斯、基督、尼采和理查德·瓦格纳在那里争战不休。我在维纳斯山和圣杯之间备受折磨。我落入了瓦格纳音乐的洪流之中，欲罢不能。然而有一天，在万弗里德吃午饭时，我却平静地宣布：

"师傅犯了一个巨大的错误，巨大的天才错误。"

科西嬷夫人吃惊地望着我。然后是一阵冰封般的沉默。

"是的，"我用那属于青春的特有的自信继续说："这位大师犯了个大错误，音乐、戏剧，毫无意义。"

沉默越来越使人难以忍受。我进一步解释说戏剧是说的艺术，而话语是人类思考的结果，而音乐则是抒情的狂喜。想让这二者结合是令人难以置信的。

我知道说了这些狂妄之语后再也没有商讨的余地了。我坦荡地环视四周想看一看那一张张满是惊愕的脸。我的宏论是站不住脚的。"是的，"我继续说："人类是要说话、唱歌、跳舞的。可是说话属于头脑，属于思考的人。而歌唱则靠情感。舞蹈是情感的宣泄，它使人纵情投入。这三者彼此不能相容。这绝不会是音乐、戏剧。"

那时的人并不感到很难为情，我为此而觉幸运。他们并不讨厌拒绝生活和乐趣。在《帕西法尔》的幕间休息中，人们静静地喝着啤酒，但这并不影响他们的智力和精神生活。我常看到伟大的汉斯·李赫特很随意地喝酒吃香肠，但是那并不影响他那天使般的表演，这也不影响他周围的人深邃并颇有见地的交谈。

那时苗条并不等于灵性。人们认识到人的精灵是向上的，是通过巨大的能量和活力展现的。头脑毕竟只不过是身体多余的能量。身体会像章鱼一样吸收它所遇到的一切而只把它认为不需要的东西送给大脑。

许多拜罗伊特的歌唱演员都长得人高马大，可他们一张嘴歌声就会传到仙人们灵气缥缈的九霄乐园。这就是我为什么坚持认为这些人不在意他们的身体。很可能他们认为魁梧的体格下蕴藏的是巨大的能量来演奏他们神仙般的音乐。

第十六章　闻到智慧的香味

在伦敦的时候，我在大英博物馆读过恩斯特·海克尔①作品的英文版译著。他对宇宙间不同现象的、明晰的表达深深地打动了我。我给他写了一封信，对他的书给我的教益表示感谢。那封信里一定有些东西引起了他的注意，因为后来我在柏林演出时他给我回了信。

那时因为他的自由言论恩斯特·海克尔遭到德国皇帝的流放，所以不能回柏林。但是我们一直以书信保持联系。当我在拜罗伊特时，我写信邀他来做客并参加我的假日庆祝。

一个下雨的早晨，我乘坐一辆二马敞篷车去火车站接恩斯特·海克尔，因为那时还没有汽车。伟人从火车上走了下来。虽然60多岁了，但他还是气宇轩昂，像个运动员那么壮硕，银须银发，很是不凡。他穿着松垂的衣服，背着一个盛毯子的大袋子。我们从来没有见过，可我们一下子认出了对方。我一下子投进了他的怀抱把脸埋在他的大胡子中。他的整个身体散发出健康、力量和智慧的气息，如果说智慧有香气的话，那就同他的一样。他跟我到了菲利浦小屋，我们给他的房间装点上鲜花。然后我一路奔到万弗里特别墅去告诉科西嬷夫人这个好消息，伟大的恩斯特已经让我邀请过来了，要去听《帕西法尔》呢！使我惊奇的是，夫人对这一消息反应很冷淡。我还没有认识到挂在科西嬷夫人床上方的十字架和她床头桌的念珠不仅只是装饰品。她常去教堂，已经成了一个虔诚的天主教徒。那个曾写过《生命的奇迹》的人，那个自达尔文以来最伟大的反传统的斗士，那个查尔斯·达尔文理论的倡导者在万弗里特别墅却受到了冷遇。我还天真而率直地给科西嬷夫人大谈海克尔的伟大和我对他的钦佩之情。科西嬷夫人很不情愿地把瓦格纳分隔间那

---

① 海克尔（1834—1919），德国博物学家，达尔文主义的倡导者和传播者，他的《生命的奇迹》曾受到神学家和唯心主义哲学家的猛烈攻击。

个令人觊觎的位置让给了他,因为我是她的好朋友,她不好意思驳我的面子。

那天下午,在幕间休息时,当着大惊失色的观众面,我穿着古希腊的短袖短袍,赤着脚,光着腿,与恩斯特·海克尔手牵手信步而行,他满头银发,个头高大,格外引人注目。

在演出《帕西法尔》的过程中,海克尔特别安详。直到第三幕时我才明白所有这些神秘的气氛对他根本就没有吸引力。他的头脑是属于纯科学的,从没有神话传说这根弦。

因为每人邀他去吃饭或在万弗里特别墅款待他,我就想举办一个恩斯特·海克尔节来给他庆祝一下。我邀来的人多得不得了,有当时正在访问拜罗伊特的保加利亚国王费迪南德,有德国皇帝的妹妹萨克森—迈宁根的公主,她的心胸非常宽阔,还有雷乌斯的亨利公主、洪佩尔丁克、亨利克·罗德一大群人。

我做了一个演说,称赞海克尔的伟大,然后为他献舞。海克尔对我的舞蹈作出了评论,他说那是一元论的表达,因为它来自一个源泉并有一个发展方向。接下来,著名的男高音冯巴里献了歌。我们共进晚餐,海克尔像个孩子那样高兴。我们又吃又喝又唱直闹到天亮。

可是第二天早上像往常一样,海克尔天一亮就在菲利浦小屋起床了。他习惯于走进我的房间邀我陪他走到山顶上去。说实在的,我可真没有他那么大的热情。但是这种散步往往收获很大,因为他要对路上的每一块石头、每一株树木、每一个地质层都作出讲解。

最后,到达了山顶。他站在那里像天神一样欣赏着大自然的美景,目光中满是赞许。他背着画架和画盒作了许多森林和岩石的素描。虽然他是一个相当不错的画家,可他的画缺少艺术家的想象力。他的画记录的完全是一个科学家熟练的观察。我不是说恩斯特·海克尔欣赏不了艺术,艺术对他来讲只不过是自然进化的另一种表现形式。我常给他述说我们对万神庙的热情,可他关心的只是大理石的质地,来自哪一个地层,从彭代利孔山的哪一面取来的,而不是听我对菲迪亚斯①的称赞。

---

① 菲迪亚斯(活动时期前490—前430)希腊雅典雕刻家。

第十六章 闻到智慧的香味

有一天晚上在万弗里特别墅时,有人通报保加利亚的费迪南德国王来了。每个人都站起了身,有人悄声告诉我站起来。可我的民主意识非常强烈,他们这么一说,我反而像雷卡米耶夫人一样神态优雅地斜依在了长沙发上。费迪南德很快发现了我,问我是谁。使所有的在场人士愤愤不平的是,费迪南德朝我走过来了。他很随意地坐在了我的身旁并马上开始饶有兴致地讲他是多么喜欢古希腊的东西。我告诉了他我想创建一所学校以期重振希腊古风的梦想。他用每个人都能听得见的声音说:"这个想法很好,你一定要到我黑海的宫殿来建你的学校。"我问他演出结束后他能不能哪天晚上驾临我的菲利浦小屋与我共进晚餐,我好跟他讲一讲我的理想。此时谈话达到了高潮。他很有风度地接受了我的邀请。他如约同我们在菲利浦小屋度过了一个很愉快的夜晚,我也知道如何去欣赏这个杰出的人物、诗人、艺术家、梦想家、真正的皇家知识分子。

我有一个男仆,他留着德国皇帝那样的胡须。费迪南德的来访给他留下了极为深刻的印象。当仆人端上盛着香槟和三明治的托盘时,费迪南德说:"不,我是从不沾香槟的。"可当他看到上面的牌子时却说:"噢,沙桐香槟,啊!我喜欢法国香槟。实情是,我喝德国香槟像喝毒药一样难受。"

虽然我们只是坐着,很纯洁地探讨艺术,可费迪南德对菲利浦小屋的多次造访还是在拜罗伊特引起了流言蜚语,因为他是半夜才来的。事实上,我每做一事都与众不同,这次当然也不例外,所以这就会让人难以接受了。

菲利浦小屋里有许多长沙发、垫子和橘红色的灯,但没有椅子。有些人把它看成是"邪恶之地"。尤其是自从伟大的男高音冯巴里晚上常来我这以后。他整晚上充满激情地高歌而我则跳舞,村民们认为这是不折不扣的女巫的住所,他们形容我们在"可怕的寻欢作乐"。

当时在拜罗伊特有一个艺术家的酒馆,名为"鹰"。这些人夜夜又喝又唱,可人们觉得这很正常,因为他们穿着普通的衣服,用每个人都懂的方式进行表演。

在万弗里特别墅我认识了几位青年军官,他们邀请我早晨同他们一块骑马。我穿着希腊式的短袖外衣跨上马背，穿着凉鞋，没包头巾，卷发在风中飘。我很像布伦希尔德①。因为菲利浦小屋离"假日之家"有一段距离，我就从一位军官那买了一匹马，并且像布伦希尔德那样参加了所有的排练演习。因为这匹马是战马，它习惯了马刺，所以特别难以驾驭。当它发现就剩下我们俩时，它就会变得反复无常。最要命的是，在路上每经过一个酒馆它都会停下来，因为那些军官们惯于在这些地方停留喝上一杯。然后它就像橛子一样将四根腿立在地上一动也不动，这时它前主人的那些朋友们就会大笑着从酒馆走出来护送我走下去。你尽可以去想象当我最后才露面，面对那些早已在"假日之家"等候的观众时会有什么样的轰动效应。

第一次演出《汤豪泽》时，我穿着透明的短袖舞衣，跳起舞来，我身体的所有部位都显出来了，而芭蕾舞演员是身着粉红色的紧身裤跳舞的，这在他们中间引起了很大的争议。最后就连可怜的科西嫫夫人也失去了勇气，派她的一个女儿给我送来了一件白色的长大宽松睡衣，让我套在薄如蝉翼的腰巾下面，腰巾是我的戏装。但我却很固执。我坚持穿自己的衣服完全按我自己的方式跳舞，要不然就干脆不跳。

"你们等着看吧，用不了几年所有的酒神的信女和花季般的少女都会像我这样穿戴的。"这一预言后来应验了。

可是在当时我那双美腿却引起了不少争议和热烈话题，究竟是我那光滑如缎的皮肤合乎道德还是应该穿上一身肉红色的丝绸紧身裤，我认为穿着这肉红色的紧身裤粗俗而又猥亵，而纯洁思想下的赤裸的肉体又是多么美丽与无邪！多少次我都为这一观点大声疾呼而喊哑了嗓子。

于是我就成了一个与世俗格格不入的异教徒，同不懂艺术的群盲作斗争。面这个异教徒却要被源自膜拜圣弗兰西斯的爱的狂喜所征服，按照银喇叭的仪式，宣布圣杯的举起。

就在这神秘的富于传奇的世界上，夏日渐渐消逝，到了分手的时候，罗德要动身去做巡回演讲，而我也准备周游德国。我离开了拜罗伊特，但我的血液里却有了烈性的毒药。我听到了海妖的召唤。思慕的痛苦、

---

① 传说中的女妖名。

挥之不去的悔恨、辛酸的牺牲、呼唤死神的爱的主题——所有这一切后来都抹杀了我对多利克柱及苏格拉底推理智慧的清晰印象。

我环游的第一站是海德尔堡。在那我听了海因里希给他的学生上课。他时而用温和的语气,时而用激昂的腔调给学生讲授艺术。突然在他的演讲中提到了我的名字,并开始告诉那些男孩子们一个美国人给欧洲带来了新的美的形式。他的称赞使我幸福而自豪地颤抖起来。那天晚上我给学生们表演了舞蹈,他们沿街站成了长长的一列,后来我才发现自己与罗德并肩站在了宾馆的台阶上,与他一起分享胜利的喜悦。海德尔堡像我一样崇拜他。每个商店的橱窗里都贴着他的照片,每个商店的橱窗里都堆满了关于我的小册子题名"未来的舞蹈"。我俩的名字刚好联在一起。

罗德夫人接待了我。她是个非常和善的女人,但在我看,她似乎与海因里希高涨的生活情调不大和拍。她太讲究实际了,不是海因里希心灵的伴侣。实际上,在他的晚年,他离她而去,被一位女小提琴手拐走——住在嘎德湖的一栋别墅里。索德夫人的眼睛一只是棕色的,而另一只则是灰色的,这使她脸上的表情看起来老是不自在。在后来的一场很出名的官司中,有一个关于她身世的争论,搞不清她是理查德·瓦格纳的女儿还是冯比洛①的女儿。可不管怎样她对我还是很好,就算她有吃醋的意思的话,她也没表现出来。

哪一个女人想吃罗德的醋就等于自讨苦吃,因为每个人都崇拜他——不管是女人还是小男孩。他是每一个聚会的核心。我想问一问这醋坛子里有什么东西倒是蛮有意思的。

虽然我同海因里希一起度过了许多夜晚,可我们之间绝没有什么性关系。可他对我的感情使我浑身的每根神经都很敏感,一次不经意的触摸,有时就那么一望,都会给我极度的欢乐和深彻骨髓的爱意,正如在梦中,恰似真实的欢乐一样。我认为这种不正常的状态不会持续很久,因为到最后我什么也吃不下了。而且我还有阵阵莫名的眩晕,这使我的舞蹈越来越空洞。

---

① 冯比洛(1849—1929),德意志帝国宰相,积极推行威廉二世的殖民扩张政策,加强在亚非各地的侵略活动。

这次的出游我只带了一个仆人，最后我晚上经常幻听到海因里希喊我的名字，而第二天我肯定会收到一封信，人们开始为我的日渐消瘦而担心，他们还说我的脸色是多么说不出的憔悴。我已经吃不下饭，睡不好觉，经常彻夜难眠。我柔软而火热的双手在自己身上游弋不停，我的身体像已被千万个魔鬼据有，它徒劳地想让自己安静下来或为这种痛苦找到一个发泄口。我常常看到海因里希的眼睛并听见他的声音。在那样的夜晚我常在极度痛苦的绝望中起身，在下半夜乘坐两点钟的火车转遍大半个德国仅仅是为了靠近他一个小时。然而，当我单独回来时，我却又陷入了更大的痛苦与折磨。在拜罗伊特，他用心灵的天堂给了我灵感，而这天堂般的欢乐后来却逐渐让无法控制的渴望引起的无助的痛苦所代替。

后来我的经理人给了我一张去俄国演出的合同，这才使我这种危险的状态有了一个结局。圣彼得堡离柏林只有两天的路程，可一旦进入那里，你却感觉到那是一个完全不同的世界，从那一刻起，大地完全融入了一望无际的雪域和广阔无垠的森林。那冰冷的白雪泛着大片大片的银光——使我过热的头脑冷静了下来。

海因里希！海因里希！他远在海德尔堡，正在给漂亮的男孩子们讲述米开朗琪罗的《夜》和辉煌的《圣母》。而我却正离他越来越远，进入了一片广袤的土地，凄冷的白色世界，只有零星的几个贫穷村庄才稍微打破了这种银白，从村庄里霜花覆盖的窗子里泄出昏黄的灯光才使雪原不那么死寂。我仍然能听见他的声音，可是已很微弱了。终于，维纳斯山可望而不可即的阵痛、孔德利的号哭和安福塔斯痛苦的呼喊都冰封进一个晶亮的冰球。

那天晚上，我在卧铺车厢里做了一个梦，我梦见自己赤身裸体地跳出了车窗，跳入了雪地，被大地冰冷的臂膀所拥抱、缠裹，然后冰封起来。弗洛伊德博士会对这个梦做出怎样的解析呢？

第十七章　初访俄罗斯

当你看早报时，忽然读到有 20 个人死于火车事故，而前一天他们对死连想都没想过，或者是整个一个城镇都被海啸或洪水吞没了，这时你不可能不相信上帝或命运。为什么那么荒唐地以自我为中心而想象有个上帝来指引我们渺小的自我呢？

然而，我的生活中的确有那么多不平常的事情，以至于有时我不得不相信命运。例如，那趟去圣彼得堡的火车不是按时刻表在下午 4 点钟到达的，由于风雪阻挡，它于第二天凌晨 4 时才到，晚了整整 12 个小时。火车站没有一个人接我。当我从火车上下来时气温在零下 10 度。我从没感到那么冷过。穿着厚棉衣的马车夫不停地用戴着手套的拳头敲打着自己的胳膊以保持体内的血液流通。

我留下女仆照看行李，然后乘一辆单驾马车让车夫去了欧罗巴宾馆。我一个人去宾馆的路上，在俄国这黎明前的黑暗中，我突然看见了像爱德加·爱伦·坡[①]想象的恐怖故事中那么可怕的景象。

我看到远处有一列长长的队伍。人们穿着丧葬的黑衣，神色悲凄。男人们抬着棺材躬身走着，一架又一架。车夫让他的马慢了下来，他向前探身并在胸前画十字。我在朦胧的晨曦中看着，内心充满了恐惧。我问车夫这是什么。虽然我听不懂俄语，但他还是设法让我明白这些人是昨天在冬宫前被射杀的工人——历史上的那一重大时刻：1905 年 1 月 5 日。因为他们手无寸铁地在苦难之中向沙皇请求帮助——给他们的妻子和孩子要面包。我告诉车夫停下来。看着这一凄惨的漫长的队伍从我身边经过，泪水滚落下我的眼睑并在脸上冻结了。可为什么一大清早就入土呢？因为再晚一点天亮了的话可能会有更大的革命。市民们是不宜在白天见

[①] 爱德加·爱伦·坡（1809—1949）美国诗人、小说家、文艺评论家，现代侦探小说的创始人。

到这个场面的，泪水哽在我的喉头。看着这些贫穷的工人们护送着他们的烈士前行，我义愤填膺。如果不是火车晚点12个小时的话我就看不到这一幕了。

> 啊！在这没有一丝光明的凄凉的黑夜，
> 啊！这跌跌撞撞的穷人们悲惨的行列，
> 多难哭泣的双眼和贫穷的满是老茧的手
> 用他们的破旧的黑色纱巾止住
> 烈士身旁的啜泣和呻吟——
> 而卫兵们分列两旁，尴尬不知进退。

如果我没见过这列队伍的话，我的生活就会是另一个样子了。站在这似乎没尽头的队伍面前，这种悲凉不由使我发誓尽全部的力量为下层的人民做事。啊，以前我所有的个人的爱恨和痛苦是多么渺小而毫无意义啊！我的艺术如果不能有助于这些人民也就一无是处了。最后终于不见了那些悲伤的人。车夫转过身，看到我的泪眼而大感不解。他长长地叹了一口气，又在胸前画了个十字，然后打马朝宾馆行去。

走进了我豪华的房间，静静的溜上了床，我哭着哭着就睡去了。可是那天早晨的怜悯和无奈的怒火从那以后已在我的心中扎根。

欧罗巴宾馆的房间很大，天花板也很高。房间的窗子都封着，从来没有打开过。空气从墙上高高的通风口出入。我醒得很晚。经理人来看我，给我带来了鲜花，不久，我的房间里就满是鲜花了。

两天以后我见到了彼得堡的萨尔的贵族精英们。那些习惯了华丽的芭蕾铺张的装点和布景的半吊子们，看了我这么一个年轻的女孩子穿着蛛网似的舞衣，仅挂了一幅简单的蓝色背幕，和着肖邦的音乐，跳出了肖邦音乐的灵魂，他们是何等的感到不可思议呀！尽管如此，我的第一次舞蹈还是赢得了暴风雨般的掌声。我的心灵渴望并因《序曲》中凄惨的音符而痛苦；我的心灵渴望却又反叛着波洛奈兹中的雷霆之力；想起晨曦中烈士们的葬礼，我的心灵就因正义的愤怒而哭泣；而这颗心灵却在这些穷奢极欲的贵族中激起掌声。这是多么奇怪呀！

第二天有一位很迷人的贵妇来拜访我，她围着黑巾，耳朵上缀满了钻石，脖子上挂满了珍珠。而使我大吃一惊的是，她说她就是伟大的舞蹈家金斯基。她是以俄罗斯芭蕾舞团的名义来邀请我去参加当天晚上在芭蕾舞剧院举行的一个盛大庆典的表演的。在拜罗伊特时，我已经习惯了芭蕾舞团的冷遇和敌意。他们甚至将大头钉撒在我的地毯上以至于我的脚板被扎伤。这种变化让我觉得既受用又突然。

那天晚上，他们就用一辆气派的马车把我送到了剧院，马车上铺满了珍贵的毛皮，温暖而又舒适。我发现剧院的一个头等包厢里满是鲜花、夹心软糖，还有三个漂亮的圣彼得堡的阔少。当时我依旧穿着我那小巧的舞衣和凉鞋，那在圣彼得堡的贵族和富人中看起来一定是很奇怪的了。

我是极不赞成芭蕾舞的，我认为那是虚伪而又不近情理的艺术，可以说根本就不属于艺术。可是当金斯基那仙女般的身影像一只可爱的小鸟，又像一只蝴蝶般轻盈地掠过舞台时，我又禁不住为她鼓掌。

在演出间隙，我望了望四周，我看到世上最漂亮的女人穿着华丽的露肩长袍，挂满了珠宝，个个由穿着打扮不一般的男人护驾。这些富豪与前天黎明的送葬队伍相比简直是难以理解。这些满面微笑的富人们与那些人难道不是兄弟姐妹吗？

演出后我被邀请到金斯基的宅邸吃饭，在那我遇到了米歇尔大公。我给他讲了要办一所儿童舞蹈学校的计划，他可真是吃惊不小。我那时一定是一个令人难以理解的人，可他们还是以最大的热诚和热情接待了我。

几天后，我接到了可爱的舞蹈家巴甫洛娃[①]的邀请，我又被安排到包厢里去看醉人的"吉塞拉"芭蕾舞。虽然这些舞蹈动作与艺术情感和人类情感背道而驰，可那晚巴甫洛娃精灵般地穿梭在舞台上时我还是禁不住给她热烈鼓掌。

巴甫洛娃的家比金斯基的家要朴素些，但却同样的美丽。我在那吃晚餐时坐在画家巴斯科特和贝努斯中间，并在那第一次见到了塞奇·佳

---

① 安娜·巴浦洛娃（1881—1931），俄国女芭蕾舞蹈家，以演出独舞《天鹅之死》而享有盛名。

吉列夫①。我同他进行了热烈的讨论，对他讲了我对舞蹈艺术的见解，我对他说我反对芭蕾。

那天晚上吃饭时，画家巴斯科特给我画了一张小小的素描，现在这张素描就在他的书中。素描中我表情严肃，卷发搭在我脸的一侧，神情激动。奇怪的是，巴斯科特有着超人的洞察力，那晚他给我看手相。他发现我的一只手上有两个十字。"你的事业将会很辉煌，可你会失去你最爱的两个人。"那时这个预言对我来说是一个谜。

晚饭后，为了让朋友们尽兴，不知疲倦的巴甫洛娃又跳了一曲。虽然我们分手时已是早上5点钟了，她还是邀请我当天早上8点半去看她的舞蹈。3个小时后我到了（说实话当时我已疲劳至极），我发现她早已穿着薄纱练功衣在扶手处一丝不苟地做着极难的体操动作。有一位老绅士用小提琴给她调着节拍，督促她努力。这就是著名的大师佩蒂帕斯。

我坐了整整3个小时，瞪大了眼睛观看巴甫洛娃的惊人技艺。她好像钢打的一样，弯而不折。她那美丽的面孔呈现出坚毅的线条，就像烈士一样，她一刻也没有停止。她整个的练功就像把身体的柔韧动作完全与思维分离一样。心智只能远远地看着这些严格的肉体磨炼而空受折磨。这与我赖以建校的舞蹈理论格格不入。我的理论是身体是有传输能力的，是心智和精神的媒体。

快12点了，中午备了午餐，但在餐桌旁巴甫洛娃面色苍白地坐着，几乎没怎么动食物和酒。我承认当时饿坏了，一下吃了好多潘加斯基肉排。巴甫洛娃把我送回了宾馆，然后就又回到皇家剧院去参加那些无休止的排练了。我累坏了，一下子躺在了床上沉沉睡去。我禁不住赞美我命运的星座，感谢它没有给我像芭蕾舞演员这么悲苦的命运。

第二天我破例在8点钟起了个早赶到了"帝国芭蕾舞学校"，我在那里看见孩子们一排排站着，做着各种备受折磨的动作。他们用脚尖站立长达几个小时，俨然是残酷而令人生厌的宗教法庭上的受害者。大而空荡的舞房里缺少美感也缺少灵感，墙上只挂着一张大大的沙皇像，这些房间就像刑讯室一样。从此我愈加深信"帝国芭蕾舞学校"是自然和

---

① 塞奇·P.佳吉列夫（1872—1929），俄罗斯戏剧和艺术活动家，曾在莫斯科创办《艺术世界》杂志，后长期侨居国外。

艺术的敌人。

在圣彼得堡待了一周，我就去了莫斯科。那里的观众开始时不像圣彼得堡的观众那么富有热情——但还是让我援引伟大的斯坦尼斯拉夫斯基的话吧：

> 大约在1908年或1909年的时候，具体时间我记不清了，我有幸结识了当今两位伟大的天才，他们给我留下了极深的印象——伊莎多拉·邓肯和戈登·克雷格。我是因一次偶然的机会去看伊莎多拉·邓肯的音乐会的。在这之前我对她连听说都没听说过，也没有看到说她就要来莫斯科的宣传广告。因此当我看到那么少的观众群里却有一大部分是马蒙托夫的一大批画家和雕刻家、许多芭蕾舞艺术家、许多常看首场演出的剧院迷后，我感到非常吃惊。邓肯在舞台上的首次露面并没有给我留下大深的印象。因为不习惯看舞台上那么一个几乎裸着的身体，我很难欣赏并理解这位舞蹈家的艺术。首场演出观众的掌声并不热烈而且还有零星的喝倒彩声。可接连演出几场后，其中有一场特别让我心服口服，我对大家的抗议再也忍受不了了，我站起身领头鼓掌。
>
> 演出间隙，我作为这位伟大的艺术家的刚行浸礼的一位门徒，跑到脚灯处为她鼓掌。让我感到高兴的是，我发现马蒙托夫正与我肩并肩一起鼓掌，在他附近不知什么时候赶上来一位名画家、一位著名的雕刻家还有一位名作家。当观众们看到鼓掌的人当中有莫斯科的大艺术家和名演员时，他们感到大惑不解。喝倒彩声停下来了。观众开始慢慢地鼓掌，随后是谢幕的掌声，最后变成了热烈的欢呼。
>
> 从那以后我对邓肯的舞蹈表演会一场不落。我内心产生出一种艺术情感与她的艺术紧密相连，这使我一次次地去看她的演出。后来，我了解了她的舞蹈技术和她伟大的朋友克雷格的思想，我这才领悟到在世界上的各个角落，由于我们彼此未知的情况，各行业的许多人们正在艺术中孜孜以求与自然相符的创造性的原理，一旦相遇他们会为彼此思想上的共同点而感到惊异。这就是我们相遇时的情景。我们几乎没说一句话就已经相互理解了。邓肯初访莫斯科时我无缘与她相识

相知。可她第二次来莫斯科演出时，我把她待若上宾。这次接待成了我们大家的，因为我们整个剧团都来了。他们都听说了，并把她作为一位真正的艺术家来爱戴她。

邓肯不知道如何有逻辑有系统地来讲明她的艺术。她的艺术想法都是有感而发，由灵而生，是日常生活中的奇思妙想。比如，当有人问谁教她跳舞时，她说："特尔西克瑞①，我从刚能站立的那一刻起我就开始跳舞了。我已经跳了一辈子。人，整个世界的人类都得跳舞。从前是这样，以后仍将是这样。如果有人想干涉这一切，而且忽视自然赋予我们的这一本能的需求，那他们是白费心机。该说的都说了。"她用一句无与伦比的法式美语方言结束了她的讲话。又有一次谈到她刚刚结束的演出时，她就在化妆时有人进化妆室干扰而解释说：

"我不能那么跳。在我走上舞台前我得在自己的心灵中装上一台发动机。发动机启动时，我的胳膊、我的腿以及我整个的身体都会不以我的意志而忘情起舞。可如果我没时间把那台发动机装在我的心灵中，我就不能跳。"

那时我就是一直在找那台有创造性的发动机，演员在走上舞台前必须学会把发动机置于他的灵魂之中。很显然我在向邓肯问这些问题时已显多此一举。我仔细观察过她的排练和表演。她变化的情感会首先表现在脸上，她那亮闪闪的眸子完全是心灵的窗子。回忆当时我们对艺术的只言片语的探讨，把她的追求与我的努力相比较，问题是再明显不过了。我们是在寻找艺术不同分支中的同一样东西。在我们艺术的谈话中，邓肯不断提起戈登·克雷格的名字。她认为克雷格是当今舞台艺术中最伟大的艺术家之一，她认为克雷格是个天才。

"他不仅仅属于他的国家，而是属于整个的世界，"她说："他应该生活在一个能有机会充分展现他天才的地方，生活在一个工作条件和大环境能量适合他要求的地方。他的位置就是你的艺术剧院。"

我知道邓肯与他有很多的书信往来，她给他介绍了许多关于我和我们的剧院的事情，她劝他来俄罗斯。至于我自己，我开始劝说我们

---

① 特尔西克瑞（希神），9位缪斯之一，主管舞蹈和合唱的女神。

第十七章 初访俄罗斯

剧院的导演部聘请这位伟大的舞台指挥来给我们注入新的活力,并在我们的剧院最后冲破一堵墙的当儿,给我们的发面添加更多的酵母。我必须给我的同志们足够的公正。他们像真正的艺术家那样来商讨这件事并决定动用大笔钱来推动我们的艺术。

正如芭蕾舞让我害怕一样,斯坦尼斯拉夫斯基剧院给我的热情令我激动。我每晚都去那。我不是独自跳舞,剧团里所有的人都很亲热地接待我。斯坦尼斯拉夫斯基经常来看我,他会追根刨底地问我很多问题,他可以把我的舞蹈、把他的剧院变成一所新的舞蹈学校。但我告诉他只有从孩子开始才会成功。说起这,当我再次去莫斯科时,我看到他剧团里的一些年轻漂亮的女孩子正努力表演舞蹈,可实在糟透了。

因为斯坦尼斯拉夫斯基剧院里整日在排演中忙得不可开交,他习惯于在演出后来看我。在他的书中他曾谈道:"我认为我的问题已让邓肯感到很累了。"不!他没有让我感到累。我热情高涨地要传播我的艺术思想。

事实上。冰冷刺骨的空气、俄罗斯的食物特别是鱼子酱已经完全治愈了我对罗德的精神恋爱而引起的消瘦病。现在我整个的人渴望与一个强壮的男人接触。斯坦尼斯拉夫斯基就站在我面前,他就是我要找的人。

有一天晚上我望着他,望着他匀称的身材,宽阔的臂膀和鬓角上开始变灰的头发。我内心升出了一股强烈的反叛欲望,我再也不想扮演伊吉利亚的角色了。当他要离开时,我把手搭在了他的肩上,我双手勾住了他的脖子,把他的头拉低些,然后我吻在了他的唇上。他温柔地回吻我。但他的脸上有异常惊异的表情,好像这是世上最不可能发生的事情。然后我试图把他拉得更近一些,但他却吃惊地往后退,他惊慌地看着我,大声说:"我们怎样对待孩子呀?""什么孩子?"我问。"自然是我们的孩子。我们该怎么办?你懂吗?"他继续若有所思地说,"我可不赞成我的孩子没有我的管教,而这在现在的家里是难以接受的。"

他关于这个未来孩子的极其严肃的话可真是超出了我的幽默感,我纵声大笑。他苦恼地盯着我,然后转身从宾馆的走廊匆匆离开了。在晚上我又忍不住大笑了好几次。可是笑归笑，我同时又气又恼。我认为那时我终于弄明白为什么一些衣冠楚楚的男人们在与一些博学的女性的某些约会后怒气冲冲地戴上帽子去一些名声值得怀疑的地方了。可是身为女人我就不能这么做。因此那天晚上我辗转反侧难以入眠。第二天早晨我去做了个俄国式的洗浴。热蒸汽和凉水的交替洗浴使我清醒了许多。

然而，在金斯基包厢里遇到的那些年轻人，只要能同我做爱，让他们做什么他们都会去做。可是他们一开口就让我生厌，他们让我觉得倒胃口。我想这就是所谓的"智慧之爱"吧。当然，体验了查尔斯·哈雷和海因里希·罗德的激情洋溢的文化圈子后，我不可能会忍受这些公子哥们的小圈子了。

许多年后，我把这件事讲给斯坦尼斯拉夫斯基的妻子听，她很开心地大声说："噢，这很像他。他对生活是很严肃的。"

我虽然发动过几次攻势，但得到的却是几个甜甜的吻，要不然我就是得到冷冰冰的、毫无疑问的坚实的抵抗。斯坦尼斯拉夫斯基在演出结束后再也不冒险到我的房间里来了。可是有一天他带我乘露天的雪橇去了乡下的一个饭店，我们开了个单间在里面共进午餐，这使我非常幸福。我们喝伏特加和香槟，我们谈论艺术。我最后终于深信就是女巫喀耳刻①也无法攻破斯坦尼斯拉夫斯基贞德的防线。

我常听说进入演艺界的女孩子们常常遇到可怕的危险，可亲爱的读者到现在您会从我的艺术生涯中看出，事实恰恰是相反的。我是因在我的崇拜者身上激起的敬畏和崇拜而受煎熬。

莫斯科以后，我到基辅作了短暂的演出。成群的学生站在剧院前面的广场上不让我通过，他们让我承诺表演一场独舞并且他们得能到场。因为我演出的票价对他们来说实在是太高了。我离开剧院后他们仍然留在广场，对经理怨气冲天。我站在雪橇上对他们说话，我说如果我的艺术能激发俄国的知识青年的灵感，我将感到无比的幸福和骄傲。因为世界上还没有哪一个地方的学生能像俄国的学生一样这么关注理想和艺术。

---

① 喀耳刻（希神），能将人变为牲畜的女巫。

第十七章 初访俄罗斯

因为我以前曾有演出合同,这样我不得不回柏林,初访俄国就这样很快结束了。在我离开之前,我签了一个合同,春季再回俄罗斯。尽管我的俄罗斯之行很短暂,可我却给他们留下了极深的印象。他们就我的艺术追求展开了激烈的争论。有一位芭蕾舞的狂热分子和邓肯舞的热情支持者竟然来了一场决斗。也就是从那个时代开始,俄罗斯的芭蕾舞演员开始吸收肖邦和舒曼的音乐并开始穿希腊古装。有些芭蕾舞舞蹈家走得更远,他们开始不穿鞋子和袜子表演。

邓肯舞蹈学院的孩子们

第十八章　创办舞蹈学校

我回到了柏林，决心成立我梦寐以求的学校。我不想再耽搁了，我要马上创建。我把这些计划给母亲和姐姐伊丽莎白和盘托出，她们也同样很热情。我们马上动身去给我们的学校找地方。我们动作非常迅速，比干什么都快。在一星期内我们就找到了一幢别墅，就在格吕内瓦尔德的特拉登街上，工匠们刚刚把它建完我们就买了下来。

我们的所作所为就像是《格林童话》里的人一样。我们沿着威尔特梅尔走下去，结果真买了 40 张小床，每张都盖着白色平纹细布的床帘而且用蓝色的带子扎着。我们开始着手把别墅打扮成孩子们真正的天堂。在中央大厅里放了一尊亚马逊女战士①的英雄塑像，比真人大两倍，在大跳舞厅里是德拉·罗比亚②和多那太罗跳舞的孩子们的浅浮雕。在卧室里是蓝色和白色的婴儿像，还有圣母抱着耶稣的像，同样是蓝白色的，并且外面罩着带有水果的花环——这是德拉·罗比亚的作品。

我把这些不同的完全的儿童形体的浅浮雕放在学校里，这些舞蹈儿童在最小年龄时期的浅浮雕和雕塑也出现在书籍和绘画中，他们这时的形体是所有时代的画家和雕塑家梦寐以求的。房间里还有希腊花瓶上的跳舞儿童塔纳格拉③的小陶俑，皮奥夏④的小陶俑像和多那太罗的正在跳舞的儿童群像，因为它们组成了一曲光辉灿烂的儿童旋律。

所有这些肖像在他们天真而优雅的形体和舞姿中都流露出兄弟姐妹般的友爱，好像各时代的孩童们跨越了这几百年的历史而手牵手地不期而遇。我们学校的孩子将来在这些人之中起舞，他们会不自觉地对塑像进行模仿，在他们的脸上和每一个舞姿中都会不自觉地有些许欢乐和儿

---

① 亚马逊（希神），相传为居住在里海边的女战士中的一员。
② 德拉·罗比亚（1399—1482），意大利雕塑家，佛罗伦萨文艺复兴风格的先驱之一。
③ 在希腊中部塔纳格拉村的古坟中发现的赤陶小雕像。
④ 希腊皮奥夏地区。

童特有的天真美丽，这将是他们越发美丽的第一步，这将是新舞蹈艺术的第一走。

我也在我的学校里放了少女们翩然起舞、奔跑和欢跃的塑像——这都是斯巴达的少女。在古希腊的体操馆里她们都曾受过严格的训练，这样她们才会成为勇士们合格的母亲。学校里还有那些在竞技中年年获奖的"飞毛腿"运动员精致的泥雕像，他们带着飘扬的面纱，穿着猎猎飞扬的服装。少女们在泛雅典娜节上手拉手轻盈起舞，她们代表了我们未来追求目标的完美。我学校的小学生们对这些人会产生亲近的感觉，每天都感受到这种神秘和谐的力量。我坚信只有唤醒内心深处美的意志，人们才会去获得美。

而且，为了得到我所期待的和谐，他们只需每天都做有一定目标的训练。但这些训练应在某种程度上同他们自己的意志相一致，因此他们就会心甘情愿而急切地想去完成这些训练。每一种训练不仅是达到某种目的的方式，而且这些训练本身就是目的，这目的就是使日常生活充实而快乐。

形体训练应作为所有体育的基础，有必要给身体充足的空气和阳光，有条理地引导身体的发育是至关重要的，有必要开发出身体的潜能而使其充分地发育，这就是形体课教师的责任。在这之后才能进行舞蹈教育，要把舞之魂灌输给发育均衡而到达极盛的身体。对受形体训练的人来讲，身体的运动与培养本身就是目的，但就舞蹈来说它们只不过是一种手段。应该忘掉身体的存在。身体只是工具，匀称而且被舞者加以利用，身体的动作不像在体操里那样仅仅就是身体本身的技巧。舞蹈中，通过身体，舞姿能够表达出灵魂的情感和思考。

日常练习的本质就是从身体发展的每一种状态中尽力把身体演化成完美的表达工具，这一工具用来表达和谐，这种和谐通过各种演进和变化，会自然地注入舞者身体中。

这些训练应从最简单的肌肉形体动作开始，因为肌肉既有柔韧性又有力度。经过这些形体训练后，舞蹈的初级训练就开始了。学舞的第一步是和着简单的音乐学习简洁的行走步幅，步伐要慢；然后再和着复杂的音乐韵律快步行走；然后在旋律中的特定的节拍上再尝试慢跑或慢跳。

通过这种训练，学生们懂得了音阶中的各种音符，然后他们会熟悉与音乐相配的舞蹈中的音阶音符。这些音符在结构多变而微妙的和声中充当使者的角色。但是，这些训练只是他们学习的一部分。这些孩子们应穿着随意而得体的褶皱衣服，在嬉闹玩耍中，在散步时，在林中自然地跑动跳跃，直到有一天他们自然而然地学会怎样用动作来表达自己，就像其他人用语言或歌声来表达自己那么轻松自如。

他们的学习和观察不应该囿于艺术形式，而是应首先发自自然的动作。风中的流云、摇摆的树木、飞翔的鸟儿和鸟儿惊起的婆娑树叶对他们来讲应别具意义。他们将学会观察每一动作特别的地方。他们该感受到他们心灵中有种神秘的归附意识，这种归附是他人所不能理解的，这样他们就会开始参悟大自然的秘密。因为他们柔韧身体的所有部位就像受过训练一样，会与自然协调一致，与自然一起放歌。

为了招生，我们在各大报纸上宣布：伊莎多拉·邓肯学校公开招收有天资的孩子，旨在把他们培养成艺术的信徒，我希望能把艺术传授给成千上万的普通人家的孩子。自然，学校建得太突然，没有经过适当的深思熟虑，没有资金，没有筹划，这是天底下最鲁莽草率的事了。这使我的经理人狼狈不堪，他一直计划让我环球演出，而我一直坚持首先得去希腊待一年再说，他说这是浪费时间。而我现在又完全把我的事业停下来招收并培养孩子们，他认为对这些孩子们培养绝对没什么用途。成立学校这件事与我们其他的事业联系绝对是不切实际、不合时宜、心血来潮的怪念头。

雷蒙德从科帕诺斯送来的消息越来越令人吃惊。他投资打的井越来越昂贵。一周周过去了，而找到水的可能性却越来越小，建造阿加门农宫殿的费用大得使人心惊肉跳，最后我不得不打消这个念头。科帕诺斯成了永远留在山上的废墟，从那时起希腊革命者各派都把它当成一个堡垒用。现在它依然在那，或许将来有望建成吧！

我决定把所有的物力、财力集中在给世界的年轻人建一所学校上，我把德国看成是哲学和文化的中心，那时我坚信它就是中心。

成群的孩子们对我们在报上的宣传做出了反应。记得有一天我看日场戏回来时发现街道都让父母和他们的孩子堵上了，德国的马车夫转头对我讲："有一个疯女人在那报上登了一条消息说她想要孩子。"而我正是"那个疯女人"。现在记不清当时怎样挑选孩子了。当时我只是急切地填满格吕内瓦尔德和那40张小床，因此我挑选孩子时也就没太多的计较，只要他们有可爱的笑容和漂亮的大眼睛就足够了。我自己也没考虑他们是否能够成为未来的舞蹈家。

比方说，有一天在汉堡有个男子戴着高帽子穿着束腰长披风走进我宾馆的客厅，他怀里抱着个包裹，外面包着围巾。他把包裹放在了桌子上，我打开包裹发现里面有一双亮闪闪的大眼睛在警惕地看着我，里面是一个大约4岁的孩子，是我见过的最安静的孩子，她一声也不出。那位先生自己似乎倒很匆忙。他问我是不是要收留这个孩子，几乎连我的回答都来不及等了。我看了一下孩子的脸，又看了一下他的脸，我悟出这两张脸之间极大的相似可能正是他的神秘行踪和匆匆忙忙的原因。像往常一样，我对以后会有什么结果也未加考虑就答应收下这个孩子，然后那人就消失了，从那以后他再也没露过面。

这就是我如何得到一个孩子的神秘经过，她就像一个洋娃娃。就在从汉堡到柏林的火车上，我发现孩子正在发高烧——是严重的扁桃体发炎——回到柏林后的三个星期中我们奋力把她从死神的魔爪中夺回。我们请了两个护士和一个技艺高超的医生——著名的外科医生霍法。霍法非常支持我办学的想法，他是无偿地为我们服务的。

霍法医生常常对我说："这不是学校，是医院。所有的孩子都有遗传病，将来你就会知道你得尽心尽力地让他们活下来，而不是教他们如何去跳舞。"霍法医生是人类伟大的善良使者。他是一位非常著名的外科医生，他行医的收入高得令人难以置信，他把全部的钱都捐出来在柏林郊外建了一所医院用来救助贫苦的儿童，一切费用全由他自己承担。学校一开始成立，他就自告奋勇做我们的医生，照料孩子们的健康和学校的卫生。说真的，如果没有他不知疲倦的帮助，我后来怎么也不能使这些孩子们长得健康而漂亮，匀称而结实，他身材魁梧而健康，长得很帅，红红的脸膛，脸上老是挂着和善的微笑，我和孩子们都很喜欢他。

选孩子、筹划学校、开课和安排孩子们的日常学习和生活占去了我们所有的时间。我的经理人告诫我，有人模仿我的舞蹈正在伦敦和其他地方发大财，可我还是无动于衷。什么也不能使我离开柏林一步。每天，从早上5点到晚上7点我都在教这些孩子们跳舞。

孩子们进展神速，我相信他们健康的身体都是多亏了霍法医生推荐的健康的素食疗法。他建议，不管孩子们的教育强度如何，有必要让孩子们吃新鲜的蔬菜和足够的水果，但不要吃肉。

在那时，人们对我的欢迎程度简直令人难以置信。他们把我称作神人伊莎多拉。甚至有人传言生病的人一走进我的剧院，他们的病就好了。每每有日场演出，人们就会看到生病的人被人用担架抬着进入我的剧院。演出时我就只穿着小巧的白色短袖舞衣和凉鞋，不穿袜子，从来没有别样的打扮。我的观众绝对是怀着宗教般的狂迷来看我的演出的。

有一天晚上我演出回来，学生们把我的马从马车上卸下，拉着我通过著名的"胜利大道"，在大道的中央他们要我讲话。我就在马车上站起身——那时还没有汽车。我这样讲道：

再也没有比雕塑家的艺术更伟大的了。可是你们这些艺术爱好者怎能容忍这座城市中心的可怕暴行呢？看看这些雕像！你们是学艺术的学生，可如果你们真正献身艺术，今天晚上你们怎么就不会拿起石头把它们毁掉呢？艺术？它们是艺术？不！它们是德国皇帝的幽灵。

学生们同我看法相同，他们大声附和着，要不是警察赶来的话，他们定会按我说的将柏林市的那些可怕的雕像毁掉了。

"女人，有了这一奇迹"

第十九章　爱女降生

1905年的一个晚上我正在柏林跳舞。虽然我跳舞时一般不会注意到观众——他们于我就像代表人类的某一个大天神，但那晚我却意识到有位大人物正坐在前排。我没去看，也没有看见那是谁，可是凭直觉我感觉到了那人的存在。演出结束时有位很帅的男子走进了我的包厢，只是他非常生气。

"你演得好极了！"他赞叹道，"太精彩了。可是你从哪剽窃的我的思想？你从哪弄到我的布景的？"

"你说什么呀？这是我自己的蓝色幕帘。我五岁的时候就发明出来了，从那时起我跳舞一直用它当背景！"

"不！这是我的布景，这是我想出来的！可是你正是我想象的布景中的人。你正是我所有梦中的活生生的现实。"

"可你是谁呀？"

然后从他口中吐出了这几个美妙的字：

"我是埃伦·泰莉①的儿子。"

埃伦·泰莉！我心目中最完美的女人！埃伦·泰莉……

"啊，你得回家与我们共进晚餐。"毫无戒心的母亲说。"既然你对伊莎多拉的艺术那么感兴趣，你就得来我们家同我们一块吃晚饭。"

克雷格就来到我们家吃晚饭。

他的激动难以平息。他想说明他所有的艺术思想，他的抱负……

我非常感兴趣。

可是，母亲和其他的人一个个都很困了，他们各自找借口上床睡觉去了，最后就剩我们俩了。克雷格还在讲他的舞台艺术。他手舞足蹈地阐述他的艺术。

---

① 英国女演员，以演莎士比亚剧中角色出名。其子为英国演员、导演、舞台，设计家。

讲着讲着他突然说：

"你在这干什么？你，伟大的艺术家就住在这样的家庭中？啊，真荒唐！是我看见并发明了你。你属于我的幕景。"

克雷格身材高挑，他的面孔让人想起他美丽的母亲，不过他的五官比他的母亲还要娇弱些。虽然他身材高大，但他的身上却有些女人气，特别是他的嘴，双唇薄而敏感。他儿时的照片上是金色的卷发——埃伦·泰莉那个金发的小男孩早已为广大的伦敦观众所知，现在看起来他的卷发有点淡了。他的眼睛高度近视，在眼镜后闪着冷森森的光芒。他给人的印象是娇弱，几乎有着女人迎风弱柳的样子。只有他的双手指尖粗大，两个大拇指像类人猿的一样，这才给人点力度感。他总是笑说那是杀人的拇指——"亲爱的，这拇指能很容易地把你掐死！"

我就像给人催了眠，任听他将我的斗篷披在我小巧的白色舞衣外面。他牵着我的手，我们一起飞奔下楼走到大街上。然后他就用想起的德语喊出租马车："我和我夫人想去波茨坦。"

好几辆车都拒载，但最后我们还是雇到了一辆，于是我们就去了波茨坦，黎明时分我们到了波茨坦，有家小旅馆刚开门营业，我们就住了进去，在那喝了咖啡。后来当太阳升起来时我们就动身回柏林。

我们到柏林时，大约是9点钟，然后我们就想："下一步怎么做？"我们不能回去见母亲了，于是我们就去了一个叫埃尔西·德布鲁埃的朋友那。埃尔西·德布鲁埃是个狂放不羁的艺人。很善解人意地接待了我们。她给我们准备早餐——煎鸡蛋和咖啡，她让我在她的卧室里睡觉，我一觉就睡到了傍晚。

克雷格把我带到他柏林的位于一座高楼顶层的工作室。里面铺的是黑色的打蜡地板，上面撒满了人造玫瑰的叶子。

就这么，我面前站着一位杰出又帅气的美男子，是一位天才。我内心突然燃起爱的火焰，我一下子扑进他的怀里。两年来我性情中那潜伏的磁性般的依附突然一下子爆发了出来。我在克雷格身上发现一种与我相呼应的气质，在他身上我找到了相连的骨肉和同脉的血液。他常对我大声喊道："啊，你真是我的小妹妹。"我感到我们的爱中有些乱伦的罪孽。

第十九章 爱女降生

我不知道其他的女人怎样回忆自己的情人。我猜想合乎常理的该是止于男子的头、肩或是手吧？然后是描写他的衣服。然而我一想就想起那晚在他的工作室的情景：他的白色的、有韧性的、闪光的肉体突然从衣服的茧壳中脱了出来让我眼花缭乱，那真是棒极了。

月亮女神戴安娜当初用亮闪闪的眼睛发现恩底弥翁时，恩底弥翁也必定是身材修长，全身洁白，风信子花神、水仙花神和聪明伶俐而勇敢的珀尔修斯必定也是这样的。克雷格更像布莱克笔下的天使，而不是一个世间的青年。不仅仅是我的眼睛为他的美所迷醉，而且我整个的人都被他的美所吸引所拥抱所融化。正如两簇火焰相遇一样，我们的结合燃起了一堆明亮的大火。我找到了我的伴、我的爱、我自己——我们不是两个，而是一个。就像柏拉图在《费德鲁斯》中所提到的那个不可思议的人一样，两部分共享一颗心。

这不是少男少女间的欢爱，这是两颗伯仲之心的结合。肉体的皮囊已归化为心灵的陶醉，世俗的情感已化为白色炫目烈焰的天堂的拥抱。

欢乐是如此彻底，那么醉人，我感觉到要魂销其中了。啊，那一晚我那燃烧似火的灵魂为什么不找一个缺口像布莱克的天使一般飞越我们地球的云层而到另一个星球去呢？

他的爱是那么年轻，有青春勃勃的强壮的快乐，但他不是耽于肉欲不能自拔的人，也没有那份心思，他对爱欲不会追求没完没了直到餍足而腻味，他把青春火热的能量转化成了艺术的魔力。

他的工作室没有长沙发，没有安乐椅，没有饭局。那天晚上我们就睡在地板上。他身无分文而我也不敢回家要钱。我在那睡了两个星期，我该吃饭时，他就订餐让人送上来，是赊购的。人家送餐时我就躲在阳台上，人走了我才爬出来同他一起吃。

可怜的母亲跑遍了所有的警察局和使馆去找我，她说有个卑鄙之徒诱拐她的女儿私奔了；而我突然失踪使我的经理人都急疯了。许多观众都走了，没人知道发生了什么事。可是，有人还是很明智地在报纸上登了一则声明，大意是说伊莎多拉·邓肯小姐患了严重的扁桃体炎。

两星期后我们回到了母亲的住处。说实在的，尽管我情感狂热，我还是睡够了硬地板，吃够了他从熟食店买来的那点东西，而且我们唯一的娱乐是天黑以后出去远足。

当母亲看到戈登·克雷格时，大喊说："恶棍，滚出去！"

她对克雷格简直是恨透了。

戈登·克雷格是我们时代最杰出的天才之一——像雪莱一样是用闪电和烈火造就的。他当时是现代舞台整个潮流的先锋。是的，他从没有在舞台日常生活艺术中担任什么积极的角色。他远离舞台而梦境联翩，他的梦启迪了当今舞台上所有美好的东西。如果没有他，我们就永远不会有赖恩哈特、雅克、科坡、斯坦尼斯拉夫斯基。没有他，我们会仍然处于旧的现实主义的幕景之中，每一片叶子都依然在树上抖个不停，所有房子的门还在开来关去。

克雷格是位出色的伴侣。他是我所认识的为数极少的整日情绪高涨的人之一。从早晨喝第一杯咖啡开始，他的想象力就开始发出智慧的火花。与他在大街上一次普普通通的散步，感觉就像与古埃及底比斯的博学的大祭司一起溜达一样。

不知是不是因为他的高度近视，走着走着他会突然停下来，拿出铅笔和一叠纸，看着一组吓人的德国建筑，一座很新的实用的公寓房并解释说那是多么美丽。他常常饱含激情地给它画张速写，画出来的就像是埃及的邓德拉赫庙宇。

在路上遇到一棵树、一只鸟或一个孩子他总是为此而激动万分。与他待在一起你一分钟也不会寂寞，一点也不。他要么处于喜极的欢欣中，要么走向另一个极端，整个心情的天空突然黑暗下来，突如其来的忧虑浸透了空气。这时你的呼吸会慢慢地被人从体内抽走，里面除了痛苦的黑暗外什么也没有了。

可不幸的是随着时间的推进，这种阴郁的心情却越来越多了。为什么？大概是因为每当他说"我的工作，我的工作！"时，我常温柔地回答："啊，是的，有你的工作，太好了，你是个天才——可是你知道我有我的学校呀。"然后他就会一拳砸在桌子上："是的，可是我的呢？"我就常这么说："你的当然很重要。你的工作是布景，可第一位的是活生生的人呀，因为只有从心灵才会衍射出一切呀。首先是我的学校，完整无缺地行走的活生生的人，其次才是你的工作，人所需要的完美的布景。"

第十九章 爱女降生

这些讨论最后会在吼雷似的争辩后引起阴霾的沉默。然后我身上的女性温柔会突然醒来:"噢,亲爱的,生我的气了吗?"他会说:"生气?噢,没有!所有的女人都他妈的很烦人,你也他妈的很烦人,来干涉我的工作。我的工作!我的工作!"

他就会使劲把门摔上,然后离去。只有摔门的巨响让我意识到可怕的灾难。我常会等他回来,而他不回来时,我就会号啕大哭一夜。这就是我们的悲剧。这种场合周而复始,使我们的生活不和睦,最终至难以忍受。

我命该激起这位天才身上伟大的爱;我命该为协调我的事业与他的爱而吃尽苦头。结合是不可能的!头几个星期我们疯狂地、充满激情地做爱,而那之后却开始了天才的戈登·克雷格和我的艺术灵感之间最为激烈的战斗。

"为什么你不把这停下来呢?"他常说,"为什么你老是想走上舞台把胳膊晃来晃去?为什么你不待在家里给我削铅笔呢?"

但戈登·克雷格比任何人都欣赏我的艺术。可是他的爱情本身,他那生为艺术家的妒忌也使他永远不会将女人看作真正的艺术家。

姐姐伊丽莎白已经为格吕纳瓦尔德学校组建了一个委员会,委员是由柏林市的名流和贵族妇女组成的。当她们听到克雷格的事后,给我写了一封长信,信里是郑重的言辞批评,她们说作为有产阶级的成员,我这一校之长的道德行为和观念如此之差,她们不想再做学校的赞助人了。

她们推举大银行家门德尔松的太太来把这封信交给我。当她带着那封巨大的羊皮纸信来到我这时,她有点怯生生地望着我,突然放声大哭,然后把信扔在了地上把我抱进怀里哭道:"你不要以为我在这封讨厌的信上签了名。这和其他的女士们也毫无瓜葛。她们将不再是学校的赞助人了。只是她们还信任你的姐姐伊丽莎白。"

现在伊丽莎白自有主张,可她不声张,所以我现在终于看清这些贵妇的原则了;只要你不说咱什么都好办!这些女人一下子激起了我的义愤,我利用爱乐协会的大厅对舞蹈做了一场别开生面的演讲,我说舞蹈是追求自由的艺术。最后我说只要女人愿意,她们就有爱情和生孩子的权利。

当然，人们会说："孩子怎么办？"那我可以说出许多非婚出生的杰出人物的名字。这并不影响他们获得声誉和财富。可这暂且不管，我自己想，一个女人怎么能跟一个她认为卑鄙下流的男人结婚呢？夫妻吵了架，他连自己的孩子都不管，怎能与这样的男人结婚呢？如果她认定他是个这样的人，那何必同他结婚呢？我认为真理和共同的信仰是爱情的首要原则。不管怎样，我认为作为一个自食其力的女人，如果我做出了体力和健康上的重大牺牲而生了孩子，而到头来，这个男人却依据法律说这个孩子属于他而一年仅给我三次探望孩子的机会，这种事情我绝对不干！

当一位很机智的美国作家的情妇说："如果我们不结婚，我们的孩子对我们将怎样看？"他回答说："如果你的孩子和我的孩子是那种孩子，我们将不在乎他对我们怎么看。"

只要是一位有头脑的女人读了婚约，然后签字了，那么她就应承担起全部的后果。

这一演讲引起了流言蜚语。有一半的观众赞同我的观点，而后一半却嘘声四起，他们把手头能找到的东西都扔到了舞台上。最后反对的一半离开了大厅，我与支持的一半留了下来。我们就妇女的权利和不公正的待遇进行了有趣的讨论，这可比今天的妇女运动先进了好多年。

我一直住在我们维多利亚街的公寓里，而伊丽莎白则搬出去住在了学校里。母亲在这两个地方轮流住。从那时起，经历了贫穷和灾难、曾以超人的勇气担当起所有磨难的母亲开始觉得生活没有意义了。这可能是因为她的爱尔兰气质，就是不能同时承受起富贵和贫穷。她的性格变得更加不稳定了，实际上，她经常是闷闷不乐，什么也不能让她提起精神来。她开始想念美国，这是我们出国以后的第一次，她说美国的什么东西都比这好得多——比如食品什么的。

我们带她去柏林最好的饭店，为了让她高兴我们就问她："妈，您想吃点什么吗？"而她总是说："来点小虾吧！"如果不是产虾的季节，她就会述说起这个国家的不是，怎么连虾都没有？然后她就会什么也不吃。如果碰巧有虾，她又会抱怨，说旧金山的虾比这的可强多了。

我认为母亲性格的转变可能是她过惯了以前恪守美德的日子，多年来她就全身心地为我们这些孩子活着。现在我们都找到了自己要做的事，那使我们离她越来越远。这时她才认识到，她实际上已把生命中最好的年华用在了我们身上，而自己则一无所获。我想这是许多母亲，特别是美国的许多母亲的命运。她的情绪越来越不稳定，她一直说要回故乡，不久，她真的回去了。

我的心思永远在格吕纳瓦尔德，与那40张小床在一起。命运是多么的不可理解呀！如果我早遇克雷格几个月的话，可能就不会有什么别墅和学校了。在他身上我找到了全部的东西，我感觉到没有什么必要成立学校了。可现在我的学校之梦终于成真，想摆脱都不行了。

过了不久，我发现——无可怀疑地发现——我怀孕了。我梦见埃伦·泰莉穿着亮闪闪的长袍出现在我面前，就像她在《伊摩琴》中穿的一样，她牵着一个金发小女孩的手，小女孩与她生得一模一样。小女孩用神奇的嗓音对我讲："伊莎多拉，我的爱……爱爱……爱爱。"

从那一刻起我明白了在出生前从虚无的没有光明的世界上到来的将是什么。那个孩子将会到来，给我带来欢乐和忧伤。欢乐和忧伤！生命和死亡！生命之舞的旋律！

我的体内唱起了神谕之歌。我一如既往地在公众面前跳舞，在学校教舞，仍然爱着我的恩底弥翁。

可怜的克雷格焦躁不安，情绪反常。他常闷闷不乐，烦到了极点。他常大喊："我的工作！我的工作！我的工作！"

狂野的自然总是干涉艺术。但我从埃伦那个美丽的梦中得到了安慰，这个梦共做了两次。

春天来了。我在丹麦、瑞典和德国各签了一个合同。在哥本哈根最令我感到惊奇的是年轻女人脸上挂着的极度聪慧和幸福的表情，她们独自在街上大步流星地走着，像男孩子一样，她们黑黑的卷发上都罩着一顶学生帽。我惊奇不已。我从没见过这么漂亮可爱的女孩子。有人对我解释说，这是第一个妇女赢得选举权的国家。

我做这次巡回演出是因为学校的经费已告罄。我已经花尽了所有的积蓄，一分钱也没有了。

在斯德哥尔摩，我的观众特别热情，演出结束后体操学校的女孩子们护送我回宾馆,她们在我的车旁又蹦又跳,看到我她们真是高兴坏了。我参观了她们的体操学校,可此行并未成为体操的热心支持者。在我看来瑞典的体操运动似乎是以静止不动的身体作为对象的,它没考虑到活生生的流动的人体。而且它把肌肉本身的训练作为一种目的,把肌肉当作仅仅是机械框架而不是当作从不停息的生长的源泉。瑞士体操学校是一套虚假的身体素质教育体制,因为它没有考虑到想象力,它只认为身体是一个物,而不是充满了能量的能动体。

我参观了那些学校并尽力把这些讲解给学生们听。可正如我预料的那样,她们没听懂多少。

在斯德哥尔摩时,我给斯特林堡发了请帖请他来看我跳舞,因为我非常崇拜他。他回答说他从没去过任何地方,他憎恨人类。我给他在舞台上安排了一个位子,可是他仍不肯来。

在斯德哥尔摩成功地演出了一段时间后,我们从水路回到了德国,在船上我痛得很厉害,我知道我最好暂时不要再做巡回演出了。无论如何我渴望一个人待着,我想离人类的目光越远越好。

在6月,简单地看了一下我的学校后我突然产生了想去海边的强烈愿望。我首先去了海牙,然后从哪去了一个叫诺德威克的小村庄,就在北海边上。我在那租了一所位于沙丘中的别墅,给它起名叫玛丽亚别墅。

我一点经验都没有,我认为生孩子只不过是一个极自然的过程。我搬进了别墅,离别墅最近的城镇也有100英里远;我又请了位乡村医生。我无知地认为这位乡村医生是给农妇接生的老手,所以我对这一做法很满意。

从诺德威克到最近的村子坎德威克大约有3公里。我就一个人住在这里。每天我都从诺德威克走到坎德威克,然后走回来。我总是有亲近大海的渴望。一个人在诺德威克,在那个小小的白色别墅里,别墅孤零零地立在绵延几英里的沙丘中,两边是可爱的乡村。6月、7月和8月我就住在玛丽亚别墅。

与此同时我一直同伊丽莎白姐姐保持频繁的书信联系,她在我外出期间主管格吕纳瓦尔德学校。在7月里,我在日记中写下了教学的规律,我还写出了五百条一系列的练习,这些练习会引导学生们从最简单的舞蹈动作到最复杂的舞蹈动作,是一本很正式的舞蹈手册。

我的小侄女坦普尔当时正在格吕纳瓦尔德学校上学,她来别墅陪我住了三个星期。她常在海边跳舞。

克雷格焦躁不安,他时来时走。可我不再是一个人了,小家伙已在证明自己的存在了,而且越来越明显。我美丽的大理石般的身体变软了、松散了、延伸了、变形了,这太奇怪了。这真是大自然不可思议的报复。神经越纤细,大脑越敏感,它们就越容易遭受痛苦。那些不眠之夜和痛苦的分分秒秒!但也有欢乐。我每天在诺德威克和坎德威克之间的沙滩上大步行走,大海的浪花爬上沙滩,而另一侧是起伏的沙丘,在海滩上连绵不断,这时我就生出无限的、巨大的欢乐。那片海滩几乎总是有风吹过,有时是轻柔的和风,有时是强一点的细风,有时我不得不顶风前进。偶尔也有可怕的风暴,玛丽亚别墅那时就像海上的一艘船,整夜地被大风摇晃撞击着。

我变得怕起人来。人们总是讲那么多平庸乏味的东西,人们是如何的忽略了孕妇的神圣性。我曾看见一位妇女独自沿街走着,怀里抱着孩子。路人不是很尊敬地望着她,而是相视而笑地嘲弄她,好像那位妇女抱的是未来的累赘,而她是一块极好的笑料一样。

除了一位可信赖的好朋友我拒绝任何来访者。他骑自行车从海牙来看我,给我带来书籍和杂志,他还给我讲最近的艺术,音乐和文学动态让我高兴。那时他已与一位伟大的女诗人结婚,他常用既虔诚又温柔的口吻讲起妻子。他做事一板一眼的。他定期来我这,就算是有大风暴也依然如故。除了他,我几乎是孤零零地与腹中的孩子生活在海边和沙丘中,那孩子似乎总是迫不及待地要来到这个世上。

走在海边,我有时觉得自己充满了不可超越的勇气和力量,我想这个小生命是属于我的,我自己的;可有时候阴霾满空,凄冷的北海波浪怒吼时,我心情就会突然变得很沉重,我感觉到自己就像一只困在牢不可破的陷阱中的可怜的小兽,充满了不可扼制的要逃跑的欲望,逃!逃到哪里?可能会逃到那怒吼的波涛里去。我极力去避免这抑郁心情的到来,而且勇敢地去克服这种心情,我不让别人察觉出我的心情来,可是这种情绪时时袭来让我逃也逃不掉。更坏的是,我觉得大多数人正离我越来越远。母亲好像远在万里,克雷格也那样陌生而遥远,总是埋头于他的艺术之中,而我对艺术的思考却越来越少了;我只能深陷于这个降临到我头上的不公正的任务之中,这种让我疯狂,给我欢乐和苦痛的神秘之中。

时间是那么的漫长而又让我备受煎熬。一天天,一周一周,一个月又一个月,时间过得多慢呀!就在这种幸福与绝望之中我常想起儿时的漫游,青春时光在遥远的异国的漂泊和我的艺术发现,这些都是一个模糊不清而遥远的序言,是孩子出生的前奏。而一位农妇会有什么呢!这是我所有抱负的顶点!

亲爱的母亲为什么不陪着我呢?那是因为她有些可笑的偏见,她认为伊莎多拉应该结婚。可她也曾结过婚并发现婚姻难以忍受,且同她的丈夫离了婚。她为什么让我走进那个曾让她遭受创伤的陷阱?我每一次明智思考都使我对婚姻持反对态度。我从那时到现在一直认为婚姻是可笑而又奴役人的习俗,尤其是对艺术家——它会不可避免地导致走向离婚、荒谬和庸俗的官司。如果有人怀疑我的观点,那么就请小计一下有多少艺术家曾离过婚,而近 10 年美国报纸上又有多少丑闻吧!可是我认为,亲爱的公众是热爱并离不开他们的艺术家的。

8 月时有一位看护来陪我同住,她就是玛丽·奇斯特,后来她成了我很亲密的朋友,我从前从没遇到过像她这么耐心、可爱和体贴的人。她的到来对我是极大的安慰。我承认,从现在起我开始受到各种忧惧的侵袭。我曾试图告诫自己:女人都会生孩子的。可这一点用都没有,祖母曾生过八个孩子,母亲也生过四个孩子,这全是自然的规律。可是我还是意识到了恐惧,怕什么呢?当然不是怕死,也不是怕疼痛——是莫名的恐惧,我一点也不清楚。

8 月渐去了,9 月来了。我的身子变得越来越笨重,玛丽亚别墅踞在沙丘之上,走上去几乎有一百级台阶。我常想起我的舞蹈,有时一想起艺术,强烈的懊悔感就会一下子袭来。可当我感觉到体内的小生命有力地踢我三下而且在里面乱动时我就会微笑起来。我就会想,什么是艺术,艺术不就是欢乐朦胧的镜子和生命的奇迹吗?

我那美丽的身子在我目瞪口呆地盯视之下日渐鼓了起来。我那小巧

第十九章 爱女降生

而结实的乳房变得又大又软并垂了下来。灵巧的双脚越来越笨拙，脚踝肿胀，我的臀部也开始疼痛。我水神般的充满朝气的漂亮的身段哪去了？我的抱负哪去了？我的声誉哪去了？我常常不由自主地感到痛苦，有被打垮的感觉。与伟大的生命进行的这场游戏代价是太大了。可每当我想起即将出世的孩子，所有这些痛苦的想法都踪影全无。

夜晚等待的那无助而又令人痛苦的分分秒秒；左侧躺着胸口发闷；右侧躺着仍旧不舒服；最后就仰面躺着。这就成了让腹中的孩子任意摆布的玩物，我必须双手放在隆起的肚子上安抚肚中的孩子。夜里那一触即疼的分分秒秒的等待，这样的夜晚好像数也数不清，我们为母性的荣耀付出了多大的代价啊！

有一天，天降惊喜。以前我在巴黎认识的一个可爱的朋友——她的名字叫凯思琳从巴黎赶来，她说她打算同我住在一块。她是个很有吸引力的人：健康而富有生气，是个非常勇敢的女人。她后来嫁给了探险家斯格特上尉。

有天下午我们俩在喝茶，这时我感到好像有人突然一下子击在我的后腰上，接着感到可怕的疼痛，好像有人用锥子扎进了我的脊椎，想把它挑开一样。从那一刻起磨难就开始了，好像我这个可怜的受害者落入了一个强壮而又残忍的刽子手的手中。阵痛一个接一个反复无穷。比方说残忍的西班牙宗教法庭吧，凡是生过孩子的女人都不会害怕那种痛苦的，因为法庭的折磨对生孩子的痛楚来讲可真是小意思了。这个可怕的看不见的小妖怪毫不怜悯地将我抓进他的魔爪之中，那持续不断的绞痛几乎要撕裂我的骨和肉。有人说这种痛苦不久就会被忘记的。而我对此做出的回答则是，我只要一闭上眼就会听见我当时痛苦的呻吟与尖叫，好像我自身的东西从我身上脱离开而围着我久久不散一样。

强迫女人去承受这样骇人的折磨是听所未听闻所未闻的野蛮行径。应该破除这种做法，应该停止这一做法。我们有现代科技，而却没有使生育无痛苦的技术，而人们又把这种情况视为理所当然的事情，这简直是很可笑。这与医生不用麻醉药做手术一样不可原谅！妇女一时能忍受得了这一凶暴自残式的痛苦，她们得需要多么可怕的耐心，而又缺少什么样的智慧呢？

这一难以言表的痛苦持续了整整两个日夜。第三天早晨，那位可笑的医生拿出来一把大钳子，什么麻药也没用就做完了他的屠行。我觉得或许除了被钉在火车下面所受的罪以外，没有什么可与我受的罪相比较了。我想在我听到任何"妇女运动"或"普选权运动"之前，我们妇女首先应该终止这完全无意义的巨大痛苦，我坚持认为生孩子应该像其他手术一样没有痛苦且可以忍受。

是什么愚蠢至极的迷信阻挠了这一措施的实施呢？这是什么样的懒散且犯罪一样的视而不见？当然会有人回答不是所有的女人受的罪都这么厉害。印第安人、农民或非洲黑人也不会这么遭罪。可是越是受过文明熏陶的女人就越觉得这剧痛可怕且无意义。就是为了文明的女性也该给这一可怕的痛苦找到一个文明的良方。

啊，我没有因这一痛苦而死去。是的，我没有死掉——及时从架上取下来的那个可怜的小受害者也没死去。那你可以说，当我看见孩子时我得到了回报。是的，我当时是无比的高兴。可到今天一想起我受的罪，想起那么多的女受害者要因搞科学的男人们的难以言表的自私自利和熟视无睹而气得浑身发抖。本来可采取补救措施，他们却容忍这样的暴行持续下去。

啊！看看孩子！孩子简直是个奇迹；长得像小神丘比特，蓝蓝的眼睛，长长的棕色头发，而后来这些棕色的头发就又变成了金色的卷发。最奇的是那小嘴找到我的乳房用没牙的牙龈咬住把奶头往外一拔，然后就吸着汩汩而出的奶水。哪一位母亲说出过婴儿叼住她的奶头，奶水泉涌出她乳房的感觉？这张厉害的咬人的嘴就像情人的嘴一样，而我们情人的嘴反过来又让我们想起婴儿。

啊，女人，有了这一奇迹，我们再去学习当律师、画家或雕塑家还有什么用呢？现在我明白了这一巨大的爱，它要超越对男人的爱。我四仰八叉地躺着流血，被撕裂了，无可奈何。而这个小东西却在嗷嗷叫着找奶吃。生命，生命，生命！给我生命！啊，我的艺术哪里去了？我的艺术，什么艺术？我对艺术曾是多么用心！我感到我是神，比任何艺术家都高明。

在头几个星期，我常抱着婴儿一躺就是几个小时，看着她睡去；有时我能捕捉到她的目光。我感觉走到了边缘，走近了秘密，或许已看到了生命的究竟。新生儿的心灵用那么老到的目光回应我的盯视——那是永恒的目光——满目爱意地望着我。爱，或许是所有一切的答案。什么语言能表达这一欢乐？我不是作家，找不到合适的词也就不足为怪了！

我同孩子和可爱的朋友玛丽·奇斯特回到了格吕纳瓦尔德。学生们看到婴孩都很高兴。我对伊丽莎白说："她是我们最小的学生。"大家都问："给她起什么名字呀？"克雷格想出一个漂亮的爱尔兰名字——迪尔德丽。迪尔德丽——爱尔兰的娇儿。因此我们就叫她迪尔德丽。

渐渐地，我的气力恢复过来了。我常常站在那尊气派的亚马逊女勇士的前面，这是我们祈愿的雕像。我对她同情又理解，因为她再也不能重展昔日战场上的辉煌了。

第二十章　要艺术，还是要爱情

朱丽叶·门德尔松同她富有的银行家丈夫住在豪华别墅里，她是我们的近邻。与她的富有的平庸的朋友不同，她对我们的学校非常感兴趣。有一天，她邀请我们所有的人去我崇拜的偶像——爱莉诺拉·杜丝那去跳舞。

我把戈登引荐给杜丝。她立刻被克雷格的戏剧观点所吸引。我们几次热情的会晤之后，她邀请我们去佛罗伦萨，她希望克雷格能安排一次演出。因此就定好戈登·克雷格给爱莉诺拉·杜丝扮演的戏剧家易卜生的罗斯默肖尔姆做舞台背景。我们都乘豪华列车去了佛罗伦萨——埃莉诺拉·杜丝、克雷格、玛丽·奇斯特、孩子还有我。

我在路上奶孩子时奶水有点混浊了。因此，我不得不拿早已准备好的奶瓶里的东西喂她。尽管如此我还是特别地高兴。我已经让世界上我很崇拜的两个人会晤了：克雷格将有事可做，就是为杜丝这位戏剧天才设置舞台背景。

到佛罗伦萨后我们下榻在一家小宾馆里，而埃莉诺拉就住在不远处的皇家大套间里。

第一轮讨论就这么开始了——我给克雷格和杜丝做口译，克雷格既不懂法语也不懂意大利语，而杜丝自己则一句英语也不会讲。我发现自己被夹在了这两位天才之间，奇怪的是这两股力量刚开始就似乎相互对立。我只希望让双方都高兴，尽力让他们满意。我通过一定量的误译来达到这个目的。我希望他们对我其中的一些谎言加以谅解，因为说谎的目的是很神圣的。我希望他们这一伟大的演出能够出台，如果我把克雷格跟埃莉诺拉说的原话译给她的话，可能就永远演出不了了。如果我把杜丝的命令重复给克雷格听的话，演出也肯定要成了泡影。

在第一场里，我认为易卜生的罗斯默肖尔姆是把客厅描写成"有舒适的家具的旧式风格"的。可是克雷格对宏大的埃及神庙的内部装饰很满意,高的不可形容的天花板,好像直达天际而其四壁却好似退到了远处,只是有一点与埃及的神庙不同,那就是在最尽头有一扇巨大的四方形的窗子。按照易卜生的描述,窗子正对着一条植满了老树的小街,小街一直通到一个院落里。克雷格很满意地把它弄成长 12 米宽 10 米的一个地方。院子外的背景是火热的风景,由黄色、红色和绿色组成,这就像摩洛哥的某种风景。所以这不可能是一个旧式的院落。

埃莉诺拉大窘说:"我认为这该是个小窗户,不可能是个大窗户。"

克雷格听了暴跳如雷地用英语说:"告诉她,我不想让任何他妈的女人来干涉我的工作!"

我很谨慎地这样对埃莉诺拉说:"他说他很赞赏你的意见,他将尽力使你高兴。"

然后转身对克雷格,我又很有分寸地把杜丝的反对译给他:"埃莉诺拉,杜丝说你是个天才,她不会参与你的计划,你说怎么做就怎么做。"

这种对话有时持续几个小时。许多次是我正给孩子喂奶的时候,可我得马上充当和事佬的口译角色。我给那两位艺术家解释着他们从来没说过的话,这样常常会错过了给孩子喂奶的时间,我感到痛苦万分。这时我就会感到筋疲力尽。我的健康每况愈下。这些累人的会晤使我在康复期间感到很痛苦。可是一想到就要开始的伟大的艺术佳作,上演罗斯默肖尔姆,克雷格要给埃莉诺拉·杜丝设置背景,我觉得自己做出的牺牲算不了什么。

然后克雷格就埋头于剧院的工作了。他摆了十几大桶漆,拿着一把大刷子亲自去描画背景。因为他找不到能够明白他意思的意大利工人。找不到合适的帆布,他就把粗麻布缝起来使用。一个合唱团的意大利老太太就坐在舞台上缝了几天粗麻布。年轻的意大利油漆工在舞台上跑来跑去执行着克雷格的吩咐,而克雷格一头长发飘来甩去,大声朝他们吆喝着,有时爬上颤巍巍的梯子。他几乎整日整夜地泡在剧院里。他甚至连吃饭都不出来。如果不是我每日中午给他捎一篮饭的话,他可能就没得可吃了。

他曾吩咐:"不要让杜丝走进剧院。别让她来这。如果她来了我就要坐火车打道回府。"

而杜丝却极想去看一看进度怎么样了。我的任务就是不让她去剧院并且还得不让她生气。我常领她在花园里长长地散步，花园里可爱的雕像和漂亮的花儿可使她的心情平静下来。

我永远也不会忘记杜丝走过花园的情景。她一点也不像这个世上的女人，她更像彼特拉克或但丁书中的某位神，由于不幸而错降到凡间。所有的人都会给我们让路，他们还用尊敬但又好奇的目光盯着我们。杜丝不喜欢被众人盯着看。她专捡小路和小通道走以避开公众的目光。她也不像我那样对穷人有爱心，她把多数人都看成是"愚民"，而且她也常常这么讲。

这多归于她过度敏感的性格而不是由于其他的原因。她认为公众对她太挑剔。而当杜丝真正与人相处时，没有人会比她更富同情心更善良了。

我将永远不会忘记在花园中的那些散步。在那些挺拔的白杨树中，每当就剩我们俩时，杜丝就会摘下帽子显出她那漂亮的头，任一头乌发泻下来，乌发中已夹着几根灰丝。她就这样让头发任风吹着。她那漂亮面充满智慧的额头和那双神奇的眼睛——我一辈子也忘不了。那双忧伤的眼睛，当她的脸上泛起热情的光彩时，我从没在任何一张脸上或任何艺术品中看到那么如天使般欢乐的表情！

罗斯默肖尔姆的舞台布景正在进行中。我每次去剧院捎给克雷格午饭或晚饭都见他介于愤怒和狂喜的状态之间。一会儿他觉得这会成为艺术世界最伟大的景观。一会儿他又会抱怨说这个国家没有好漆，没有好工匠。他必须得自己亲自来。

埃莉诺拉最后见到完工作品的时候就要到了——我已经想尽了所有的招儿不让她走近剧院。当那一天来临时我跟她约了个时间并把她带到了剧院。她处于高度紧张和兴奋之中，我怕这一状态随时都像在风雨天一样一下子暴发成暴风雨。她在她宾馆的大厅里同我见了面。她裹着一件很大的棕色皮毛大衣，戴着一顶棕色的皮帽，有点像哥萨克人的皮帽。皮帽歪戴着正好扣在眼的上方。虽然杜丝有时听好朋友的劝告光顾上流时装店，可她却从来不穿流行的服装，她的穿戴一点都不赶时髦。她的服装总是一边上，一边下。她的帽子总是歪戴着。不管她的衣服多么昂贵，她似乎从不穿在身上,而好像是委曲自己在身上扛着一样。

在去剧院的路上我很紧张,几乎一句话都说不出来。我又一次很婉转地劝阻她不要急急跑到舞台后门去,我让人专门打开了剧院前门并把她领进了一个包厢。她一直在说:"我的窗子像我理解的那么大好不好,这一布景哪里去了?"我好长时间没说话,这期间我正忍受着无法言说的痛苦。

我紧紧握住她的手,慢慢地拍着,说:"一会就好了——你一会就看到了,耐心点。"可是我一想起那个小窗户就充满了恐惧,这个窗户现在可是要多大有多大了。

不时地我们会听到克雷格的叫喊,是被激怒的腔调,一会儿试着说意大利语,一会儿说英语:"混蛋!混蛋!你为什么不放这?为什么不按我告诉你的去做?"然后又是一片沉寂。

最后,经过了几乎是漫长的几个小时的等待,我感觉到埃莉诺拉的脾气随时都会爆发出来。就在这时,幕慢慢升起来了。

噢,我该去怎样形容展现在我们眼前的这令我们吃惊而又喜不自禁的一幕?我说过埃及神庙吧?埃及神庙可没有这么美丽。哥特式大教堂和雅典宫殿都没有这么漂亮。我从来没有见到过这么漂亮的东西。通过那蓝色的宽阔的空间,天宇般的和谐对称,装裱线,巨大的高度,人的心灵马上就被那扇大窗户的光线吸引了过去。窗子在远处展现出来的不是条小街而是无尽的天宇。在这些蓝色空间里是人类所有的思考和尘世间的忧伤。而窗子外面却是所有的欢乐和愉悦,这全是他想象力的奇迹。这是罗斯默肖尔姆的客厅吗?我不知道易卜生看了会做何感想。可能他会像我们一样——呆了,醉了。

埃莉诺拉一下子抓紧了我的手。我感到她的胳膊在我身上,她紧紧地拥抱住了我。我看见泪水滚落下她美丽的脸庞。好大一会我们都在坐着,紧抓着彼此的胳膊,一句话也说不出来——埃莉诺拉是因为对艺术的崇拜和欢乐,而我则是因为释去了巨大的负重感。我原来无尽的担心和焦虑让她这一满意冲得无影无踪。我们就这样保持着沉默。然后她拉起我的手把我领出了包厢。我们走过黑漆漆的走廊向舞台走去。她站在舞台上用杜丝特有的嗓音叫道:"戈登·克雷格!过来!"

克雷格从舞台的一侧走出来，像个害羞的小男孩。杜丝把他抱在怀里，她嘴里冒出一连串的意大利语的赞词，速度快得我都没法译给克雷格听。赞词就像山泉一样汩汩地从她的口中冒出来。

克雷格没有像我们一样激动地哭泣，他长时间地保持沉默，这对他来讲就是感情极度强烈的表示。

杜丝然后把整个剧团的人都喊了过来。他们一直在舞台后面漫不经心地等着。她就做了一个慷慨激昂的演说：

"我命该发现这个伟大的天才——戈登·克雷格。今后我准备倾我后半生的事业和努力向世人证明他艺术的伟大。"

然后她又继续滔滔不绝地声讨起整个戏剧界的现代走向、所有的现代布景和演员生涯和职业的现代观点。

她说话时一直握着克雷格的手，而且她一次又一次地转头看着他。她谈到他的天才和戏剧界伟大的新复兴。她一遍又一遍地讲："只有通过戈登·克雷格我们演员才会从这种恐怖、从这所骨灰室中解脱出来，这所骨灰室就是我们今天的剧院。"

可以想象听到这以后我是多么的高兴。我那时还是少不更事，可我相信，在激情迸发的时候人们所说的是发自肺腑的话。我想象着埃莉诺拉·杜丝将其光彩照人的天资与我的伟大的克雷格艺术相结合的远景。我憧憬着未来是克雷格不言的胜利，是舞台艺术的辉煌。啊，我可没好好想想人类热情的弱点，特别是女人热情的弱点。埃莉诺拉毕竟是个女人，虽然她有的是天才——后来这终于得到了证明。

出演罗斯默肖尔姆的第一天晚上，佛罗伦萨剧院里涌满了期待已久的观众。幕帘一起观众都崇敬地屏住了呼吸。效果是再肯定不过的了。直到今天艺术鉴赏家们依然对当年佛罗伦萨的这一罗斯默肖尔姆的演出记忆犹新。

杜丝有了不起的艺术直觉，她穿了一件白色的长袍，宽大的衣袖从两侧直落下来。她一出场就像一个特尔斐的西比尔[①]，而不像丽贝卡·韦斯特[②]。靠她准确无误的天才演技她把周围每一条线和每一束光都利用

[①] 西比尔，女预言家。
[②] 丽贝卡·韦斯特（1892—1983），英国小说家、评论家。

得天衣无缝。她不断变化着姿势和动作。她在舞台背景中的一举一动看起来就像一个女预言家宣布重大的神谕。

可当其他演员一走上舞台——比方说罗斯默，他把双手放在口袋中——他们就像误走上舞台的工作服务人员一样。那真是叫人很难受。只有扮演布伦德尔的那个人同这些好布景的气氛完全吻合，他大声宣讲："当金色梦幻的暮霭沉降下来将我包裹起来，当醉人的新颖的重大思想诞生在我的心中时，它们的翅膀将我轻轻托起，温柔地抚慰着我——就在此时，我已将它们转化成诗，转化成幻想的图画。"

我们看了这场演出就兴高采烈地回家。克雷格的欢乐难以自禁。他看见了自己光明的前途，他将把自己一系列的伟大作品献给埃莉诺拉·杜丝。现在他谈起杜丝充满了无尽的赞扬和他以前对杜丝无比愤怒的程度是一样的。啊，人性是多么的虚弱呀！这将成为杜丝利用克雷格的舞台布景展现天才的唯一的一个晚上。她正在轮流演出各个戏剧。每天晚上都有一个不同的戏剧上演。

这一系列令人激动的事情结束后，有一天上午我去银行查账户，我发现存款已全部用光了。生孩子、格吕纳瓦尔德学校的开支、我们的佛罗伦萨之行，这一切把我所有的积蓄都花光了。得想法子来充实一下钱柜子了，而就在这时圣彼得堡的一位经理人给我发了一封邀请函，她问我是不是还想跳，他想跟我签一份环俄演出的合同。

因此我就离开了佛罗伦萨，把孩子交给玛丽·奇斯特照料，留下克雷格，让他跟埃莉诺拉在一块，然后我乘坐特快列车取道瑞士和柏林到了圣彼得堡。你尽可想象这对我来说是多么悲伤的旅程。这是我第一次同孩子分开，而与克雷格和杜丝的分离也是很痛苦的。而且当时我的健康状况也不是很好，因为孩子还没完全断奶，所以我得用一个小机器把奶水往外挤。这对我来讲个很恐怖的经历，我不知掉过多少眼泪。

火车渐行渐远，我又回到了那冰雪和森林的平原。那看上去比以前更荒凉了。而且我过分关注杜丝和克雷格的艺术而很少能想到我的艺术，所以对这场巡回演出的磨难还没有什么准备。可是，友好的俄国观众依然用热情接待了我，他们不在乎我演出中的缺陷。只是我记得跳舞时奶水常溢出来，顺着舞衣往下流，这使我非常尴尬。女人想拥有事业是多么的艰难呀！

对于这次俄国的巡回演出，我记不得多少了。不用说，千万根情丝已将我的心拉回佛罗伦萨了。因此我尽可能缩短演出的期限，又接了去荷兰巡回演出的合同，因为这样我就能离我的学校近一点。我太想看看我的学校了。

在阿姆斯特丹演出的第一天晚上我就发现自己莫名其妙地病了。我想那可能与奶水有关，也就是轻性产褥热。演出一结束我就倒在了舞台上，让人抬到了宾馆。我在宾馆光线暗淡的屋子里躺了好几个周，还得敷上冰袋。他们给我诊断是神经炎，那时还没有医生能治这种病。我好几个周都什么也不能吃，只能喝一点加鸦片的奶。我一阵阵地说胡话，最后昏昏睡去。

克雷格从佛罗伦萨火速赶来一心照料我。他同我一起住了三四个星期，帮着看护我，有一天他忽然收到埃莉诺拉的电报："我正在尼斯上演罗斯默肖尔姆。舞台布景不尽人如意。速来。"

当时我已部分康复，因此他就动身去了尼斯，可是看到电报时我有种可怕的预感，我不在那做口译而抚平这两人之间的争执时，他们会有什么样的结局呢？

克雷格上午到了古老的尼斯娱乐场，可怕的是在埃莉诺拉不知情的情况下，他们已将他的布景一劈为二。自然，当他看到他的艺术作品、他的杰作，他在佛罗伦萨花了那么大力气才得到的亲儿子般的成果被肢解被屠杀在他的眼前时，克雷格发起了他那可怕的冲天怒火，在许多情况下他都是自己怒火的受害者。而更加糟糕的是他指着当时正站在舞台上的埃莉诺拉说：

"你干了些什么？"他冲她怒吼道，"你毁了我的作品。你糟蹋了我的艺术！你，我曾对你有那么高的期望。"

他一遍又一遍地这样不尽情面地说，而埃莉诺拉肯定受不了别人以这种方式同她说话，她一下子怒不可遏。后来她跟我说："我从来没见过这样的人。从没有人这样对我讲话。他那6英尺多的大个子就铁塔般立在那儿，以英国人特有的愤怒双臂环抱，吓人地大吵大闹。从没人这样对待我。"我当然忍受不了。我就指着门说："'滚。我再也不想看见你了。'"

那就是她想把一生的事业献给戈登·克雷格天才技艺的结局。

我到尼斯时身体还很虚弱,不得不让人抬下火车。当时是狂欢节的头一个晚上,在去宾馆的路上我那敞篷车子受到了戴着各式各样的白色面具和高帽子人的围攻,他们的怪像令我想起了垂死之际的令人毛骨悚然的死亡之舞。

离我的宾馆不远的一家宾馆里住着同样生病的埃莉诺拉。她差人给我带来温暖的问候。她还把她的医生埃米尔·博森派过来。博森医生无微不至地照料我,从那时起他也成了我一生中最伟大的朋友之一。我康复得很慢,而且还伴着周身的疼痛。

母亲赶来与我同住,我忠实的朋友玛丽·奇斯特也抱着孩子赶来了。孩子很健康越长越漂亮了。我们搬到了蒙布罗去住,我们在一面可以俯瞰大海,另一面的山顶上是琐罗亚斯德冥思鹰和蛇的地方。住在阳光充足的台地上我的身体渐渐恢复过来。可生活比以前更加窘迫了,为了改善经济状况,我一好过来就又回到荷兰去巡回演出了。可身体仍然很弱,没有什么信心。

我很爱克雷格——我用我所有艺术家灵魂的热情去爱他,可同时我也认识到我们的分手是不可避免的。生活中没有他的时候我就会发疯。同他生活在一起就意味着放弃我的艺术,我的个性,不,甚至是我的生命和我的理性。而没有他我则是永远地情绪消沉,整日被妒火折磨着,啊哈!现在我可有不跟他在一起的好理由了。克雷格赤身在其他女人怀抱里的幻景使我彻夜难眠,最后我再也睡不着了。克雷格给女人们讲解艺术的幻象,女人们用充满爱意的目光盯着他——克雷格同其他女人们同乐的幻景——他用他迷人的微笑盯着她们——埃伦·泰莉的微笑——他对她们都很有意思,爱抚着她们——自言自语:"这个女人很合我意。伊莎多拉太令人难以忍受了。"

这使我一阵阵地愤怒和绝望。我既不能工作也不能跳舞。我一点也不在乎公众是不是喜欢。

我认识到这种状况必须马上结束。要么是克雷格的艺术要么是我的艺术——要我放弃我的艺术是不可能的!那样我将会憔悴而死——我将会苦恼而死。我得找出救治的办法,我就想起了顺势疗法这个救治办法。想要什么就有什么,良方果然有了。

有一天下午,来了一个人:英俊、温文有礼,一头金发,穿着得体。他说:"我的朋友都叫我皮姆。"

我说:"皮姆,多么可爱的名字。你是艺术家吗?"

"噢,不!"他断然拒绝,好像是我谴责他犯了罪一样。

"那你有什么呢?伟大的思想吗?"

"噢,亲爱的,没有。我没什么思想。"他说。

"有生活的目标吗?"

"没有。"

"那你做什么?"

"什么也不做。"

"可你总得做点什么。"

"噢,"他想了一会说:"我收藏了18世纪的一些可爱的鼻烟盒。"

这就是我的良方。我已经签了一个合同去俄国巡回演出——一个漫长而艰苦的巡回演出,不仅经过俄国北部,还要经过俄国南部和高加索,我对这独自一人的漫漫旅程特别害怕。

"你愿同我去俄国吗?"

"噢,我很愿去,"他立时回答,"只是我还有母亲。我可以说服她,可还有另一个人,"——脸红了——"一个非常爱我的人——她可能不会让我去。"

"可我们能偷偷地去呀。"因此我们就计划好,我在阿姆斯特丹演出最后一场后,有一辆汽车就在舞台的后门等着我,拉着我们去乡下。我们已定好让女佣拿着行李坐快车走,然后我们在阿姆斯特丹外的下一站接她。

那是一个多雾而且寒冷的夜晚,田野里雾气昭昭。司机不想开快车,因为路的一旁就是一条运河。

"这很危险。"他告诫道,因此车子就慢慢往前爬。

可是这危险跟后来的相比却算不了什么。

往后一看突然尖叫起来:

第二十章　要艺术，还是要爱情   149

"天啊，她正在追我们！"

我不需要听任何解释了。

"她可能带着手枪。"皮姆说。

"快点，再快一点！"我对司机说，可他就指了指穿过雾气的灯柱，灯光下是运河水。这很浪漫，可最后他甩掉了追踪的汽车，我们就到了车站住在一家宾馆里。

已经是早上两点钟了。值夜的老门房把他的提灯在我们眼前晃来晃去。

"一间房间。"我们齐声说。

"一间房间？不、不，你们结婚了吗？"

"是的，是的。"我们回答。

"噢，不，不。"他咕哝着，"你们没有结婚。噢，看来你们非常幸运。"尽管我们大声抗议，他还是把我们俩安置在走廊两头的两个房间里。他带着善意的满足在走廊中间坐守了一夜，他的提灯就放在膝盖上。每当我或是皮姆把头探出来，他就把提灯高举说："不，不。没有结婚——不可能，不，不。"

第二天早上，在这场捉迷藏的游戏结束后，我们乘快车去了彼得堡。我的旅程从没有这么舒适过。

当我们到达彼得堡时，搬运工从火车上运下了18个刻有皮姆名字的大箱子。我感到困惑不解。

"可这是什么？"我吃一惊。

"噢，不过是我的行李。"皮姆说，"这是我的领带；这两个是我的内衣；这是我的成套衣服；这是我的靴子。这里面是我的毛皮马夹——这在俄国很有用。"

欧洲大酒店有一个很宽大的楼梯，每个小时皮姆都要飞速跑下楼梯，每次都换上一件不同颜色的衣服，打上一条不同的领带——让所有看见的人都羡慕得不得了。因为他总是穿戴着很雅致，实际上他就是海牙时装潮流的标志。伟大的荷兰画家范·弗利当时正给他画肖像，肖像是以郁金香——金色的郁金香——紫色的郁金香——玫瑰色的郁金香作背景的——实际上他的样子就有春季郁金香花圃那鲜艳和迷人的样子。他的一头金发像一圃金色的郁金香；他的双唇像粉色的郁金香，当他拥抱我时，我感觉就是漂浮在春天荷兰郁金香的花床上。

　　皮姆很漂亮——金色的头发，蓝蓝的眼睛——不是聪慧的面孔。他的爱使我想起奥斯卡·王尔德的名言："一时的欢乐胜比永远的悲伤。"迄今为止爱已经给我带来了浪漫、理想和痛苦。皮姆给我带来的是快乐——是清清纯纯的快乐——而且是在我最需要的时候。如果没有他的服侍，我的神经衰弱上已不可救药了。皮姆的存在给了我新的生命新的活力。或许这是我第一次领会简单而轻浮的青春的快乐。他对一切都持乐观的态度，到处蹦蹦跳跳。我忘记了苦恼，一度幸福地无忧无虑地生活。因此我的演出像水泡一样重新鼓起了欢乐和活力。

　　也就是在此时我创作了《朝夕音乐会》。这一舞蹈表演在俄国极为成功，每天晚上我得加演五六次。《朝夕音乐会》是皮姆的舞蹈——"朝夕间的欢悦"——音乐时刻。

第二十一章 罗斯福总统的赞美

如果我只把舞蹈仅仅看成是单人舞的话，我的艺术方式就太简单了。其时我已成名，我在世界各地追求的只不过是成功的事业。可是，舞蹈学校真是让着迷呀——那么一个大舞蹈团——跳着贝多芬的第九交响曲。晚上，每当我合上眼，那些影子就成了一个盛大的阵容在我的脑际翩然掠过，她们让我把她们带进现实中。"我们来了，您轻轻的点拨便可让我们充满生气！"（第九交响曲：《欢乐颂》）

我终日沉浸在普罗米修斯的创新之梦里，在我的召唤之下，这样的舞蹈之影会从天域下凡，会从大地上迸发。啊，这个令人自豪而又迷人的梦却让我的生活充满了灾难！你为什么让我如此着迷？就像坦塔罗斯①之光，只把我引向黑暗与绝望。不！那光明还在黑暗中闪烁，它定会把我指引到一个灿烂的世界，最后实现我的梦想。那摇曳不定的微光就在我踉跄脚步的前方。我依然深信在追随着自己的梦——去找到那些智慧的人，在琴瑟和鸣的爱之中，他们会跳出世界期待已久的伟大绝伦之美的景象。

带着这些梦想我回到了格吕内瓦尔德去教孩子们。她们已经学会优美的舞姿，这更加坚定了我最后要建一个完美的舞蹈团的信念——这个舞蹈团之于视觉就像伟大的交响乐作品产生的听觉一样壮观。

时而模仿庞培饰带上那些爱的精灵，时而学习多那太罗雕塑中那勃勃青春的美丽，时而又跟随泰坦妮亚飘飘仙子的美丽，我教她们如何交环绕错，如何分分合合，转环不尽，行进不止。

她们日渐变得强壮起来，身子也更加柔韧了。神圣的音乐和灵感之光也融进了她们年轻的身体里与面孔上。孩子们的舞蹈美丽之极，它唤

---

① 坦塔罗斯（希神），宙斯之子，因泄露天机，被罚立在齐下巴深的水中，头上有果树，口渴欲饮时，水即流失，腹饥欲食时，果子就会被风吹去。

醒了所有艺术家和诗人的赞叹。

可是学校的开支却越来越难以维持。因此我就想了个主意，把孩子们带到不同的国家去演出，目的是为看看哪一个国家能认识到孩子们这种教育的美好之处，这样我就能有机会大规模地对这种教育进行实验。

每场演出结束后我呼吁公众来宣传我们的艺术，从我自身的生活，我所做出的发现，到那些可以使成千上万的人活得更明白活得自由的艺术。

事情越来越明显，在德国我是找不到人来支持我的学校了。德国皇后的观点完全是禁欲主义的。每当她去看雕塑家的作品。她都是先派她的男总管事先把裸体雕塑都用单子盖起来。普鲁士强大的政权使我不可能再把德国梦想成我工作的国家了。然后我想起了俄国，因为我曾在那找到过观众的热情，我的经济收入也很可观。我想在圣彼得堡有可能会成立个学校，于是1907年1月我又去了一次。是伊丽莎白陪我去的，同去的还有我的20个小学生。而这次尝试也不奏效。虽然公众热情地接受了我的复兴真正舞蹈艺术的请求，可是帝国芭蕾舞团的观念在俄罗斯已是根深蒂固了，因此任何艺术的变动都是不可能的。

我带我的小学生去看芭蕾学校孩子们的训练。芭蕾舞学生看着我的那些小学生们，就像笼中的金丝鸟看着天空中飞翔自在的燕子一样。可是在俄国创建一所自由奔放的舞蹈的时代还没有到来。芭蕾作为沙皇礼仪不可缺少的表达形式依然存在着，真是太可悲了！我要在俄国办一所学校，对舞蹈艺术进行更伟大、更自由的表达，唯一的希望是寄托在斯坦尼斯拉夫斯基的努力之上。可尽管他尽了全力来帮助我，他还是没有办法把我们安排在他伟大的艺术剧院里，而我是很钟情于这家剧院的。

就这样，在德国和俄国我都找不到办学的支持，我决定去英格兰碰运气。1908年夏，我带着孩子们去了伦敦。在著名的剧院经理约瑟夫·舒曼和查尔斯·弗罗曼的安排下，我们在约克公爵剧院表演了几个星期的舞蹈。伦敦的观众认为我和我的学校的孩子给他们带来了极大的欢乐，可我实际上并没有得到真正的帮助，因此就无法成立我未来的学校。

七年前，我在新楼座表演了首场舞蹈。我很高兴能与我的老朋友查尔斯·哈雷和诗人道格拉斯·安斯利叙旧。美丽而伟大的埃伦·泰莉经

第二十一章 罗斯福总统的赞美

常来剧院。她很爱孩子们,有次她带她们去公园玩,这使她们非常高兴。慈祥的亚历山德拉王后也两次赏光来包厢看我们的演出。英国的许多贵妇人也来了,其中有著名的德格雷太太,也就是后来的里彭太太,她一点架子也不摆,常到后台来问候我。

是曼彻斯特公爵夫人提醒我,我的想法有可能得到伦敦的民心,她说我在伦敦建校有可能得到支持。为此她把我们所有的人都邀到她泰晤士河的乡间别墅去,在那里我们给亚历山德拉王后和爱德华国王跳舞。一想到可在英国建学校我立刻就来了精神,可最后还是空欢喜一场!校舍在哪?校址在哪?有足够的资金来实现我梦想中那么大的学校吗?

像往常一样,我那群孩子的花销简直太惊人了。我银行的存款又成了零,学校又被迫搬回了格吕内瓦尔德。与此同时我与查尔斯·弗罗曼签了在美国巡回演出的合同。

与学校、与伊丽莎白和克雷格,特别是与我的孩子分离使我备尝撕心裂肺的痛苦。迪尔德丽快1岁了,她已经是金发、一张红玫瑰的小脸和蓝色大眼睛的孩子了。

7月的一天,我独自一人乘一艘大船去纽约——八年前我是乘一艘运牛船离开那儿的。而今我已闻名整个欧洲了。我已经创建了一门艺术,建了一所学校,生了一个孩子。还不坏,而就经济而言,我比以前富不了多少。

查尔斯·弗罗曼是个了不起的经理,但他没有认识到从本质上讲我的艺术不是舞台产业。它只对有限的公众有吸引力。在炎热的8月,为了在百老汇制造一个噱头,他给我请了一个小小的很差的管弦乐队,意在表演格鲁克的《依菲琴尼亚》和贝多芬的第七交响曲。结果像以往预想的一样是一个彻头彻尾的失败。当时的温度有华氏90多度,逛到戏院看节目的没几个人,而他们看得又懵懵懂懂地,而且大多数人对这并不满意。评论家也没几个,而且也没什么好评价。我觉得回到自己的祖国是个极大的错误。

有一天晚上当我垂头丧气地在化妆室里的时候,我突然听到一声亲切的问候。我看见在门厅站着一个人,他个头不高可身材很好,额头是一缕棕色的卷发,脸上挂着迷人的微笑。他向我伸出手,流露出天真率直的情感。然后,他告诉我,我的艺术给他多少美好的回忆。我一下子感到来纽约后有了回报。这人就是乔治·格雷·巴纳德,伟大的美国雕塑家。从那以后他每天晚上都来看演出,而且他常邀画家、诗人和其他朋友和他一同来。其中有友好的剧作家大卫·贝拉斯科、画家罗伯特·亨利和乔治·贝洛斯、珀西·麦凯、马克斯·伊斯门——实际上,"格林威治村"所有的革命者都来过了。到现在我还记得三个住在华盛顿广场南面的一个塔里的好得分不开的诗人——E. A. 罗宾逊、里奇利·托伦斯和威廉·沃恩·穆迪。

这种来自诗人和艺术家的友好问候和热情鼓励极大地振奋了我的心情,也是对纽约观众的冷漠和缺乏知识的补偿。

就在那时,乔治·格雷·巴纳德想给我塑一座舞蹈的雕像,名字就叫"美国之舞"。沃尔特·惠特曼曾说:"我听见美国在歌唱。"在一个只有纽约的秋季才会有的晴朗的10月天里,我们一起爬上了他工作室外的华盛顿高地。我们一块站在山上俯视着乡村,我伸开胳膊大喊:"我看见美国在跳舞。"这就是巴纳德构思塑像的由来。

早晨我常去他的工作室,带着一篮的午餐。我们一起愉快度过了好多时光,谈论给美国增加艺术灵感的新计划。

记得我曾在他的工作室看到一个少女躯干的雕塑。他告诉我那是伊夫林·内斯比特的雕像,是在她遇到哈利·K. 托之前塑的,那时她还是个单纯的女孩子。她的美曾使所有的艺术家都为之着迷。

自然,这些工作室中的交谈,这些因美而起的相互愉悦见效了。对于我自己,我愿把自己的身心献出去,给"美国舞蹈"的伟大雕塑以灵感。可是乔治·格雷·巴纳德①是属于那种把美德比狂迷看得更重要的人。任我那充满朝气的款款软语也不能打动他的宗教式的虔诚,他雕像所用的大理石既非冷漠也不是严峻,我只是一个瞬间,而他才是永远。而我渴望这位天才塑造出什么样的不朽奇迹呢?我渴望浑身每一个细胞都成为这位雕塑家手下的跳动的黏土。

啊,乔治·格雷·巴纳德,我们会变老,会死去,而我们一块度过

---

① 乔治·格雷·巴纳德(1811—1900),美国雕塑家,作品富于活力和个性,著名作品为《林肯像》。

的那些神奇的时光。我是舞者，而你却是魔术师，你本该捕捉住舞蹈流畅的表达——你这位力量的大师抓住那电光石火的一刹那，使其成为永恒。啊，哪里是我的杰作——我的"美国之舞"？我抬眼望见人类遗憾之神的目光——他的献给美国的巨幅雕像——浓重的眉毛、深陷的两颊，被人类的遗憾和伟大的殉道之类冲刷而成的深陷的双颊——而我纤细而又微不足道的身影却要在这超人的理想的信仰和美德面前起舞。

但至少我不是莎乐美①，我不想要任何人的项上之头：我从来就不是吸血鬼，而永远是灵感的使者。如果你拒绝给我"你的唇，约翰尼斯"和你的爱，我会以"年轻的美国"宽宏的智慧祝你在通往美德的征程上一路平安。是一路平安，而不是永远的再见，因为你的友谊已成为我生命中最美丽最神圣的事物之一。西方的妹妹或许比东方的妹妹要智慧些吧。"约翰尼斯，我要的是你的唇，你的唇"，而不是你那盛在大盘子里的头颅，因为那就是吸血鬼而还是灵感的使者了。"接纳我吧！"——"啊，你不情愿？那么再见吗，那就想想我吧，想想我你将来会有伟大的作品问世。"

"美国之舞"的雕塑有一个极好的开头，只可惜没什么发展。不久，因为他妻子突然病倒，做模特雕塑的这件事不得不作罢，我曾希望成为他的不朽之作，可是不是我激发巴纳德成就了美国的杰作，而是亚伯拉罕·林肯，林肯的塑像现在就伫立在西敏寺前庄严肃穆的花园里。

查尔斯·弗罗曼发现待在百老汇简直是灾难，因此他就试图在小城镇周游演出。可这次巡回演出安排得很糟糕，还比不上在纽约的演出呢。最后我沉不住气了，就去找查尔斯·弗罗曼。我发现他很狼狈，对他赔的钱念念不忘。他说："美国不理解你的艺术。"这完全高出他们的欣赏能力。"你最好回欧洲。"

我同弗罗曼曾签过巡回演出6个月合同，合同上有一个保证，不管是赔是赚都不计较。可是我觉得自己的自尊心受到了伤害，而且我也很鄙视他缺少胜败等闲视之的气质。我拿着合同当着他的面撕了。我说："这样你尽可放心，你一点责任都没有了。"

---

① 莎乐美，基督教《圣教》故事人物，以舞取悦于希律王而被赐予所求施洗约翰之首级。

巴纳德不断地跟我说他为我感到骄傲，我生于美国，长于美国，如果美国不能欣赏我的艺术他会感到很难过。听了他的意见我决定在纽约留下来。因此我就在艺术大厦租了间排练房，我用蓝色的幕帘和地毯装饰起来，又开始创作新的作品，每天晚上都给诗人和艺术家们跳舞。

对于这样的夜晚，1908年11月15日的星期日《太阳报》曾做过如下描述：

她（伊莎多拉·邓肯）从腰以下裹着一小件中国的刺绣装。她黑黑的短发卷起来盘成一个松散的发髻搭在脖颈的后面，很自然。她的脸有点像圣母……她的鼻子上翘，眼睛是蓝灰色的。许多戏剧短评都说她身材高大匀称修长——是艺术的典范。可实际上她只有5英尺6英寸高，体重125磅。

黄色的聚光灯打开了，天花板中心有一个黄色的小盘在幽幽地发着光，色彩搭配非常和谐。邓肯小姐对不和谐的钢琴伴奏表示歉意。

"这样的舞蹈不需要音乐"，她说，"只可以用潘神在河边折断芦苇当哨吹、长笛或是牧童短笛之类的音乐——这就够了。其他的艺术——绘画、雕塑、音乐、诗歌的发展早已远远超过了舞蹈。它实质上是失传的艺术，而且极力与比它发展先进得多的音乐相融合，这很困难也难以协调。就是为了振兴舞蹈这失传的艺术我才投入整个的生命。"

开始讲话时，她一直站在诗人后排座位那儿，而当她讲完时，她却到了房间的另一面。你不知道她是如何到那里去的，而他这么做会令人想起她的朋友艾伦·泰莉及泰莉对空间观念的漫不经心。

她不再是一个疲劳的、满脸悲凄的女主人，而像一个从破碎的大理石中自然诞生出来的异教的精灵，自然得如世界上最平常的事情。或许像伽拉忒亚①；不，肯定是伽拉忒亚在刚获得自由时的翩然起舞。她是披头散发的达佛涅，在那片特尔斐小树林里狂奔，逃避着阿波罗的拥抱。当她的头发披散下来，这个形象就会涌入你的脑海中。

难怪这些年来，她厌倦了站在那块埃尔金大理石雕上，承受那些台下的长柄望远镜和镜片后半是享受半是挑剔的眼睛。一列列长长的塔纳

---

① 伽拉忒亚（希神），海洋女神之一，与河神之子相恋，为独眼巨人所杀。

格拉陶俑，一排排帕台农神庙的饰带，古瓮和匾牌上那悲伤的花环和酒神少女的狂放会——从你眼前经过，那是出自她舞蹈的变幻，你不是看邓肯，而是在欣赏技巧涉足前，人类自然的全景。

邓肯小姐坦言她整个的生命是为复古艺术不懈努力，去发现迷失在代代相传的迷宫里的纯朴自然。

"在那个我们称之为异教的年代，每一种感情都有其相应的表达动作"，她说："灵魂、身体和心智是极和谐的一体。看看那些雕塑捕捉到的希腊男子和少女们的魅力吧，他们可不是从大理石中生硬地砍凿出来的——从他们开口的样子，你便知道他们要讲什么，即使他们不动唇你也知道他们要做什么。"

然后她突然住口不言又变成了一个舞蹈的精灵，是一个琥珀色的小雕像给你捧起一杯酒，把玫瑰花抛向雅典娜的神龛，在爱琴海紫色的浪峰上游泳，而诗人们们饶有兴趣地观看，预言家则意味深长地捋起了胡子，而不知是谁轻轻地吟起了约翰·济慈的《希腊古瓮颂》：

是谁赶来作牺牲？
……
美即真理，真理即美——就是这样，
人世间我们都需要知晓。

《艺术》杂志的编辑（玛丽·范顿·罗伯茨）激情难抑地说邓肯小姐的话是历来最令人满意的总结：

看邓肯小姐跳舞，你的思绪和精神会回到那混沌初开的远古时代，回到这个世界的黎明时刻。那时人类伟大的灵魂在美丽的身体上找到了自己的自由表达。那时动作的韵和声音的律和谐一体；那时人体的动作与风与海合二为一；那时女子的胳膊的美妙一摆是玫瑰花瓣的开放，而她落在芳草地上的脚则是落叶在地球上轻盈的飘浮。当所有的宗教热情、火热的爱和爱国的情怀、所有的牺牲和激情，和着西萨罗竖琴或铃鼓一泻而出的时候，当男人和女人们沉浸在宗教的幸福里，在他们的壁炉和众神前起舞的时候，或者当他们因为生活的欢乐在林中、在海边情不自禁地舞之蹈之的时候，那一定是人类心灵美好而有力的激情传达到了身体，然后与整个自然融为一体而与之同脉。

乔治·格雷·巴纳德建议我在美国留下来，我很高兴地听了他的话。因为有一天我排练房来了个人，他为我赢得美国公众的热情起了关键的作用。这就是沃尔特·达姆罗施。他曾在"标准剧院"看我用舞蹈来表演出贝多芬的第七交响曲，当时是一个又小又差劲的管弦乐团伴奏的。而且他很清楚如果用他杰出的指挥艺术和他的乐队来伴奏的话会出什么样的舞蹈效果。

我儿时所学的钢琴和管弦乐创作的理论一直留在我的潜意识中。每当我闭上双眼静静地躺着，我就会清晰地听见整个管弦乐队的演奏，恰如在我的眼前。在每一种乐器的身上，我都能体会到一个神的身影以舞蹈尽兴表达出自己的喜怒哀乐。这个影子似的管弦乐队总是在我的脑海中跳跃不止。

达姆罗施建议我12月在"大都市剧院"作一个月的一系列演出，我欣然同意了。

结果同他预想的完全一样。第一场演出查尔斯·弗罗曼就派人预订包厢，使他大吃一惊的是剧院里席位爆满。这件事足可证明，如果没有合适的环境，不管艺术家是多么伟大，他伟大的艺术也不会得到体现。埃莉奥诺拉·杜丝首次在美国巡回演出的时候就是这样。因为事先安排的不好，她的演出几乎空无一人，于是她就觉得美国无法理解她。而当1924年她回来时，从纽约到洛杉矶每次她都受到热烈的欢迎，仅仅是因为这次莫里斯·盖斯特让艺术界真正理解了她。

与一个80个成员的管弦乐团一起巡回演出，我很骄傲，而管弦乐团是由了不起的沃尔特·达姆罗施指挥的。这次巡回演出非常成功，因为整个管弦乐团上上下下对我和达姆罗施都非常亲切而友好。事实上，我同沃尔特·达姆罗施感觉非常默契，好像我一站在舞台的中央开始跳舞时，身上的每一个细胞都与这个管弦乐团和这位伟大的指挥连为一体。

如何描述我在这个管弦乐团的伴奏之下的喜悦之情呢？这就在我的面前——沃尔特·达姆罗施举起了他的指挥棒———看到指挥棒的挥动我心中一下子涌起所有乐器集为一声的交响乐的和弦。强有力的回响贯穿了我全身，而我则成了浓缩为一体的媒介来表达布伦希尔德被齐哥弗里德唤醒时的欢乐和伊索尔达在死亡中寻找灵魂诞生时的愉悦。我的舞

第二十一章 罗斯福总统的赞美

姿汹涌澎湃,一浪高过一浪,就如风中的帆裹挟着我一直向前,一直向上。我感到体内有不可扼制的大力在倾听着音乐,然后涌遍了我的全身,试图给这聆听的激动找到一个排泄口。这力量时而暴怒狂放,时而震撼着我、激怒我直到我的心几乎因此而爆发。我感觉到我生命中的最后时刻就要到来了。有时它又变得很阴沉,我一下子就感觉到极度地痛苦,我把双臂举起,面向青天乞求帮助却毫无结果。我常自个儿想,称我是舞蹈家是个错误——我是传递管弦乐团情感表达的磁心。我心灵激射出火样的射线把我与激荡的管弦乐队融为一体。

有一位长笛手吹奏《奥菲士》里欢乐精灵们的独奏,仙乐一般动听,每如此我常站在台上一动不动,泪水从我眼中夺眶而出,是因听他的演奏喜极而泣。这时受大指挥的感召,小提琴一起合鸣,整个管弦乐队的演奏直冲云霄。

巴伐利亚的路易常一个人在拜罗伊特听交响乐。如果他在这个乐队的伴奏下跳舞,他将会更高兴的。

我和达姆罗施之间有很微妙的共鸣,他的一举一动都马上会在我身上激发出震动。每当他加大高潮,我的舞姿舞步也会激情洋溢——每一个音符都转换成了富于乐感的舞步。我的整个身心都与他一起跳动。

偶尔我会从舞台往下俯视,我会看见达姆罗施俯身在乐谱上的高大身躯。这时我觉得我的舞蹈真正像雅典娜的诞生,从宙斯的头上展臂而起。

这次在美国的巡回演出很可能是我一生中最快乐的时光,只是我情不自禁地想家。当跳起第七交响曲时,我想象着我周围该有我的小学生的身影,当她们如我这般大时,该与我一同演绎这交响曲了。所以这不单是因为我个人的欢乐,而是寄希望于未来的更大的欢乐。也许生活中没有完美的欢乐,只有希望,伊索尔达爱情之歌的最后一个音符似乎是完美无缺了,但那意味着死亡。

在华盛顿我可是真正遭遇了狂风暴雨,有些部长对我的舞蹈严词抗议。

有一次在一个日场演出的下午,使每一位到场的人都大惊失色的是,罗斯福总统也来看我演出了。他看上去很喜欢演出,每一个节目结束他都带头鼓掌。后来他给朋友这样写道:

不知道部长们在伊莎多拉的舞蹈里找到了什么有害的东西？我看她像孩子一样天真无邪，就像在阳光明媚的早晨在花园里蹦蹦跳跳，在摘拾着自己喜欢的美丽的花朵一样。

罗斯福的这些说法后来让报纸刊载出来，这使那些卫道士无地自容，帮了我们演出的大忙。事实上，我们整个剧团的人都很快乐而且顺利，我们再也找不出比沃尔特·达姆罗施更善良的导演和更可爱的同事了。他有真正的大艺术家的风范。放松的时候，他可以坐下来好好吃一顿晚餐，弹几个小时的钢琴，从来不知疲倦。他总是和蔼可亲，让人觉得轻松愉快。

回到纽约后我听说我的户头上已有了一大笔钱，这使我很满意。如果不是惦念孩子和学校的话我是不会离开美国的。于是一天早上我在码头上告别了给我送行的朋友——玛丽和比利·罗伯茨以及我的诗人和画家朋友们，回到了欧洲。

第二十二章 "我要找个百万富翁"

伊丽莎白领着20个学生抱着孩子在巴黎迎接我。可以想象我是多么高兴——6个月没见孩子了！孩子用很陌生的眼光望着我，然后就大哭起来。自然我也哭了——把她抱在怀里我感到既陌生又高兴，还有我的另一个孩子——我的学校。她们都长大了。这是个快快乐乐的大团圆，整个下午我们又唱又跳。

大艺术家吕涅·坡掌管我在巴黎的演出，他负责把埃莉诺拉·杜丝、苏珊娜·德普雷斯和易卜生请到巴黎。他看出我的艺术需要一定的背景衬托，就请了"欢乐抒情"和科洛纳管弦乐团来给我伴奏，科洛纳来指挥。结果我们的演出轰动了巴黎。好多诗人像亨利·拉夫当、皮埃尔·米勒、亨利·德·雷尼耶等都曾热情洋溢地评说我的演出。

巴黎露出了笑容。

我的每一场演出都挤满了艺术界和知识界的精英。似乎我的梦就要圆了，我渴望的学校近在咫尺。

我在丹东街5号租了两所大公寓。我住在一层，第二层是学校的孩子们和她们的家庭教师。

有一天，刚要日场演出，我却吓了一大跳。我的孩子没什么预兆就突然喘不上气来而且咳嗽。我以为她得了可怕的哮喘，找了辆出租车急火火地去找医生。最后我找到了一个很有名气的儿科专家。他很慈善，跟我回到家里，一会就安慰我说没什么大不了的，孩子仅是咳嗽而已。

日场演出我晚到了半个小时，科洛纳就让人在这段时间演奏音乐，整个下午我跳着舞都浑身发抖，是担心。自然我非常爱孩子，一旦她有什么闪失我也就活不下去了。

母爱是多么坚强、自私而又不顾一切的情感啊！可我不认为这值得赞美。能去爱所有的孩子才会令人无限地钦佩。

迪尔德丽在我眼前跑着跳着。她很招人喜欢，简直就是一个小埃伦·泰莉，这当然是因为我对埃伦的钦佩和思念。随着人类的进步，所有的孕妇在生育前都应该隔离在某个地方保护起来，这个地方应该由雕像、图画和音乐包围着。

那个季节的一件大事是布里松舞厅，巴黎所有的艺术家和文学名流都受到邀请。去的每一个人都是在各自的领域有点名堂的。我是以欧里庇得斯笔下的酒神信女的身份去的，而作为狂欢的少女，我在那找到了穿着希腊袍子的穆内－叙利，他自己可能就是狄奥尼索斯的化身。我整整一个晚上都跟他跳舞——或说至少我是围着他跳，因为伟大的穆内很鄙视现代舞步。我们的一举一动已经谣言四起，可我们实在是清清白白的，我只不过是给这位伟大的艺术家应得的几个小时的娱乐。我美国式的天真在那天晚上竟然震动了巴黎，这真是有点不可思议。

最近的心电感应的发现已经证明脑电波会通过空气中对它们有感应的通道而到达其终点，有时甚至连发送者都意识不到。

我已经快到了崩溃的边缘。学校越来越大，以我的财力根本不可能支撑所有的开支。用我自己挣的钱，我收养并教育了40个孩子，其中20个在德国，20个在法国，而且我还在帮助其他的人。一天，我开玩笑地对姐姐伊丽莎白说：

"不能再这样了！我的银行户头已经透支了。要把学校维持下去我们得找一个百万富翁。"

一旦我说出了这一个愿望，它就一直使我困惑。

"我必须挑一个百万富翁！"我一天重复100次，刚开始还是开玩笑，可据库埃法讲，最后就当了真。

一天上午，在"欢乐抒情"一场极为成功的演出之后我穿着晨衣坐在梳妆镜前。记得当时我的头发上戴着卷发垫纸准备下午的日场演出，我戴着一个网眼小帽。侍女过来给我一张拜会的名片，我在上面看见一个大名，我脑海中突然就闪出一句话："这就是我的百万富翁！"

"让他进来？"

他进来了，个子高高的，一头金发，留着卷发和胡子。我一下子就猜出他就是洛亨格林。

第二十二章 "我要找个百万富翁"

"谁想成为我的骑士?"他说话的声音很好听,可是他有点害羞。"他像个戴着假胡子的大男孩。"我想。

"你不认识我,我常给你伟大的艺术鼓掌。"他说。

然后我突然有种很奇怪的想法,我以前在哪曾见过这个人。哪呢?恍如梦中一样,我想起了波林那克王子的葬礼:我还是个小女孩,哭得悲悲切切,不适应法国的葬礼。教堂边道上是一列长长的亲属。有人往前挤我。"要去握手!"他们耳语着。而我对好朋友的去世悲伤不已,我同他的每一位亲属都握了握手。我记得突然发现其中一人的目光。这就是现在站在我面前的这个高个子男人。

我们首次相遇是在教堂里的棺材前。那绝对不是幸福的预兆!可从那一刻起我就认识到他就是我的百万富翁,我已经发送出脑电波去寻找他。不管命运如何,我都会接受。

"我崇拜你的艺术,你承办学校的理想中表现出来的是勇气。我是来帮你的。我能做什么呢?比方说,你喜欢带着这些孩子们去里维埃拉的小别墅或是去海边。创作新的舞蹈吗?你不用担心费用。我将承担一切。你已经做了了不起的工作。你一定很累了。现在把担子放在我的肩上吧。"

在一周的时间里,我的学生们都坐在头等车厢里,朝着海朝着阳光地带驶去。洛亨格林在车站接我们。他容光焕发,一身白衣。他把我们带到海边一座很可爱的别墅,从阳台上他指给我们看他那白翼游艇。

"它叫艾丽西娅,"他说,"可是现在我仍或许该叫它彩虹艾丽丝了。"

孩子们穿着淡蓝色的舞衣在橘树下自由自在地跳,他们手里拿着鲜花和水果。洛亨格林对孩子们很好。他总是那样迷人,处处去体谅和照顾每个人。他对孩子们特别尽心,所以除了感激之外我们又对他产生了信任的感情。而随着与这位魅力无穷的人的接触,我感到有种更深的东西正在变得越来越强烈。可在那时,我只把他看成是我的白马王子,只是远远地崇拜,几乎完全是精神上的。

我和孩子们住在博利厄的一座别墅里,而洛亨格林则住在尼斯的一座很时髦的别墅里。他常邀我去他那吃饭。记得有一次我穿着朴素的希腊装束,到那一看有一位身着华丽衣衫浑身珠光宝气的女子,我感到很不自在。我立刻感觉到那是我的劲敌,后来证实的确如此。

有一天晚上，以他惯有的慷慨好客，洛亨格林邀了一大群人来别墅参加一个欢宴。他发给每一个人一套白色的长袍，都是用很垂的缎子做成的。这是我第一次穿上丑角穿的白色长袍，也是第一次参加这种公开的化装舞会。当时的气氛非常热烈。而我心里却有一块阴影。打扮得珠光宝气的那个女人——也穿着白色的长袍来参加舞会了。我一看见她就备受煎熬。可是，记得后来我同她一起疯狂地跳舞。——爱与恨是如此的相似——后来是总管拍了拍我们的肩，告诉我们不要这么疯狂地跳。

　　大家正跳着舞的时候，突然有人叫我去听电话。有人从博利厄的别墅告诉我，我们学校有个叫埃里克的孩子突然得了哮喘——很严重——可能要死了。我放下电话急奔到餐桌边，洛亨格林正在那里招待客人。我告诉他我们得打电话找个医生。我们两人对孩子的病情都深感焦虑和慌张，就在那一刻我们的防线完全崩溃，嘴唇第一次碰到了一起。可我们没浪费一点时间，洛亨格林的汽车就停在门口。我们就那样穿着白色的丑角长袍开车去接了医生，然后火速赶往博利厄。我们看到埃里克都快窒息了，她脸色乌青，医生开始救治。我们就在床边等着，两个吓坏了的小丑等着上帝的裁决。两个小时后，晨曦慢慢爬上了窗口，医生说孩子得救了。泪水哗哗地滚下我们的面颊，融化了脸上的油彩。洛亨格林一把把我揽在怀里："坚强些，亲爱的！我们回去看看客人吧。"回去的路上，坐在车里，他把我抱得紧紧的，不停地在我耳边说："宝贝，仅是这一晚上，为了这一个美好的记忆，我也要爱你一辈子。"

　　在舞厅，时间飞速，大多数客人都没注意到我们已离席。

　　可是有一个人却在一分一秒地数着。这位珠光宝气的小女人用燃烧着妒火的眼睛看着我们离开，当我们又进来时，她从桌上抓起一把刀子直奔洛亨格林。幸运的是，他及时识破了她的意图，抓住她的手腕，一下子把她举过了头顶。就这样他把她弄到了女盥洗室，好像这一切都是开玩笑一样，是为这个狂欢舞会预先准备好的。在盥洗室洛亨格林把她交给侍从，轻描淡写地说她有点歇斯底里，显然她是想喝杯水了，然后他就回到舞厅，表情从容，精神极好。就是从那一刻起整个舞会的气氛越来越高涨，到5点钟时到达了高潮，也就是我同马克斯·迪尔利跳起探戈阿帕切舞时，我把那天晚上所有的狂热和冲突的感情都跳进了舞里。

第二十二章 "我要找个百万富翁"

日出时分,舞会散了,珠光宝气的小女人自己回了她的宾馆,洛亨格林则与我在一起。他对孩子们的慷慨大方、小埃里克生病时他的焦急和痛苦——这一切都赢得了我对他的爱。

第二天早晨,他提议我们坐游艇去玩,那只快艇又重新起了个名字。我们带上了我的小女孩,学校让女教师们照料,我们就朝意大利扬帆而去。

凡是金钱都带着咒语,而拥有金钱的人则整日坐卧不宁。

如果我早一点认识到与我朝夕相处的人有颗娇惯坏了的孩子的心就好了,那样我的一言一行便可以小心谨慎不去惹他不高兴,这样什么事就都会很顺利了。可是我太年轻而且天真不懂事,我喋喋不休地讲个没完,给他讲我生活的理想,柏拉图的《理想国》,卡尔·马克思和世界改革的大局势,我丝毫没有意识到我惹了什么样的乱子。这个人曾郑重说过他爱我的勇敢和大度,而现在当他发现带上游艇的是个多么激进的革命者时,他越来越惊慌了。他逐渐地认识到我的理想和他平静的心一点也不相容。直到有一天晚上他问我,什么是我最喜爱的诗时,这种冲突达到了高潮。我很高兴地给他拿来了我的床头小书,并给他朗读沃尔特·惠特曼的《大路之歌》,我陶醉在自己的激情里面没有去注意这产生了什么样的效果,当我抬起头来时,发现他那张英俊的脸上满是愤怒。

"糟糕透了!"他喊道,"这种人连饭都不可能挣出来!"

"你知道,"我大喊道,"他心中有个自由的美国吗?"

"去他妈的理想吧!"

我突然认识到他心中的美国就是几十个大工厂给他制造财富。可是想起来女人真是有点不可思议,常常在这样的争吵之后我就一下子扑进他的怀里,在他那粗手大脚的抚摸之下我会忘记所有的不愉快。我也常常安慰自己,想总有一天他会睁开自己的眼睛看看的。那样他就会帮我为人民的孩子办一所了不起的学校了。

与此同时,那艘豪华的游艇正在蓝色的地中海上行驶。

现在看来这一切都恍如昨日:游艇宽宽的甲板,中午用餐时的精致玻璃和银具,迪尔德丽一身素衣跳来跳去,我当然是在恋爱而且很幸福。可是我一直想着司炉们,心中一直有不愉快的阴影。那些在机舱里烧火的司炉,艇上的50个水手、船长和大副——所有这些巨大的开支仅仅是为了两个人的逍遥。潜意识中，随着这些日子的流逝，我内心一直是不安的，每天都有一种失落。有时候我会很反感地把这种奢华生活的安逸，这没完没了的宴席，这种置身于享乐的麻木同我很年轻时的艰苦漂流和闯荡相比较。当阳光的辉煌渐渐溶成令人眩晕的正午的炎热时，我的身心会立刻作出反应。我的洛亨格林，我的圣杯骑士，你应当过来与我同享这一伟大的思想！

我们在庞培过了一天，洛亨格林突然生出一个浪漫的想法，他想看我在帕斯坦姆神庙的月光下跳舞。他马上聘请了一个那不勒斯管弦乐团并安排他们赶到神庙等待我们的到来。可就在那天来了一个夏季的暴风雨，暴雨再变成了洪灾，那一整天一直到第二天，游艇都无法离港。当我们最后赶到帕斯坦姆时，发现乐团的人浑身都浇透了，他们狼狈不堪地坐在神庙的台阶上，在那他们已整整等了24个小时！

洛亨格林叫了几十瓶酒和烤羊肉，我们就像阿拉伯人那样用手抓着吃。饿坏了的管弦乐团大吃大喝，因在神庙中等了那么久他们早已累坏了，所以他们不能伴奏了。这时又下起了毛毛细雨，我们都坐上船返回了那不勒斯。在甲板上，乐团成员试图演奏，可是船却颠簸不停，一会儿他们一个个都脸色发青回到船舱去了……

这就是在帕斯坦姆神庙月光下跳舞的浪漫想法的结局！

洛亨格林想继续在地中海航行下去，可想起我已跟我的经理人签了在俄国演出的合同。所以我狠了狠心，不管洛亨格林的请求，我决定履行合同，洛亨格林带我回了巴黎。他本该同我一块去俄国的，可他怕护照有问题。他给我的车厢里装点得满是鲜花，然后我们温柔地道别。

很奇怪，当与心上人道别时，虽然我们都痛不欲生，但同时我们又会体验到一种很怪地得到解脱的心情。

在俄国的巡回演出像以前一样非常成功。可中间出了一件事情，那差点成为一出悲剧，虽然后来是完全以喜剧的形式收场。有一天下午克雷格来看我，那一刹，我感觉到什么都不重要了——管他什么学校，洛亨格林还是其他什么呢——只有与他重逢的喜悦。不管怎么说，我骨子里还是铭刻着忠诚的。

克雷格非常高兴，他正在给斯坦尼斯拉夫斯基艺术剧院创作他的《哈

第二十二章 "我要找个百万富翁"

姆雷特》。所有斯坦尼斯拉夫斯基剧团的女演员们都爱上了他。而男演员们也都喜欢他的潇洒、文雅和非凡的活力。他常给他们讲舞台艺术，而他们则尽力去理解他丰富的想象。

我一遇到他，就感觉到了昔日的魅力和迷恋。如果不是我随身带着一个漂亮的秘书的话，事情可能会朝另一个方向发展了。最后一天晚上我就要动身去基辅了，于是设了便宴招待斯坦尼斯拉夫斯基、克雷格和秘书。吃饭时，克雷格问我是不是打算跟他在一起。因为我一时不能给他答复，他就旧病复发，勃然大怒，把秘书从椅子上抱起来，跑到另一个房间里把门锁上了。斯坦尼斯拉夫斯基吓坏了，他极力劝说克雷格把门打开。但这毫无结果，我们别无他法只好赶到火车站，到那才发现火车10分钟前已经离开了。

我同斯坦尼斯拉夫斯基回到了他的公寓。我们俩极其消沉地谈起现代艺术，极力回避克雷格这个话题。但我能看得出来斯坦尼斯拉夫斯基对克雷格的行为感到很震惊和苦恼。

第二天我坐火车去了基辅。几天后受到惊吓而脸色苍白的秘书来找我。我问她是不是不愿同克雷格一块待在俄国，她再三说不愿意。这样我们就回到了巴黎，在那洛亨格林接的站。

他在孚日山广场有座奇特而阴森的公寓，他把我带到了那里——带上了一张路易十四式的床，他疯狂地抚摸我，几乎使我窒息。在那，我第一次体验到神经和感官会到达什么样的境界。好像我一下子苏醒过来，而且精神焕发，这种感觉以前我从没体验过。

像宙斯一样，他把自己幻化成各种样子。一会他成了公牛，一会成了天鹅，一会又成了金鳞雨。我被他的爱抬到了浪尖上，他用他那金色的翅膀轻轻地擦摸我，是神秘的诱惑，把我捧进金色的云里。

后来我也了解了巴黎真正豪华的饭店，在那里，人们向洛亨格林叩头，像对待国王一般。所有饭店的经理和所有的厨子都在他面前争宠——也难怪他出手豪阔一掷千金。我也是第一次知道什么是炖小鸡和炖子鸡——也知道了圃鹀、块菌和蘑菇的不同价值。真是的，我舌上和腭上沉睡的神经苏醒了，我学会了从酒里猜测其产地和年代，并了解了哪种葡萄佳酿酒对味觉和嗅觉最好；我也知道了以前忽略的许多其他的事情。

那时我也是第一次去了一个时装设计师那里,我一下子就受到了面料、颜色和款式不可抗拒的诱惑——甚至连帽子也令我着迷。我以前是个总是穿着小巧的白色袍子的主儿,冬天穿羊毛的,夏天穿亚麻的,而现在也经不起诱惑了。我订做漂亮的大衣来穿。我为这些做法找到了一个借口。时装设计师不是一个普通人,他是个天才——保罗·普瓦雷,他会精心地打扮女人,把她装点成为艺术品。但这对我来讲却是改变——从神圣的艺术到世俗的艺术。

所有的这些物欲的满足都会有其反应,那些日子我们谈论起一种奇怪的疾病——神经衰弱。

记得一个明丽的早晨我同洛亨格林在布伦的林荫路上散步,我看见有一种朦胧的悲惨的表情一下子涌上了他的脸(我打了一个寒战)。我问他为什么会这样,他回答:

"我眼前总是有母亲躺在棺材里的面孔。不管到哪,我都会看到她去世时的面孔。人最终不免一死,活着有什么用呢?"

那时我认识到财富和奢豪带不来满足的幸福。让富有的人在生活中做出点有价值的东西时真是困难之极。那艘海港中的游艇总是诱惑着你去蔚蓝的大海上泛舟。

"母爱是不顾一切的情感"

第二十三章　儿子诞生

那个夏天，我们乘游艇在布列塔尼岛附近游玩。波浪常常很汹涌，我只好下艇，在海滩上乘坐汽车跟着船走。洛亨格林坚持坐船，但他也不怎么习惯，他常常脸色乌青。这就是富人们的快乐！

9月我同保姆和孩子去了威尼斯。我们单独过了几个周。有一天我去了圣马可大教堂，坐在那里，盯着教堂蓝色和金黄色的圆顶，突然我看见一张小男孩的脸，但细看那却是一张天使的脸，他长着一双蓝蓝的大眼睛，头发上有一圈金色的光环。

我去了海滨，小迪尔德丽在沙滩上玩耍，而我则坐着冥想了几天。我在圣马可大教堂幻觉中的形象让我深感高兴和不安。我用心去爱，可现在我了解到了一些无常的东西和男人们称为爱的捉摸不定的自私，我想到了我为艺术做出的牺牲——对我的艺术来讲或许是致命的——我的工作——我突然因开始强烈地思念我的艺术而感到痛苦——我的工作——我的学校。和我的艺术之梦相比，人类生活显得那么沉重。

我认为在每个生命之中都有一条精神之线，一条向上的曲线。所有附着在这条线上并使这条线更加强壮的是我们真正的生活——其余的东西只不过是在我们心灵的进程中从我们身上落下的废物而已。而这条精神之线就是我的艺术。我一生只有两件大事——爱情和艺术——而爱情常常会毁灭艺术；而经常是艺术的紧急召唤使爱情悲剧性地终结。这两者没有共同点，只有不停地战斗。

就是在犹豫不定和极度痛苦的情况下我去了米兰，去见一位医生朋友，是我把他请到那里的。我把我的问题给他讲了。

"这可是太不正常了！"他惊叹道，"你是位特立独行的艺术家，而今你却又让世界冒着永远失去你伟大艺术的风险。这是不可能的。请听我一言，不要犯下与人类为敌的罪过吧。"

第二十三章 儿子诞生

我举棋不定地听他说,因无法决定而痛苦地不能自拔——一定感到极度厌烦,这种形体的折磨竟然又回到我这里来了,而这种折磨却是我艺术的工具;而一会我又被一种号召,希望和那张天使的脸所折磨,那是我儿子的脸。

我请朋友给我一小时让我单独决定。现在我忆起了那家宾馆的卧室——一间阴沉沉的房间——我当时突然看见对面有张画,画上是一个穿着18世纪长袍的奇异的女人,她那漂亮但又残忍的目光直视进我的眼里。我盯着她的眼睛,那目光好像在嘲笑我。"不管你做出什么决定,"她好像在说,"都是一样的。看看我的风采吧,多年前它还光彩照人。死亡可吞噬一切——一切——你为何要遭受那么大的痛苦把生命带到这个世界上来,到头来还不是被死亡吞噬?"

她的眼睛变得更加残酷,更加恶毒,而我的痛苦加剧了。我双手捂住双眼避开她的目光。我努力去思考去决定。我用蒙蒙的泪眼去祈求那双眼睛,可它们还是没有丝毫的怜悯:它们还是那样毫无怜悯地嘲笑我。是生命还是死亡,可怜的人,你已陷进了无情的陷阱里。

最后我站起身来对那双眼睛说话:"别,你别来烦我了。我相信生命,相信爱情,相信自然规律的神圣。"

是我的想象,还是在那双残酷的眼睛里突然闪过一丝可怕的、嘲讽的笑意?

我回到了威尼斯,把小迪尔德丽抱在怀里,我在她耳边说:"你就要有一个小弟弟了。"

"啊哈,"迪尔德丽大笑,高兴地直拍巴掌,"多可爱,多可爱。"

"是的,是的,他会很可爱的。"

我给洛亨格林发了封电报,他火速赶到了威尼斯。他看上去很高兴——满心喜悦,充满了爱和温存,恶魔——神经衰弱一时完全消失了。

我同达姆罗施签了第二份合同,10月我扬帆去了美国。

洛亨格林从未去过美国,他激动不已,当然他在船上订了最大的套间;每天晚上我们都点特别的菜,我们是在像皇家要人那样旅行。同百万富翁一同旅行省不少事,我们在广场有一套极其豪华的公寓,左右两边的人都朝我们鞠躬。

我相信美国有法律规定不准情人双双旅行。可怜的高尔基同他相处了 17 年的情人就被赶得东奔西跑,而他们的生活被弄得痛苦不堪。如果你很富有的话,这些小小的不愉快当然就会全无踪影了。

在美国的巡回演出很愉快,很成功,也赚了不少钱。因为钱能生钱。可 1 月有一天,一个紧张的老太太走进我的隔间大喊:"亲爱的邓肯小姐,我从前排看得清清楚楚,你不能再这么做了。"

我回答:"噢,我亲爱的 × 太太,那正是我的舞蹈所要表达的——爱情——女人——生命——春天。波堤切利的画,你知道——多产的大地——美惠三女神会怀孕——圣母会怀孕——西风之神也会怀孕。万物都会繁衍出新的生命。这就是我舞蹈的意义所在……"

听到这,× 太太露出了嘲讽的面孔。可我们觉得该停止巡回演出了,应该回欧洲了。因为我的福态的确是很明显了。

我非常高兴,因为奥古斯丁和他的小女孩跟我们一块回去。他与妻子分居,我觉得这段行程能让他忘掉这件事。

"你想冬天乘坐大客船逆流徜徉尼罗河吗?——从灰暗阴沉的天空直驶到阳光明媚的地带:去底比斯,邓德拉赫和你渴望去的所有地方吗?游艇已备好,随时都可以去亚历山大;大客船配雇了 30 个当地的水手,一个一流的厨师;还有豪华的船舱——卧室都配有洗澡间——"

"啊,可是我的学校,我的工作怎么办?"

"你姐姐伊丽莎白能把学校照料得很好,你这么年轻,你还有足够的时间去做工作。"

所以整个冬天我们都在尼罗河上泛舟,如果不是恶魔神经衰弱的困扰,那真是幸福的梦境——这几乎也是一个幸福的梦了。神经衰弱这个恶魔时常用他那黑手遮挡阳光。

当大客船慢慢沿尼罗河上行时,我的心灵回溯到了一千——两千——五千年前的远古,穿过历史的迷雾,到达了永恒之门。

那次航行是多么平静而又美丽啊!我腹中正孕育着一个新的生命。神庙遥对着金色的沙漠,诉说着古埃及的国王们,一直到法老之墓无法解开的神秘。我体内的小生命似乎隐隐约约地猜出来这是通往黑暗与死亡之地的旅程。在登德拉赫神庙,一个月夜,有一次我感到埃及女神

第二十三章 儿子诞生

哈索尔，即希腊神中的阿弗洛狄特那饱经风霜的面上的那些眼睛，使整个神庙充满了昏昏欲眠的妖气。而那些眼睛似乎是冲我腹中的孩子来的。

游程最精彩的是死亡之谷，最能引起我注意的是一个小王子的墓，他没能长大而成为一个伟大的法老或国王。年纪那么稚嫩就夭折了——那么多世纪过去了，他依然是个孩子——想想六千多年来他就那么躺在那里。可如果真计年龄的话，他已经活了六千多岁了吧！

那次埃及之行在我记忆中留下了什么呢？深红的日出、猩红的日落、金黄的沙漠之沙和神庙。在神庙的院中度过的那些阳光和煦的日子，我竟想着法老的生活——梦想着将要出生的宝宝。农家妇女沿着尼罗河岸穿梭而去，她们漂亮的头上都顶着花瓶；她们硕壮的身体在黑色的衣襟下扭来扭去。迪尔德丽纤小的身影在甲板上跳来跳去。迪尔德丽在底比斯古老的街上走着，这孩子常抬头看那些年代久远的风吹日晒的神像的面孔。

当看到斯芬克斯像时，她说："看，妈姆，这个大玩具不是很好看，可她挺招人的！"

她刚刚学会使用三个音节的单词。

孩子曾到过"永恒之神庙"——法老墓中的小王子——众王之谷，穿越沙漠的车队——风吹沙浪，一波一波滚过沙漠——它们将流向何方？

埃及的早晨4点钟，日出就大张旗鼓地开始了。从那个点起就睡不着了，因为那时已开始一群群不断地从尼罗河传来汲水车的声音，呜咽之声从不间断。接着劳动的人们一列列地从河上走过汲水，在田野里劳作、赶骆驼。这一切直到日落才结束，像活生生的流动的壁画。

大客船和着水手们的歌声缓缓地行进，水手们古铜色的身体随着桨一起一伏，我们则享受这一切，像悠闲的看客一般。

夜色美极了。我们随身带了一架斯坦威钢琴，有一位很有天赋的艺术家每晚都给我们演奏巴赫和贝多芬的曲子。那庄严肃穆的曲调与这偌大的空间和埃及神庙颇相吻合。

几个星期后，我们到达了瓦迪哈勒法（苏丹），进入努比亚，在那里，尼罗河非常窄，平伸双臂你便可以触摸到它的两岸了。船上的人都去了喀土穆，我和迪尔德丽留下来在那度过了有生以来最平静的两周。在这个妙不可言的地区，担忧和麻烦似乎都无法奈何你。我们的船似乎被几个世纪来的古老旋律摇来晃去。如果能负担得起的话，乘一艘设备齐全的大客船沿尼罗河逆流而上是世界上最好的良药。

埃及是我们梦中的国家——这是一片贫穷的小伙子劳作的土地——可是，不管怎么讲，这是我所知道的唯一的、劳动也可以很美丽的地方。这里贫穷的小伙子以扁豆汤、死面面包为主食。他们美丽的柔软的身体，不管是在田间弯腰劳作也好，或是从尼罗河汲水也好，总是展现出古铜色的模特般的体型，这常使雕刻家们赞叹不已。

我们回到了法国，在威勒弗朗什靠岸。洛亨格林在博利厄租了一座豪华的别墅，别墅的台阶一直往下延伸入海。像往常一样，他一时出于好玩的冲动在弗拉角买了一块地，他打算在那建造一座巨大的意大利风格的城堡。

我们坐汽车去参观了法国东南部城市阿维尼翁的塔群和卡尔卡松的墙，这将成为未来城堡的模型。现在在费拉角上矗立着一座城堡。可是呀，正如他其他的奇思怪想一样，这座城堡从没有竣工。

而在此时他正被一种不正常的焦躁不安困扰着。当他不急火火地去费拉角买地时，就会星期一乘特快列车去巴黎，然后星期三返回。我就静静地坐在花园里，面对蓝色的大海，冥想着把生活同艺术区分开来的奇异之处在哪。而且我常想女人能不能成为真正的艺术家，因为艺术的要求非常严格，非常全面。而一个用心去热爱生活的女人会把一切都交给生活。而现在，我则是第二次完全与艺术脱离并被解除了一切艺术的武装。

5月1日的一个早晨，大海很蓝，太阳红彤彤的，大自然的万物竞相怒放，充满了欢乐，而在此时我的儿子也降生了。

与诺尔德维克那个又蠢又笨的乡下大夫不一样，博森医生很在行。他用适量的吗啡来减弱我的痛苦。所以这次生孩子与上次不一样。

迪尔德丽跑进屋来，她的小脸上挂着早熟的女性的笑靥。

"哈，这么个可爱的小男孩，妈妈，你不用担心。我会天天抱着他，看着他。"

后来他离世时，这句话总是在我的耳边回响。她用她苍白僵硬的双臂将他抱在怀里。人们为什么呼唤上帝呢？如果真有上帝的话，他一定会意识到这一些吗？

这样，我又一次躺在海边，怀抱孩子——只是这次已不是那个小小的被海风摇来晃去的玛丽亚别墅了，代替它的是一座宫殿式的大厦。这里也不再是阴郁而暴躁的北海了，这里是蓝色的地中海。

第二十四章 "英雄主义"的本能

我回到巴黎的时候，洛亨格林问我愿不愿意为我的朋友们举办一个招待会，并让我草拟一个计划，我们可以把这个招待会全权委托给别人操办。在我看来，富人似乎从来不知道如何寻开心。如果他们举办一个晚餐聚会，和一个穷门房设的晚宴不会有太大的区别，而且我总是想，若是一个人有足够的钱，他应举办一个怎样美妙的招待会。我就按想象的去办了。

客人们被邀请在下午4点到达凡尔赛。公园里竖起了大帐篷，有各式各样的茶点饮料，从鱼子酱、香槟到茶和蛋糕。用完茶点后，在搭起帐篷的开阔地，科洛纳管弦乐团在皮埃尔内的指挥下，为我们演出了瓦格纳的作品。我记得，在参天大树的树荫下，在那个美丽的夏日午后，齐格菲田园曲是何等美妙，而在日将西沉之时，齐格菲葬礼进行曲的曲调又是那么庄严。

音乐会结束后，盛大的宴会吸引了客人们大饱口福。宴会上有各色美味佳肴，一直持续到午夜时分。整个场地灯火通明，在一个维也纳乐团的曲曲低回中，大家舞至凌晨时分。

如果一个有钱人一定要花钱招待朋友的话，我认为就应该这样操办。这次招待会上云集了巴黎所有的艺术家和精英分子，他们都赞不绝口。

但是奇怪的是，尽管我一手安排，以取悦洛亨格林，而且花了他5万法郎（战前的法郎），他竟然没有到场。

招待会开始前大约一小时，我接到一份电报，说他中风不能来，要我一个人接待客人。

有钱人找到快乐就像西西弗斯试图从地狱里往山上推石头一样徒劳无益。当我向自己解释这个事实的时候，我就倾向于成为一个共产主义者。

第二十四章 "英雄主义"的本能

那一年夏天,洛亨格林认为我们应该结婚,尽管我向他抗议说我不赞成婚姻。

"艺术家结婚是多么愚蠢,"我说,"而且我要花一生的时间来做环球演出,你怎么可能一辈子都坐在包厢里崇拜我呢?"

"如果我们结婚了,你就不用做巡回演出了。"他答道。

"那我们该怎么办呢?"

"我们可以待在我伦敦的房子里,或待在我的乡间住所。"

"然后我们该干什么呢?"

"还有游艇。"

"那然后我们又该干什么呢?"

洛亨格林提议我们试着这样生活3个月。

"如果你不喜欢,我会感到很奇怪。"

于是那年夏天我们去了德文郡,他在那里有一个宏伟的城堡,是在凡尔赛和小特里阿农之后修建的,有很多卧室、浴室和套间,都归我随意使用;另外,在车库里还有14辆汽车,在港口还有一艘游艇。但是我没有考虑到下雨。英国的夏天,雨整天延绵不断。英国人看上去似乎根本不介意,他们早起,早餐吃鸡蛋、熏肉、火腿、腰子和粥。然后他们穿上雨衣,出发到潮湿的乡村,待到午饭时分。午饭他们吃很多道菜,最后以德文郡奶油来结束。

从午饭后到下午5点,他们应该是忙于写信,但是他们其实在酣然大睡。5点钟,他们下楼喝下午茶,有很多种蛋糕、面包、黄油、茶和果酱。之后,他们装模作样地打桥牌,直到该进行一天中真正重要的事情——梳妆打扮去吃晚餐。在晚餐上他们以一袭晚装出现,女士们袒胸露肩,男士们身着上了浆的衬衫,将20道佳肴风卷残云般一扫而光。晚餐后,他们开始轻松地谈论一些政治话题,或者聊聊哲学,直到该休息为止。

你可以想象这种生活是否令我满意。在几个星期之内我确确实实绝望了。

在城堡里有一个漂亮的舞厅,里面有哥白林挂毯和一幅大卫所作的拿破仑加冕的画像。好像大卫作了两幅这样的画,一幅存在卢浮宫,另外一幅就挂在洛亨格林在德文郡的舞厅里。

看到我越来越绝望，洛亨格林说："你何不重新跳舞呢——在这个舞厅里！"

我想起了哥白林挂毯和大卫的绘画。

"在这些东西面前，在上了蜡的光滑的地板上，我怎么能做那些简单的姿势呢？"

"如果这些扰乱了你的心思，"他说，"叫他们把地毯和窗帘给你送来。"

于是我叫人把地毯和窗帘送来，窗帘挂起来挡住了挂毯，然后我又把地毯铺在上了蜡的地板上。

"但是我还得有一个钢琴师。"

"请个钢琴师来。"洛亨格林说。

于是我给科洛纳拍了一封电报："正在英国消夏，必须工作，派钢琴师来。"

在科洛纳管弦乐团有一个第一小提琴手，是一个看上去很怪的人。这个第一小提琴手也会弹钢琴，科洛纳把他带来了。但是这个人对我是如此的冷漠，以至于不论我什么时候看着他或者碰到他的手，他都令我产生强烈的厌恶。我哀求科洛纳不要带他来见我。科洛纳曾经说过这个提琴手很崇拜我，但是我告诉他对于这种反感我无能为力，我简直不能忍受他。一天晚上，科洛纳生病不能在快乐抒情剧院为我伴奏，他派这个人来代替他。我非常生气，就说："如果他为我伴奏，我无法跳舞。"

他来到化妆室见我，眼里含着泪水，他说："伊莎多拉，我崇拜你，就让我伴奏这一次吧。"

我冷冷地看着他："不，我必须讲清楚是你的模样令我讨厌。"听到这话他的眼泪夺眶而出。

观众正在等着，因此吕尔内·波就劝皮埃尔内来代替指挥。

在一个特别多雨的日子里，我收到科洛纳的电报："派来钢琴师。某日某刻到达。"

我来到火车站，看到这个家伙走下火车，我惊讶得不得了。

"科洛纳怎么把你派来了？他知道我憎恨你。"

第二十四章 "英雄主义"的本能

"请您原谅，夫人，亲爱的主人……"他结结巴巴地说。

当洛亨格林得知钢琴师是谁时说："至少我没理由吃醋。"

洛亨格林仍然遭受着他认为是中风后遗症的折磨，而且在城堡里带着一个医生和一个训练有素的护士。他们都特别强调了我的一举一动不可越雷池半步。我被安捧在城堡另一头的一间偏房里，而且被告知任何情况下我都不能打扰洛。他每天得待在屋里好几个小时，以米饭、通心粉和水为食，每个小时医生还来给他量血压。有的时候，洛被带到一个从巴黎运来的笼子里，在里面被接通几千瓦的电流。他坐在那里，看上去非常可怜。他说："我希望这样会对我有好处。"

这一切都更令我烦躁不安，再加上连绵的阴雨，大概可以解释随后发生的不寻常之事。

为了排遣百无聊赖，驱散烦恼，我开始和钢琴师一起工作，尽管我很不喜欢他。他为我演奏的时候，我就在他的四周放一座屏风，说：

"你令我感到说不出的讨厌，看着你我简直不能忍受。"

A 伯爵夫人也待在城堡里，她是洛的朋友。

"你怎么能这样对待那位可怜的钢琴师？"她说。一天下午，她坚持要我邀请他一同乘坐封闭汽车，参加我们每天午饭后的驱车兜风。

于是，我很不情愿地邀请了他。汽车没有折叠座椅，所以我们不得不坐在同一排座位上，我在中间，伯爵夫人在我右边，钢琴师在我左边。天气和往常一样，大雨倾盆。驶入乡村不远之后，我忽然对钢琴师感到一种厌恶感，于是我敲敲玻璃窗，叫司机掉头回家。他点点头，为了讨我的欢心，突然一个急转弯。乡村公路坑坑洼洼的。车转弯的时候，我被抛入钢琴师的怀里，他合拢双臂抱住我。我一抽身，看着他，突然感到火冒三丈，整个人像一堆点燃的稻草一样。我从来没有如此强烈的感觉、看着他的时候，我突然惊呆了。我以前怎么会没有看到？他的脸是那么美，在他的眼中隐隐透出一丝天才的光芒。从那一刻起，我知道他是一个了不起的人。

在回去的路上我出神地盯着他。当我们走进城堡的大厅时，他抓住我的手，凝视着我的眼睛，轻轻地把我拉到舞厅里的屏风后面。从如此强烈的反感中诞生了如此强烈的爱，这是怎么发生的？

那个时候，洛所能得到的唯一刺激就是那个著名的发现，那个目前销量以数千瓶计、被认为能刺激吞噬细胞的发现。男管家得到命令每天向客人提供这种刺激品，而且附上洛的问候。尽管我后来发现用量应该是一茶匙即可，但是洛仍然坚持让我们用酒杯来喝。

从驱车兜风那天起，我们就再也摆脱不了这种独自相处的渴望——在温室里，在花园中，甚至漫步在乡村泥泞的小路上——但这种强烈的情感总有结束的时候，就是当钢琴师不得不离开城堡，永不再回来的时候。我们为了延长一个垂死的男人的生命作出了自我牺牲。

很久以后，当我听到优美的《基督的镜子》的音乐时，我就意识到我的感觉是对的：这个男人是个天才——而天才对我来说总是一个致命的诱惑。

但这一件事证明了我绝对不适合家居生活。并且，在秋天里，我更清醒也更伤心，就乘船回到美国去履行第三项合同。后来，经过上百次考虑，我下定决心从此以后将把我的一生都献给艺术，尽管这是一项艰巨的工作，但它百分之百地比人的生活更令人愉快。

在这趟旅行中，我极力恳求美国帮助我建立自己的学校。我三年优越生活的经历使我确信这将是没有希望、毫无结果和自私的，并证明除了人之常情外我们是找不到真正的快乐的。那个冬天我在大都会剧院的一层层包厢里向观众夸夸其谈，而各家报刊以此为头条丑闻刊出："伊莎多拉蔑视富人。"我大概是这样说的：

"据人所引，我说过一些美国的坏话。也许我说过——那并不意味着我不爱美国。或许它意味着我太热爱美国了。我认识一个男人，他热烈地爱着一个对他无话可说并且待他很不好的女人。他每天写一封辱骂她的信。当她问他，'你为什么给我写如此粗鲁的话？'他回答，'因为我是如此疯狂地爱你。'

"心理学家可以给你解释这个故事，大概我对美国也是这种心理。我当然爱美国。怎么了，这个学校和这些孩子，我们不都是惠特曼的精神产物吗？而这舞蹈，被称为'希腊风格'，起源于美国，它是美国未来的舞蹈。所有的这些运动——它们从何而来？它们起源于伟大的美国大自然，起源于内华达山脉，起源于冲刷着加利福尼亚的海岸时的太平洋；

起源于雄伟的落基山脉——起源于约斯墨特山谷——起源于尼亚加拉瀑布。

"贝多芬和舒伯特毕生都是人民的儿子。他们都是穷人,而他们那伟大的作品受到人类的鼓舞并属于全人类。人们需要伟大的戏剧、音乐和舞蹈。

"我们到东区进行义演。一些人对我说:'如果你在东区演奏舒伯特的交响乐,这里的人根本不会理睬。'

"我们是免费演出(剧院没有包厢——令人耳目一新),人们定定地坐在那里,任泪水沿着脸颊滴落;他们是那么的喜欢。生活的宝藏、诗意和艺术正等待着从东区人们中喷涌而出。为他们建一座巨大的圆形剧场,这是唯一民主式的剧场,每个人都有平等的视角,没有包厢或楼厅而且——看着那顶层楼座——你认为把人们像苍蝇一样放在天花板上叫他们去欣赏艺术和音乐是正确的吗?

"建一座简单、漂亮的剧院。不必装饰得金碧辉煌,不需要装饰。好的艺术来自人的精神并且不需要外在的东西。在我们学校里没有戏服,没有装饰品——只有从充满灵感的人类灵魂自然流露出的美,而身体只是它们的象征。如果我的艺术能教你一些东西,我希望你学到的是这些。美应该在孩子们身上寻找、发现,在他们的眼光中,在他们舒展开来做着可爱动作的美丽小手中寻找、发现。你肯定见过他们手拉着手穿过舞台,这比任何一个坐在包厢里的妇女脖子上的珍珠项链都美得多。他们是我的珍珠,我的钻石:我不再想要别的东西。给孩子们美丽、自由和力量。把艺术献给需要艺术的人们。伟大的音乐将不再只属于少数有教养的人,它应免费提供给广大的人们:它和空气、面包一样不可缺少,它是人类的精神佳酿。"

这次美国之行,我从艺术天才——大卫·比斯法姆的友谊中得到很多快乐。他观看我所有的演出,而我出席他所有的演奏会,后来,我们共进晚餐,他为我唱了《在去曼德勒的路上》或是《丹尼·迪佛》,我们欢笑、拥抱,两情相悦。

这一章也许可称作"为异教徒的爱情一辩"。因为我发现爱情也许就是一种消遣,也许是一场悲剧,我带着一种异教徒的纯真,投身于其中。

人们那时候似乎渴望美，毫无恐惧、毫无责任心地渴望令人振奋、唤起激情的爱情。在一次演出后，穿着束腰外衣，头上插满玫瑰花，我真是可爱极了。为什么不欣赏这份可爱呢？端着一杯热牛奶、捧着康德的《纯粹理性批判》的日子一去不回了。现在，啜饮着香槟，听着可爱的人夸我漂亮似乎对我更自然些。天赐的异教身体，红唇烈焰，紧拥的手臂，枕在爱人肩上甜蜜、令人精神振奋的酣睡——这些似乎都是我纯真、快乐的享受。有些人也许会反感，但我不明白为什么。如果你的身体生来就遭受一些痛苦——断牙，拔牙，补牙；任何人，尽管正直，都会生病，患感冒。有机会的时候，你为什么不从这副身躯中享受最大的快乐呢？一个整天从事脑力劳动的人，有时受到重要问题和忧虑的折磨时——为什么他不能躺在美妙的手臂中来减轻痛苦，享受一段美好的光阴，忘却一切？我希望享受到我的艺术的人像我一样快乐地记住我的艺术。我没有时间在回忆录中写下这一切；要叙说我在森林中或在田野里度过的美好时光，从莫扎特或者贝多芬的交响乐中获得的极大快乐，从依莎亚、沃特·拉摩尔、海纳·斯卡内及其他艺术家那里获得的美妙时刻，一册回忆录是远远不够的。

"是的，"我不停地大喊，"让我做异教徒，做异教徒吧！"但我可能只会发展成一个异教清教徒，或者一个清教异教徒。

我永远不会忘记我回巴黎的那一幕。我把孩子留在凡尔赛，和保姆在一起。当我打开门，我的小儿子向我奔来，金色的头发在他可爱的脸上映出一圈晕轮。我当初离开他的时候，他还在摇篮里嗷嗷待哺。

1908 年，我买下了杰尔维克斯在纽易利的排练房。有一间小教堂那么大的乐室，我和孩子们住进去。在排练房里我常常整天工作，有时候通宵达旦，伴随我的是我的忠实的朋友海纳·斯丁，他是个了不起的天才钢琴家，精力充沛，不知疲倦。我们常常从早上开始工作，白天的光线透不进挂着蓝色窗帘、点着弧光灯的排练房，我们丝毫感觉不到时光的飞逝。有时我曾习惯性地问："你觉得饿了吗？我想知道几点了？"然后我们看时钟才发现已经是第二天的凌晨 4 点了！我们对待工作是如此的着迷，以至于进入了印度教徒所说的"静止的激奋状态"。

在花园里有一间房是给孩子、保姆和护士的，这样音乐声就不会打扰他们了。这是一个漂亮的花园,在春天和夏天里,我们敞开着排练房的门跳舞。

在排练房里我们不仅工作,也安排娱乐活动。洛喜欢举行晚餐派对和宴会。这巨大的排练房常常变成一个热闹花园或者西班牙王宫,巴黎所有的艺术家和名流都云集于此。

我记得一天晚上,塞利那·索埃尔、邓南遮和我即兴表演了哑剧,邓南遮显示了极高的戏剧天赋。

在许多年里,我怀着对杜斯的钦佩,我对他抱有偏见,我想象他不友好地对待杜丝,所以拒绝同他见面。一位朋友对我说过,"我能带邓南遮来见你吗?"我答道,"不,别带,如果我见到他一定会对他很粗鲁。"但不管我如何不愿意,一天,这位朋友带着邓南遮进来了。

尽管我以前从未见过他,当我看到这位带着光与磁的非凡人物时,我只能惊奇地大喊:"欢迎你们来,可爱的人们!"

当邓南遮1912年在巴黎见到我时,他就决定一定要征服我。这不是恭维的话。因为邓南遮想要向世界上每一位知名女士求爱并把她们串在腰际。就像印第安人把带头发的人头皮串在一起。但是我靠着自己对杜斯的钦佩,抵抗了他的诱惑。我认为自己是这世上唯一抵抗得住他诱惑的女人。这是一种英雄主义的本能。

邓南遮向一个女人求爱时,他每天早上都给她送一首小诗和一朵表达诗意的小花。我每天早上8点都收到一朵小花,但是我还是坚持自己的英雄主义本能。

一天晚上(我在拜伦饭店附近街上有一间排练房),邓南遮用怪怪的口音对我说:"我半夜过来。"

一整天我和我的朋友都在整理着排练房。我们摆满了白色的花,有白色的百合花:所有的参加葬礼带去的花儿。我们点燃无数的蜡烛,邓南遮看到排练房的模样,眼花缭乱了。排练房里点着无数蜡烛,放着许多白色花朵,像一座哥特式的教堂。他走进来我们接待了他,把他领到用垫子堆起来的长沙发上坐下。首先我为他跳了一曲舞。接着我用花把他覆盖住,在他周围摆满蜡烛,轻柔地、有旋律地和着肖邦的《葬礼进行曲》踩着舞步。慢慢地我把蜡烛一支接一支地吹灭,只留下那些在头顶边和脚边的蜡烛在燃着。他像被催眠似的躺着。接着我仍然随着音乐轻轻地舞动,又把他脚边的烛火吹灭。但是当我很严肃地向他头边的蜡烛移动时,他以一股巨大的意志力跳起来,带着一声恐怖的喊叫跑出排练房,而这时钢琴师和我都扑到对方的怀里,笑得喘不过气来。

我第二次抵制邓南遮的诱惑是在凡尔赛。我邀请他在特里阿农饭店一同吃饭。这大约是两年之后,我们开着我的汽车到达那里。

"你不想在午餐前到森林里散散步吗?"

"噢,当然想,那太好了。"

我们把车开到了马里森林,然后下车走进树林里。邓南遮欣喜若狂。

我们溜达了一会儿,然后我建议:

"我们现在回去吃早餐吧。"

但是我们找不到车了,于是我们试图步行去找特里阿农饭店吃早饭。我们走啊走啊走啊,但是却找不到大门了!最后邓南遮开始像小孩似地喊叫起来:"我要吃午饭!我要吃午饭!我有一个脑袋,脑袋要吃饭。饿的时候我就走不动了!"

我尽力安慰他。最后我们找到了大门,回到了饭店,邓南遮吃了一顿丰盛的午餐。

我第三次抵制邓南遮的诱惑是在数年之后的战争期间。我来到罗马,住在雷吉那饭店。由于不可思议的巧合,邓南遮住在我隔壁。每天晚上他都和卡莎提侯爵夫人共进晚餐。一天晚上,她邀请我去吃饭。我来到她的府邸,走进前厅。整个厅里是以希腊风格来装修的,我坐在那里等待侯爵夫人的到来。这时候你能想象到的脏话一连串地向我劈头盖脸地骂来。我看看四周。发现一只绿色的鹦鹉,我注意到它的脚没有被绑住。我站起身窜入隔壁的会客室。又突然听到一阵嘈杂的声音——咻……是一只白色的小狗。它没有被拴住,于是我又窜入另一个会客室。这间屋子铺着白色的熊皮地毯,甚至墙上也挂着熊皮。我坐下来等侯爵夫人。突然我听到嘶嘶声。我往地上望,看到笼子里的一条眼镜蛇立起身子向我发出嘶嘶声。我窜入另一个会客室,屋子里布满了老虎皮。有一只大猩猩,冲我龇牙咧嘴。我冲入另一个房间,这是一个餐厅,在这里我找

第二十四章 "英雄主义"的本能

到了侯爵夫人秘书。最后侯爵夫人终于大驾光临与我共进晚餐。她穿着金黄的透明睡衣。我说："我明白了，你喜欢动物。"

"对，是的，我非常喜欢它们——特别是猴子。"她看着她的秘书回答道。

奇怪的是，在喝完刺激的开胃酒后，晚餐进行得极度拘谨。

晚餐后我们来到养着猩猩的会客室，侯爵夫人叫人把女相士请来。她戴着高高的尖帽子，披着女巫的斗篷，开始用扑克牌给我们算命。

这时邓南遮进来了。天哪，这坏家伙怎么这样一身打扮。邓南遮非常迷信并相信所有的算命先生。这位女相士给他讲述了一个离奇的故事。她说：

"你将在天空中飞翔并做着可怕的事情。你将跌落在死亡之门前。但你将经历死亡并越过死亡，最后将享受荣耀。"

对我她是这样说的："你将为各个国家树立一种新的宗教并在全世界建立教堂。你得到最周全的保护，无论何时你发生什么意外，伟大的天使都守护着你。你将长寿。你将活到永远。"

之后我们回到饭店，邓南遮对我说：

"我将每晚12点去你房里。我已征服了世界上所有的女人，但我还没有征服伊莎多拉。"

接下来他每晚12点都来到我房里。

我对自己说："我将做个与众不同的人。我将是世界上唯一一个抵制住邓南遮诱惑的人。"

他给我讲他生活中最绚丽的事情，他的青年时代和他的艺术。

"伊莎多拉，我不行了！抓住我，抓住我！"

我为他的天才所倾倒，以至于当时我不知道如何是好，只有温柔地拉着他走出我的房间进入他的房间。这样持续了大约三个星期，终于，我非常恼火，毫不犹豫地冲到车站坐上头班列车离开了。

他曾问过我："为什么你不能爱我呢？"

"是因为德埃莉诺。"

在特里阿农饭店邓南遮有一条他很喜爱的金鱼。它被养在一个非常漂亮的水晶缸里，邓南遮常给它喂食并和它谈话。这条金鱼摆动着它的鳍，嘴巴一张一合好像在回答他。

当我待在特里阿农饭店时，有一天我对服务员说：

"邓南遮的金鱼在哪里？"

"噢，女士，太悲惨了！邓南遮去意大利前交代要好好照料它。'这条金鱼，'他说，'是那么与我贴心。是我的幸福象征！'后来他常来电报：我至爱的阿多尔佛斯怎么样了？一天阿多尔佛斯慢慢地绕着鱼缸游了一圈就停下来寻找邓南遮。我把它拿出来扔到窗外。但邓南遮的电报来了：感觉到阿多尔佛斯不太舒服。我回电：阿多尔佛斯死了，昨晚死的。邓南遮回电说：把它埋在花园里，给它修座墓。因此我把一条沙丁鱼用银纸包好埋在花园，还立了一个十字架，上面刻着：阿多尔佛斯之墓！邓南遮回来后问：'我的阿多尔佛斯的墓在哪儿？'

"我带他到花园里的墓前，他给它带了许多鲜花，久久地站在那儿垂泪。"

但一个盛宴悲剧性地结束了。我把排练房布置得像个热带花园，在繁密的枝叶和珍贵植物中藏了两个人用的桌子。这时我被引入巴黎的各种各样的私情中，因此我能够把那些渴望婚外情的人聚集在一起。这引起一些妻子们的伤心。客人们都身穿波斯服装，我们在一个吉卜赛乐团的伴奏下跳舞。在客人当中，有亨利·巴特叶以及他那著名的翻译、我多年的朋友贝特·巴迪。

我前面说过，我的排练房像个教堂，四周挂了大约15米高的蓝色窗帘。但在高高的阳台上有一间小屋被波西特的艺术改造成了一个蛊惑力十足的领地。漆黑的天鹅绒窗帘在金色的镜子中反射出来；一块黑色的地毯，和一张具有东方特征堆满垫子的长沙发，构成了这间小屋，窗户被封上了，而门都很奇怪，像伊特拉斯坎人的陵墓入口。如同波西特自己完成这杰作时所说，"比起其他地方，这里可以做很多别的动作，说很多别的话。"

确实如此，这间小屋子非常漂亮、迷人，同时也非常危险。有什么家具能具有不同的特征：正直的床和罪恶的睡椅，正派的椅子和邪恶的沙发？无论如何，波西特所说的是对的，在那间房里，一个人所感所说都与在我的教堂般的排练房不一样。

第二十四章 "英雄主义"的本能

在那个特殊的晚上,香槟酒如同往日一样淌溢着。凌晨2点钟时我发现自己和亨利·巴特叶一起坐在波西特设计的房间的沙发上,尽管他总像我的兄弟一样,但这个晚上,他被这个房间迷倒了,说话和动作都大不一样。这时,洛出现了。当他从无数镜子的反射中看到我和亨利·巴特叶时,他怒气冲冲地跑进排练房,开始向客人们恶语中伤我,然后说他要离开了,再也不回来。

这多多少少扫了客人们的兴,我的情绪也由喜而悲。

"快,"我对斯卡内说,"演奏《伊索尔特的死亡》,否则这个晚上就完了。"

我很快地脱下绣花紧身衣换上白色的长袍,这时斯卡内开始比以往更优美地弹起钢琴,而我一直跳到黎明。

那个晚上尽管我们是清白的,洛永远也不会相信并发誓他将永远不再见我。我的请求也是徒劳,被这件事弄得心神不宁的亨利·巴特叶给洛写了一封信,也毫无用处。

洛仅仅同意在他的汽车里见我。他的咒骂声如同空洞鸣叫的罪恶钟声塞满了我的耳朵。突然他停止了咒骂,打开车门;把我推进了夜幕。我独自迷茫地在街头徘徊了几个小时。陌生的男人朝我做鬼脸并含含糊糊地提出下流的要求。这世界似乎突然变成了可憎恨的地狱。

两天以后我听说洛去了埃及。

沐浴于自然之中

第二十五章　死亡之吻

在那些日子里我最好的朋友和最大的安慰是音乐家海纳·斯卡内，他性格奇怪，鄙视成功或者个人野心。他崇拜我的艺术并只有在为我伴奏时才感到幸福。他是我所遇到的人中最钦佩我的人。一个了不起的钢琴家，有着钢铁一般的精力，他常常整夜为我伴奏，有的晚上弹贝多芬的交响曲，有的晚上弹《龙伯龙根的指环》交响曲，从"莱茵河的宝藏"到"神祇的黄昏"。

1913年元月，我们一起去俄国旅行。在旅行中发生了一件奇怪的事件。一天天蒙蒙亮，我们到达了基辅，坐着雪橇到了一家饭店。我刚刚从沉睡中醒来，突然清楚地看到路的两边摆着两排棺材，但这不是普通的棺材，它们是孩子们的棺材。我抓住斯卡内的手臂。

"看，"我说，"都是孩子——所有的孩子都死了！"

他安慰我："但是什么都没有呀。"

"什么？你看不见？"

"不，除了雪什么都没有——这雪把路的两旁都覆盖住了。多奇怪的幻觉——你太疲劳了。"

那天，为了放松神经得到休息，我去洗了个俄国浴。在俄国澡堂里热乎乎的房间都是用一层层长木板钉成的。我躺在这些木板上，服务员出去了，突然一股热浪袭来，我从架子上跌到大理石地板上。

服务员发现我躺在地上，不省人事，就把我送回饭店，一个医生来了，诊断为轻度脑震荡。

"你今晚不能跳舞——发着高烧——"

"但我害怕让观众们大失所望。"接着我坚持要去剧院。

上演的是肖邦的曲目，在节目的最后我突然对斯卡内说：

"演奏肖邦的《葬礼进行曲》。"

"为什么?"他问:"你从未跳过。"

"我不知道,弹吧。"

我是如此认真地坚持,他只好同意我的要求,接着我跳了这一进行曲。我表现的人物双手抱着死者,踏着慢慢的、踌躇的步伐,走向最后的长眠之地,葬入坟墓,最后一个精灵从肉体的束缚中逃逸出来并升华,向着天堂之光升华——直到复活。

我跳完后帷幕落下来,接着是一阵难以理解的寂静。我望着斯卡内,他脸色苍白地颤抖着,抓住我的手,他的双手冰凉。

"再也别叫我演奏它,"他请求道,"我经历了一次死亡。我甚至嗅到了白花的气味——葬礼上的白花——而我也看到了孩子们的棺材——棺材——"

我们都颤抖不已、不知所措。我相信那晚某种精灵传给我一种独特的预示。

当我们1913年4月回到巴黎,斯卡内在特卡德罗剧院,在一长串表演的最后再次为我演奏了这支进行曲。在一阵沉默之后,观众仍是心怀敬畏,接着响起一阵热烈的掌声。一些女士流下了眼泪——有些几乎无法控制自己的情绪。

也许过去、现在和未来就像一条漫漫长路,在每一个拐弯处之后,路都在延伸。只不过我们看不见它,而我们认为这就是未来,但未来已经在那等着我们。

在基辅的《葬礼进行曲》的幻觉之后,我很奇怪地感到罪恶即将来临,这使我很消沉。回到柏林后,我又上演了几个节目,然后我再一次在一种魔力下开始创作舞蹈,表现了一个人在前进中突然被一个沉重的打击击倒了,而这遭到残酷命运打击的伤者又复活了,也许,是朝着一种新的希望复活。

我在俄国巡回演出时,我的孩子们和伊丽莎白待在一起,我把他们接到了柏林。他们十分健康,精神饱满,到处活蹦乱跳,简直是快乐的化身。我们一起回巴黎,回到我在纽易利宽敞的家中。

我再次回到纽易利和孩子们在一起。我常常站在阳台上偷偷地看着迪尔德丽编排舞蹈。她也跳自己创作的诗歌——在宽敞的蓝色排练房里,那稚嫩的体形,用甜甜的童音说话,"我是一只小鸟,我飞在那么、那么高的云层里,"以及,"我是一朵花儿,正向小鸟张望,摇摆着,摇摆着。"看着她的优雅和美丽,我幻想,或许她会把我想象中的学校变成现实。她是我最好的学生。

帕特里克也伴着他自己怪诞的音乐跳舞,他从不要我教他。"不,"他严肃地说,"帕特里克要跳帕特里克自己的舞蹈。"

住在纽易利,在排练房工作,在书房里读几个小时的书,或在花园里和孩子们玩,或教他们跳舞,我是那么的快乐,真害怕任何巡回演出将把我和孩子们分开。当他们长得一天比一天漂亮时,我更难鼓起勇力离开他们了。我总是预言一个能把音乐和舞蹈创作结合在一起的伟大的艺术家将要诞生了。当我的小儿子跳舞时,在我看来他也许能从新的音乐中创造出新的舞蹈。

我和可爱的孩子们之间不仅有着强烈的肉与血的联系,还有着超人的结合力,它就是艺术的纽带。他们是那么强烈地喜欢音乐,当斯卡内演奏或者我工作时,他们都乞求让他们留在排练房,当他们一脸认真、安静地坐着时,我有时为这么小的孩子展示出如此严肃的态度感到害怕。

一天下午伟大的拉乌尔·帕格诺演奏莫扎特的作品。孩子们蹑手蹑脚地进来站在钢琴两旁。当他奏完一曲发现孩子们不约而同地用手撑着金色的脑袋,钦佩地盯着他,他大吃一惊地叫道:"这些天使从何而来?莫扎特的天使!"这时,他们笑了,爬上他的膝盖把小脸藏在他胸前。

我带着柔情注视着这美丽的一群,但是如果当时我知道他们三人是如此的接近那块幽暗的"去者无归"的土地,我会做何感想呢!

这是3月。我轮流在城堡里和托卡德罗跳舞,尽管我生活中的每一块试金石都证明了我的幸福,我们不断地遭受着一种奇怪的压抑感的折磨。

在托卡德罗的一天晚上,在斯卡内的管风琴伴奏下,我又一次跳起了肖邦的《葬礼进行曲》,又一次感到额前那冰冷的呼吸,同时嗅到了同样强烈的白色晚香玉和葬礼花的气味。可爱的迪尔德丽身穿白色的衣服坐在中间的包厢里,她看到我跳这支舞时,突然大哭得心都要碎了一样,并喊道,"噢,为什么妈咪这么伤心难过?"

　　这是"悲尉序曲"第一个隐约的音符,它立刻就要结束我自然、快乐生活中的所有希望——永远永远。我相信尽管一个人似乎可以苟延残喘,但是还是有一些悲伤令人伤痛欲绝。一个人可能会在世界上拖着疲惫的身躯蹒跚而行,但是他的精神已经崩溃了——永远地崩溃了。我曾经听到人们谈起,悲伤会使人高贵,我只能说在打击降临之前,我生命中的最后几天便是我精神生活的最后时光。从此以后我只有一个愿望——飞呀——飞呀——飞离它的恐怖,而我的生命只不过是一系列奇怪的逃避,就像可怜的流离失所的犹太人和飞翔的荷兰人。生活对于我来说只不过是虚幻的海洋上的一艘虚幻的船而已。

　　由于某种奇怪的巧合,心理活动经常会在一些具体的物体上表现出来。在波西特为我设计我所提到的那座充满异国情调的神秘房间时,在每一扇金色大门上都安放了两个黑色的十字架。一开始我觉得这个设计很有创意,也有些怪诞,但是这些黑色的双重十字架逐渐开始以一种奇怪的方式影响我。

　　我已经说过,尽管我的生活看上去充满幸运,我一直生活在一种奇怪的压抑之下——一种恶兆,而现在我突然在半夜里惊醒,充满了恐惧。我留着一盏夜灯,一天晚上,借着它昏暗的光线我看到自己床对面的双重十字架上出现了一个移动的身影,它披着黑色的衣服,靠近床脚用可怜的眼光盯着我。在一段时间里我充满了恐惧,等我点燃灯,这身影便消失了;但这奇怪的幻觉——我第一次曾有过的——断断续续地出现了一次又一次。

　　我是如此的备受折磨,一天晚上我的好朋友雷切尔·博伊德太太请我吃晚饭时,我把一切告诉了她。她很警觉,接着,以她一贯的善心,坚持要立刻打电话给她的私人医生。"因为,"她说,"你的神经一定有毛病了。"

　　年轻、英俊的雷内·博迪特医生来了。我告诉他我的幻觉。

　　"显然你的神经过分紧张了:你必须到乡下待上几天。"

　　"但我在巴黎还有演出合同。"我答道。

　　"那么,就去凡尔赛——那里离巴黎很近,可以开车去,而那里的

第二十五章 死亡之吻

空气对你有好处。"

第二天我把一切告诉了孩子们的护士，她非常高兴。"凡尔赛对孩子们也有好处。"她说。

于是我们收拾了几个旅行袋准备出发，这时一个身着黑衣的苗条身影慢慢地从小路走到我门前。真是我的神经过分紧张吗，或者这就是晚上出现过的双重十字架上的身影？她向我走来。

"我跑出来了，"她说，"只是为了见你。最近我梦见你，感到一定得见你。"

我认出了她。她是那不勒斯的古代皇后。就在几天前我还带迪尔德丽去见过她。我说："迪尔德丽，我们要去见皇后。"

"噢，那么我一定要穿上我的礼袍。"迪尔德丽说，为此，她穿了一件波西特专门为她缝制的一件精心镶着绣花边的小礼服。

我花了点时间教她行真正的宫廷礼仪，她非常高兴，只是在最后时刻她哭起来，说，"噢，妈妈，我害怕去见真正的皇后。"

我相信可怜的小迪尔德丽认为她将被带进"神仙哑剧"中的那样一个真正的宫廷，但是在林地旁边的小屋子里当她被引见给一位扎着白色发辫的瘦小优雅的女士时，她勇敢地行了个宫廷屈膝礼，接着笑着扑进伸开双臂的陛下怀中。她一点也不害怕好心仁慈的皇后。

这天当她戴着黑面纱来时，我向她解释我们要去凡尔赛了，她说她将很高兴和我们一起去——这将是一次历险。在路上，她突然很温柔地把我的两个孩子一把揽在胸前。但是当我看着这两个金色的小脑袋掩在她的黑衣下，我又一次感觉到了最近常常影响着我的那种奇怪的压抑。

在凡尔赛我们和孩子们高兴地喝了一次茶，然后我送那不勒斯皇后回到她的下榻处。我从未见过比命运多舛的王后伊丽莎白的姐姐更甜蜜、更有同情心、更聪明的人了。

第二天早上在特里阿农饭店的花园中醒来时，我所有的害怕和先兆都驱散了。医生是对的，我需要到乡下去。啊，如果乡下也有希腊悲剧中的合唱队就好了！他们也许会提到，尽管我们时常选择相反的道路以躲避厄运，但是我们却向它迎面走去，就像不幸的俄狄浦斯王一样。如果我不去凡尔赛以逃避死亡的预示，孩子们就不会在3天以后，在同一条路上遭遇到死神了。

那个晚上的情景历历在目,因为我的舞跳得比以往都好。我不仅是个女人,而是快乐的激情——一团火——升腾的火焰,从观众心中飞旋而出的烟雾。如同永别,在十几次的重演之后,我最后跳了"即兴曲",而当我在跳的时候似乎有一个声音在我心中唱道"生命和爱情——至高的欢乐——我要奉献——奉献给那些需要的人。"突然间我好像感到迪尔德丽正坐在我的肩上而帕特里克则坐在另一边肩上,非常平衡,非常快乐。我跳舞时,目光从一边望到另一边,看到了他们欢笑、灿烂的面庞——孩子的微笑——而我的脚再也不觉得疲倦。

在那次跳舞之后有件事使我大吃一惊。自从几个月前去了埃及后就再也没见过面的洛亨格林走进了我的包厢,他好像被我的舞蹈和我们的会面深深地感动,提议和我们一起去爱丽舍饭店的奥古斯丁公寓里共进晚餐。我们回去坐在铺好的桌子前等着。过了一会儿——一个小时——他还没来。这种态度令我万分紧张。尽管我知道事实上他不是独自去埃及旅行,我们非常高兴能见到他,因为我还爱着他并渴望让他见到他的儿子,那个在父亲不在身边时长得健壮英俊的儿子。但直到3点钟他还没来,我极度失望地离开了,回到了凡尔赛和孩子们待在一起。

经过了演出的激动和令人疲倦和紧张等待,我精疲力竭,倒在床上沉沉地睡着了。

孩子们一大早进我的房间时我醒了,像平常一样,他们尖叫着欢笑着跳上我的床。然后,我们像平时一样一起吃早餐。

帕特里克比往常更吵,翻倒椅子来取乐,并且每当一张椅子倒下时他就快乐地尖叫起来。

这时一件奇怪的事发生了。某个晚上一个不明身份的人送给我两册订好的巴比·德瑞雷的作品。我伸手从身边桌子上取出其中一册。我正准备责骂帕特里克制造太多噪声,这时我偶然翻开这本书,目光落在尼俄伯这个名字上,以及这些话:

你这可爱的孩子们当之无愧的母亲,当人们和你谈起奥兰普的时候,你在微笑。为了惩罚你,上天的利箭射入你的孩子们的虔诚的头颅中,你敞开的胸脯却无力保护他们。

第二十五章 死亡之吻

这时护士说:"帕特里克,请别这么吵;你吵着妈妈了。"

她是个甜甜的、好心的女人,是世界上最有耐心的人,并且也很喜欢这两个孩子。

"噢,随他吧,"我大声说,"想想如果没有他们的吵闹,生活将会怎样,护士。"

这时我冒出一个想法——如果没有这些孩子生活将是多么空虚和黑暗,他们比我的艺术、比上千次男人的爱情都更令我的生活充满幸福。我继续读下去:

当仅剩下你的胸膛可以穿透时,你疾速地把它转向打击来临的那一刻……然后你在等待!但却是徒然的,你这高贵却又不幸的女人。上帝的弓已经松开,嘲笑你。

你这样等待着,——在整个一生中,——在静静的失望和昏暗的虚无之中,你没有向人类的胸膛发出通常的尖叫。你变得懒怠无力,人们说你被变成了一块岩石,表述内心的无动于衷……

我合上书,一阵突如其来的恐惧揪住我的心。我张开手臂把孩子们叫过来,双手抱着他们时,突然泪如雨下——因为我想起了那天早上的每一句话和每一个动作。多少次失眠的晚上我一次次地重温那每一刻,尽管是毫无希望,还是扪心自问为什么没有一些幻觉来警示我,来避免即将发生的一切。

那是一个灰暗的早晨。朝着花园的窗户开着,树上蓓蕾初放。我第一次感觉到初春的日子洋溢着异样的快乐。在明媚的春天和稚嫩、可爱和快乐的孩子们之间,我是如此兴奋,突然跳下床和孩子们一起跳起舞来,我们三人乐得咯咯地笑。护士也微笑地看着我们。

突然电话铃响了。是洛的声音,他要我带孩子们去城里和他见面。"我想见他们。"他已经4个月没有见到他们了。

我高兴地想这将是我渴望已久的和解,我悄声地把这消息告诉了迪尔德丽。

"噢,帕特里克,"她喊道,"你知道我们今天要去哪吗?"

我常常听到孩子们这么问:"你知道我们今天要去哪吗?"

我可怜、脆弱、美丽的孩子们,如果我事先知道那么残酷的命运降临到你们头上就好了。那天你们去哪儿了呢?

这时护士说:"太太,我认为天会下雨——也许他们最好还是待在这儿"

多少个噩梦中,我都听到她的警告并咒骂自己对此毫无知觉。但我认为如果孩子们在场,和洛的会面将会非常简单。

在最后一次从凡尔赛到巴黎的路上,坐在车里,双手抱着我的两个小东西,我对生活充满了新的希望和信心。我知道当洛看到帕特里克时他一定会忘掉对我个人的反感;我也梦想着我们的爱情能够继续达到一个真正伟大的境界。

在去埃及之前,洛在巴黎市中心买下了一块很大的地皮,说要为我的学校建一座剧院。这个剧院将是一个聚会地和世界上伟大艺术家们的港湾。我想杜斯在那儿一定会为她神圣的艺术找到合适的结构,在那儿马奈-苏里一定会实现他那勃勃野心,演奏《俄狄浦斯》《莱克斯·安提戈涅》和《俄狄浦斯在科林纳斯》三部曲。

在去巴黎的路上,想到这些,我的心也轻松起来,对艺术充满希望。那座剧院最终注定没有建起来,杜斯也没有找到她的殿堂,而马奈-苏里至死也没有实现演奏索福克勒斯三部曲的愿望。为什么艺术家的希望总是一个残缺的梦想?

正如我所料,洛再次见到他亲爱的小儿子和迪尔德丽时非常高兴。我们在意大利餐馆吃了一顿快乐的午餐,我们吃了很多意大利面条,喝了意大利勤地酒并谈论宏伟剧院的未来。

"它将是伊莎多拉的剧院。"洛说。

"不,"我回答,"它将是帕特里克的剧院,因为帕特里克是一个伟大的创作者,他将把舞蹈创作为'未来的音乐'。"

午餐结束后,洛说:"今天我感到非常高兴,为什么不去幽默者沙龙呢?"

但我有个节目要排练,因此洛带着和我们一块吃饭的朋友 H. S. 走了,而我则带着孩子们及护士回纽易利,在我们进门前,我对护士说:

"你和孩子们一起进来等吗?"

但她说:"不,太太,我想我们最好还是回去。小东西们需要休息了。"

我吻了吻他们说:"我很快就回来。"

然后离开的时候,小迪尔德丽把嘴唇贴在玻璃窗上,我弯下腰亲了亲她贴着嘴唇的玻璃。冰冷的玻璃给我一种怪怪的印象。

我走进我的大排练房。还没到排练时间,我想休息一会儿,就爬上我的房里躺在沙发上。屋里有别人送的一些花和一盒夹心糖。我拿了一块懒懒地嚼着,想到——"的确,我很幸福——也许是世界上最幸福的女人:我的艺术、成功、幸运、爱情,但是,最重要的是我漂亮的孩子们。"

我懒懒地嚼着糖块并对自己微笑,想道,"洛已经回来了,一切都会好起来,"而这时我听到一声奇怪的来自天外的哭叫。

我转过头. 洛脚步踉跄像个醉汉。他双膝一软——倒在我面前——嘴里说出这些话:

"孩子们——孩子们——都死了!"

我记得一种奇怪的寂静突然向我袭来,只觉得喉咙在燃烧,好像我吞了一块燃烧着的煤块。但是我不明白。我非常轻声地对他说话,我试图使他平静下来,我告诉他这一切都不是真的。

后来其他人来了,但我仍不能接受所发生的一切。接着又进来一个长着黑胡须的人。我被告知他是个医生。"这不是真的,"他说,"我要救活他们。"

我相信他。我要和他一起去,但人们把我拖回来。这时我明白了他们不想让我知道一切都已经没有指望了。他们怕这次打击使我精神错乱,但我那时内心已经升腾到一种亢奋状态。我看到周围的每个人都在哭,而我没有哭。相反,我觉得有一种想安慰大家的巨大欲望。回想起来很难理解我当时那奇怪的思想状态。是不是我真的达到了一种洞察一切的境界,知道死亡是不存在的——那两个冰冷的蜡像不是我的孩子,仅仅是他们抛弃的外衣?我的孩子们的灵魂生活在光辉中,永远活着?

孩子使母亲哭泣有两次——一次在出生时另一次在死亡时。当我感到凉凉的小手再也不会握着我时,我听到自己的哭声一如他们出生时的一样。为什么会是一样的?一种是极大的快乐而另一种则是悲伤的。我不知道为什么,但我知道它们是一样的。难道不是宇宙中所有的哭声都包含着悲伤、快乐、狂喜、极度的痛苦——创造生命的母亲的哭泣？

多少次，在我们清早出去办事的时候，经过黑色的、悲伤的基督教葬礼队伍，我们浑身一抖，想到我们所爱的人，希望我们绝不会是黑色队伍中的送葬者。

从童年开始我就对任何与教堂有关的事物和教义极大地反感。阅读英格索尔和达尔文的作品以及异教哲学都加深了这种反感。我反对现代的婚姻准则，而且我认为现代的葬礼观念很恐怖也很丑陋，甚至到了野蛮的程度。因为我过去有勇气拒绝婚姻，拒绝让我的孩子受洗，所以现在在他们死去的时候我拒绝承认人们称为基督教葬礼的那种可笑做作的仪式。我只有一个愿望——这一可怕的事情会转化为一种美。这一不幸如此沉重，我欲哭无泪。朋友们来看我，泪眼满面的人们成群结队地站在花园里和大街上饮泣。但是我没有哭，我只表达了一个强烈的愿望——这些身着丧服来表达同情心的人们会转化为一种美。我没有穿丧服。为什么要换衣服呢？我一直以为身穿丧服是很可笑的，也毫无必要。奥古斯丁、伊丽莎白和雷蒙德觉察了我的心愿，就在排练房里堆满了鲜花。当我清醒的时候，我听的第一个声音就是科洛纳乐队演奏的美丽的悼歌——格鲁克的《俄耳浦斯》。

但要在一天里改变丑陋的本性并创造出美是多么的困难啊。如果我的愿望得以实现，就不会有头戴黑帽的不祥的面孔。没有灵车，没有那些毫无用处的、丑陋的哑剧表演，正是这做作的表演把死亡变成可怕的恐怖，而不是变成崇高。拜伦在海边的柴堆上焚化了雪莱的尸体。这是多么辉煌的举动啊！但是在我们的文明中，我只能发现比火葬场更丑陋的选择。

和孩子们遗体及他们可爱的保姆告别时，我多想看看某些姿势，某种最后的光芒啊。总会有一天，世界明智人士最终会反抗那些丑陋的教堂仪式。为他们的死者创造和加入一些美的最后祝福。火葬场已经比把尸体埋入地下的可怕习俗开化多了。肯定有许多人和我的想法一样，当然我表达这一思想的努力被许多正统宗教人士批评，因为他们认为我想在协和、多彩、愉快和美之中和我的爱人们道别。因为我把他们的尸体火化而不是埋到地里让虫子吞咽，我是个冷酷的可怕的女人。我们要等多久，这些明智之举才能在我们的生活中、在爱情中、在死亡中普及开来？

我来到火葬场沉闷的地下室，看着面前的棺材埋葬着我所钟爱的脑袋。紧握的花一般的小手，反应敏捷的脚——现在都交给了火焰——只留下令人悲哀的——满手骨灰。

我回到在纽易利的排练房。我有明确的计划来结束我的生活。我如何能继续下去——在失去了孩子们之后？仅仅是我的学校里围绕着我的小姑娘们的话，——"伊莎多拉，为我们活下去。难道我们不也是你的孩子吗？"——提醒了我还要安慰那些伤心的孩子们，他们站在那里为迪尔德丽和帕特里克的死正伤心地痛哭着。

如果这些悲伤早点来到生活中，我也许能够克服；如果晚些到来，它也将不会如此可怕，但在这个时候，在生命充满力量和精力时，它彻底地粉碎了我的精力和力量。如果有伟大的爱情包围着我，并带我一起离开——但洛没有回我的电话。

雷蒙德和他妻子佩内洛普准备去阿尔巴尼亚的一家避难所工作。他劝我和他们一块去。我和伊丽莎白及奥古斯丁一起去了科福。当我们到米兰过夜时，我被带到4年前为生帕特里克而争论了很久的房间，而现在他已经被生下来了，带着我梦想的圣马可教堂中的天使般的小脸诞生，然后又离我而去了。

当我再次望着肖像上妇人的不祥的眼睛时，它似乎在对我说："这不是我所预测的，一切都归于死亡？"经历了如此剧烈的恐怖后，我冲到走廊哀求奥古斯丁带我去另一个饭店。

我们乘船离开布林底西不久后，在一个可爱的早晨到达了科福。整个大自然都在微笑着，但我没有得到丝毫安慰。和我同行的人们告诉我，在那几周里我每天都呆坐着目视前方。我不去数日子——我已经进入了一个灰暗沉闷的世界，没有生存下去或者改变现状的意志。当遇到真正的悲伤时，也是对那些受难之人，没有动作、没有表示。像尼俄伯变成石头一样。我呆坐着，渴望被死亡毁灭。

洛在伦敦。我想如果他来看我的话也许我能从恐惧和死一般的麻木中逃脱出来。也许如果我能感觉到温暖，有充满爱的手臂，我可能会复活。

一天，我要求任何人都不要打扰我。窗外夜色渐浓，屋内我双手握在脑前，平躺在床上。我已经到了绝望的最后极限，我一遍又一遍地重复着给洛的消息。

"到我这来，我需要你，我快要死了，如果你不来我将随孩子们一块儿去。"

我重复地说着，像一种祈祷，一遍又一遍。

当我起身时我发现到半夜了，之后我痛苦地睡着了。第二天早上，奥古斯丁叫醒了我，手里拿着一封电报。

"看在上帝分上告诉我伊莎多拉的消息。马上去科福。"洛。

接下来的日子里我等待着这第一丝带我走出黑暗的希望。

一天早上洛到了，脸色苍白，焦虑不安。

"我以为你死了，"他说。

接着他告诉我就在接到我消息的那天下午，我如一种雾状的幻影出现在他的床脚，说着口信上的话，不断重复着"到我这来——到我这来——我需要你——如果你不来我将死去"。

当我证明了维系我们之间的心灵感应时，我又希望过去的不幸能被自发的爱所拯救，让我再次感受到它在我内心的涌动；我的孩子们也许能回到这世上来安慰我。但情况并非如此。我强烈的渴望——我的痛苦——都太强烈了以至让洛不能承受。一天早上他突然离开了，没有事先通知。我望着轮船驶离科福知道他就在船上。我望着轮船在蓝色的水面上远去，我再次被孤独地留下来。

我对自己说要么立刻结束我的生命，要么我必须找到办法活下去，尽管持续的极度的痛苦日夜吞噬着我，每天晚上——醒来或者睡着——我又一次经历那个可怕的最后一个早上听到迪尔德丽的声音，"猜猜我们今天要去那儿"——听到护士说"太太，也许他们今天最好别去"，并听到我朋友的回答，"你是对的。看好他们，好护士，看好他们，今天别让他们出去"。

雷蒙德从阿尔巴尼亚来了。他和平常一样热情充沛。"整个国家"都需要帮助。村庄被破坏了，孩子们在挨饿。"你怎能沉浸在自己的痛苦中？来吧，去助一臂之力让孩子们吃饱——让那些妇女们得到安慰。"

第二十五章 死亡之吻

他的请求很有效,我再次穿上我的紧身衣和便鞋,跟着雷蒙德去了阿尔巴尼亚。他用最有独创的建立营地的办法来救济阿尔巴尼亚难民。他到集市上买回未加工的羊毛,把羊毛装在他雇的汽船上,然后运到难民集中的主要港口圣科伦达。

"但是雷蒙德,"我说,"你怎么把未加工的羊毛给饥饿的人吃?"

"等等,"雷蒙德说,"你会看到的。如果我带给他们面包只能帮他们渡过今天;但我常给他们羊毛,是为了将来。"

我们在圣科伦达布满岩石的海滩靠岸,雷蒙德在那建了一个中心,一块告示上写着:"谁纺羊毛,一天将得到一个德拉克马。"

很快就有一队由贫穷、瘦弱、挨饿的妇女组成的队伍。有了德拉克马,她们就可以买希腊政府在港口出售的黄玉米。

后来雷蒙德又把他的小船驶回科福。他叫木匠给他做了纺织机,又回到圣科伦达,"谁把羊毛织成花样,一天将得到一个德拉克马。"

成群的饥饿的人们都要求得到这个任务,这些样品是雷蒙德从古希腊花瓶的设计中提供的。很快地在海边他有了一队纺织女工,然后他教她们在纺织时齐声合唱。这些设计品被织好的就变成了漂亮的沙发罩,雷蒙德把沙发罩运到伦敦出售,得到50%的利润。用这些利润他建了一个面包房,出售的白面包比希腊政府出售的黄玉米便宜50%,他因此建起了他的村庄。

我们住在海边的一个帐篷里,每天太阳升起的时候我们就泡在海里游泳。雷蒙德不时有富余的面包和土豆,我们带到山的另一边的村庄里,发给饥饿的人们。

阿尔巴尼亚是个奇怪的、悲惨的国家,建有第一个供奉雷神宙斯的祭坛。他被称为"雷神宙斯",是因为在这个国家里——不论冬夏——都不断地有雷暴雨和大雨。在雷暴雨中我们身穿紧身衣,脚着便鞋艰难跋涉,而我觉得被大雨冲洗比穿着雨衣更令人振奋。

我看到过许多悲惨的情景:一个抱着婴儿的妇女坐在树下,还有三四个很小的孩子依偎着她——都饥肠辘辘、无家可归;他们的房子被烧掉了;丈夫和父亲被土耳其人杀害了;牲口被偷走;庄稼被破坏。那儿坐着贫穷的母亲和活下来孩子,雷蒙德给这些人分发了一袋袋的土豆。

我们疲倦地回到帐篷。一种异样的快乐潜入我的心头。我的孩子们走了,但那些——饥饿和受苦的孩子——我不可以为他们而活吗?

在圣科伦达没有理发师。因此我第一次把我的头发剪掉并扔进海里。

当我的健康和精力恢复后,在难民中生活就变得不可能了。毫无疑问,艺术家和圣人之间有着天壤之别。我的艺术生命在我内心苏醒了。我感到,凭我有限的力量已不可能阻止阿尔巴尼亚难民所代表的无法控制的惨状了。

第二十六章　在君士坦丁堡

一天，我感到我一定要离开这个山脉绵延、巨石遍野、暴雨大作的国家。我对佩内洛普说：

"我觉得自己不能再见到这些苦难了。我想坐在有一盏安静灯光的清真寺中——我渴望有波斯地毯在脚下的感觉。我对这些道路感到疲倦了。你和我一起乘船去君士坦丁堡怎么样？"

佩内洛普很高兴，我们把紧身服换成休闲装乘船去了君士坦丁堡。白天我都待在甲板上我的船舱里，到了晚上，当其他旅客都睡着了，我头包着围巾步出舱门，走到月光之下。倚着船舷、凝视月亮的是一个全身着白色衣服甚至戴着白手套的身影——一个年轻男人的身影，手里拿着一本小小的黑皮书，无论他何时出现都要读的书，正在喃喃自语好像在祈祷着。他的脸苍白而身材修长，闪烁着两只炯炯有神的黑眼睛，留着乌黑的头发。

我走近时这个陌生人对我开口了。

"我斗胆跟您聊聊，"他说，"因为我有着和你一样深的痛苦，我要回君士坦丁堡去安慰我的母亲，她正沉浸在巨大的痛苦中。一个月之前她得到我大哥悲惨自杀的消息，仅在两个星期之后，接着是另一桩悲剧——我二哥的自杀。我成了她唯一仅存的儿子了。但我如何安慰她呢？我自己也是那么的绝望，我感觉最快乐的事情就是追随我的哥哥们而去。"

我们一起谈着，他告诉我他是一个演员，他手上的那一本小书是一册他正在研究的《哈姆雷特》。

第二天晚上，我们又在甲板上见面了，就像两个不幸的幽灵，我们彼此沉浸在各自的思绪之中，互相找一些话来安慰对方，站在那直到黎明时分。

我们到达君士坦丁堡时，一个高大、漂亮、沉浸在深深哀痛的女人来接他，把他抱在怀里。

佩内洛普和我住在皮雷宫饭店，头两天随便逛了逛君士坦丁堡，主要是在老城内狭窄的街道里。第三天我遇到一个意想不到的来客，就是船上那位悲伤朋友的母亲。她带着极大的痛苦来找我。给我看她失去的两个漂亮儿子的照片，说："他们走了，我不能带他们回来，但我来求你帮我救救最后的一个儿子——拉乌尔。我感到他要随他的哥哥们而去。"

"我能做什么，"我说，"他处于怎么样的危险中？"

"他已离开了这座城市去了圣斯蒂法诺村，独自住在一幢别墅里。从他离开时的绝望表情中，我只能做最坏的打算。你给他很深刻的印象，因此我希望你能让他明白自己行为的恶果，让他可怜可怜他的母亲并活下去。"

"但什么原因使他这么绝望？"我问。

"我不知道，就像不知道他哥哥们自杀的原因。那么英俊、年轻、幸运，为什么他们选择了死亡？"

我被这位母亲的请求深深打动了，答应去圣斯蒂法诺村尽我所能唤醒拉乌尔的理智。服务员告诉我道路崎岖而且几乎不能通车。所以我去港口租了一条小拖船。这是一个刮风天，博斯普鲁斯海峡波浪滔滔，但我们安全抵达了这个小村庄。在他母亲的指导下我找到了拉乌尔的别墅。这是一座白色的房子，位于古墓附近花园的一个偏僻角落。没有门铃，我敲敲门，但没有回音。我推推门，发现门开了，便走进去。一楼的房间都是空的，因此我爬上一小段楼梯，打开另一个房门，发现拉乌尔正在一间刷得雪白的小房间里，墙壁、地板和门都是白色的。他穿着我那天在船上看到的白衣服，戴着雪白的手套正躺在白色罩单的沙发上。沙发不远处有一张小桌子，上面放着插有白色百合花的水晶花瓶，旁边有一把左轮手枪。

我相信这个男孩已经两三天没吃东西了，正处于一个听不到我说话的遥远地带。我试图把他摇醒，告诉他，他的母亲正为他两个哥哥的死而如何的撕心裂肺，最后我用力抓着他的手，把他拖到我的小船上——小心地把左轮手枪留下了。

第二十六章 在君士坦丁堡

在返回的路上他不停地流着泪并拒绝回到他母亲家里，因此我劝他去我在皮雷宫饭店的房间，想在那询问令他极度悲伤的原因，因为我似乎感到即使他两个哥哥的死也不能解释他目前的状态。最后他小声嘟哝：

"不，你是对的，不是为我哥哥们而死：是为了西尔维奥。"

"谁是西尔维奥？她在哪儿？"我问。

"西尔维奥是世界上最漂亮的人，"他回答，"他和他母亲住在君士坦丁堡。"

听到西尔维奥是个男孩，我惊呆了，但我是柏拉图的信徒，并确实认为他的《斐得篇》是一首最美的情歌，我就不像别人那么吃惊了。我相信最崇高的爱情是一种纯洁的精神火花而不一定需要性爱。

我决定不惜一切代价挽救拉乌尔的生命，因此不再说什么，只是简单地问：

"西尔维奥的电话号码是多少？"

我很快从电话里听到西尔维奥的声音———一个似乎来自美好心灵的甜美的声音。"你一定得马上到这儿来。"我说。

很快他就来了，是个大约18岁可爱的年轻人。恐怕侍酒俊童打乱威力无比的宙斯的心绪时，也是这个样子。

当这种感情不断发展时，他用体操动作亲近和拥抱他时以及在其他见面时间里，宙斯和侍酒俊童如涌泉般的爱潮被称为欲望，它流溢出来，一部分进入了他的灵魂，另一部分又从他体内流出来；如同一阵和风或如同在光滑岩石上回响，然后又回归原地，美的源泉穿过眼睛，那心灵的窗户，再回到美丽的人儿那里；到达那里，加快了翅膀的扇动，给它们浇水希望它们成长，让爱人的灵魂中充满爱意。于是他爱着，但是他全然不知，他不理解也不能解释他自己的状况，他发现自己传染上了爱情盲目症，爱人就是他的镜子，在镜子中他可以看到自己，但他没有意识到这一点。

我们一起吃晚饭并度过了整整一夜。后来，在阳台上眺望博斯普鲁斯海峡时，我欣喜地看到拉乌尔和西尔维奥正温柔地、彼此信任地交谈，看到这我相信拉乌尔的生命得救了。我打电话告诉了他母亲，这位可怜的女人喜出望外，几乎无法表达对我的感激。

那天晚上，当我对我的朋友们道晚安时，我感到救了这个英俊少年，是做了一件好事，但是几天之后这位心烦意乱的母亲又来找我了。

"拉乌尔回到圣斯蒂法诺的别墅了，你一定得再救他一次。"

我感到这对我善良的本性简直是一种盘剥，但我经受不住这位可怜母亲的哀求。然而，这次我找到的船太简陋了，便冒险开车上路。我叫上西尔维奥并告诉他，他一定得跟我一块去。

"这次发痴的原因是什么？"我问他。

"哦，情况是这样的，"西尔维奥说，"我当然爱拉乌尔，但我不能说我爱他就如他爱我一样深，因此他说他宁愿不活了。"

日落时我们出发了，经过颠颠簸簸、摇摇晃晃的行驶，我们到达了别墅。我们犹如从天而降，把忧郁的拉乌尔再次带回饭店，我们和佩内洛普一起讨论用什么有效办法才能治疗拉乌尔的怪病，一直谈到深夜。

第二天我和佩内洛普在君士坦丁堡的一条老街上闲逛，在一条又黑又窄的巷子里，佩内洛普指着一块招牌。这是用亚美尼亚语写的，她能翻译出来，说是这儿有个算命者。

"我们找她请教一下。"佩内洛普说。

我们进了一幢老房子，爬上摇摇晃晃的楼梯，穿过几条污秽不堪的老通道，在后边的一间屋子里，我们发现一个很老的女人正蹲在一口冒着怪味的大锅旁边。她是亚美尼亚人，但能说些希腊语，因此佩内洛普能听得懂，她告诉我们最近土耳其人大屠杀中，在这间屋子里，她目睹了她的儿子们、女儿们以及孙子们，甚至最小的婴儿是如何被残忍地屠杀的，从那时起她就变得具有超人的洞察力，可以预测未来。

"请你看看我的未来是怎样的？"我通过佩内洛普问她。

老妇人查看了一会儿大锅里的烟雾，然后冒出一串话，佩内洛普翻译给我听。

"她称你是太阳的女儿。你是被派到地球上来给人们送来巨大快乐的，这些快乐将会形成一种宗教。经过许许多多的曲折之后，在你生命的最后时刻你将在全世界建起神殿。在时间的进程中你将回到这座城市，也建起一座神殿。所有的神殿都将献给美和快乐，因为你是太阳的女儿。"

这时，联想到我当时的悲伤和绝望，这诗一般的预言令我十分好奇。

接着佩内洛普问："我的未来将会怎样？"

她便对佩内洛普说起来，我注意到佩内洛普的脸色变得苍白并且似乎害怕得要命。

"她对你说了些什么？"我问。

"她所说的非常令人不安，"佩内洛普回答。"她说我有个小宝贝，她是指我儿子梅诺卡斯。她说，'你还想再要一个小羊羔'，这一定指我希冀已久的女儿。但她说这个愿望将无法实现，她还说我很快会收到一封电报，告诉我，我所爱的一个人重病在身，而我爱的另一个人快要死了。"还有，佩内洛普接着说，"她说我的生命不会持续太久，在一个高处，我眺望一眼这个世界，做最后的沉思，然后离开这个地球。"

佩内洛普非常难受。她给了这老女人一点钱便告辞了，她拉着我的手跑过走廊，下了楼梯来到窄窄的街上，找了一辆出租车坐回饭店。

我们刚进饭店，一个服务生（侍者）拿着一封电报向我们走来。佩内洛普极度虚弱地倚着我的手臂。我不得不领她到她房里，我打开电报，写着："梅诺卡斯病重，雷蒙德病重。立刻回来。"

可怜的佩内洛普快发疯了。我们匆匆忙忙把东西扔进箱子里，我便去询问何时有船开往圣科伦达。侍者说日落时将有一班船离开。尽管我们十分匆忙，我仍记得拉乌尔的母亲，并写了封信给她："如果你希望把你儿子从威胁他的危险中解救出来，他必须马上离开君士坦丁堡。不要问我为什么，如果可能，我今天下午坐5点的船离开，带他到船上来。"

我没有得到回答，就在船要离开时，拉乌尔背着一个小旅行包，匆匆走过通道上了船，面如死灰。我问他是否有船票或舱位，他什么都没有。然而这些东方的船都十分友好，乐于助人，船已经没有空舱位了，我让船长安排拉乌尔睡在我那套舱房的厅里，因为我为这个男孩真正感觉到了一个母亲的焦虑。

到了圣科伦达，我们发现雷蒙德和梅诺卡斯正发着高烧。我竭尽全力劝雷蒙德和佩内洛普离开阿尔巴尼亚这个阴郁之地，跟我回欧洲。我把船上的医生也带来了,想用他的影响力,但雷蒙德拒绝离开他的难民和他的村庄,当然佩内洛普也不离开他。我不得不让他们留在只有一顶小帐篷保护他们的荒凉岩石上,帐篷外狂风呼啸。

汽船一直开往的里雅斯特,我和拉乌尔也高兴不起来,他的眼泪一直不停地流。我害怕坐火车接触别的旅客,因此发了电报让我的司机到的里雅斯特接我们。我们开车往北穿过山区,开往瑞士。

在日内瓦湖我们停了一会儿。我们是奇怪的一对,彼此都沉浸在各自的痛苦之中,也许因为这个原因,我们发现对方都是自己的好伙伴。我们在湖上小船里过了几天,最后我从拉乌尔嘴中榨出了庄重的承诺,看在他母亲的分上,他将永远不再试图自杀。

一天早上,我送他上火车回他的剧院,从此后我就再也没见过他。但我听说他后来在事业上非常成功,他塑造的哈姆雷特给人留下不可磨灭的印象,这一点我能够理解,有谁能比可怜的拉乌尔更能深刻地理解"生存还是死亡"这样的台词呢?他是那么年轻,我希望他从此能找到幸福。

只剩下我独自一人在瑞士了,我感到身心疲惫,情绪低落。无论何时我都不能只待在一个地方了,但由于被烦躁所包围,我开着车在瑞士到处游览。最后,在一股不可抵抗的冲动下,我一直开回巴黎。我非常孤独,因为我已经不可能与其他人交往了,甚至连在瑞士与我会合的哥哥奥古斯丁也无力击破束缚着我的魔咒。最后我达到一种只要听到人的声音就十分反感的程度,当有人进入我的房里,他们似乎远在天边,一点不真实。因此一天晚上我回到巴黎,来到我在纽易利的房子。这房子除请了一个老头来照看花园之外再没有别人了,老头住在门边的门房里。

我走进我的大排练房,过了一会儿,蓝色窗帘使我回忆起我的艺术和我的工作,我决心努力回来。于是我让朋友海纳·斯卡内为我伴奏,但这熟悉的音乐声却令我陷入一阵阵哭泣中。实际上我这是第一次哭。这里的一切都能让我强烈地回忆起过去的快乐时光。不久我产生了幻觉,听到孩子们在花园里嬉戏的声音,一天我偶然进到孩子们住过的小房间,看到孩子们的衣服和散放着的玩具,我彻底崩溃了,意识到我再也不可能待在纽易利了。我还是做了些努力并叫一些朋友来陪我。

但一到晚上，我就不能入睡，我知道河离房子很近、很危险，一天，实在无法忍受这种气氛了，我又一次开车到南部。只有在时速 70 或 80 公里的车上我才能从日日夜夜难以形容的痛苦中得到宽慰。

我穿过阿尔卑斯山脉进到意大利并继续漫游，有时坐在威尼斯运河上的平底船里，叫船夫整夜地划船，有时又到里米尼古镇去。当我得知 C 正住在佛罗伦萨时，我在那待了一夜，我有一个强烈的愿望，想叫人请他来，但得知他已结婚并过着家庭生活时，我想他的出现只能引起不和，我忍住了。

一天，在海边的一个小镇里，我收到一封电报，写着："伊莎多拉，我知道你在意大利漫游。我请求你来我这儿。我一定尽最大努力安慰你。"署名是埃莉诺拉·杜丝。

我不知道她怎么发现我的行踪并发来这封电报的，但我一读到这有魔力的名字时，我知道埃莉诺拉·杜丝是我希望见到的人。电报从海峡对面的维亚雷吉奥发来。我给埃莉诺拉·杜丝发了一封充满感激的回电。告诉她我何时到，然后就开车前往。

我到维亚雷吉奥的那个晚上遇到了大风暴。埃莉诺拉住在远离城外的一幢小别墅里，但她在大饭店里留了口信，叫我去她那儿。

第二十七章　重新回到学校

第二天早上我开车去见杜丝,她住在一个葡萄园后面的玫瑰色的别墅里。她穿过覆盖着葡萄藤的走道,出来迎接我,像个快乐的天使。她双手抱着我,她那漂亮的眼睛温柔地、充满爱意地向我微笑着,我的感觉就像但丁在天堂里遇到圣洁的贝雅特丽齐一样。

从那以后,我就住在维亚雷吉奥,从埃莉诺拉眼睛的光芒中寻找勇气。她常常用手摇着我,安抚我的痛苦,不仅是安抚,她似乎把我的痛苦当成了她自己的,我认识到如果我不能忍受其他人陪我做伴,那是因为他们总想使我忘掉过去而高兴起来,如同上演一出喜剧,而埃莉诺拉却说:"给我说说迪尔德丽和帕特里克。"还让我重复他们的语言和动作,给她看他们的照片,她亲吻着照片并哭了。她从不说:"不要悲伤吧,"而是和我一块伤心,在他们死后,我第一次没有感到孤独。埃莉诺拉·杜丝是个超人。她的胸怀是那么宽广,可以承受全世界的悲剧,她的精神是那么闪闪夺目,可以穿透整个地球所有深重的悲伤。常常当我们在海边散步时,我似乎觉得她的头触及星辰,她的双手触及高山之巅。

她曾望着那座山对我说:

"看看克罗齐威严崎岖的山势,在吉拉多尼被绿树覆盖的山坡旁与那些洒满阳光的葡萄藤和缀满了鲜花的树木相对照,显得多么阴沉和令人生畏。但是如果你看到克罗齐黑暗粗犷的山顶,你会发现一浅白色的大理石正在等待雕塑家赋予它永恒。吉拉多尼仅仅产生出满足人们世俗要求的财富——而克罗齐却是人们的梦想。这就是艺术家的生活——黑暗阴郁,带有悲剧性,但是却给了了白色大理石,使人类的渴望得以喷涌而出。"

埃莉诺拉喜爱雪莱,在9月底的某个时候,在频繁的狂风暴雨中,当一道闪电划破浊浪的时候,她就会指着大海,说:

第二十七章 重新回到学校

"看——雪莱的骨灰在闪耀——他在那里,漫步在海浪之上。"

由于我被旅馆里那些盯着看的陌生人弄得心烦意乱,我就住到别墅里去了。但是,是什么东西促使我选择这样一个地方呢?一座红砖大房子,远远地处于一片忧郁的松树林中,包围在高墙之内。如果外界是暗淡的,别墅内则是一种难以名状的忧郁。村里传说,别墅曾经有一位一女士居住,她在经历了对奥地利宫廷一位达官贵人——有人说就是弗兰茨·约瑟夫本人——不幸的激情之后,又更不幸地看到他们结合而生的儿子疯掉了。在别墅的顶层有一个小房间,窗上装满铁条,墙壁上画满了古怪的图案,在门上还有一个正方形的小窗口;很显然当那个年轻人变得非常危险的时候,就是从这个窗口把食物递给他的。在屋顶上有一个敞开的大露台,一边可以俯瞰大海,另一边可以仰视群山。

这个阴暗的住所至少有 60 个房间,是我一时兴起租下来的。我想是那一片被围起来的松林和从露台上所欣赏到的美景吸引了我。我问埃莉诺拉她是否愿意一起住在那里,但是她婉言谢绝了,而是从她的夏季别墅搬出来,搬进了附近的一座白色小房子。

现在杜丝对于通信有非同寻常的癖好。如果你是身居他国,她恐怕三年之内只会偶尔给你发一封长电报,但是现在身为近邻,她却几乎每天写一封可爱的短笺,有时甚至一天写两到三封,然后我们就见面并常到海边散步,杜丝就会说:"悲剧舞蹈伴随着哀伤的音乐。"

一天当我和杜丝在海边散步时,她转头看着我。落日余晖在她头上留下一个火红的光环。她长时间奇怪地盯着我。

"伊莎多拉,"她哽咽地说道,"不要,不要再寻找幸福了。你的眉梢印着世上大不幸的印迹。你身上所发生的一切只是一个序幕,不要再去招惹命运了。"

啊,埃莉诺拉,如果我听从了你的警告就好了!但是希望是一株难以扼杀的植物,不论斫去毁掉多少枝条,它也永远会吐出新芽。

那时候,杜丝是一个了不起的家伙,正处于生命力和智力的巅峰时期。当她步行于海滩时,她大步向前,完全不同于我所见过的其他任何女子。她不穿内衣,她高大丰满的身材会令一个时装爱好者难过不已,但却表达了一种高贵的威严。她身上的一切都是她高贵和备受折磨的心灵的表现。她经常给我读希腊悲剧或者莎士比亚，当我听到她朗诵《安提戈涅》的某些句子时，我想这美妙的诵读没有给予这个世界是多么大的罪过。杜丝在她的艺术处于最成熟最完美的时候长时间地从舞台引退，并非是如某些人所认为的那样，是因为一段不幸的爱情和某些其他伤感的原因，甚至也不是因为身体不好，而是因为她孤立无援，也没有必要的资金来实现她所期望的艺术思想——这就是简单而令人羞愧的真相。这个"热爱艺术"的世界，让这位世界上最伟大的演员在15年的孤独和贫困中心力憔悴。当莫里斯·盖斯特最终意识到这一点并为她在美国安排了一个巡回演出的时候，为时已晚，因为她在努力筹集开展工作所需资金的时候，悲惨地死于那最后一次巡回演出上，而她这么多年来一直在为这次巡回演出而苦苦等待。

我租了一架钢琴在别墅里用，接着我又给我忠实的朋友斯卡内发了一封电报，他立刻就来和我会合。埃莉诺拉非常喜欢音乐，每天晚上他都为她演奏贝多芬、肖邦、舒曼和舒伯特，有时候她则会浅声低唱她最喜欢的歌曲，"在这座黑暗的坟墓里，让我哭泣，"而且唱到最后——"忘恩负义——忘恩负义"——的时候，她的音调和面容显出一种深深的悲剧色彩和责备的表情。看着她都不由得潸然泪下。

一天黄昏，我突然起身，叫斯卡内弹奏，我为她跳了一段贝多芬《悲怆奏鸣曲》中的柔板。这是自从4月19日以来我第一次起舞，杜丝把我搂在怀里亲吻我，以示感谢。

"伊莎多拉，"她说，"你在这里干什么？你得回归到你的艺术中去，这是你唯一的生路。"

埃莉诺拉知道我几天前得到了一份到南美做巡回演出的合同。

"接受这份合同，"她催促我，"如果你知道生命是多么短暂，而且会有长时间的百无聊赖——除了百无聊赖，别无他物！逃离这种悲伤和百无聊赖——逃离！"

"逃避，逃避。"她说，但我的心情太沉重了。我在埃莉诺拉面前可以做动作，但不可能在观众面前做。我的全部身心太受折磨了——每次的跳舞都是在大声呼喊我的孩子们。只有和埃莉诺拉在一起我才感到舒服，但到了晚上在这孤独的别墅里，伴着所有从阴暗昏沉、空空荡荡的房间传出的回声,我等待着黎明,然后起床去海里游泳。我想我要游得远远的,直到我回不来为止,但我的身体总是不由自主地转向陆地游去——这是一个年轻躯体生命的力量。

一个秋天的灰色的下午,我独自沿着沙滩散步,突然,就在前方,我看见我的孩子迪尔德丽和帕特里克手拉着手的身影。我叫他们,但他们笑着往前跑,我追不上。我跟着他们跑——跟着——喊着——突然他们消失在浪花的迷雾中。这时一阵可怕的恐惧向我袭来。这是我孩子们的幻影——我疯了吗?我曾一度清楚地感到我一脚踏上了疯狂与理智的分界线。我看到了面前的避难所——沉闷单调的生活,我在深深的绝望中俯身跌倒,号啕大哭。

我不知道我在那躺了多久,直到我感觉到一支怜悯的手摸着我的头。我抬起头,看到一幅西斯廷教堂里美丽的沉思像。他刚从海上走来,站在那我说:

"你为什么总是哭泣?我能为你做些什么——帮助你?"

我抬起头。

"是的,"我回答。"救救我——不仅我的生命——还有我的理智。给我一个孩子。"

那个晚上我们一起站在我别墅的屋顶。太阳渐渐沉入海里,月亮渐渐升起。月光洒满大理石山麓上,这时我感到他强壮的手抱着我,他的嘴唇压着我的嘴唇,当他那意大利式的热情向我袭来时,我感到我从痛苦和死亡中被救了出来,被带回到光明——再一次相爱。

第二天早上当我向埃莉诺拉描述这一切时,她似乎一点也不吃惊。艺术家总是不断地生活在传奇和幻觉之中,年轻的米开朗琪罗从海上来安慰我,似乎对她来说很自然,尽管她讨厌见陌生人,她甚至仁慈地同意了我带她去见我年轻的天使。我们拜访了他的工作室——他是个雕塑家。

"你真的认为他是个天才?"看了他的工作之后她问我。

"毫无疑同,"我回答,"也许他将是第二个米开朗琪罗。"

年轻人是非常有弹性的。年轻人相信一切,而我完全相信新的爱情将会战胜我的痛苦。我对不断的可怕的痛苦深感疲惫。我常常不断地朗诵维克多·雨果的一首诗，最后劝自己，"是的，他们将会回来；他们在等着要回到我身边。"但是，天啊！这种幻觉持续不了多久。

似乎是我的情人生于一个严厉的意大利家庭，他和一个同样出生于一个严厉家庭的意大利姑娘订婚了。他没有告诉我这些，而是有一天在信中向我解释了一切，并向我告别。我一点也不生他的气，我觉得他拯救了我的理智，我也知道了自己不再孤独；从这时起我进入了一个高涨的神秘阶段。我觉得孩子们的灵魂在我附近徘徊着——他们将回到世上来安慰我。

当秋天逐渐到来时，埃莉诺拉搬到她在佛罗伦萨的公寓里，我也放弃了我的阴暗的别墅。我先去佛罗伦萨然后再去罗马，打算在罗马过冬。我在罗马过的圣诞节，那日子也是够伤心的，但我对自己说："然而我没有踏进坟墓里或疯人院里——我在这里。"我忠实的朋友斯卡内留下来陪我。他从不提阿，从不怀疑——仅仅给我他的友谊和爱慕——以及他的音乐。

对一个忧伤的灵魂来说，罗马是个漂亮的城市。当雅典令人炫目的光芒和它的完美令我的痛苦更加剧烈时，罗马的废墟、坟墓和目睹了许多死去先辈的灵感横溢的纪念馆，则是一剂镇静剂。我特别喜欢清晨时分在阿皮亚大道上漫步，在两排坟墓之间的路上，运酒的马车从弗莱斯卡蒂驶来，昏昏欲睡如同疲劳的农牧神的车夫靠在酒桶上。时间对我来说不复存在了。我是一个在阿皮亚大道上徘徊了一千年的灵魂，四周是宽广的罗马平原，头顶上是拉斐尔的天空的巨大穹隆。有时我把手举到天空跳起舞来———个在两排坟墓之间的悲剧灵魂。

晚上我和斯卡内散步时常常停在喷泉旁边，喷泉的水从山上永无停止地流淌着。我喜欢坐在喷泉边听着水的潺潺声和飞溅声。我常坐在那儿静静地流泪，我好心的同伴同情地握着我的手。

洛的一封电报把我从悲伤的徘徊中惊醒过来，他以我的艺术的名义恳求我回到巴黎，在这封电报的影响下我坐火车去了巴黎。路上经过维亚雷齐奥。我看着松树林中红砖别墅的屋顶，想着在那度过的充满极大失望和希望的几个月，想着我正离开我那圣洁的朋友埃莉诺拉。

洛已经在克里隆为我准备好了摆满鲜花的房间，可以眺望协和广场。

第二十七章 重新回到学校

我告诉他我在维亚雷齐奥的经历和我神秘地梦到孩子们的再生和归来，他把脸埋在双手里，在经历了似乎是一番思想斗争后，他说：

"1908年我第一次来到你身边要帮助你，但我们的爱导致了你的悲剧。现在让我们重建你的学校，就如你希望的那样，在这悲伤的世界上为别人创造美。"

接着他告诉我他已经买下了在贝拉维的大旅馆，它的台阶俯瞰整个巴黎，花园徐徐延绵至河边，房间可以容纳1000个孩子。学校是否要永远存在下去完全取决于我。

"如果你愿意把愿意所有个人感情放在一边，并愿意暂时为一个念头而存在。"他说。

目睹了生活所带给我的剪不断、理还乱的悲哀与灾祸，在这之中只有我的理想明亮地、未受玷污地闪耀着光芒，我同意了。

第二天一早我们参观了贝拉维，从那时起，装修工人、布置工人在我的指挥下忙碌起来，把这个相当平庸的旅馆改变为一个未来舞蹈的殿堂。

有从巴黎市中心的芸芸众生中挑选的50个新的候补者，有第一个学校的50位学生，还有女教师。

舞蹈房就是老旅馆的餐厅，悬挂着我的蓝色窗帘。在狭长的房间的中央，我修了一个舞台，有楼梯通到地面，舞台可以给观众用，也可以供那些试演作品的作者使用。我得出一个结论，一个普通学校中单调沉闷的生活，有一部分是由于处于同一水平线的地板造成的。因此，在许多房间之间，我修了小过道，一边向上攀升，另一边向下延缓。餐厅安排像伦敦的英国下议院的布局，两边的座位一排排逐渐升高，年龄大的学生和老师们坐在稍高的位子上，儿童们坐在下面的矮座位上。

在这种充满动感、充满活力的生活中，我又一次发现了重执教鞭的勇气，学生们也学得非常快。学校落成的3个月之内，他们已经取得了很大进步，来学校观看他们表演的艺术家都啧啧称奇，钦佩不已。星期六是艺术家日，早上11点到下午1点，有一堂对艺术家们的公开课，洛也如往常一样慷慨大方，为艺术家们和孩子们提供了盛大的午餐。由于天气逐渐放晴，午餐是在花园里进行的，而且在午餐之后，还有音乐、诗歌朗诵和舞蹈。

罗丹当时住在对面的山上，是在默东，他经常拜访我们。他常坐在舞蹈房里，在小孩子们起舞时为他们画素描。有一次他对我说：

"我年轻的时候有这些模特儿就好了！能够运动，按照自然和谐运动的模特儿！我有过漂亮的模特儿，但是从来没有一个像你的学生们那样理解运动科学。"

我为孩子们买了五彩缤纷的斗篷，当他们离开学校到林中散步时，一边舞一边跑，简直就像一群美丽的鸟儿。

我认为在贝拉维的这座学校会永久地存在下去，我也会在那里度过余生，并把我工作的结晶留在那儿。

6月，我们在托卡德罗举办了一个节日，我坐在包厢里看着我的学生们翩翩起舞。在节目的某些段落，观众们起立欢呼，充满了热情和欢乐，结束时，他们长时间地鼓掌，久久不愿离去。这种超乎寻常的热情，尽管孩子们并不是训练有素的舞蹈家或者艺术家，我相信，是对人类新的运动满怀希望的热情。这一种运动我已经隐约地预见到了。这确实是尼采想象中的一些姿态：

"舞蹈者查拉斯图特拉，光明的查拉斯图特拉，他用双翅召唤。他准备振翅高飞，召唤所有的鸟儿做好准备。有福的，心情愉快的查拉斯图特拉。"

这些孩子们是贝多芬《第九交响曲》未来的舞蹈者。

第二十八章 孩子夭折

在贝拉维的生活是从清晨的一阵欢叫开始的,可以听到小脚丫沿着走廊奔跑的脚步声——接着是孩子们齐声歌唱。我下楼的时候,看到他们在舞蹈房里,他们看到我就高喊"早上好,伊莎多拉"。在这样一种氛围中,谁会愁眉不展呢?尽管我常常在他们当中寻找两个失去的面孔,并回到我的房里独自饮泣,每天我仍然找到勇气教诲他们,而且他们跳舞时可爱的风度激励着我活下去。

公元100年的时候,罗马的山上建有一座学校,叫作"罗马舞蹈牧师学院"。学校的学生们都是从贵族家庭中挑选的,不仅如此,他们还要具有几百年的家世,在这几百年当中,他们的家世不碍有任何污点。尽管他们也学习所有的艺术和哲学,舞蹈却是他们主要的表达方式。他们会一年四季在剧院里跳舞。在盛大的节日,他们下山来到罗马,参加一些仪式,在人们面前跳舞以净化观众的灵魂。这些孩子们带着欢乐的热情和纯洁起舞,他们的舞蹈像治愈不健全灵魂的药方,影响而且振奋了他们的观众。当我创办我的学校的时候,就是怀着这样一种念头,而且我相信,坐落在靠近巴黎的卫城之上的贝拉维对于这个城市和它的艺术家们来说,可能有着"罗马舞蹈牧师学院"一样的意义。

一群艺术家每个星期都带着写本到贝拉维来,因为学校已经证明是一个灵感的源泉,数百个速写和很多舞蹈形象的模特从这里得到灵感,而且这些作品至今仍然留存。我梦想通过这个学校,艺术家和他的模特之间会出现一种新的理想的关系;我的学生们和着贝多芬和恺撒·弗兰克的音乐起舞;跳着希腊悲剧中的舞蹈,或者背诵莎士比亚的诗句,通过这些形体的影响,模特再也不是人们在艺术家的工作室中看到的可怜的一言不发的小家伙,而是生命最高表现形式的一个活着的、运动的理想。

为了进一步滋生希望，洛现在又设想在贝拉维山上修建曾经被悲惨地中断的剧院的可能性，设想把它修建为一个节日剧院，巴黎人在盛大的节日会蜂拥而至，也设想了为它配备一个交响乐团。

他又一次把建筑师路易·苏请来，曾经被束之高阁的剧院模型又重新在图书室里建立起来，而且地基也已经标出来了。在这个剧院里我希望实现我的梦想，再一次以它们最纯粹的方式把音乐、悲剧和舞蹈融合起来。在这里马奈-苏里、埃莉诺拉·杜丝或者苏珊娜·德斯普莱斯将会上演《俄狄浦斯》或者《安提戈涅》，或者《厄勒克特拉》，而学校的学生们将跳着合唱曲。在这里我也希望用《第九交响曲》和1000名学生来庆祝贝多芬的百年诞辰。我想象有那么一天，孩子们像雅典娜一样走下山，涉过河水，到达疗养病院之后又向万神殿继续他们神圣的游行，然后在那里纪念某位伟大的政治家或者英雄。

我每天花几个小时教我的学生，当我困得站不住的时候，我就躺在沙发上挥动手掌和手臂来教他们。我授业解惑的力量似乎到了一种神奇的地步，我只需向孩子们伸出我的双手，他们就会跳起来；甚至似乎不是我在教他们跳，而是好像我打开一条路，舞蹈的精灵就弥漫在他们周围。

我们计划上演欧里庇德斯的《酒神》。我兄弟奥古斯丁将扮演狄俄尼索斯的角色，他可以把整出剧背下来，每天晚上给我们朗读这出剧，或者莎士比亚的剧本，或者拜伦的《曼弗雷德》，邓南遮非常热心于学校，经常和我们共进午餐或晚餐。

来自第一所学校的一小群学生现在已经是亭亭玉立的姑娘，她们帮助我教那些小家伙们。看到她们身上发生的巨大变化，看到她们胸有成竹地传递我的教诲，这是多么感人的一幕。

但是在1914年7月，一种奇怪的压抑覆盖着大地。我感觉到了，孩子们也感觉到了。当我们站在俯瞰巴黎市区的台阶上。孩子们经常是沉默不语。天空阴云密布，一种神秘的山雨欲来之际的沉寂似乎笼罩着大地。我觉察到了，似乎我腹中胎儿的运动更微弱了，不像以前的胎动那么坚决有力。

我想化悲痛为新生活的努力已经使我筋疲力尽了。随着7月一天一天过去，洛建议把学校迁到英格兰，在他德文郡的房子里度假。于是一天早晨孩子们都两个两个队列队而入，向我道别。他们8月在海滨度假，9月返校。他们走了之后屋子空空如也，令人陌生，而且不管我如何努力挣扎，我还是深受压抑与折磨。我满心疲惫，有时长时间地坐在台阶上眺望巴黎，而且我越来越感到某种危险从东方悄然逼近。

接着一天早上，传来了卡恩特遇刺的噩耗，这把整个巴黎都抛入了混乱和恐惧当中。这是一个悲惨的事件——它预示着更大的悲剧。卡恩特一直是我的艺术和我的学校的挚友，这一消息令我震惊、难过。

我感到焦躁不安，整日以泪洗面。孩子们已经走了，贝拉维看上去广阔无边，静寂无声，大舞蹈室看上去也令人伤感。想到婴儿很快就会出生，孩子们很快会回来，贝拉维会再次成为生活和欢乐的中心，我就试图控制自己的恐惧感。但是时间一个小时一个小时地过去，直到一天早上，我的朋友波森先生——当时是我们的座上宾——脸色惨白地走进来，手里拿着一份报纸。从报上我读到了关于大公爵遇刺的标题新闻。接着谣言传来，一会儿又有战争爆发的确切消息。事发之前，总会投下阴影，这是多么准确啊！现在我终于知道，上个月我感到笼罩在贝拉维之上的黑影是战争。当我正计划着剧院艺术的复兴以及人类欢乐和激情的盛大节日时，其他的势力正在策划战争、死亡和灾难。面对突如其来的一切，我的力量是多么渺小！

8月1日我第一次感到生产的阵痛，在我的窗户下人们在通知征兵的消息。天气炎热，窗户大开着，阵阵鼓声和传令者的声音伴着我的哭泣、苦难和痛苦。

我的朋友玛丽拿了一个摇篮到我房间，摇篮上挂着白色的薄纱。我目不转睛地看着摇篮，相信迪尔德丽或者帕特里克又回到我身边了。鼓声还在继续，征兵动员——战争——战争。有战争吗？我想知道。但是我的孩子必须出生，而它来到这世界上是如此的困难。一个陌生的医生取代了我朋友博森的位子，因为博森已经接到参军的消息，离开了。医生不停地说："鼓起勇气，夫人。"为什么对一个遭受痛苦折磨的可怜人说"鼓起勇气"呢？如果他对我说："忘记你是一个女人，你应该豁达地忍受痛苦，以及其他的一切，忘记一切，尖叫，嚎叫，喊叫——。"

或许会好得多；或者如果他仁慈地给我一些香槟，也会更好一些。但是这个医生有他自己的办法，就是说："鼓起勇气，夫人。"护士也很难受，她不停地说，"夫人，这是战争——这是战争。"我想，"我的孩子会是一个男孩，但是他太小了，还不能参战。"

最后我听到婴儿的哭声——他哭了——他活着。在过去可怕的一年中，我的巨大痛苦现在消失在极度的喜悦中。悲伤的眼泪、长久的等待和痛苦都被一阵巨大的喜悦代替了。毫无疑问，如果有上帝，他便是最伟大的舞台指挥。当一个漂亮的男婴放在我手臂中时，所有长时间的悲伤和眼泪都转化成了喜悦。

但是鼓声仍在继续，"征兵动员——战争——战争。"

"有战争吗？"我感到奇怪。"我在乎什么呢？我的宝贝在这里，安全地在我手里。现在让他们去发动战争吧！我在乎什么呢？"

人的欢乐是如此的自私。我的窗外和门外有人跑来跑去，还有各种声音：妇女的哭泣、喊叫、讨论着征兵动员，我抱着孩子勇敢地面对着这普天之下的灾难，感到非常高兴，对于再次抱着我的孩子有一种如入天堂的超然的喜悦。

夜幕降临。我房里挤满了为我怀里的孩子而高兴的人。"现在你又一次得到了幸福，"他们说。

后来，他们一个接一个地离开了，只剩下我和孩子。我低声说："你是谁，迪尔德丽还是帕特里克？你又回到我身边了。"突然这小东西盯着我喘息着，好像被一口气噎住了，接着一声长长的吐气声从他冰冷的双唇发出来。我叫护士，她来了，观察了一下，然后警觉地把孩子抢过去，抱在怀里，从另一间房里我听到有人喊要氧气、热水。

一个小时的痛苦等待之后，奥古斯丁进来说：

"可怜的伊莎多拉——你的孩子——他死在那一刻。"我感到了自己所能遭受的痛苦的最高点，因为在这个孩子的死亡中，其他的孩子又一次死去——就像重复了第一次痛苦——而且变本加厉。

我的朋友玛丽进来了，流着泪，拿走了摇篮。我听到隔壁有人用锤子敲着一个小盒子，这就是我可怜的孩子唯一的摇篮。这锤声似乎敲打着我的心，这最后的音符彻底地消失了。我躺在那儿，备受折磨，孤立

第二十八章 孩子夭折

无助,泪水、奶水和血液如三股泉水从我身上喷涌而出。

一个朋友来看我说:"你个人的悲痛算得了什么?战争已经要了上百人的性命——受伤的和死亡的人已经从前线送回来了。"因此我把贝拉维贡献出来作医院就是一件很自然的事了。

在那些战争日子里,每个人都有同样的热情。反抗的讯息导致数里乡村满目疮痍,座座荒冢激发了反抗热情,谁能说它是对还是错呢?当然,目前这种争论是毫无用处的,谁能够作出评判呢?罗曼·罗兰端坐在瑞士,在他苍白而充满思想的脑袋里咒骂一些人,祝福另外一些人。

从那时开始,我们都激情充沛,甚至艺术家也问道:"什么是艺术?孩子们在付出生命,士兵们也在付出生命——到底什么是艺术?"如果当时我有一丝理智,我就会说:"艺术比生活更伟大。"但是我却随波逐流,说:"把这些床拿走,把这座为艺术而造的房子拿去用吧,建一座医院来照顾伤员吧!"

一天,两个抬担架的人来到我房间,问我愿不愿意去看看我的医院。由于我不能走动,他们就用担架抬着我从一间房走到另一间房。在每一个房间里,我看到酒神的女祭司、起舞的农牧神、仙女和森林之神的浅浮雕,还有我所有的帷幕和窗帘都被从墙上取下来了,取代浅浮雕的是金色十字架上的一些黑色的廉价基督肖像。肖像是由一家天主教商店提供的,在战争期间它生产了数以千计的肖像。我想到那些从伤痛中初醒的可怜的伤员,如果他们看到房间原来的布置该是多么兴奋啊!为什么他们要面对这个可怜的、在金黄色十字架上伸开双臂的黑色基督像呢?对他们来说,这是多么令人感伤的一幕啊。

在我漂亮的舞蹈间里,蓝色的窗帘已经无影无踪了,只有一排排的吊床在等待着伤员。我的书房——诗人们曾经站在书架上面对入门者——现在变成了一个手术室,等待着殉难者。当时我的身体很虚弱,这些景象深深地刺激了我。我感到狄俄尼索斯已经被彻底打败了。这是受难后的耶稣统治的天下。

此后不久,我听到抬担架者运送伤员沉重的脚步声。

贝拉维!我的雅典卫城,它本来会成为灵感的源泉,一个被哲学、诗歌和伟大的音乐所激发的崇高生活的学院。从那一天起,艺术与和谐消失了，在屋子里可以听到我的第一声哭泣———一个受伤的母亲的哭泣和一个被战鼓从这个世界上吓跑的婴儿的哭泣。我的艺术殿堂变成了一个受难所，最后变成一座充满血淋淋的伤口和死亡的停放所。在我曾幻想过天堂般美妙音乐旋律的地方，现在只剩下沙哑的痛苦喊叫。

萧伯纳说过，只要人们仍然折磨和屠宰动物并吃掉它们的肉，就会有战争。我认为所有神志清醒、有思想的人们都会同意他的看法。我学校里的孩子们都是素食者，而且光吃蔬菜和水果也长得健康漂亮，战争时期，有时听到受伤者的呻吟，我就想起屠宰场里那些动物的喊叫声，而且我感到我们折磨这些可怜无助的动物，神灵也折磨我们。谁喜欢这个被称为战争的恐怖的东西？或许那些食肉者在屠杀之后感到了屠杀的必要——杀死百鸟、动物——柔弱受伤的小鹿——捕杀狐狸。

围着血迹斑斑的围裙的屠夫煽动起流血和谋杀。为什么不会呢？从割断一只小牛的喉咙到割断我们兄弟姐妹的喉咙，只是一步之遥。当我们本身成为屠杀动物的活坟墓的时候，我们还怎么能期望地球上有理想的条件呢？

当我能够走动的时候，玛丽和我就离开贝拉维到海滨去。我们通过战区，我说出我的名字的时候，我们受到了最高的礼遇。当一个知情的哨兵说"是依莎多拉，让她过去"，我感到这是我得到的最大荣耀。

我们来到德弗莱，在诺曼底宾馆找到房间。我疲惫不堪一身病痛，非常高兴找到了这个休养的港湾。几个星期过去了，我仍然处在一种令人泄气的消沉状态，而且我如此虚弱，几乎不能走到海滩去享受海洋上轻轻的微风。最后，我感到自己确实病了，就到医院请了医生。令我奇怪的是他居然没有来，只是闪烁其词地回答了我。因为没有一个人来照顾我，我只能待在诺曼底旅馆里，病重得不能计划自己的未来。

在当时，诺曼底旅馆是许多巴黎名流的避难所。我们隔壁住着伯朗第埃尔伯爵夫人，她的客人是诗人罗伯特·孟德斯鸠伯爵，晚饭后我们常常听到他柔和的假音在背诵他的诗歌。在源源不断的有关战争和杀戮的消息中，听到他激昂的歌颂美的力量真是妙不可言。

第二十八章 孩子夭折

沙莎·奎特里也是诺曼底旅馆的客人,每天晚上在大厅里他都用他那些令人忍俊不禁的趣闻轶事来娱乐那些乐不可支的听众。

只有来自前线的每一个信使带给我们世界悲剧的消息时,才有一段可怕的时间令我们自惭形秽。

但我对这种生活很快厌恶了,当我病重不能去旅游时,就租了一套备有家具的别墅。这套别墅叫"黑白别墅",里面的炉边地毯、窗帘、家具都是黑色和白色的。租的时候,我认为它非常漂亮,直到我要搬进去住,才意识到它是多么抑郁。

于是我就从贝拉维搬到这里,带着贝拉维所有的希望——我的学校、艺术,未来的新生活——来到海边这个孤零零的,荒凉的、令人作呕的黑白小屋。但可能最糟糕的是我的病,我几乎没有力气在海滩上散步。9月,暴雨大作,秋天到了。洛给我来信说他们已经把学校转移到纽约去了,希望在那里找到一个战争避难所。

一天,我感到比平时更加凄凉,就去医院找那位拒绝为我看病的医生。我看到的是一个留着络腮胡的矮个子。他看到我的时候,是转身想躲避吗?或者只是我的想象?我走上前去问道:

"怎么啦,医生,当我请您的时候,你不愿来给我看病,是对我有什么成见吗?难道你不知道我确实生病而且需要你吗?"

他结结巴巴地说出几个借口,还是带着那种恍惚的神情,但是他答应第二天来看我。

第二天一早,秋天的暴雨又开始了,海上浊浪排空,大雨倾盆。医生来到了黑白别墅。

我坐着。试图燃起一堆火,但是没有成功,烟囱冒烟很厉害。医生问了些常规问题。我告诉他我在贝拉维所遭受的痛苦——我那个没有活下来的婴儿。他继续以那种恍惚的神情盯着我。突然,他把我搂在怀里抚摸我。

"你没有病,"他激动地说道,"你只是有心病——为爱而生病。唯一能够治愈你的是爱,爱,更多的爱。"

我当时孤单、疲惫、伤心,对于这种激情充沛但是又自然的感情爆发只会是感激不尽。我盯着这个陌生医生的眼睛,在他眼里我找到了爱,用我伤痕累累的身心的所有悲伤的力量回报他的爱。

他每天结束在医院的工作之后，就到我的别墅来，告诉我一天里可怕的经历，受伤者的痛苦，还有经常是毫无希望的手术——这可怕的战争造成的所有恐怖。

有时候我和他一起值夜班，这时驻扎在赌场里的庞大医院已经安静下来了，只有夜半的灯光还亮着。醒来的伤员转动着身子，发出疲惫的叹息和呻吟，他一个个地安慰他们，或者给他们一些喝的，或者给他们注射一针珍贵的麻醉剂。

在度过了辛苦的白日和充满怜悯之心的黑夜之后，这个古怪的人需要爱和激情，既缠绵又猛烈；从这些火热的拥抱和令人癫狂的快乐中，我的身体痊愈了，我又可以在海边散步了。

一天晚上我问这个古怪的医生他为什么在我第一次请他的时候拒绝来看我，他没有回答我的问题，一种痛苦和悲伤的神情潜入他的目光中。我不敢再追问这个话题，但是我的好奇心越来越强烈。一定有什么秘密。我感到我的过去与他拒绝回答问题有某种联系。

11月1日是死亡者日，我站在别墅的窗前，这时我注意到花园的布局是用黑白两色石头布置的，外表和两座坟墓一模一样。花园的外观成了一种幻觉，直到后来我一看着它就浑身颤抖。我每天孤独地守在别墅里，或者彷徨在冰冷荒凉的沙滩上，好像确实陷入了一张痛苦和死亡的大网中。一列列火车抵达，运回悲惨的伤员或者垂死的士兵。曾经灯红酒绿的赌场在夏天的时候还回荡着爵士乐和笑声，现在却变成了一个巨大的装满苦难的客店。我愈来愈陷于郁闷而不能自拔，安德烈的激情也在强烈的迸发中一夜一夜低沉下去。经常的，当我碰到他那绝望的目光，他就像一个被可怕的记忆所缠绕的人，回答说："当你了解一切，就意味着我们的分别。你不应该问我。"

一天晚上我醒来，发现他正低下身子看我，他目光中的绝望太可怕了，我再也忍受不了了。

"告诉我是什么，"我哀求他，"我再也受不了这个可怕的秘密。"

他退后了几步，站在那里低头盯着我——一个矮小结实的男人，长着一脸络腮胡。

第二十八章 孩子夭折

"你真的不认识我吗？"他问到。我看着他，迷雾散尽，我大叫一声，我记起来了，那个可怕的日子。那个来给我希望的医生。他曾经试图拯救我的孩子。

"现在你知道了，"他说，"我为什么而受苦。你入睡的时候是如此的像你那个小姑娘。我尽力挽救她——一连几个小时，我从我的嘴里努力把我的呼吸传递给她，把我的生命传递给她——通过她可怜的小嘴——给予她我的生命——"

他的话令我悲痛不已，整个晚上我都在无助地哭着，他的难过和我的痛苦一样深重。

那天晚上之后，我意识到我爱这个人，这种激情我自己曾经忽略了。但是随着我们两人之间的爱和欲望日益加深，他的幻觉也日益加重，直到一天晚上我醒来，发现他那可怕的、充满哀伤的眼光盯着我，我知道他深陷其中的那个念头可能会把我们俩人引向疯狂。

第二天我沿着海滩步行，越走越远，再也不想回到那令人悲伤的黑白别墅，或者那份死一样包围我的爱情。我走了很远，日近黄昏，这时我才意识到我必须回去。潮水汹涌而来，我经常是在浪潮之间穿行。尽管很冷，我却有一种强烈的愿望，去面对这些浪涛，径直走进大海，永远地结束那种无法忍受的悲痛。这种悲痛我从艺术中、孩子的再生中或者爱情中都找不到安慰。我尽一切努力来逃避，但是只看到毁灭，痛苦，死亡。

在回别墅的半道上我碰到了安德烈。他非常焦急，因为他在海滩上看到我漫不经心扔掉的帽子，以为我已经在波涛中结束了我的痛苦。走了几里之后他看到我向他走来，还活着，就像一个小孩似的喊叫起来。我们回到别墅，努力地互相安慰，但是我们意识到如果我们希望保持我们的神智的话就必须分开，因为我们的爱和它可怕的缠绵只会把我们引向死亡或者疯狂。

另外发生的一件事情使我更加感到孤寂。我叫人从贝拉维送一箱冬衣来。一天，箱子送到了别墅，但是送货人弄错了，当我打开的时候发现里面装的是迪尔德丽和帕特里克的衣服。我看到那些衣服又一次摆在我眼前——他们最后穿过的小衣物——外衣、鞋子和小帽子——我耳边又一次回响起当我听到他们待死时的喊叫——一种奇怪的、长长的、恸哭的喊叫,而且我没有认出是自己的声音——却好像是某个被残忍追杀的动物从我喉咙里发出它死亡的喊叫。

安德烈回来的时候,他找到了我,但是我神志不清——双手紧紧地抱着所有的孩子衣服趴在打开的箱子上。他把我抱到隔壁的屋子,又把箱子搬走,后来我再也没有看到它。

第二十九章　南美之行

当英国参战的时候，洛把他在德文郡的城堡改造为医院，为了保护我学校里不同国籍的孩子们，他又把他们送往美国。奥古斯丁和伊丽莎白带着孩子们待在纽约，他们经常发电报给我让我和他们会合，于是我就决定去纽约。

安德烈送我到利物浦，又把我送上开往纽约的一艘大轮船。

我很难过也筋疲力尽，一路上除了夜间我从来没有离开过自己的船舱。一到晚上我就到甲板上，这时候其他乘客都在酣然大睡。当奥古斯丁和伊莉莎自在纽约接我的时候，看到我病恹恹的变了模样，都大吃一惊。

我看到自己的学校被安置在一座别墅里——一群快乐的战争避难者。我在第四大街和第二十三大街交叉的地方找了一间很大的排练房，在房间四周挂起蓝色的窗帘。我们又开始工作了。

从英勇浴血的法国回来，我对美国对于战争的冷漠感到愤慨，一天晚上，在大都会歌剧院的演出结束后，我围起红色的围巾，开始即兴演唱《马赛曲》，这是号召美国的男儿们站起来保卫我们时代最高度的文明——那种通过法国而传播到世界的文化。第二天一早，各家报纸都兴致盎然，其中一家写道：

伊莎多拉·邓肯小姐在她演出结束的时候，以一首充满激情的《马赛曲》赢得了满堂喝彩，观众们全体起立为她欢呼，长达几分钟……她激昂的姿态是模仿巴黎凯旋门上的古典形象。她的肩膀裸露着，一边裸露到腰际，保持着一种姿势，是凯旋门上美丽形象的再现（路德的形象），令观众们激动不已。观众们对崇高艺术的活生生地再现，发出欢呼和喝彩。

我的排练房很快成为诗人们和艺术家们的聚会地。从这一刻起我又恢复了勇气，看到新建的世纪剧院无人使用，我就租了一个季度并开始创造我的《狄俄尼索斯》。

但是这个剧院势利的外观很令我生气，为了把它改造为一个希腊剧院，我挪走了乐队的座席，放上一块蓝色的地毯，这样合唱队就可以在上面转动。我用大块的蓝色窗帘把丑陋的包厢盖住，用了 35 位演员、80 位音乐家和 100 位伴唱，上演了悲剧《俄狄浦斯》，我兄弟奥古斯丁饰演男主角，我的学生和我担任合唱。

观众大多数来自东区，都是当今美国真正的艺术爱好者。东区人民的赏识打动了我，我带着全体学生和一个乐队到那里在意第绪剧院免费演出了一场，如果我有财力，我会待在那里为他们舞蹈，他们的灵魂就是为音乐和诗歌而生的。但是我的这次巨大冒险证明是一次昂贵的试验，令我完全破产。我向纽约的一些百万富翁们求助，结果却得到这样的回答："你为什么要上演希腊悲剧呢？"

那时整个纽约都热衷于爵士舞，上层社会的男女老幼把他们的时间都花在诸如比尔特莫等旅馆的大沙龙里，随着野蛮的狂叫和黑人乐队的叫喊大跳狐步舞。当时我受邀参加了一两次狂欢舞会，但是想到法国正在流血而且需要美国的帮助，这种狂欢却大行其道，我就控制不住自己的愤怒。事实上，整个 1915 年的气氛令我作呕，我决定带着我的学校回到欧洲。

但是现在我无钱支付我们的船票。我自己已经在返回的船上，"但丁号"上预订了舱位，但是却没有钱为其他人买船票。开船前三个小时我还缺少足够的资金，这时一位衣着朴素的年轻美国妇女走进我的排练房，问我们是不是准备去欧洲。

"你瞧，"我说，指着身着旅行装的孩子们，"我们都准备好了，但是我们没有足够的钱来支付船票。"

"你需要多少？"她问。

"大约 2000 美元，"我回答，这时这位非凡的年轻妇女拿出一个钱包，数出两张千元的钞票，把它们放在桌上，说：

"我很高兴能帮你一个小忙。"

我惊奇地看着这个我从未谋面的陌生人，她甚至不要求任何感谢就把这么大一笔钱给我用。我只能想象她一定是个不知名的百万富翁。但是后来我发现并非如此。事实上，为了把这笔钱交给我使用，她前一天卖掉了全部股票和债券资产。

她和其他人一起来到船上为我们送行。她叫露丝——说"你的人就是我的人，你的道就是我的道"的那个露丝。自那以后她在我心目中就是这样一个露丝。

因为被禁止在纽约再次演唱《马赛曲》，我们都站在甲板上，每个孩子的衣袖里都藏着一面小小的法国国旗。我已经告诉孩子们，当汽笛拉响船离海岸的时候，我们就挥舞旗子高唱《马赛曲》，我们就是这么干的，令我们自己大为惬意，却令码头上的官员大惊失色。

我的朋友玛丽来给我们送行，但是在最后一刻却不忍与我分别。没有行李，也没有护照，她一个箭步跳到甲板上，和我们齐声高唱，说："我和你们一道去。"

于是，随着《马赛曲》的歌声，我们离开了富裕、追求享乐的1915年的美国，驶向意大利，带着我的四处流浪的学校。在一个充满激情的日子里我们到达了那不勒斯，意大利已经决定参战。重归意大利我们都很高兴，就在乡间举办了一次盛大的宴会。我记得我对一群围观的农民和劳动人民说，"感谢上帝赐予了你们美丽的乡村。不要妒忌美国，在你们美丽的土地上有蓝天、葡萄树和橄榄树，你们比美国的百万富翁更富有。"

在那不勒斯，我们讨论了下一个目的地，我非常希望到希腊去，我的想法是在科帕诺斯宿营，直到战争结束。但是这个想法吓坏了年纪稍大的一些学生，因为他们是持德国护照旅行的，所以我决定去瑞士寻求避难，在那里我们有可能进行系列演出。

由于这个原因我们去了苏黎世。一个声名显赫的美国百万富翁的女儿住在巴赫壮湖滨旅馆，我认为这是一个吸引她对我的学校的兴趣的千载难逢的机会。一天下午，我让孩子们为她在草坪上跳舞，孩子们真是一道优美的风景，我想她肯定被打动了，但是等我与她谈论资助我的学校的话题时，她答道："是的，他们或许很可爱，但是却没引起我的兴趣。我只对分析自己的灵魂感兴趣。"她跟随荣格博士——著名的弗洛伊德的信徒求学多年，每天花几个小时把她前天夜里的梦记录下来。

那年夏天,为了离我的学生们近一些,我住在奥希的波希瓦热旅馆,房间很漂亮,阳台面对着湖。我挑了一个曾用作饭馆的大营房,在它周围挂上蓝色的窗帘,这是我永远不变的灵感。我把营房改造为一座殿堂,在这里我教学生,每天下午和晚上还跳舞。

一天下午,我很高兴地接待了维恩加特纳和他的妻子,并且整个下午和晚上都为他们伴着格鲁克、莫扎特、贝多芬和舒伯特的音乐跳舞。

从我的阳台上每天早上我常看到一群身穿闪亮丝绸服装的漂亮男孩集合在另一座俯瞰湖泊的大阳台上。他们似乎围着一个老人——身材高大、金发、体型像奥斯卡·王尔德的男人。他们常从阳台上对我微笑。一天晚上他们邀我共进晚餐,我发现他们是可爱、有天赋的小伙子——战争难民,晚餐当中有一个是年轻英俊的公爵。

其他晚上他们带我到浪漫的莱曼湖上坐摩托艇。船上装着香槟,大家都兴致勃勃。我们一般凌晨4点在蒙特靠岸,在那里一个神秘的意大利伯爵为我们准备好了4点钟的晚餐。这个英俊但是有点粗犷、透着死亡气息的美男子白天睡觉,晚上出动,他经常从口袋里掏出一个银色的小注射器,大家都视而不见,他就小心地把针头刺入他白色的细胳膊上。之后他的机智和快活发挥得淋漓尽致,但是他们说他在白天忍受着可怕的煎熬。

与这些迷人的年轻人的愉快交往把我的注意力从本来非常悲伤孤独的状态中转移开了。但是他们对于女性魅力明显地无动于衷,这伤害了我的自尊心。我决定试验一下我的魅力,结果我大获成功。一天晚上,我由一位年轻的美国朋友陪着,和这群年轻人的领头人坐上一辆豪华的奔驰车出发了。这是一个美丽的夜晚,我们飞驰在莱曼湖畔,掠过蒙特。我高喊"前进,前进",直到最后天亮的时候,我们发现自己来到了维加。我还在喊着"前进,前进。"我们又飞速驶过了长年不化的雪山和圣哥特哈德山口。

想起我朋友那班迷人的美男子,我就笑起来,他们在早上会惊奇地发现他们的首领与一个可憎的女性消失得无影无踪。我动用自己所有的诱惑力,很快我们又向南驶向意大利,直到抵达罗马我们才停下来。从罗马我们又继续开往那不勒斯,当我瞥见大海的时候我又强烈地希望再次看到雅典。

我们乘了一艘意大利小轮船。一天早上我发现自己又登上神殿入口白色的大理石台阶,走向神圣聪慧的雅典娜神庙。我清楚地记得上次我在这里的情景,当我想到在这当中我多么可怕的从智慧与和谐中堕落,而且为那些使我意乱情迷的激情我付出了多么痛苦的代价,我就禁不住感到羞愧难当。

这个现代化的都市正处在骚乱中,维尼索洛斯的陷落在我们到达后的第二天就宣布了,而且人们都认为皇室极有可能站在德国皇帝一边。那天晚上我举办了一个丰盛的晚宴,来宾包括国王的秘书麦勒斯先生。我在餐桌中央堆起一堆红玫瑰,下面藏着一台小留声机。在同一个屋子里的还有来自柏林的一群高级官员,突然,我们从他们的桌子那边听到祝酒词,"皇帝万岁",听到这些我把玫瑰花推开,打开留声机,开始播放《马赛曲》,同时我又举杯祝酒,"法兰西万岁。"

国王的秘书看上去有点吃惊,但是非常高兴,因为他也热情地支持同盟国的事业。

这个时候,一大群人聚集在我们窗前的广场上。我把维民塞洛斯的画像高高举过头顶,招呼我年轻的美国朋友拿起一直勇敢地播放着《马赛曲》的留声机,跟我来到广场中央。在那里,伴着小乐器的音乐和热忱的人群的歌唱,我跳起了"法国赞歌"。后来我向人群发表了演讲:

"你们有了第二个培里克里斯,伟大的维民塞洛斯——你们为什么让他受到骚扰呢?你们为什么不追随他呢?只有他能把希腊引向伟大的荣耀。"

接着我们组成了一个游行队伍,来到维民塞洛斯的房前,在他的窗下高唱希腊战歌和《马赛曲》,直到士兵们拿着固定刺刀很不友好地驱散了我们的集会。

这个小插曲确实令我很开心,之后我们乘船返回那不勒斯,又继续我们到奥希的旅途。

从那时起直到战争结束,我不顾一切地保持学校的完整,认为战争将会结束,我们也可以回到贝拉维。但是战争在继续,我不得不以50%的利息向放贷者借钱以支付学校在瑞士的运转费用。

1916年，出于这个目的，我接受了一份到南美去演出的合同，并乘船前往布宜诺斯艾利斯。

在我继续撰写回忆录的时候，我越来越意识到根本不可能写出一个人的生活——或者说我以不同角色经历过的生活。那些在我看来好像是占据我一生的事情只有短短几页；似乎是几千年漫长的痛苦阶段，在这里显得异常短暂，而通过这些阶段，纯粹出于自卫并为了生活下去，我脱胎换骨转变成另一个人。我经常绝望地问自己，什么读者能够赋予我的框架以血肉呢？我试图记录下真相，但是真相却逃逸了，躲藏起来了。如何发现真相呢？如果我是一个作家并创作大约20本关于我生活的小说，这样就会更接近真相。那么在我创作这些小说之后我就该写艺术家的故事，一个与众不同的故事，因为我的艺术生活和艺术思想已经相当超然物外了，而且像一个单独的机体似乎独立于我的意志之外。

我仍在试图写出发生在我身上的一切真相，我害怕它结果将是一团乱麻。但你们看——我已经开始了把我的生活诉诸纸笔的艰巨工作并准备进行到底。尽管我能听到所谓世上好女子所说的话："一段非常不光彩的历史。""她所有的不幸都是她罪孽的报应。"但我知道自己没有犯下罪孽。尼采说，"女人是一面镜子，"我仅仅对紧抓我不放的人和势力作出反应，像奥维德的《变形记》中的女主人公一样，根据不朽的神祇的法令改变结构和性成格。

奥古斯丁不喜欢我在战时独自旅行，船靠纽约的时候，他上了船。有他陪在我身边，对我是一个极大的安慰。船上还有一些年轻的拳击手，为首的特德·刘易斯每天早上6点起床训练，然后在船上的咸水泳池里游泳。早上我和他们一起训练，晚上跳舞给他们看，因此旅行过得十分愉快，一点儿也不觉得难挨。钢琴家莫里斯·杜默斯尼尔在旅行中一直陪伴着我。

巴西亚是我去过的第一个亚热带城市，它似乎非常柔和、葱绿、潮湿。尽管不停地下着大雨，街上行走的妇女们穿着白布衣服，衣服被雨淋湿而贴在身上，似乎对大雨熟视无睹，也不在意衣服是湿是干。这也是我第一次看到白人和黑人若无其事地相处一起。在我们用午餐的一个饭馆里，一个黑人小伙和一个白人姑娘坐在一起，另一张桌旁坐着一个白人小伙和一个黑人姑娘。在一个小教堂里，妇女们带着混血婴儿去受洗。

花园里都盛开着木槿花，整个巴西亚城里充满了黑白人种的性混乱。在城里的一些黑人居住区，白人和黄种人妇女懒懒地靠在声名狼藉的房屋的窗边，似乎看不到那些大城市的妓女特有的形容枯槁、鬼鬼祟祟的模样。

我们到达布宜诺斯艾利斯几夜之后，去了一家学生酒吧间。这是一间布局狭长、屋顶很低、烟雾弥漫的房间，挤满了混在一起跳探戈的黑人小伙子和浅黑肤色的姑娘们。我从未跳过探戈舞，但我们年轻的阿根廷导游劝我试一试。从我迈出羞怯的第一步我就感到自己的脉搏回应了这撩人春情的舞蹈诱人、令人沉迷的节奏，像一个长长的拥抱那样甜蜜，就像南方天空下的爱那样醉人，像充满诱惑的热带雨林那样残酷和危险。当一个黑眼睛的青年人带着自信的压力用手臂指引我，并不时火辣辣地盯着我的双眼时，我感受到了这一切。

我突然意识到被学生们包围了，他们解释今晚是庆祝阿根廷获得自由，求我跳一曲他们的赞美诗。我总是愿意使学生们高兴，就同意了。听了阿根廷赞美诗的歌词翻译之后，我身裹阿根廷国旗并努力表达他们曾经受殖民者奴役时的痛苦和从专制统治下获得的自由。我的成功是令人震惊的，这些学生们以前从未见过这种舞蹈，他们激动地喊着，并要求我伴着他们唱出的赞美诗一遍又一遍地跳。

我回以饭店，为布宜诺斯艾利斯高兴，也为我的成功而兴奋。但是，天啊！我高兴得太早了。第二天早上，我的经理读到了一篇有关我轰动表演的报道，大为震怒，并通知我根据法律他认为我们之间的合同解除了。布宜诺斯艾利斯所有的豪门世家都将撤销他们的预订，并联合抵制我的表演，那场令我非常愉快的社交晚会毁了我在布宜诺斯艾利斯的巡回演出。

一篇好的小说达到艺术的顶峰时，是不会草草收场的。艺术中的爱情以一种凄美的终止音符结束。如伊索尔达，生活充满了低潮，真实生活中的爱情通常以不和谐为结尾，就像在一段音乐中留下一种刺耳、喧闹的不和谐之声。现实生活中的爱情经常在高潮之后再掀波澜，最后却在争夺财产和支付律师费的坟墓中悲惨地死去。

我进行这次巡回演出是希望获得足够的资金，在战争期间维持我的学校。当我收到一封从瑞士发来的电报，说我汇的钱由于战争限制已经被扣下了，可以想象我的惊讶表情。我原来把孩子们留在一个寄宿学校，但是女校长拿不到钱，就不准备收留他们，小姑娘们面临着要被扫地出门的危险。我还是很冲动，坚持要奥古斯丁带上足够的资金马上出发去救我的学生们——却没有意识到自己没有足够的钱来支付饭店的账单，而我那易怒的经理已经带着喜剧团去智利了，我的钢琴师杜默斯尼尔和我被困在了布宜诺斯艾利斯。

观众们冷漠、迟钝，不会欣赏。事实上，我在布宜诺斯艾利斯唯一的成功就是在酒吧间里跳"自由赞美诗"的那个晚上。我们被迫把大箱子留在饭店里，向蒙得维的亚继续我们的旅行。幸运的是，我跳舞的紧身衣在饭店老板眼里一文不值。

而在蒙得维的亚我们发现这里的观众与阿根廷的完全相反——狂野而热情——因而我们能够继续到里约热内卢做巡回演出。我们到达时身无分文，也没有行李，但市立剧院的经理非常好心地立刻预订了演出，在这里我发现观众们非常聪明，非常机敏，反应也快，能令在他们面前表演的任何艺术家表现得淋漓尽致。

在这里我遇到了诗人让·德·里约，他很受里约青年人的喜爱，因为里约市的每一个年轻人都是诗人。我们一起散步时，后面跟随着的那些年轻人就喊，"让·德·里约万岁！伊莎多拉万岁！"

杜默斯尼尔在里约制造了非常轰动的效应，他有些乐不思蜀，我就一个人返回了纽约。旅途十分伤感孤独，因为我惦记着我的学校。一些拳击手也和我乘同一艘船，在船上当乘务员，他们没有成功也没赚到钱。

乘客中有一个总是醉醺醺的美国人，叫威尔金斯。每天晚餐的时候他都说，"拿这瓶1911年的波马利酒到伊莎多拉·邓肯的桌上"，弄得每个人都十分惊讶。

我们到达纽约时没有人来接我，因为战时困难，我的电报还没发出来。我偶然想起一个老朋友，阿诺德·詹瑟。他不仅是个天才而且还是个巫术师。他放弃绘画，转入摄影，但是他的摄影非常怪诞，具有魔力。他的确把相机对着人们给他们拍照，但照片上却不是来拍照的人们，而是他在催眠状态下想象中的形象。他给我拍的许多照片都不是我肉体的表现,而是我的精神状况的表现,其中一张简直是我真实的灵魂。

他一直是我最好的朋友,因此当我孤独地站在甲板上时,我给他打了个电话。听到一个熟悉的声音我感到非常吃惊,却不是阿诺德的声音。这是洛亨格林,在一次奇怪的巧合中,那个早上他去看望詹瑟。当他听说我没有钱、没有朋友独自在码头上时,他说马上来帮我。

几分钟后他到了。当我再次看到他高大威严的身材时,我有一种难以理解的信任感和安全感,我很高兴见到他,就像他也很高兴见到我一样。

顺便说一句,你也许注意到在这部自传里我总是忠实于我的爱情,而实际上如果他们忠实于我,我也从未离开过他们。因为一旦我爱上他们,我便永远爱他们。如果我已经离开了他们,我只能责怪男人的喜新厌旧和命运的残酷。

于是,经过这段多灾多难的旅行,我很高兴再次见到我的洛亨格林来营救我。以他习惯的威严举止,他很快从海关提出我的行李,然后我们去詹瑟的工作室,接着三人一起去河沿大道用午餐,在那里可以远眺格兰特总统的墓地。

我们都非常高兴再次相聚并喝了很多香槟酒,我觉得我回到纽约是一种幸福的征兆。洛正处于他最好的最慷慨的情绪之中,午餐后他跑去订了大都会歌剧院,并花了整个下午和晚上送请柬给每个艺术家,邀请他们参加免费表演盛会。这次演出是我一生中最美的经历之一。出席的都是纽约的艺术家、演员和音乐家们,我很高兴在没有票房压力的情况下跳舞。当然,在演出结束的时候,如同我在战时所做的一样,我以一首《马赛曲》来结束演出,为法国和同盟国赢得了经久不息的掌声。

我告诉洛我如何派奥古斯丁去日内瓦,以及我对学校的担忧。他立刻以非凡的慷慨,电汇所需的资金去把学校搬到纽约来。但是,天啊,这钱到得太晚了。所有的小学生们都被他们的父母认领回家了。为了学校,我牺牲了多年的心血,所以解散令我难过不已,但奥古斯丁和六个稍大些的孩子不久后回来了,这多少给了我一些安慰。

洛一直情绪很好,很慷慨,对孩子们和我都好得不能再好。他在麦迪逊广场花园酒店顶上租了一个大排练房，我们每天下午都在那儿工作。早上他就开车带我们去哈得逊河畔兜风，还给每个人送礼物。事实上，由于金钱的魔力，生活暂时变得美妙无比了。

但随着纽约严峻冬季的到来，我的健康逐渐恶化，洛建议我去古巴旅行一趟。他派秘书给我做伴。

我对古巴的印象非常好。洛的秘书是个年轻的苏格兰人，是一个诗人。我的健康状况不允许我再进行任何演出，但是在哈瓦那，我们花了三个星期沿着海岸驱车而行，欣赏如画的风景。我记起在我们停留时发生的一件令人哭笑不得的事情。

离哈瓦那大约两公里远的地方有一座古老的高墙环绕的麻风病院，但是围墙的高度并不能阻止我们看到笼罩在麻风病院之上的恐怖面具。官方意识到这样一个地方紧挨着一个豪华的冬季疗养胜地有些格格不入，决定把它迁走，但是麻风病人拒绝搬走，他们死命抱着大门，贴着墙壁，有些甚至爬上屋顶待着。甚至有谣传说一些麻风病人已经逃到哈瓦那躲藏起来了。这座麻风病院的搬迁对我来说始终像梅特林克的一部怪诞神秘的话剧。

我拜访的另一座房屋住着一个最古老家庭的后代，她特别喜欢猴子和猩猩。这座老屋的花园放满了笼子，这位小姐就在笼子里养着她的宠物。她的屋子对所有游客都是一个兴趣热点，她通常把一只猴子放在肩上，把一只猩猩牵在手上，热情地接待她的客人。这些都是她最温顺的动物，但有的并不太温柔，当有人经过它们的笼子时它们就摇晃栏杆大声尖叫和做鬼脸。我问它们是否安全，她满不在乎地回答，除了有时候跑出笼子杀死园林工人，他们还是很安全的。这番话使我十分担心，所以该离开的时候我非常高兴。

这个故事令人奇怪的地方是这位女士非常漂亮，有一对大而传神的眼睛，博学而聪明，喜欢收集世界上最好的文学和艺术作品。但又如何解释她对猴子和猩猩古怪的偏爱呢？她告诉我她已经在遗嘱中把收养的所有猴子赠给巴斯德研究院，用于癌症和结核病的研究工作，这对我来说似乎是表达一种恋尸癖的独特的方式。

我还回忆起在哈瓦那另一件有趣的事。一个节日的晚上，所有的酒吧和咖啡店都充满了生活气息。在我们沿着海边和草原旅行之后，一天凌晨3点钟，我们来到一家很特别的哈瓦那咖啡店。这里我们发现各种各样的吗啡狂、可卡因吸食者、鸦片鬼、酗酒者和其他被生活遗弃了的人。在屋顶低矮、灯光昏暗、烟雾缭绕的房子里我们坐在一张小桌子旁，我注意到一个面如死鬼、双眼暴突、脸色苍白、表情恍惚的男子。他用他那瘦长的手指触及琴键，令我大吃一惊的是弹出的是肖邦的序曲，弹奏中透出令人惊奇的理解力和天赋。我听了一会儿，然后靠近他，但他仅说了一些前言不搭后语的话。我的举动吸引了整个咖啡店的注意；当我意识到我是隐姓埋名的.我产生了要为这些陌生观众跳舞的古怪欲望。围好披肩，向钢琴师示意，我和着序曲中的几段音乐跳起来，渐渐地小咖啡店里喝酒的人一个个安静下来，我继续跳着，我不仅引起了他们的注意，有些人甚至开始流泪。钢琴师也从吗啡的迷糊中清醒过来，灵感突发似的演奏起来。

我一直跳到第二天早上，当我要离开时，他们都拥抱我，我感到比在任何剧院都要自豪，因为我知道这才真正证明了我的天才，不需要任何主持人或者节目预告来引起观众的注意。

不久后我和我的诗人朋友乘船去了佛罗里达，在棕榈滩靠岸。从那里我给洛发了封电报，他到布雷克斯饭店与我们会合。

巨大悲痛的最可怕之处并不在于开始的时候，尽管当时悲伤的打击把一个人抛入一种几乎具有麻醉效果的令人忘我的状态中；最可怕之处其实在于阵痛之后，很久之后，当人们说，"噢，她已经熬过去了"——或者"她现在好了，她挺过来了"的时候，当在一次也许被认为是快乐的晚宴上被悲痛用一只冰冷的手按着心口，或者被另一只火烫的利爪掐住喉咙。冰山和火焰，地狱和绝望，克服这一切，举起一杯香槟酒，无论以何种健忘努力把痛苦压在心底——不管是可能还是不可能。

这就是我现在所处的状态。我所有的朋友都说："她已经忘记了；她挺过来了。"然而每当见到任何一个孩子突然跑进屋里，喊"妈妈"时我的心就针刺般地疼痛，使我整个身心痛苦地扭曲了，只有大脑在以这样或那样的形式乞求冥府中的忘川，乞求彻底的遗忘。我渴望从可怕的痛苦中创造出我的新生活，创造出艺术。啊，我多么妒忌顺从天命的修女，她们用苍白的嘴唇祷告，在陌生人的棺材前整夜默默不停地祷告。这种性情是那些艺术家所羡慕的，艺术家们只会反抗，哭喊，"我要爱情，爱情，创造快乐，快乐。"多么悲哀！

洛带着一个美国诗人，帕西·麦克凯亚来到棕榈滩。一天，我们一起坐在阳台上的时候，洛根据我的设想草拟订了学校未来的计划，并告诉我他已经买下了麦迪逊广场花园作为学校的地点。

尽管我对整个计划很热情，但我不愿意在战争期间搞这么大的工程，最后激怒了洛，当我们回到纽约时他取消了购买计划，就像他当初决定购买时一样冲动。

一年前，帕西·麦克凯亚在这里看过孩子们跳舞之后，曾写过一首漂亮的诗：

一颗炸弹在巴黎圣母院上落下，
德国人又烧毁了另一座比利时小镇，
俄国人在东边偃旗息鼓，英格兰坐卧不安。

我闭上眼，放下报纸。
蔚蓝色海边，
灰色的暗礁，水草和惨白的灯光，
那个小精灵的笑声，
像孤独的十月蜜蜂的嗡鸣一样甜蜜，
带着柔和、古老的喜悦，在海滩土尖叫？
这些是什么精灵，
穿着和大海、礁石一样灰蓝的罩衫，
在黑暗的银色边缘——都兴高采烈，
快乐地祈祷，
四肢发出光芒，向着西沉的太阳？
看，他们现在停止了，
像倦飞归巢的鸟儿：
娴静，活泼，
聚集在女主人的椅子边道寝礼：

"晚安！晚安！
　　晚安！晚安！晚安！"
这些远道而来的生命是什么？
团结在一个神圣的艺术之家里。
梦想：基督和柏拉图曾有过的梦想：
　　他们快乐的身影就这么消失了！
　　亲爱的上帝！一切都多么简单，
　　直到有一天，
　　鲜红的颜色在我眼前战栗：屠杀
　　成千上万的敌人。
　　欢笑吧！来自古老海洋的歌声，
　　在薄暮中歌唱：雅典！加利利！
　　精灵的声音从黯淡的灯光中呼喊：
　　　　"晚安！晚安！
　　　　晚安！晚安！晚安！"

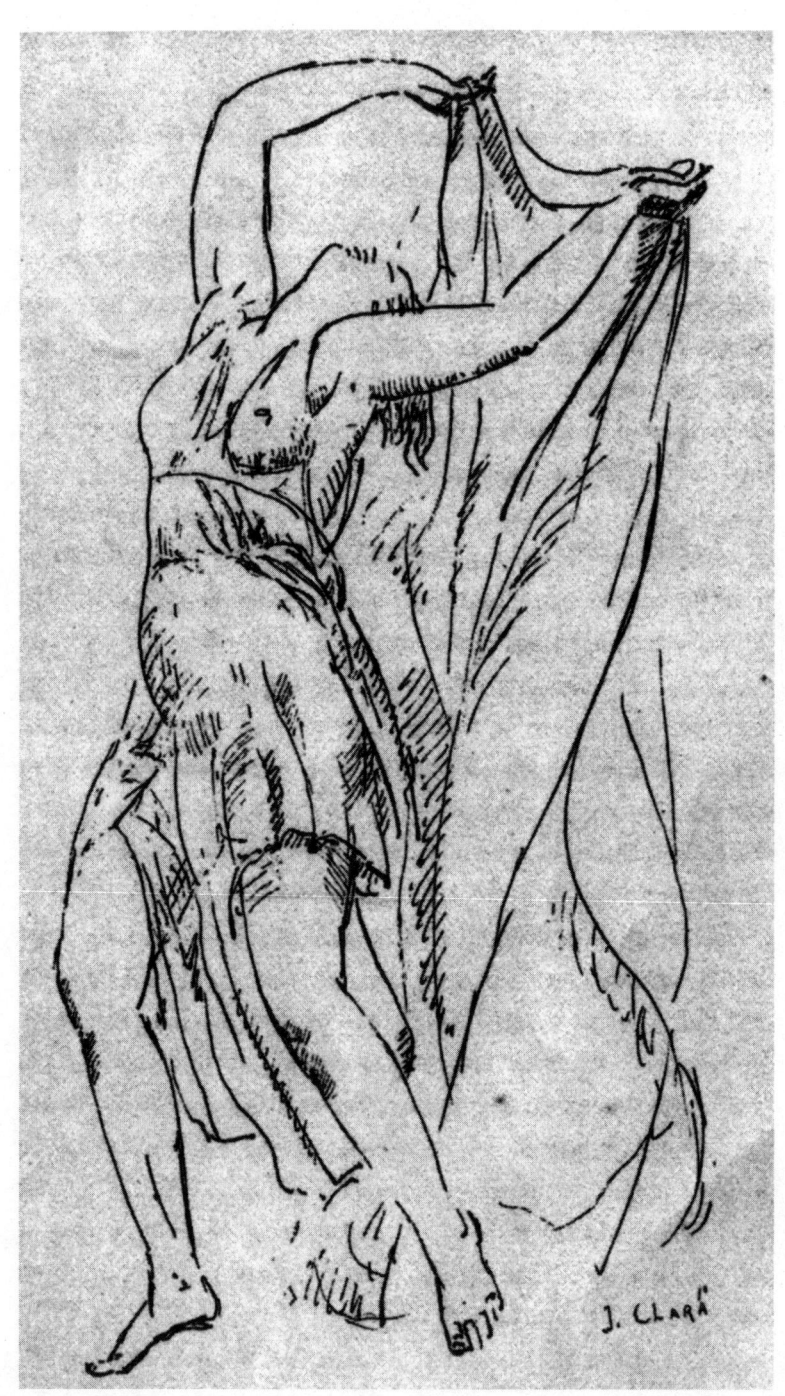

邓肯舞蹈时的画像

第三十章　对美国舞蹈的思考

1917年初,我在大都会歌剧院演出。我和其他人一样,相信全世界的解放、再生和文明都依赖于同盟国赢得这场战争,所以每次演出结束时我就跳《马赛曲》,观众也全体起立。这场战争并不能阻止我举办理查德·瓦格纳的音乐会,我认为所有理智之士都会同意,在战时抵制德国艺术家是不公平的、愚蠢的。

在宣布俄国革命的那一天,所有热爱自由的人都满怀着希望的喜悦,那天晚上我在真正的革命精神的指引下跳了《马赛曲》,接着我又表演了《前进,斯拉夫》,其中有对沙皇的赞美诗,那一段我描绘成了皮鞭下被压制的农奴形象。

音乐与动作的对立或者不协调激起观众雷鸣般的掌声。

令人奇怪的是,在我的艺术生涯中这些绝望和反叛的动作是那么的吸引我。穿着红色紧身衣,我大跳歌颂革命的舞蹈,呼唤被压迫者拿起武器。

俄国革命的那天晚上,我跳舞时感到一阵极其剧烈的兴奋。我的心与那些人类历史上的苦难者一起跳动。怪不得洛一晚接一晚地坐在他的包厢里看的时候,终于心里会有些不安,或者他会问自己资助的优雅美丽的学校会不会变成一件危险的事物而把他和他的百万家产全部毁掉。但是我的艺术冲动太强烈了,我甚至不能为取悦我的爱人而控制它。

洛为我在雪莉酒店举办了一个招待会。招待会从晚餐开始,在精心制作的晚餐中穿插了舞蹈。在这样一个场合,洛送给我一条钻石项链。我从不戴任何珠宝,但他似乎非常高兴我允许他把项链戴在我脖子上。直到第二天早上,客人们已经喝了几加仑的香槟,我的头脑由于一时高兴和酒酣耳热而变得轻飘飘起来,我产生了教一个英俊小伙跳阿帕奇探戈舞的倒霉念头——按照我在布宜诺斯艾利斯见过的方式跳,突然感到我的手臂被另一双铁钳大手抓住了，我看到洛暴怒的脸。

这是唯一一次戴这串倒霉项链。这一事件不久之后，在另一次盛怒中洛消失了，留给我的是巨额的饭店账单和我的学校的开销。在向他苦苦求助无效之后，这串钻石项链就被送到当铺，后来我再也没见过它。

在演出活动的季末，已经不可能再开展任何演出了，这时我发现自己被困在了纽约，身无分文。幸运的是我的财产中还有一件貂皮大衣和洛从一个在蒙特卡洛输得精光的印度土帮主的儿子手中买的漂亮绿宝石。据说绿宝石曾被一个著名的偶像戴在头上。我把貂皮大衣卖给了一个著名的女高音歌唱家，绿宝石卖给了另一个女高音歌唱家，然后在长滩租了一套别墅以度过夏天，把我的学生们安置在那里。我等待着秋天的到来，那时候才有可能开始赚钱。

由于我没有远见，曾一度有钱住别墅，我一点也没考虑过未来。当我几乎身无分文时，应该变聪明些，把卖大衣和卖珠宝的收入投资到股票和债券中，但是我没想到这一点，我们在长滩度过了一个愉快的夏季，如往常一样招待艺术家。在宾客当中有一位和我们待了几个星期的小提琴家伊塞亚，在这小小的别墅里，从早到晚他那优美的小提琴旋律给我们带来了快乐。我们没有排练房，就在海滩上跳舞。为了向伊塞亚表示敬意，还举办了特殊的庆祝活动，他高兴得像个孩子。

度过了这个愉快的夏天返回纽约后，我发现又没钱了，过了心烦意乱的两个月后我便接受了到加利福尼亚演出的合同。

在巡回演出过程中，我发现自己就在家乡附近。在我到达之前，我就听到了报纸上刊登了罗丹的死讯。想到再也见不到我最好的朋友了，我就不由得泪流满襟。看到在奥克兰火车站台上等着采访我的记者，我不想让他们见到我哭肿的眼睛，就在脸上罩上黑纱，这使他们第二天的报道中说我故作神秘。

自从我离开旧金山算起，我伟大的冒险已经有22年了，你可以想象当我回到家乡时的激动心情，一切都在1906年的地震和火灾中变了模样，因此一切事物对我来说都是新鲜的，我几乎都认不出了。

尽管哥伦比亚剧院里挑剔、不在乎钱的观众非常友好，也欣赏我的表演，批评家们也是这样。但我一点不满意，因为我喜欢在众多的人中间跳舞。当我向希腊剧院提出这个要求时，被拒绝了。我从不知道被拒绝的原因，不知道是我的经理的策略需要或者是某种我无法理解的恶意。

在旧金山，我又见到了多年未见的母亲，由于一种难以解释的思乡病，她拒绝到欧洲去住。她看上去非常苍老，思虑过多而憔悴。一次我们到克里弗餐馆吃午餐，从镜子里看着我们自己，我忍不住把我那忧伤的脸和母亲那憔悴的面容与 22 年前满怀希望地去寻找名誉和财富的两个具有冒险精神的精灵比较了一下。两者都找到了——为什么结局这样悲惨？也许是在这令人不满意的地球上生活的自然结果，这里最初的条件就是对人类不利的。在我的生活中我遇到过许多伟大的艺术家和非常聪明的所谓成功人士，但没有一个人可以说是幸福的，尽管有些人为他们的成功而虚张声势地吓唬人。在面具后面，明眼人可以预测到同样的忧虑和痛苦。也许这个世界上所谓的幸福根本就不存在，只有片刻的快乐。

就在我停留在旧金山并遇到我音乐上的孪生灵魂——钢琴家哈罗德·波尔时，我体会到了这种快乐。我十分惊讶和高兴，他说我比起舞蹈家来更像一个音乐家，他说我的艺术教他领会了巴赫、肖邦和贝多芬作品深奥的含义，否则他根本不能理解。后来几个奇妙的星期里，我们进行了非常绝妙的艺术合作，就如他告诉我，是我向他洞开了他艺术的秘密，他向我展示了我做梦都想不到的表演方式。

哈罗德过着一种精致的、理智的生活，远远在凡夫俗子之上。不像别的音乐家，他的领域不只是限于音乐，而是包含对所有艺术的高雅欣赏和广阔的知识面，比如诗歌以及深奥的哲学。当两个同样高度的艺术理想的爱好者相遇，他们当然就陶醉其中了。一连几天我们都深深地沉浸在不饮自醉中。穿过每一根神经，颤抖的、汹涌澎湃的希望，当我们的目光在希望的实现中相遇时，我们经历了强烈的喜悦以至于竟像痛苦时一样发出喊叫："你也感觉到肖邦的这一段乐章了吗？""是的，是那样，甚至更多。我要为你创造出表现它的动作。""噢，知道了！我要为你演奏。""噢，多么高兴——简直是至高的快乐！"

我们这样的对话不断地上升到我们共同崇拜的音乐方面。

我们一起在旧金山的哥伦比亚剧院同台演出，我认为这是我事业中最令我高兴的一次活动。与哈罗德·波尔的相遇使我再次进入光明与灿烂的美妙气氛中，这种感觉只有与这样一个心灵的明灯相结合才能产生。我希望能一直这样持续下去，我们也许能共同发现一个全新的音乐表达的领域。但是，我没有估计到实际情况。我们的合作迫于一种压力戏剧性地解散了。

在旧金山，我和一位杰出的小说家、音乐评论家莱德芬·梅森结成了朋友。在一场波尔的音乐会之后，我们一起用晚餐时，他问我在旧金山他能做些什么让我高兴。我回答要他许诺同意我的一个要求，不论用任何代价。他同意了，接着拿出一支笔，我写了一长篇对波尔音乐会的颂词，抄录了莎士比亚的十四行诗作为开头：

当你，我的音乐，经常奏乐于
被赐福的木头之上，它的声响
与你纤纤细手一起回荡……
我是否妒忌那些跳跃敏捷的寒鸦
亲吻你娇嫩的手掌？

然后结尾是：

既然莽撞的寒鸦乐此不疲，
把手指给它们，
让我亲吻你的双唇。

莱德芬非常窘迫，但他必须守约。当署着他姓名的评论文章第二天刊出时，他所有的同事都无情地取笑他对波尔的新的突然的感情。我好心的朋友淡泊地对待他们的取笑，并且当波尔离开旧金山之后，他是我最好的朋友和安慰者。

尽管坐满哥伦比亚剧院的挑剔的观众热情高涨，但是我的家乡对于支持我理想中的未来学校缺乏反响，我感到失望。他们已经有一群我的模仿者并已经有了几个模仿学校，他们似乎觉得很满意了，他们甚至认为我的艺术中更硬朗的东西可能会导致灾难。我的模仿者都学会奉承，如同嘴上抹蜜，到处散播我作品中他们喜欢的部分并称之为"和谐与美丽"，但却忽略了硬朗，事实上，忽略的是主要的和真正的意义。

出于对美国预言般的热爱，惠特曼曾说"我听到美国在歌唱"，我能够想象惠特曼所听到的伟大的歌声，是来自于太平洋的波涛，越过大草原，是所有孩子们、年轻人、男人和女人歌唱民主的巨大合唱。

当我读到惠特曼的诗，我也有一种理想——美国在舞蹈，跳着体现惠特曼所听到的歌声的有价值的舞。音乐里有令人兴奋的旋律，有落基山脉的节奏和曲线。它与爵士乐色情的轻快的节奏毫无关系：它就像努力向上的美国灵魂的颤动，通过劳动得到和睦的生活。通过这个舞蹈我设想的不是狐步舞或者查尔斯顿的痕迹——而是孩子向高处，向着他们未来的成就，向着未来生活的伟大幻想活泼的跳跃，这才能够表达美国。

当人们称我的舞蹈为希腊舞时，它常令我微笑——但有时是讽刺性的，因为我自己意识到它的起因，是我的爱尔兰祖母常告诉我，她和我祖父在1849年坐着四轮马车穿过大草原的故事中——她18岁、他21岁，在一次著名的和印第安人的战斗中她的孩子是如何出生的，最后当印第安人被打败时，我祖父把头从四轮马车的门伸进去，手里还提着冒烟的枪，来问候他的新生儿。

当他们到达旧金山后，我祖父建了第一批木屋中的一间，我记得我还是小姑娘时参观过这间房子，而我祖母思念爱尔兰，常常唱爱尔兰歌，跳爱尔兰快步舞，我想象在这种爱尔兰快步舞中潜入了一些开拓者的英勇精神和与印第安人战斗的气概——也许有一些印第安人自己的动作，其次，还有一些祖父托马斯·格雷上校从内战凯旋哼唱的扬基歌。所有这些，祖母都用爱尔兰快步舞表现出来，我从她那儿学会，又加入了一些我自己的年轻美国人的精神，最后我伟大生活的精神意识就源自沃尔特·惠特曼的诗行。这就是我散布到全世界的所谓希腊舞的原型。

这就是原型——这根源——但后来来到欧洲，我有三个了不起的大师，这三位20世纪的舞蹈先锋就是——贝多芬、尼采和瓦格纳。贝多芬以有力的节奏创造了舞蹈，瓦格纳创造了雕塑式的舞蹈，尼采则是在精神方面创造舞蹈。尼采是第一个起舞的哲学家。

我常常在想那个听到惠特曼歌唱的美国作曲者在哪里,谁愿意为美国舞蹈创作不包括爵士乐的真正音乐——节奏不是来自腰部以下,而来自太阳穴神经,这灵魂的暂时住处,上升到伟大天空下的星条旗,这天空横跨从大西洋开始,跨过大草原,越过内华达山岭,翻过落基山脉到达太平洋的广阔土地。我恳求你,年轻的美国作曲者,为舞蹈创造音乐,能表现沃尔特·惠特曼的美国的音乐——亚伯拉罕·林肯的美国。

我感到可笑的是每个人都相信爵士节奏表现了美国。爵士节奏表现了最早的原始部落。美国的音乐应该有所不同,它还没有创作出来,没有作曲者抓住了美国的节奏——它对大多数人的耳朵来说都太强烈了。但在某一天它将从广袤的土地中喷涌而出,从广阔的天空中倾泻而落,美国将在伟大的音乐中得到表现,把美国从混乱形成和谐,长腿苗条的男孩和姑娘们将伴着音乐起舞,不是查尔斯顿舞摇摇欲坠、猿人似的抽搐,而是一个惊人的、巨大的上升运动,升至超过埃及的金字塔,到希腊的巴台农神庙之外,是一种不为现代文明所知的美和力量的表现。

这种舞蹈将没有芭蕾舞空洞的卖弄风情,或者黑人淫荡的抽动。它将是纯洁的。我看到美国在舞蹈,她一只腿高高地站在洛基山之巅,她的手从大西洋伸展到太平洋,她漂亮的脑袋高扬在天空中,她的前额上戴着万星闪耀的皇冠。

荒唐的是他们在美国的学校鼓励瑞士体操和芭蕾的所谓形体文化。真正的美国风格永远不能是芭蕾舞蹈。对于这种流派中装模作样的高贵和脚夫舞步来说,在美国风格中,腿太长了,身体太柔软了,精神太奔放了。所有伟大的芭蕾舞蹈家都是骨架小的短小女人,这已是臭名昭著了。一个高大体格好的妇女是永远不能跳芭蕾舞的。最能表现美国风格的舞蹈者是不能跳芭蕾舞的。用最恶作剧的想象力你也不能想象出自由女神跳芭蕾舞。那么为什么在美国要接受这样的学校呢?

亨利·福特表达了福特城所有孩子都要跳舞的愿望。他不赞成现代舞,而是说,让他们跳老式的华尔兹、玛祖卡舞和小步舞。但老式的华尔兹舞和玛祖卡舞表现的是一种羸弱的伤感和浪漫,我们的年轻人已经超越了这些，小步舞则表现的是路易十四时代和鲸骨裙时代朝臣们虚情假意的奴性。这些动作与美国自由的年轻人有什么关系呢？难道福特先生不知道动作与语言一样，都是富于表现力的吗？

为什么我们的孩子要在琐屑、奴性的小步舞中弯下他们的膝部，或者在华尔兹虚假伤感的迷宫中旋转呢？宁愿让他们大踏步、飞跃、跳动、扬起头、张开双臂去跳我们开拓者的语言，英雄们的刚毅、政治家的正义、仁慈和纯洁，以及母亲发自内心的爱和温柔。当美国的孩子跳这样的舞蹈时，他们将会成为美丽的人，不愧于伟大的民主称号。

这将是美国的舞蹈。

第三十一章 巫师的预言

我的生活似乎是缀满珍贵珠宝的金色传奇，一片鲜花盛开的田野，每一时刻都洋溢爱和幸福的明媚的清晨，我难以表达我生活的喜悦和快乐，我的学校的设想似乎是天才的光芒，我的学校是一个伟大的成功，我的艺术复活了；但在其他一些时候，当我回忆自己的生活时，我只觉得极度的厌恶和极端空虚。过去似乎是一系列灾难，未来肯定是一种祸患，我的学校是从疯子大脑中窜出来的幻觉。

什么是人类生活的真理，谁能发现它？上帝自己都感到困惑。在所有的痛苦和喜悦中，在污秽和闪光的纯洁中，在充满地狱之火的肉体中，在这闪耀着英雄主义和美的同一副肉体中——真理在哪里？上帝知道，或者魔鬼知道——但我怀疑他们都感到迷惑。

所以，在一些充满想象的日子里，我的大脑就像一块有色玻璃，透过它可以看到漂亮的和神奇的美——奇异的形状和丰富的色彩；在另外的日子里，我仅仅透过阴暗的、灰色玻璃窗看到被称为生活的一堆昏暗灰色的垃圾。

如果我们能像潜水员海底捞珍一样潜入我们自身打捞我们的思想该有多好——在我们潜意识深处沉默关闭着的牡蛎中的珍珠。

经过为保持我的学校的完整的长期斗争之后，我孤独，痛心，沮丧，想搬回巴黎，在那里才有可能依靠我的能力赚些钱。后来玛丽从欧洲回来，从比尔特摩给我打了电话。我告诉她我的困境，她说："我的好朋友戈登·射弗里奇明天要离开。如果我求他，他肯定会给你弄一张票。"

我对待在美国进行的挣扎和遭遇的心碎感到困倦了，于是高兴地接受了这个主意，并于第二天早上从纽约乘船离开。但不幸却跟踪而至，第一个夜晚，在甲板上散步，由于战时条件有限到处一片漆黑，我掉进甲板的一个空隙里，大约有15英尺深，伤得很重。戈登·谢弗里奇非常豪爽地把他的舱房让给我用，还给了我他的友谊，是那么好心、可爱。我向他描述了我第一次见到他的情景，那是20多年前，一个饥饿的小姑娘向他赊欠了一件衣服用来跳舞。

这是我第一次与一个敏于行的君子接触。我很惊讶，与我以前结识的艺术家和梦想家相比，他对生活的看法是多么的不同——他也许是另外一种性别，因为我猜想所有我爱的人都有明显的女人气质。那些与我有友谊关系的男人们总是或多或少有神经衰弱，不是沉溺于深深的忧虑要不就是借酒来获得一时的快乐，只有谢弗里奇有非常与众不同的、平静的快乐。正是他的滴酒不沾使我非常吃惊，因为我从未意识到有人能从生活本身找到快乐。似乎对我来说只有未来通过艺术和爱情才能偶尔把握住稍纵即逝的快乐，只有这个男人从现实生活中找到了幸福。

当我到达伦敦时，我的摔伤仍然没好，也没有钱继续去巴黎了，所以我在杜克大街租了一间房，然后给在巴黎的朋友都发了电报，但都没有回音，也许是因为战争的缘故。我度过了几个可怕的、郁郁寡欢的星期，完全束手无策。我孤孤单单，重病在身，没有一分钱，学校被破坏了，而且战争似乎要无止境地继续下去，我常常晚上坐在漆黑的窗前看空袭，我希望一颗炮弹落在我身上结束我的痛苦。自杀是那么的吸引人，我经常想到自杀，但有种东西总把我拉回去了。当然如果自杀药丸在药店里像预防药一样公开出售的话，我想所有国家的知识分子都将在被痛苦征服后，在一夜之间消失。

在绝望中我发电报给洛，但没有回音。一个经理曾为我的学生安排过几场演出，这些学生想在美国寻求他们的事业。他们后来以"伊莎多拉·邓肯舞蹈团"的名义巡回演出，但没有给我一点巡回演出的收益，我发现自己到了山穷水尽的地步，直到有一天我遇到了法国驻伦敦大使馆一位好心的工作人员，他来救了我并带我去巴黎。我在德奥赛大饭店订了一间房，靠借高利贷支付必需的费用。

每天早上5点我们就被轰炸机残忍的隆隆声惊醒，这是不祥的一天的开始曲，然后不断地有可怕的消息从前线传来。死亡、流血、屠宰充斥着可怕日子，到了晚上又响起空袭的警哨声。

这些日子里一段亮丽的回忆是一天晚上在一个朋友的家里遇到著名

的"王牌"加霍斯,那晚他弹奏着肖邦的曲子而我跳着舞,然后他又步行从帕希送我到德奥赛码头。当时正有空袭,就在空袭之下,我在协和广场上为他跳舞——他坐在喷泉池边为我鼓掌,他那忧伤的黑眼睛在爆炸的火箭的火光映照下,闪闪发亮。那天晚上,他告诉我他希望死去。不久以后,英勇天使把他带走了——从他不喜欢的生活中带走了。

日子过得沉闷单调。如果能做护士,我会很高兴,但我意识到过多体力劳动也是无用的,要求干护理工作的人排成了长队。所以我想仍回到我的艺术中,尽管我的心是那么沉重,但我想知道我的双脚是否还能承受。

有一首我喜爱的瓦格纳的歌《天使》说的是一个精灵忧伤凄凉地坐着,来了一个光明天使。这个天使走向我,在那黑暗的日子里,当一位朋友带着钢琴家沃尔特·拉默尔来看望我的时候。

当他进来时,我想他就是年轻的李斯特从画框上走下来——那么高、苗条,高高的前额上有一绺闪亮的头发,眼睛就像清澈的闪闪发光的井水。他为我演奏。我叫他"我的大天使"。我们在剧院的大厅里工作,这是莱热内仁慈地让我使用。在轰炸机的隆隆声中和四处传播的战争消息之间,他给我演奏李斯特的《上帝在荒野的思索》,圣方济对鸟儿说话,而我受他演奏的鼓舞创造出了新的舞蹈,舞蹈包含了祈祷、甜蜜和光明,我的精神又恢复了活力,被他手指弹奏出的神圣的旋律拉了回来。这是我生活中最神圣最微妙爱情的开始。

从未有人像我的大天使一样弹奏李斯特,因为他有幻想。他看得见乐谱之外真正的狂热的含义,而狂热每天只与天使对话。

他总是温柔、甜蜜的,激情也在燃烧着他。他带着狂放不羁的热情来演奏。他的神经消耗着他,他的灵魂在反抗。他不是以年轻人本能的热情屈从于激情;相反,他的厌恶与不可抗拒的感情一样明显地占据着他。他像一个在燃着煤的火盆上跳舞的天使。爱上这样一个男人是危险和困难的。对爱情的厌恶很容易转变为对主动追求者的憎恨。

通过接近一个人的肉体外壳而发现他的灵魂是多么奇怪和可怕——通过他的肉体外壳找到快乐、感觉、幻觉。啊!特别是——被男人称为幸福的幻觉——通过肉体外壳、通过表面现象——幻觉——找到被男人们称为爱情的东西。

读者一定记得回忆录记叙了我多年的生活。每一次新的爱情来临，以恶魔或者天使或者笨蛋的形式，我都相信这是我唯一久久等待的，而且将是我生活的最后复活之道。但我猜想爱情总是带着这种信念而来的。我生活中的每一次爱情都可以写成一篇小说，而它们总是以悲剧结束。我总是等待着能有好结局的爱情，并且直到永远永远——像一部乐观的电影一样。

爱情的奇迹是演奏时千变万化的主旋律和调子，而一个男人的爱与另一个的相比其不同之处就像听贝多芬的音乐与普契尼的音乐一样，而对那些音调悦耳的演奏者心有灵犀的乐器是女人。我想只结识一个男人的女人就像只听过一个作曲家作品的人。

当夏季逐渐到来时我们在南方找了一个幽静的休养地。就在菲哈特岬的圣让港口附近的一个几乎无人住的饭店里，我们把排练房设在空荡荡的汽车库里，然后每天从早到晚他演奏天籁之音而我则跳舞。

一个多么幸福的时刻来到我身旁，我的大天使令我快乐，周围是大海，生活在音乐中，就像天主教徒死后升入天堂的梦一样。生活就像一个钟摆——痛苦越深，欣喜越大——每一次越陷入悲伤都会被越入更大的快乐中。

我们时而走出休养地给不幸的人做义演，为伤员举办音乐会，但绝大多数时候只有我们俩，通过音乐和爱情，通过爱情和音乐——我的灵魂停驻在无比的幸福中。

在一座别墅附近住着令人尊敬的神父和他的姐姐哈尔迪女士。他曾是南非的一个白衣修道士。他们是我们唯一的朋友，我常常为他们跳李斯特发自内心的和神圣的舞蹈。但当夏季逐渐过去的时候，我们在尼斯找了一个排练房，后来，当宣布停战时，我们返回了巴黎。

战争结束了。我们看着胜利的队伍穿过凯旋门，我们喊道："世界得救了。"此时此刻我们都成了诗人，但是，天啊，当诗人醒过来为他的爱人寻找面包和奶酪时，整个世界都醒过来去找生活必需品。

我的大天使拉着我一起去了贝拉维。我们发现所有的房子都被摧毁了。我们还想，为什么不重建起来呢？然后我们自欺欺人地花了几个月的努力为这不可能完成的工作寻找资金。

最后我们确信这工作不可能进行下去，就接受了法国政府的合理报价，法国政府的主意是把这个大房子建成为下一次战争产生窒息气体的工厂。在看到我的酒神殿变成一座伤员医院后，我注定最后要放弃它，让它变成一个生产战争器械的工厂。失去贝拉维似乎是一个巨大的悲哀——贝拉维——这风景是那么的美丽。

当交易最后完成而钱到了银行时，我在庞培大街买下了从前是贝多芬住所的房子，在这里建起了我的排练房。

我的大天使有一种非常细腻的同情心，他似乎感受到所有使我心情沉重、夜不成寐、泪湿枕畔的痛苦。在这样的时候，他用充满爱怜、闪闪发亮的双眼凝视着我，使我的精神得到了安慰。

在这个排练房里我们俩人的艺术不可思议地融为一体，在他的影响下我的舞蹈变得更超凡脱俗了。他第一个激发我领略了弗兰茨·李斯特作品的全部精神含义，以他的音乐我们组成了一台独奏音乐会。在贝多芬住所的幽静的乐室中，我开始在运动中和灯光下研究一些伟大的壁画作品。

在那里我们度过了神圣的时光，占据我们的神秘力量支持着我们共同的灵魂。常常我跳舞他演奏，当我抬起手我的灵魂就从我的体内升起，在圣杯银色的旋律中久久地飞翔，好像我们已经创造出一种独立于我们之外的精神实体，而且，当声音和姿势归于无限，另外一个回答从苍穹中回荡过来。

当我们的精神在爱的神圣力量中是那么协调，我相信从音乐瞬间的精神力量上来说，我们是站在另一个世界的边缘。我们的观众感受到了合二为一的这种力量，而且剧院里经常有一种我以前从不知道的精神紧张气氛。如果我的大天使和我继续进行这些研究，毫无疑问我们可能会自发地创造出具有这种精神力量的动作，给人类带来一种全新的启示。可悲的是世俗的激情会结束对这种无比高尚的美的神圣追求。因为，正如传说中的一样，一个人永远不满足，给恶魔打开了门，招致了各种各样的麻烦，我不再满足于追求我找到的幸福，回到重建我的学校这个夙愿中，后来，我给在美国的学生发了电报。

他们来了后我召集了几个好朋友,对他们说:"让我们一起去雅典,然后去瞻仰卫城,因为我们也许会在希腊建起一所学校。"

一个人的动机是多么容易被曲解啊!一个作者在《纽约客》杂志(1927)上把这次旅行描述为"她的奢侈是无边无际的。她举办了一个家庭舞会,然后从威尼斯开始,出发到雅典去了"。

我的天哪!我的学生都到了,年轻、漂亮、颇有成就。我的大天使看着他们——然后醉倒了——钟情于一个女孩。

如何描绘我的这次爱情大磨难的旅程呢?我第一次发现他们有感情是在海滨浴场的伊克塞西奥饭店,我们在那里停留了几个星期,在去希腊的船上我更加确信了,而且这种信念最终破坏了我欣赏卫城月景的兴致——这些都是爱情磨难的地点。

我们到达雅典后,学校的所有一切都似乎很顺利。通过好心的维尼塞洛斯,我们可以使用扎佩恩剧院,并在里面设了排练房,我每天早上和学生们在这里工作,努力激发他们用舞蹈体现卫城的价值。我计划为大型露天场地的酒神狂欢节训练上千个孩子。

我们每天都去卫城,回忆起1904年我第一次来参观,现在看到我年轻的学生们的表演,至少部分实现了我16年前在这里所萌发的梦想,真是非常感人的一幕。现在一切事物似乎都显示着战争已经结束了,我能够在雅典建起我苦苦追寻的学校。

从美国来的学生有着明显的虚假和矫揉造作的动作,使我很不高兴,但是,在雅典灿烂天空下,在群山、大海和艺术的激发下,他们都洗净了坏毛病。

画家爱德华·斯坦肯是我们的成员之一,在雅典狄俄尼索斯剧院画了许多可爱的画,这些画隐约地预示出我渴望在希腊创造出来的灿烂的幻想。

我们发现卡帕诺斯成了一堆废墟,住着牧羊人和他们成群的山羊,但没有什么能吓倒我们,我很快决定清扫地面,重建房屋。工作立刻开始,多年积聚的垃圾被清扫干净,一个年轻的建筑师接下了安装门窗和屋顶的任务。我们在高大的起居室里铺了一块跳舞用的地毯,并且把豪华的钢琴也搬来了。每天下午,伴着太阳在卫城后面落下的美景,和从海上折射而来的柔和的紫色与金色的光线，我的大天使为我们演奏有魔力的鼓舞人心的音乐——巴赫、贝多芬、瓦格纳和李斯特。在有些凉意的晚上，我们就头戴着从街头雅典小男孩那里买来的可爱的白色茉莉花环，溜到费拉伦海边用晚餐。

我的大天使，在这群戴着花冠的姑娘中间，就像帕西发尔在康德里的花园中一样，我开始注意到他的眼里有一种新的表情，一种更世俗的表情。我曾经想，我们的爱情从理智和精神上都是那么牢固，以至于在几个星期之后我才发现真相，他那闪亮的翅膀已经变成能够抓住和举起一个仙女的热烈手臂。我所有的经验对我都没有用，而这次对我是一个可怕的打击。从此，一种令人不安、可怕的痛苦占据着我，我全然不顾自己，开始观察他们日益加深的爱情。令我吃惊的是，我感觉到内心有时唤醒了一个近似谋杀的罪恶念头。

一天黄昏，当我的大天使——他越来越像凡夫俗子——刚好结束了伟大的《神祇的黄昏》进行曲，最后的一个音符消失在空中，似乎融入了紫色的光线，从海米特斯反弹回来又照亮了大海，这时我突然看见他们相遇的目光，在鲜红的落日中闪烁着相同的爱慕。

看到这些，一阵狂怒的痉挛占据着我，它是那么的强烈以至于我感到十分害怕。我转身走开了，整个晚上我都徘徊在海米特斯附近的山脚，被一种失的狂怒控制着。当然在我的生活中我早已经知道绿眼魔的毒牙会引发极大的痛苦，但从不像我现在感受到的感情那样深深地占据我的心灵。我爱他们，但同时，也恨他们，这种经历使我更同情和理解因为妒忌而受到难以想象的痛苦折磨而杀掉爱人的不幸者。

为了避免灾难的发生，我带了一小队学生，以及我的朋友爱德华·斯坦肯，沿着风景美丽的山路穿过古底比斯来到凯尔西斯，在那里我看到了金色的沙滩，想象起尤比亚的姑娘们翩翩起舞，庆祝伊芙琴尼亚倒霉的婚礼。

但是，此时希腊所有的繁荣也不能驱散占据我心头的地狱般的恶魔，这恶魔不断地把留在雅典的那两人的画面充斥着我的大脑，撕咬着我的肌体，像酸液一样腐蚀我的大脑。当我们返回时，看到他们在卧室窗前的阳台上，散发出青春和默契的火花，更使我感到痛苦。

第三十一章 巫师的预言

我无法理解这样的鬼迷心窍，但此时，它使我陷入情网中，就像猩红热和天花一样无法逃避。尽管如此，我仍然每天教学生并继续计划着在雅典的学校，一切似乎都在向学校招手微笑。维尼塞洛斯部长对我的计划非常赞同，并且雅典的群众也非常热情。

一天我们被邀请参加一个在运动场举行的纪念维尼塞洛斯和年轻国王的大型游行活动。五万群众还有整个希腊宗教界参加了游行活动，当年轻的国王和维尼塞洛斯进入运动场时他们得到了热烈的掌声。一队主教身穿锦缎长袍，绣着全线，在阳光下闪闪发光，是一道令人惊异的风景。

当我随意披着披风进入运动场时，后面跟着一队活生生的塔那加拉形象，快乐的康斯坦丁的麦勒斯走上前来给我戴上一顶桂冠，说：

"你，伊莎多拉，又一次给我们带来菲迪尔斯永恒之美和希腊的伟大时代。"我回答："啊，帮助我去培养上千个优美的舞蹈家，在这个运动场里跳起灿烂的舞，让全世界的人都带着惊奇和惊喜注视他们。"

当我结束这番话时，我注意到大天使正高兴地握着他心爱人的手，这次我感到心平气和了，在我伟大的理想面前，感情是多么渺小，我想通了，并带着爱意和原谅，向他们微笑。但这天晚上，在阳台上，我看着他们头挨着头，月亮衬出他们的剪影，我再一次屈从于这种褊狭的人类感情，它令我万念俱灰，一个人到处徘徊，思考着从巴台农神庙的一块岩石上像萨福一样纵身一跃，结束自己的生命。

语言无法形容这种吞噬着我的感情折磨，而我周围温柔的美更增强了我的不悦。这种处境似乎没有出路。这种世间感情的纠葛，能使我们放弃一个永恒的音乐合作计划吗？我不能把我的学生送出她成长于斯的学校，也不能每天看着他们的爱，忍住我极度的懊恼，这是不可能的。事实上，这是一条绝境。只剩下超脱一切，达到精神高度的可能性了。但是，尽管我闷闷不乐，持续的舞蹈练习，山里的长时间旅行，每天在海里潜泳使我大开胃口，并且使我有一种难以控制的世俗的强烈感情。

我就一直这样，同时也努力教授我的学生美、平静、哲理和和谐，我的内心在巨大痛苦的攫取中翻腾着。这样的处境最后会怎样，我不知道。

我唯一的办法就是假装出一副高兴得夸张的样子，每天晚上在海边吃晚饭时，试图把我的痛苦都淹没在希腊易醉的酒中。也许还有更好的办法，但我找不出这样的办法。无论如何这是我唯一可悲的人生经历，我努力把它们遗忘在这里。不论它们是否有价值它们也许能像一本指南，告诉他人"不可为之"。但也许每个人都以他们的方式寻求逃避他们的灾难和痛苦。

这种使人无法忍受的处境被一个奇怪的命运的打击结束了，起因是一只恶意的小猴子咬了一口这样的小事，这一口却被证实对于年轻的国王是致命的。

他在生与死之间徘徊几天之后，悲伤地宣布了他的死讯，导致了一场暴动和革命，以至于维尼塞洛斯和他的同志又一次离开，并且我们顺带也要离开，因为当我们被邀请到希腊时，是作为他的客人，我们也成了这种局势的政治牺牲品。我所有的要用在重建卡帕诺斯和安排排练房的钱都失去了，我们被迫放弃在雅典建学校的梦想，乘船经罗马到达巴黎。

1920年的最后一次参观雅典，后来回到巴黎再次经历痛苦以及与我的大天使和学生分别，是多么奇怪、痛苦的记忆。尽管我感觉到是这些磨难的殉难者，她想的似乎正好相反，还责备我对整个事情的感受和我的缺乏顺天从命的思想。

当最终我发现自己孤独地待在庞培大街的房子里，贝多芬住所也为我的大天使的音乐准备好了，我无语地绝望了。我再也不能忍受看着这间屋子，在这里我曾经是那么幸福，我实在是想从这儿、从这个世界飞出去，因为在这里，我相信这个世界以及爱情对我来说都已经死了。一个人的一生中有多少次下这样的结论啊！然而，如果我们能看到下一座山，有一个充满鲜花和幸福的山谷在等待着我们。我特别憎恨这种许多妇女所下的结论，即40岁以后，一种尊贵的生活将排除所有的性爱。噢，这是多么大的错误！

通过不可思议的人生之旅去感受肉体的生命力是多么奇妙啊！从最初的羞怯、畏缩、纤细女子变成了一个强壮的女子。缠着葡萄藤狂饮的女人浑身浸透了酒，在色情狂者的行动中软软地无力抵抗地倒下，并生长、展开；软弱肉感的身体在膨胀和增长，胸脯对最脆弱的爱的激情是那么的敏感以至于迅速把欢娱传送到整个神经系统；爱情现在长成了盛开的玫瑰，它鲜艳的花瓣在猎艳者面前猛然闭合了。我活在我的肉体中像一个云中的精灵———一朵充满玫瑰般火焰和妖娆反应的云。

总是歌唱爱情和春天是多么的胡闹。秋天的色彩更灿烂、更丰富，秋天的快乐更是千倍的强烈、了不起和美丽。我多么同情那些可怜的妇女，她们那些苍白、狭隘的信条妨碍了她们从爱的秋天中获得华丽的、慷慨的礼物。我曾是怯懦的牺牲品，后来是一个放肆的酒神的女祭司，但我现在淹没我的爱人就像大海淹没了一个冒险的游泳者，围住、打旋，用云和火的波浪包围他。

在1921年春天我收到从苏维埃政府发来的电报：

"只有俄罗斯政府理解你。到我们这儿来：我们将建起你的学校。"

这条消息从何而来？从阴间地狱？不——但是离那儿最近的地方。一个在欧洲代表地狱的地方——从莫斯科的苏维埃政府。看看四周我空空的房子，没有我的大天使、希望和爱情，我回电：

"是的，我将到俄罗斯，我将教你们的孩子跳舞，只有一个条件，那就是给我一间排练房和必要的资金来工作。"

回答是"是的"。因此某一天我发现自己正在泰晤士河的一条船上，离开伦敦去拉维尔，然后最终到达莫斯科。

在离开伦敦以前我去找了一个女巫师，她说："你正要进行一次长途旅行。你将会有许多奇怪的经历，你将会有许多麻烦，你将要结婚——"

但一听到"结婚"这个词．我笑着打断了她的话。我不是反对结婚吗？我将再也不会结婚。这女巫师说："等着瞧吧。"

在去俄罗斯的路上我有一种淡然的感觉，就像死后的灵魂到另外一个领域里。我想我已经把在欧洲的生活都永远地抛在身后了。我确实相信这种理想国度，就像柏拉图、卡尔·马克思和列宁曾梦想的那样，已经奇迹般地在地球上创造出来了。带着我所有的精力，带着我在欧洲实现我的艺术幻想的失望。我准备进入共产主义的理想领域。

我没有带服装。我想象自己将会身穿红色法兰绒罩衫度过余生，周围的同志也同样，衣着朴素，充满兄弟之爱。

当船在向北前进时，我回头怜悯地看到我即将离开的欧洲布尔乔亚式的古老制度和习俗，从今以后成为同志们中的一员，去实现宏伟的计划，为这一代人而工作。别了，旧世界的不平等，不公正和野蛮，你们使我的学校不可能建立起来。

当船最后到达时，我的心因兴奋而剧烈颤动着。为这个美丽的新世界而兴奋！为同志们的世界而兴奋！这是佛祖头脑中孕育的梦想；是在基督的教诲中回荡的梦想；所有伟大艺术家寄托最后希望的梦想；由列宁用魔力变为现实的梦想。我现在进入了这个梦想，我的工作和生活可能变成宏伟诺言的一部分。

再见吧旧世界！我将为一个新世界欢呼。

附：

未讲完的故事

谭继斌　编译

第一章　奔赴俄罗斯

1921年5月、6月、7月，巴黎新闻界出现了如下报道：

伊莎多拉很喜欢布尔什维克，尤其喜欢克里森。通过他，她得到了苏联赞助，在莫斯科为几千名儿童开办一所舞蹈学校。这位舞蹈家对法国报界说："如今的苏联是一个关心艺术和儿童的政府。我不再在巴黎从事自己的工作。我打算去俄国，在那里待上十年，把我的艺术奉献给俄国人民。我仰慕他们。他们也会为我提供一流的乐手，奉献无尽热情！"

当记者问及她害不害怕食物短缺时，伊莎多拉回答说："我害怕精神饥渴，但不畏惧身体挨饿。物质缺乏阻挡不了我向自己的理想迈进。实现这个理想是我毕生的梦想。"

这位著名的舞蹈家否认对政治感兴趣。她声明说，自己觉得，只有在俄罗斯，才能实现自己创立这类学校或舞蹈的理想，而这正是她梦寐以求的。她说："创立这样的舞蹈学校一直是我的梦想。在美国，无数的学校就是像我这样以不为人理解的方式创立起来的，教导学生们在舞蹈中不可以做的事。我想，美国更喜欢把我当外国人看，但我是个美国人。不过，一切值得称道的艺术家总是要遭到诽谤的。"

另一篇文章报道说：

伊莎多拉·邓肯说：我寻求精神的避难所。我也许会去俄罗斯，去实现我一生的梦想——拥有自己的剧院、管弦乐队，还有观众席。观众席不一定非得拘泥于座位。学生们不用付钱，就可以受教育。列奥尼德·克里森已邀请我去俄罗斯创建一所国立学校。我没有与之联系。我已联系得够多的了。7月1日，我会动身前往俄罗斯。

俄国人被误解了。也许他们没有充足的食物，但他们钟情于艺术。教育和音乐一定要对公众开放。我迫切地想去看看，这里是否是世界上不把商业主义崇拜凌驾于孩子的身心修养之上的地方。

也许我正在成为一个布尔什维克，但我毕生想的却是教学生，拥有学校和剧院，自由自在。美国也许会否认，但该国仍有童工，只有富人才看得到歌剧。美丽被剧院经理和电影巨头商业化了。他们想的只是钱、钱、钱。

苏联公共教育部部长罗纳切尔斯基会在俄罗斯为我安排好一切，接管芭蕾歌剧院，用作教育孩子们之地。我唯一确定的计划，是训练出一百个出色的芭蕾舞演员。这会花很长的时间。但我们可以在欧洲巡回演出，展示我们的工作成果。

邓肯小姐关闭了她在巴黎的房子，移往拉瓦尔。在这里，一辆布尔什维克专列奉克里森之命等候着她。

俄罗斯！俄罗斯！伊莎多拉早上睁开眼后首先想到的是俄罗斯，晚上闭上眼睛后最后想到的也是俄罗斯。她相信，在俄罗斯，一切假仁假义，一切不平等和不公平都已被消灭。社会上盛行的是融洽和睦与兄弟般的爱。俄罗斯在她看来就是乌托邦。

但是，伊莎多拉不分场合、不看对象、直言不讳地表达自己蔑视财富、讨厌婚姻和伪善，这却给她带来了不少麻烦。

伊莎多拉就要去俄罗斯，在那里会取得自己一生中最大的成功：那里的人民热爱她，邀请她去创办学校。过去，没人责备伊莎多拉所做的一切，但对她说的话却屡有微词。她的话往往被歪曲地理解，变或相反的意思。不过，现在这一切都会改变。她就要去一个新的国家。在那里，她可以自由地表达自己的感受和想法。那里是她最大的机会。她可以彻底告别过去的世界，欢呼新世界。

伊莎多拉推迟了离开巴黎的时间，等待从美国来的母亲，但她的船比预定的时间晚了很多。最后，伊莎多拉不得不和好友玛丽一起动身离开。她的母亲在她离开后才到。

玛丽和伊莎多拉是1901年认识的。两人成为莫逆之交，形影不离，共同经历了邓肯一生中许多重要的事件。

　　赶火车已来不及了，因为在伦敦的行李已准备好。伊莎多拉和玛丽坐飞机赶去。伊莎多拉的学生都留在伦敦。可是，当她赶到伦敦时，却非常惊讶地获悉其中一名学生决定回美国结婚，另外一个打算去巴黎，只有一个打算陪她去俄罗斯。这真是让她伤心不已，因为她还指望她们帮她一起创立新学校呢。但她还是尊重她们的选择，由她们自己决定去留。

　　伊莎多拉与这些女孩道别，加之没接到自己的母亲，不由得伤感不已，但她还是默默忍受了。幸运的是，还有时间充分准备。玛丽去找朋友戈登·谢尔菲拉吉帮忙，请求他为伊莎多拉及其学生和女佣提供必需的衣物、寝具和罐头食品。这名女佣虽然听说了许多关于俄罗斯的可怕传闻，但仍然坚持陪伊莎多拉一起去。所有一切物品在夜幕降临之前都装上了船。

　　伊莎多拉和玛丽紧张地忙碌了一整天，还忙里偷闲去拜访了一位预言家。伊莎多拉从不相信算命，认为这只不过是开玩笑罢了。预言家预言说，伊莎多拉将进行一次漫长的旅程，会遇到许多麻烦，担惊受怕，动荡不安。当她说到"有件事情我可以肯定，你会结婚"时，伊莎多拉完全失去了耐性。这对她来说真是够了，因为她从未结过婚。婚姻于她就如洪水猛兽。她们飞跑下楼去坐车，这名女预言家仍然追着伊莎多拉尖声叫喊："你会结婚的，你会结婚的，在一年内。"

　　汽车开动了，这场闹剧也被暂时忘却。伊莎多拉对自己的新计划狂热而执着。后来，她的学校建立了。几千名美丽的舞蹈演员演出第九交响曲，在贝多芬的杰作之翼上升华她们的灵魂。此时，伊莎多拉感到自己正前往天堂之路。那里充满友爱、仁慈和团结，没有陈规陋习，每个人都各取所需，孩子们都到上等学校就读。那里不会有什么来扼杀她的理想。为孩子们创办舞台艺术一直是她的梦想。事实上，也是她最后的梦想。她想通过训练来造就具有优美身材、和谐心灵，可以尽显自己美丽的人，再由她们去训练和发展其他孩子，直到世界上所有的孩子成为一个优雅高贵、和谐融洽而又幸福欢乐的舞蹈团。

　　伊莎多拉上了船后，两次跑下跳板去拥抱玛丽，依依不舍，嘴里直嚷：

"玛丽,你该跟我一起去。你该跟我一起去。为什么要待在这种悲伤烦恼的地方呢?"

玛丽答应她,只要她打声招呼,无论何时,无论何地,自己都会应招而来。伊莎多拉走了,玛丽孤单一人寂寞地伫立在伦敦的码头,心中感叹:伊莎多拉恐怕是一去不复返了。

后来,伊莎多拉把这次前往俄罗斯的经历告诉了玛丽,真可谓精彩纷呈。

在前往俄罗斯的路上,伊莎多拉感到自己就像正在涉过冥界的幽灵。她相信自己正奔向列宁创造的理想国度。欧洲残留的旧制已抛诸脑后。她要成为同志们中的一名同志,去追求人性之至善。

轮船到港,她高兴得心都快蹦出来了,那感觉就像正赶往忠烈祠的英雄。没有退缩,没有后路。她的脑中也从未有此念头。这一切永远不会。她仿佛看到几千名孩子茁壮成长,美丽迷人,互相紧拉着手,大步迈向"共产国际"。不过,拉瓦尔显然不是这类事情开始的地方,这里有太多的迷茫和无尽的官样文章。最后,在经历了一番拥挤和遭受极大冷遇之后,伊莎多拉、女佣和学生坐上了去莫斯科的列车。她们好歹得到了一袋黑面包和鱼子酱。那面包真让她们受不了,因为她们不习惯吃这种东西。不过,漫长而令人疲惫的旅程总算结束了。她们到达了莫斯科。

她的心又开始激动地跳动。她等了几分钟,好让接待的人确定她已到达了。随后,她走下火车,期待着被无穷的同志和孩子们的拥抱所吞没。她仿佛看到他们全都穿着红裙子,挥舞着红旗,欢迎她的到来。可是,事实上,根本没人留意她们。只有卫兵非常怀疑地盯着她们。她们十分害怕地进了候车室。

这一切跟伊莎多拉想象的有天壤之别。到处都是士兵,她感到好像又回到了战争之中。每个人都要受到审查,而自己的行李随时有丢了的危险。每个人看别人的眼神都充满怀疑。亲切和礼貌早被扔到了爪哇国。每个人都觉得自己与别人一样,有权随心所欲地横冲直撞。没人始终如一地干活,全都在卫兵周围走来走去。而卫兵则时刻警惕着,生怕会形成什么团伙。这里也不允许交易,各人干着自己的工作,如扛自己的包裹,尽可能照看好自己等。就在这地狱般的混乱之外,终于来了一位小个女士，用非常流利的英语问她是不是邓肯小姐。伊莎多拉回答说："我是邓肯同志。"那位女士说自己奉命带她们去旅馆，并问她们是否有许多行李。她们把沉重行李的发票给了她。她答应帮她们送去。然后，一行人挤上了一辆轻便马车。

不久，她们来到了一座非常黑暗、简陋的旅馆。这种旅馆伊莎多拉以前听说过，是莫斯科最传统的旅馆。旅馆里没有搬运工。那个小个子女人说以后再跟她们联系，便把她们丢在这简陋的地方走了。

伊莎多拉去看她们的房间，发现三个人只有一间房。她想一定是搞错了。随后，旅馆为她们提供了黑面包、鱼子酱和茶，便不管她们了。在革命时期，旅馆里所有的家具，还有私房，都贡献给了布尔什维克的中央商场，因此没有什么舒适的东西留下来给客人。她们睡的是三张小钢床，上面有块木板和席子一样的东西。幸运的是，她们有自己的床单和毛毯。

时间很晚了，她们都疲惫万分，决定上床睡觉。等到第二天早上，一切都会变美好的。她相信，对她们的接待一定是出了什么错。

她们刚吹灭蜡烛，尽可能舒服地躺在木板床上时，突然惊讶地听到叽叽的叫声和尖叫声，随后，房间里到处是细碎的脚步声。在她们放着残留的黑面包和鱼子酱的桌子那边，传来了跳上跳下的声音。她们害怕极了，点燃了蜡烛。但看到各个角落盯视的小眼睛，她们只有更加惊恐。她们没有丝毫迟疑，几乎是歇斯底里地跑了出去，但黑暗的走廊里空无一人，没人留意，也没人关心她们，事实上这里根本没人在乎她们。楼下的服务员已为她们指定了房间，提供了食物。他的责任和义务也就结束了。由于没有钱、工资或小费什么的，这一切就再也自然不过了。在与这些小朋友成为密友之前，她们谁也没敢合眼，尽力克制着自己，不让自己尖叫出声。

第二天一整天，她们都等待着那个小个子女人来看她们，但直到傍晚，也没见她的踪影。

伊莎多拉决定出门。女佣对自己所见到的随处可见的审查窥视的脸孔害怕之极，断然决然拒绝离开旅馆，说自己宁愿被老鼠吃光。

伊莎多拉找到了一辆马车，车夫愿意带她们去兑换美元。这让她惊奇不已。于是，她跟学生坐上马车，行驶在弹痕累累、坎坷不平的街道上，去找能兑换美元的地方。车夫明言拒绝去克里姆林宫。她们绝望地坐车回旅馆。途中，伊莎多拉无意地往上望了一眼，向正经过的一家旅馆的窗子望去，突然看到了一个年轻朋友，他以前在巴黎大使馆工作。

她挥手喊他，他认出了她，奔下楼梯，飞跑出来，一把抓住她的手臂，嘴里直嚷："伊莎多拉，伊莎多拉，噢，太让人高兴了！你怎么会突然出现在莫斯科呢？"

伊莎多拉飞快地讲述了自己的不幸境遇和无助。他被她对布尔什维克的俄罗斯的想法逗得哈哈大笑，决定先带她们去吃东西，然后去拜访罗纳切尔斯基，看看都给她们提供些什么，并解释说，莫斯科的住房相当紧张，根本不够住。事实上，一个八到十口的家庭，如果能得到一间房住，不管有没有老鼠，都已值得高兴了。

伊莎多拉声明说："他们邀请我来这里，教他们的孩子，几千名哩。"他回答说："我想他们的意思够清楚了。无家可归和忍冻挨饿的孩子随处可见。但舞蹈，毕竟是太奢侈了。所以，我想，恐怕你会非常失望的。"

他的预言真是可怕，不久便应验了。可是，尽管俄罗斯对她的第一次接待如此糟糕，她那洋溢的兄弟般的爱破灭了，但她追求崇高理想的热情却从未消退过。

吃完饭，这位好心的朋友出去找人打听给她们准备了些什么。这期间，她们待在旅馆里。不久，他回来了，说什么也没打听到。于是，第二天早上，伊莎多拉亲自去找自己的朋友、美术部长罗纳切尔斯基。看到她，他显得非常惊讶，看不出丝毫曾拍电报邀请她来俄罗斯的痕迹。

不过，他还是以他迷人而高雅的方式说，他非常高兴，政府肯定也非常高兴。鉴于她前来加入他们的勇敢行为，他会马上给她们安排住处和食物。后来，他谈到了学校问题。

这让伊莎多拉的情绪一落千丈。她所有关于学校的梦想又成了一个笑话，就像疯人乱语，但她只有破釜沉舟，背水一战，决定去看个究竟，以确定自己的理想究竟价值几何。罗纳切尔斯基当着她的面给一个名叫斯勒德尔的年轻人打电话，叫他必须马上给伊莎多拉·邓肯准备一些东西。

这个年轻人是如何回答的,伊莎多拉不知道,只听到罗纳切尔斯基不停地对他说:"盖茨勒的公寓,盖茨勒,噢,好极!好极!斯勒德尔。"随后,发出了一串笑声。

他转向伊莎多拉说:"你怎么看呢?他们把我们最著名的芭蕾舞演员盖茨勒的公寓给你。她的房子就是给艺术家住的,不会有人打扰。因此,你会非常舒服,会有更好的鱼子酱。"

那个叫斯勒德尔的年轻人东奔西跑,为她们忙活着。经过她们住的旅馆时,他们捎上了学生、女佣和行李。不久,她们住进了优美的小公寓,是那种谁都想象得到的纸盒式建筑。

伊莎多拉到俄罗斯后,应邀参加了一次布尔什维克的社交聚会。她一心以为至少可以在这里见见同志们,可以跟他们谈谈话,他们也会理解的。为珍惜这次机会,她特意穿了一件红色的束腰外衣,头缠红色头巾,肩披红色披肩,出席了聚会。

这次聚会在一间迷人的路易十六的客厅里举行,里面摆放着雅致的细腿椅子、沙发,铺着奥布松生产的精细的华丽地毯,到处都摆放着古董。这让伊莎多拉非常惊奇,也有些失望。每个人都用流利的法语问候她,称呼她邓肯小姐,但她却不客气地回答说:"我是邓肯同志。"逗得大家意味深长地微笑不已。

他们全都像自动玩具似的坐着。一位年轻的女士坐在钢琴前,一首接一首地唱着法国民谣。听众们优雅地鼓掌,不时喊上几声"精彩,好极了"之类的话。伊莎多拉看着这些珠光宝气、衣冠楚楚、袒胸露肩的人们,不知道这究竟是怎么回事。最后,她实在忍受不了,猛地站起来,说:"这就是布尔什维克的俄罗斯。天哪!为了这个,进行了伟大的暴力革命。除了统治者,什么也没改变。你们剥夺了他们的珠宝、家具、衣服和生活方式。可你们也并不怎样。让我出去!让我出去!"说完,她尖叫着从那里跑了出来。

回到家里,伊莎多拉大笑不止。她觉得自己以为这个世界上的一切都会改变,真是个十足的大傻瓜!布尔什维克主义——是一句话,仅仅是一句空话。她顿时无精打采,但发生的另一件事情又使她恢复了自信。

一天晚上，她表演舞蹈时，剧院所有的灯都熄了。她站在台上，只有一盏红色小油灯发出微弱的光。剧院里挤满了俄罗斯农民。他们站在风雪中等了几个小时才得以入场。当剧院陷入一片黑暗时，伊莎多拉马上害怕地想到也许会发生什么，因为俄罗斯人非常冲动，也喜欢激动。她意识到一定会马上发生什么事情，于是便提起小红灯，举到头上，就像一个红色的人形标志。人们兴奋起来，狂热地鼓掌喝彩。但伊莎多拉知道这持续不了多久，便灵机一动，叫他们唱自己的民歌。他们马上情绪高涨，一首接一首地唱起了激昂的革命歌曲。几乎是所有的俄国人歌都唱得不错。他们就是这样唱着，度过了他们最艰难的岁月。

他们唱了一个小时。伊莎多拉把灯举在头上，手臂都举痛了，实在难以忍受。但她知道一旦放下红灯，这迷人的气氛也就会被打破。她觉得他们不是在看她，而是在看他们未来的希望。她的手臂越来越痛。这时，她听到了观众席上不安的躁动声。她想了一下，然后说："我想，还有一首歌你们还没唱，就是那首关于新生活开始的歌。"合唱声马上加以响应，随后，剧院的灯一盏接一盏地亮了。这只不过是剧院管理人员修理电路，但这些农民却坚信这是对他们歌声的回应，是他们新的一天的开始。当伊莎多拉继续精彩演出时，他们热情洋溢，喝彩不断。

之后不久，伊莎多拉去乡村游览，在一家农民的小屋喝茶，非常惊讶地看到了托洛茨基的父母。他们是佃户，吃的是黑面包，喝的是茶，生活非常清苦。她不解地说："我真不敢相信，你们那伟大的儿子竟让你们住这种地方，过这样的生活。"

"我们的儿子就是原因。"他们回答说，"革命前，我们是幸福欢乐的人，事实上，日子过得很舒适。我们有自己的生意，并赖此为生，收入丰厚。"

"但你们的儿子可以为你们提供优越的条件和所需的一切。"

"不，他相信，在这他全身心投入的共产主义社会里，他的父母与其他的同志没什么两样。只要全国人民幸福就行了。整个国家同甘共苦。"

这是一种新的视角，有一种纯布尔什维克的东西。伊莎多拉感慨万千地回来，决定马上去看望托洛茨基和列宁。这说起来轻松，要实现可真不易，因为这些伟人日理万机，连喝茶的时间几乎都没有，一天睡不了几个小时。列宁从未离开过克里姆林宫，累了，就和衣躺下休息一会儿。

伊莎多拉绝大部分时间都在打点自己的事务，其中包括她的学校。每个人都许诺尽自己的最大努力帮助她，但满城皆是无家可归之人，成千上万名饥饿儿童像野兽一样四处流浪，不知道也不关心自己的归属。他们中绝大多数的父母都在革命中被杀或失踪，在任何洞穴或角落都可苟且睡上一觉。而他们中的绝大部分白天还会去偷窃。如果政府只给伊莎多拉提供一间房子和一些面包，显然，她是无法全部收容他们的。

三个月的时间就这样毫无希望地过去了。一天，罗纳切尔斯基喜笑颜开地打来电话，说他给伊莎多拉找了一座住宅，就在莫斯科的中心地带。这个好消息让伊莎多拉喜极而泣。现在，她至少可以看到自己实现的目标。噢，这值得等待。她的理想之星闪闪放光。她简直被美好的前景激动得呆了。

于是，她得到了一位著名的芭蕾舞演员的住宅。这地方遭到过一次又一次的抢劫，没剩下多少家具，散发着难闻的气息。房子本身是非常漂亮的——宽大的房间，高高的屋顶。这里的每个房间或客厅在各个时期都重新装饰过。路易王朝、中国、日本、印度、俄罗斯，各种风格的都有。水房、火炉，包括床，都或多或少重新搬动过。这些东西都非常糟糕，因为它们毫无价值，根本没有用处。拥有这些东西的人从未装过弹簧，或是铺上垫子。他们似乎只是想保存这些东西，经过一番跑动，打通各个关节，伊莎多拉终于有幸弄到了一张铜床，还有垫子和弹簧。她在大客厅里放了一个大火炉，把客厅既当起居室，也当寝室、工作室等用。但是，火炉烟雾腾腾，她们常常烟垢满面。

这地方可容纳 50 个有天赋的孩子跳舞。第二天，潮水般的孩子拥了进来，但伊莎多拉没法全部收容她们。孩子们伤心哭泣，撕裂心肺般地呼喊，母亲们痛哭悲叹，大声指责，让她难以自持。孩子们像稻草人般向她伸出骨瘦如柴的双手，大声呼喊："伊莎多拉，伊莎多拉。"使她肝肠寸断。她衡量再三，也不知道拿他们怎么办。

首先，必须给他们东西吃，因为政府并没打算为他们提供食物。而且，这还要花很多时间，经历官样文章，漫长的等待。她拿出了谢尔菲拉吉给的罐头，开办了自己的学校。噢，这跟在德国格鲁尼沃德创办的第一所学校相比，有天壤之别。那所学校有40张白色的小帆布床，蓝色的凸肚窗挂着精美的窗帘。而这里，伊莎多拉只能铺上木板，用一张毯子盖住他们，三四个孩子睡在一起。后来，伊莎多拉从美国救济会那里获赠了一些毯子。此时的情况也开始发生变化。人们可以在政府的商店里买东西。她也收到了从法国寄来的自己在世界上拥有的最后一点儿金钱。她真想把这笔钱留给自己的母亲，但又不能眼睁睁地看着孩子们挨饿，便全用在了孩子们身上。

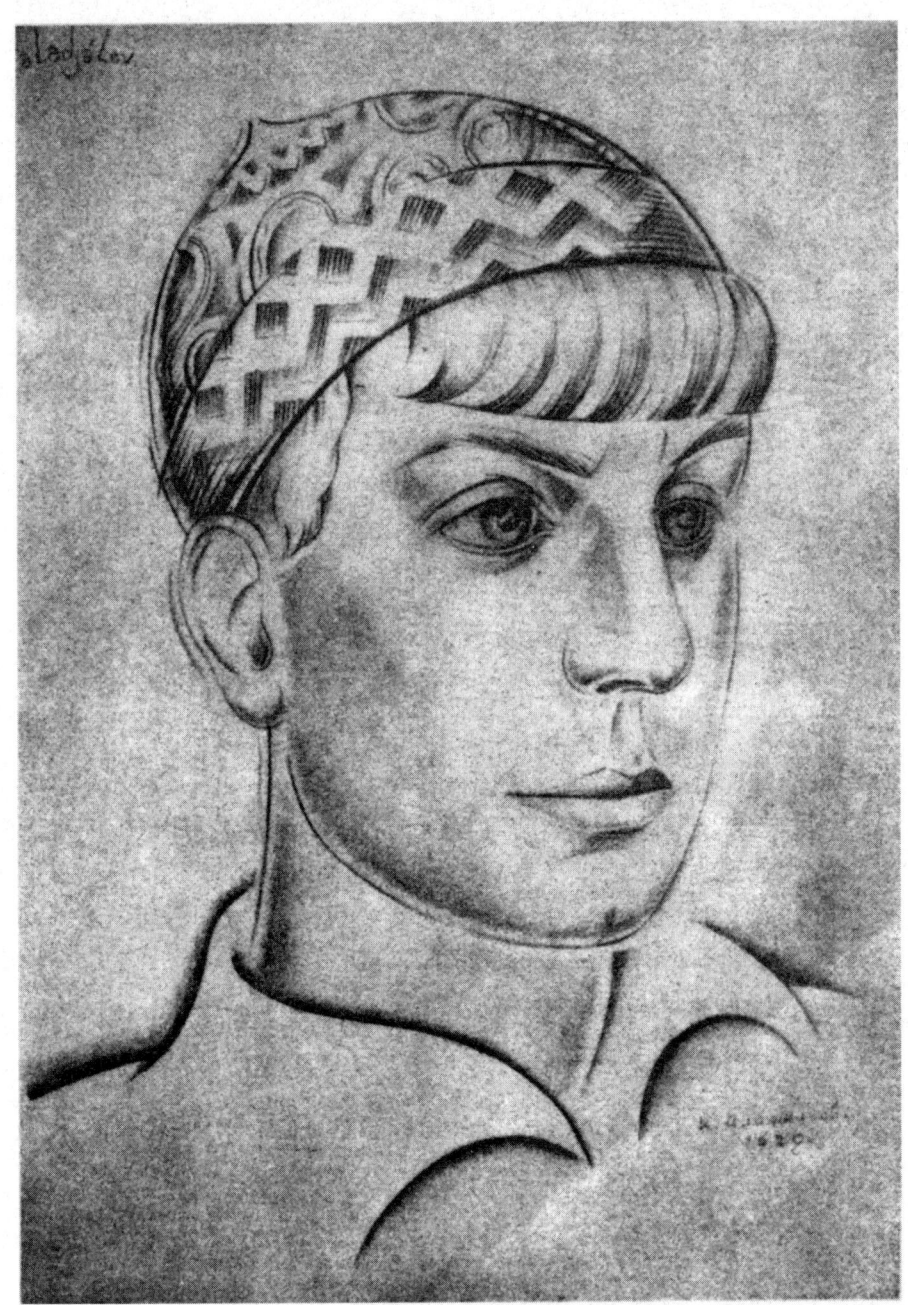

叶赛宁的肖像画

第二章 遭遇叶赛宁

一天晚上，一群艺术家邀请伊莎多拉去一位著名诗人家里参加聚会。去之前，她就有了一种预感。她去孩子们的寝室说："记住，孩子们，永远记住我教给你们的东西。我教给你们的是绝对真理，不管我发生什么事，你们都要以此教给其他孩子。答应我，照我的话做。"

孩子们压低声音，颤抖着说："我们保证，伊莎多拉，我们的伊莎多拉。"

莫斯科所有的年轻精英都参加了这次聚会。伊莎多拉穿着长长的束腰外衣、金色的便鞋，用金色的薄纱裹住头发。她把嘴唇涂得鲜红，眼睛涂得漆黑。她想把自己打扮成魔鬼模样。想到要置身于艺术家们的纵酒狂欢之中，她就浑身发抖。俄罗斯人行事一向放纵自由。俄罗斯的艺术家一旦认定目标，就再也没有什么制度、法律或观念可以阻止他们。他们常常在午夜身无分文地出门，回来时却带回了鱼子酱、奶酪、水果、伏特加和香槟。他们是从哪里弄来这些东西的，只有天知道。

当她到达时，聚会正趋高潮。"噢，伊莎多拉，你为什么这么晚呢？我们的轻轻诗人叶赛宁到处找你，都找遍了半个莫斯科了。他听闻你的芳名，宣称不见到你不睡觉。"

作为一种约定俗成的规矩，每个新来的都要倒上一大杯伏特加，一口气喝光，不得剩下半滴。这足以让人开始踏上自毁之路。之后，你就无所不吃，无所不喝了。没关系，这用不着等上几个小时去鼓足勇气了再喝。人们要看着你马上喝光。毫无例外，伊莎多拉也得到了一杯。

突然，门被撞开，一张她从未见过的英俊面孔出现在眼前。他长着一头金色卷发，一双炯炯有神的眼睛直盯着她。无须介绍，这就是命运。她张开双臂。他跪下来抱住她，嘴里直嚷："伊莎多拉，伊莎多拉。"

她跳了舞，赛吉·叶赛宁朗诵了几首诗。他们回到她的住处，吃了一顿美餐。她只记得那颗有金色卷发的头躺在她的胸前，囔道："伊莎多拉，伊莎多拉。"她必须摇他入睡，她心爱的满头金发的孩子。

从这天开始，伊莎多拉再也无一宁日。不久，她发现自己这位年轻的诗人不但是个伟大的天才，也是一个疯子。他身边总是围绕着一大群人，从不独自一人。日复一日，房子里日夜都挤满了这些迷人、疯狂的作家、画家和各类艺术家。

此时的俄罗斯，艺术家是受政府支持的。他们或多或少都滥用了这种特权。当其他人正忍饥挨饿、艰辛劳动时，他们却成了布尔什维克娇养惯坏的宠儿。这到底是由于喜爱他们的天才，还是害怕他们会写出什么东西来，就只有天知道了。他们被称为惹是生非的人，这也真名副其实，整日无所事事，就想制造灾祸和混乱。每天夜里，他们喝得酩酊大醉，不到黎明，不会去睡觉。事实上，他们一次就可疯狂聚会两三天，从一家窜到另一家，不管别人，也不顾法律的约束。由于某种原因，没人敢动他们一根毫毛。叶赛尔是这群人的领袖。大约就在伊莎多拉跟他相识时，他和另外一个年轻诗人、他的朋友马里恩戈夫拥有了一家夜总会，只允许精英入内。当夜晚结束之时，这里所有的一切都被打得粉碎。

从他们相识之日起，小伊莎多拉17岁的叶赛宁，就把伊莎多拉的学校、房子及所有的一切都视为己有，当然也属于他的朋友们。但这并没使创办学校更容易些，或是从政府那里得到什么援助。伊莎多拉不断地在一个个部门之间穿梭，为孩子们寻求食物。最后，她终于为孩子们争取到了一日一餐，美国救济会每天提供一餐，她自己再提供一餐，解决了孩子一日三餐。

他们就这样过了数月。伊莎多拉拿出自己全部的精力和热情，每天抽出时间教育孩子们。他们也渐渐发生变化，成为充满爱心的人。如果孩子们任性不听话，学校里唯一的惩罚就是不让他们参加舞蹈课，绝没有比这更严厉的体罚。他们也视这种惩罚为蒙羞之举。跳舞的几个小时，让他们享受到了无穷乐趣。

赛吉通常睡得很晚。事实上，他一向都是如此。孩子们很早就要起来上课。一到傍晚，赛吉常常失踪，不知去向。大约午夜或一点钟，房子里静悄悄的，孩子们都熟睡了，他却带着这群吵吵嚷嚷的人回来，肆无忌惮地喧哗，猛冲上大理石楼梯，高声喊叫："伊莎多拉，吃饭，吃饭。"可怜的法国小保姆珍妮只得起床，给他们做够吃几个小时的烙饼和其他佳肴。他们总是带来乐器，边奏边唱，朗诵诗歌，跳舞。

伊莎多拉到俄罗斯来时没带皮衣。气候寒冷。卡米莎邀请她去，让她在从贵族那里没收来的成千上万件皮衣中挑选一件合适的。她挑了一件非常普通的松鼠皮衣。对那些可爱的黑貂、貂皮和其他价值连城的皮衣，她摸都不敢摸一下，因为这些也许是皇室成员的，其中许多人以前是她的朋友。她到俄罗斯来，不是来索取，而是来奉献的。

这段时期，他们经常去拜访世界上最杰出的雕塑家之一的科伦卡夫。他夜以继日地工作，杰作不断。在这里，赛吉似乎找到了自己最幸福快乐之地。当科伦卡夫雕塑时，他可以几个小时地朗诵诗歌。科伦卡夫会拿出伏特加酒、黑面包和香肠，与他们美美地大餐一顿。这是伊莎多拉一生中最幸福时光之一。

她的学校似有可能。这就是说，得等到秩序有所好转，政府大力支持之时。最后，他们的钱、食物和炭终于告罄。伊莎多拉拍电报给在美国的经纪人，说自己想到美国巡回演出。经纪人非常高兴，马上回了话。但现在最大的问题是：赛吉怎么办？他们爱得死去活来，绝不想分离。

可怜的赛吉视爱情为自己唯一的拯救之方，因为他相信，只有爱情才会中止自己酗酒放荡的危险生活。他觉得自己纯粹在浪费生命，一事无成。爱情是他最后的希望，也许会带来幸福、宁静的生活。为此他常狂喜不已。这就恍如他在孩童时就向往的梦想。伊莎多拉知道这一点。那么，她怎么办呢？俄罗斯政府严禁他离境，宣称他到美国困难重重。鉴于他的身世，美国绝不会允许他入境。他的生活相当悲惨。脑海里总是想到自杀。赛吉·叶赛宁，1895 年 10 月 4 日生于名为拉赞康斯顿提洛夫的一个小村庄，他的父亲是个非常贫穷的农民，家里人口众多，父亲把他送给了外祖父，外祖父有三个儿子，早已长大成人。他的童年时代就是在这些粗暴、健壮和鄙俗的农夫中度过的。他们教给他粗野的东西，并以此为乐。他三岁时，他们把他放到一匹没有马鞍的马上，猛打狂抽，让它带着他飞奔，然后把他丢进水里，看着他挣扎，开心地大笑。不过，这倒让他练就了一身好水性。他常常躲避他们，成了一名出色的爬树能手。

不久，他变得粗野放荡，成为那伙人的首领，整日里打架闹事，惹是生非，身上长期伤痕累累。除了他亲爱的外祖父，没人想去训诫他。大家都怂恿他过着这种粗俗的生活。后来，他的外祖父决心让他成为一名乡村教师，送他去了一所高等中学，打算毕业后送他去莫斯科师范学校。

赛吉很早就开始写诗。事实上，在外祖父的影响下，他9岁时就开始写诗了。外祖父常常给他讲神话故事听。但他不喜欢这些故事的结尾，便写出自己的结尾。他相信自己的天赋，拒不去师范学校。16岁时，他发表了第一首诗。他不相信上帝、教堂或魔鬼。1916年，他响应号召参军，在女皇的副官洛曼上校的保护下，享受到了许多特权。

通过上校的介绍，他被邀请去为女皇朗诵自己的诗歌。女皇觉得这些诗很美，但流于悲伤。为此他回答说："可整个俄罗斯都是如此悲伤。"

他只是作为一名诗人而为革命社会党工作。当该党分裂时，他成了一名布尔什维克。但是，他对政治并不大感兴趣。他喜欢的是诗歌和惹是生非。他觉得自己已征服了俄罗斯，便想征服整个世界。但他拒不学习任何外语。他最著名的一句话就是："如果谁想了解我，就必须学习俄语。"他的外号叫作"优雅的阿飞"。

对这一切，伊莎多拉了解得非常清楚。她知道只有一个办法也许可以带他出俄罗斯，那就是，打破她这辈子对婚姻的成见，成为叶赛宁的妻子。

于是，1922年5月3日，他们去俄罗斯户籍处登记结婚。在举办了盛大的庆贺宴会后，她立下遗嘱说，万一她比叶赛宁先死，他将继承她所有的遗产。如果叶赛宁比她先死，则由她心爱的哥哥阿古斯丁继承一切。随后，他们登上飞机，起程去柏林。

下面这篇文章是伊莎多拉在俄罗斯时，纽约的报纸发表的新闻评论：

"伊莎多拉·邓肯对布尔什维克主义并不气馁，认为它将成为继基督教产生以来最大的信仰。她就站在这开端口上，教导年轻的布尔什维克分子怎样跳舞。几星期前，应苏联政府的邀请，她离开巴黎去莫斯科创办舞蹈学校。她认为这里是她开始新生活的地方。她给巴黎共产主义机关报《仁爱》写了一封信。信的内容如下：

"'亲爱的同志：你要我谈谈对这次旅程的印象，但我向你谈的是一个艺术家的印象，因为我对政治毫无兴趣。我离开了欧洲，这里的艺术被商业主义扑灭了。我坚信，在俄罗斯，正崛起两千年伟大的人类奇迹。我们现在还看不出其重大的影响，但生活在以后几个世纪的人们会看到，人类通过共产主义制度而向前大踏步前进。只有共产国际才能拯救人类。

"'谈到饥饿，我无所畏惧。我的母亲，一个辛勤抚育孩子的贫困钢琴教师，经常食不果腹，但她总是弹奏舒曼或贝多芬的曲子，叫我们跳舞，聊以充饥，我就是为此面作为一名舞蹈演员初次登台的。'"

1921年10月，巴黎新闻界发表了下面这则关于伊莎多拉和美术部长罗纳切尔斯基会谈的消息：

"罗纳切尔斯基在莫斯科对伊莎多拉坚信自己会成功地创办一所新学校作出响应，为此他说，尽管她来莫斯科后，残留的旧资产阶级围绕着她，诱惑她去他们的客厅，但伊莎多拉勒紧皮带，宣称她不会去需要入场券，或是俄罗斯平民不能进入的地方跳舞。

"罗纳切尔斯基继续说：'当然，我们告诉过邓肯小姐，资产阶级集团想把她从我们革命阵营分离出去是不自量力，但这也许需要采用更严厉的手段，以确保她不受这可怕诱惑的影响。格斯捷女皇曾邀请过邓肯小姐，但她作出了伟大决策，告别巴黎的生活，毅然决然地投身于俄罗斯革命。'

"伊莎多拉自己则说：'劳动人民只有在共产国际的指引下，团结一致，才能捍卫文明世界的将来。'她形容俄罗斯是睡狮猛醒，在苏联领袖的带领下，创造的奇迹是耶稣诞生以来最伟大的。"

1921年11月、12月，莫斯科报道说："伊莎多拉被认为是布尔什维克以外的布尔什维克，因为在莫斯科庆祝革命胜利四周年时，她在前皇家歌剧院举办了演出。那里的工作人员都是优秀的共产主义分子，或是属于商业协会或红军,允许自由入场。邓肯小姐既不收票钱,也不向知识分子发放戏票。红军中的幸存者被发动起来维护秩序,阻止那些从门口急流涌进、欢呼她第一次出场的狂热的人群。

"伊莎多拉·邓肯接下了苏联民族舞蹈学校,希望能满足自己的愿望,教导纯舞蹈艺术。她获得了一所住宅,自己生活其中,也充作学校。她希望取得别人没有取得的成就,把艺术和商业主义融为一体。

"罗纳切尔斯基创办了无产阶级文化教育部门,希望通过普及艺术来弘扬革命。未来派艺术作品中那些鲜红和黄色的画遭到攻击,大家都认为它很现代派。事实上,绝大多数的俄罗斯评论家都认为它太现代派,而不能称之为他们的艺术,或者说无产阶级艺术。但能奉献人们能够理解的作品的无产阶级艺术家实在太少了。这个部门濒临死亡。伊莎多拉来后,打算对其注入新的活力。

"邓肯同志认为她以前的舞蹈本身就具革命性,是反对前俄罗斯芭蕾舞的,因此,她毫不改变地把它奉献给俄罗斯大众,倡导她的学生和公众歌颂'共产国际'。伊莎多拉宣称,不但要废除芭蕾舞,还有绝大多数的俄罗斯乡村舞蹈也应抛弃。她看过俄罗斯孩子用手帕跳的朴实的回旋舞,发现它实在糟糕。她向天空做了一个手势,通过翻译告诉这些乡村孩子,应该心里想着太阳神,像这样舞蹈。

"伊莎多拉从未发现过哪个国家的学生有俄罗斯这样心甘情愿的了。许多孩子徒步走过5英里长的泥泞街道,来她的工作室上课。她们聚在宽大寒冷的房里,忍饥挨饿,冻得发紫,但热情高涨。她们后来全都成了伟大的舞蹈家。

"将艺术和商业主义融为一体,似乎是件无论如何也无法完成的任务。邓肯同志发现,缺少必需的物质设备,就使其尤为艰难。一个贫穷的政府没法提供什么舒适的东西。为了寻找木头,学校关闭了一个星期。经过几番失望和苦苦哀求,正如邓肯小姐悲叹的那样,仅送来了一根小木桩,绝望地支撑局面。"

伊莎多拉举办了一场演出,在传统之中糅入了精彩迷人的东西。每次暂停时间,便响起《国际歌》。剧场里掌声、喝彩声不断,以至于很难分得清是对邓肯舞蹈的尊敬,还是一般的革命热情。许多人发现,伊莎多拉的天真正好与芭蕾舞的复杂相对照。芭蕾舞演员第二天便召集聚会，进行抗议。但这其中也许有嫉妒的成分，因为据说集会的召集者是邓肯小姐以前的房东盖茨勒，她因邓肯小姐打碎了她的瓷器而心怀愤恨。

伊莎多拉显示出无穷活力。由于罗纳切尔斯基对她的大力支持，创办学校也许不会是什么难事。但是，后来的事实证明，这却是场灾难。伊莎多拉再次发现，当艺术和政治结合时，遭殃的总是艺术。

第三章　美国之旅

伊莎多拉离开俄罗斯，只因一个信念——要把世界上的美好东西给自己年轻的诗人看。她相信他是一个非常出色的诗人。这位27岁的英俊粗放的小伙子，由于出生农家，其作品必然是关于土地、他所认识的村里的朴实人民、向月亮吠叫的狗、田野里的犁，或其他淳朴的东西。而这一切是与他非凡的天赋分不开的。

伊莎多拉常常宣称自己是叶赛宁的维吉尔，要带他周游世界，观赏杰出艺术，开阔眼界。如果不是他骨子里的疯狂因素，也许真会取得惊人成就。

叶赛宁讲过一个非常浪漫的故事。一天，当皇帝及其家人和随从路过他的村庄，小公主泰坦尼娅看到了这个可爱的男孩，把他叫去问话，问他是干什么的。他的回答机智而别具一格。公主把这事跟自己的母亲和宫里其他女士讲了。她们立即邀请这位农民小伙去圣彼得堡。在那里，他可以获得学习的特权。这到底是小赛吉脑中的幻想，还是有某种真实的成分在内，不得而知。但赛吉在俄罗斯的朋友对此深信不疑。也许他离开俄罗斯的想法并没伊莎多拉伟大，因为伊莎多拉完全不是为了自己，而是一心一意为了赛吉的发展和好转。

为实现这次旅程，伊莎多拉打算跳舞挣钱，以保证旅途过得更愉快些。而赛吉的脑子里想的却是带着成百上千的衣服、靴子、帽子、外衣、丝绸衬衣、睡衣裤，还有大把金钱回俄罗斯。而所有这些，他打算像疯子一样散给他那些疯狂的同志们。他的这些想法也许来自他最亲密的朋友马里恩戈夫。此人非常憎恨和讨厌伊莎多拉，在她死后，写了许多关于她和叶赛宁相会的文章，让人极度厌恶。在这些文章里，他说她衰老而形容枯槁，叶赛宁令她像狗一样团团转。

事实证明，马里恩戈夫和赛吉的许多朋友都从这大堆衣服、靴子、事实上是从赛吉的所有衣物中得到巨大好处。赛吉回来时，物质充足，便慷慨解囊，结果到头来自己却一无所有。

他们从莫斯科乘飞机去柏林度蜜月，遇到了可怕的暴风雪，几次死里逃生。1922年5月12日，他们抵达柏林，满心欢喜。伊莎多拉满面春风。所有认识她的人都认为她看上去并不比赛吉大上一天。她非常苗条漂亮。

一到柏林，他们立即住进了阿德龙旅馆。这是伊莎多拉一向钟情的地方。她向常来这里采访的记者声称："我热爱俄罗斯人民，准备明年回去。回到一个有热水、餐巾、暖气的地方是非常令人舒服的，俄罗斯则情况迥异。我们都是可怜的脆弱的人类，习惯于享乐，要想放弃享受确实是异常艰难的。但俄罗斯就坚信能抛弃奢侈享乐。另一方面，他们相信大家都要过上幸福生活。如果幸福没有普及，他们宁愿受苦受累。"

赛吉对国外的气候不甚了解，穿戴甚是有趣。他身穿一套蓝色的服装，脚穿白色帆布鞋，一头金色头发伸展开来，就像头上罩了一道光环。不过，他穿什么都没关系，因为他一向都显得英俊潇洒。只有在癫痫病发作时，他才像是恶魔的化身。此时，他的整个性格都改变了，甚至于他眼睛和头发的颜色都会发生变化，让人不敢相信这是同一个人。

伊莎多拉很快发现赛吉相当难以控制，因为他有典型的俄罗斯忧郁病。她经常看到他站在旅馆房间的窗沿，威胁说要跳下去。这让她相信，他确实具有真正的艺术性情。她害怕赛吉没有自己的同胞相伴会孤独寂寞，便约了他的两个朋友，也是贫困潦倒的诗人，给他们高工资聘为秘书，甚至把他们带到了美国。

伊莎多拉在柏林做的第一件事情，是全权让赛吉去裁缝那里做衣服，结果却万分惊讶地发现他定做的衣服一个人一辈子也穿不完。但她却说："噢，他就是这样一个孩子，一生中没拥有过什么东西。我不能为此责骂他。"赛吉从此如鱼得水，尽情挥霍。

伊莎多拉和她的年轻诗人还发明了一种洋泾浜英语，只有他们能理解，但却好像适用于任何场合。

在柏林逗留期间，伊莎多拉就俄罗斯问题接受了许多采访，对美国救济会的工作却赞誉不够。她竭力以各种方式去鼓动柏林为这个伟大的目标奉献热情,用飞机运食物给那些火车不能到达的地方的俄罗斯农民。但她发现没人支持这个计划。她自己没有钱,也没法要求别人做此事。

她讲了许多关于俄罗斯知识分子奉献牺牲的故事。他们不屈不挠地与饥饿和贫困作斗争。她的朋友,俄罗斯艺术剧院的领导斯坦尼斯拉夫斯基,他的家人和学生吃的是蚕豆稀饭。关于政治,她没说什么,因为她只跟教育艺术部部长罗纳切尔斯基联系。她觉得他是个非常优秀的人,在各个方面都给了她很大支持。

伊莎多拉离开柏林,去了布鲁塞尔,在比利时歌剧院演出三天,获得了巨大成功。评论文章说她在俄罗斯完全年轻化了。她失去了20磅,却显得年轻了20岁。伊莎多拉幽默地说,在俄罗斯缺乏食物也不错,发福的人如果想苗条的话,应该去莫斯科朝圣。

伊莎多拉去俄罗斯的前一年,曾在布鲁塞尔演出过。最后一个晚上,她发表了极具特色的演讲,宣称比利时是非艺术的,名不副实,她要去莫斯科,在那里她可以自由地表现自己。她的演讲激起了公愤。人们断言她不敢再回来。甚至她的经纪人也拒绝安排她到这里演出。但令大家惊讶的是,尽管她上一年对比利时的抨击如此激烈,但这次演出却人满为患。这不仅仅是因为她是作为一名苏联公民到比利时的,还因为人们欢迎并爱戴她。

伊莎多拉去英、法和其他国家的签证遇到了大麻烦。她跟年轻的苏联诗人结婚,使事情变得非常复杂。任何国家都没明令禁止她入境,但得等办理必要的手续。这让她很是烦恼。伟大的艺术家习惯于被全世界所接受。她的梦想之一就是去美国,去所有这些国家跳舞,挣钱回到俄罗斯的孩子们中间,办好自己的学校。她从来都是个慈善家,她对孩子极大的兴趣源于她的艺术。她的艺术就是向全世界的孩子和一切事物灌输美丽。

1922年7月,伊莎多拉和她的俄罗斯丈夫得到正式通知,他们可以进入法国,但不得以任何方式进行红色宣传。在他们访问期间,警察将严密监视。伊莎多拉再次声称自己对政治不感兴趣,只希望组织一场演出,为莫斯科的学校挣钱。

伊莎多拉是进入法国的第一个苏联公民。她的朋友、法国著名的女演员和公认的美人、教育部部长舍塞尔·索里尔玉成了此事。

7月29日,伊莎多拉从布鲁塞尔抵达巴黎。她和赛吉在巴黎度过了两个月非常幸福的时光,其间还去意大利和其他地方旅游。这都是对赛吉进行国外教育的组成部分。在伊莎多拉的安排下,他们花了很多时间和精力来进行赛吉诗歌的翻译和出版工作。到处都有盛宴招待他们。伊莎多拉高兴得像个女学生。赛吉的举止也像个天使,一心专注于他的诗歌和工作。

伊莎多拉的美国经纪人一直在跟她商量,想把她在俄罗斯的学生请到美国去。此时学校有25个孩子,但正值战后不久,对俄罗斯的偏见还很强烈,要把她们迁往美国,是很难得到美国政府批准的。

1922年10月,一个星期天的早晨,伊莎多拉和她的诗人丈夫,还有几名俄罗斯秘书,登上了巴黎号航班,期待着一大群人的欢迎。但迎接的只有她的经纪人,还有一大群摄影和新闻记者。他们挤到她的头等舱采访。但是,令她和他们惊讶的是,入境官员通知她,他们一行人必须整夜留在巴黎号上,接受审查,早上再送往艾丽丝岛,接受特别调查局的检查。对她被扣留的原因,有关方面没做任何解释。但大家公认,这一定是由于伊莎多拉发表的有关苏联的观点,华盛顿当局发布了命令。

这是一个世界上最受欢迎的艺术家,每个国家都对她敞开大门,视这位优秀的美国人的到来为荣。全世界的艺术家都要在她的面前低头。所有国家的学者和思想家都一致认为,她是当今世界艺术的最高体现。她的祖父母为了国家的自由而战死。这个国家即使对再也平凡不过的卑鄙的外国人也敞开怀抱,但对她,却关闭了大门。

这个美国伟大的孩子,这个对美国充满无限热爱的艺术家,不管自己受到多么坏的待遇,一次又一次地回国,请求教导他们的孩子,奉献自己的力量。但此时,却把她当成最低级的罪犯和最可疑的人物送往艾丽丝岛。

她年轻的诗人丈夫和俄罗斯秘书准备了一份声明,一到岛上就交给美国当局。上面写道:"当我们一到达美国国土,态度问题是我们首先考虑的。我们是年轻的俄罗斯的代表,对政治问题不感兴趣,只执着于艺术。我们相信俄罗斯和美国会相互理解的。我们就是怀着这种想法来讲述俄罗斯的良心，为两个伟大国家的和解而努力。在俄罗斯闹饥荒时，美国给予了无私的援助。美国救济会的工作是令人难忘的。艺术也许会成为沟通两国伟大友谊的桥梁。我们问候并感谢美国人民。"

这份声明有些过急，但他们绝没想到会被禁止入境。

当天傍晚，每张报纸都头版头条地登载了有关这位艺术家的消息。戴维斯部长说，纽约移民官员禁止他们一行人入境，绝不是奉劳动部之命。劳动部在移民局的其他官员也否认知道此事。他们说，整个事情都是由纽约当局一手操办的。纽约调查局有自己的自主权。华盛顿方面没有发出将伊莎多拉拒之国门外的指示。调查局副局长布朗也说，艾丽丝岛并没有发布扣留伊莎多拉的命令。伊莎多拉一行人持俄罗斯护照旅行，按规定已在巴黎的美国领事馆签了证。领事后来也证实说，他们的入境手续并没问题。

谈到自己的舞蹈，伊莎多拉说："人们似乎很欣赏那些非常滑稽地模仿我的舞蹈。但他们只是用手和腿舞蹈，并没有用心灵去舞蹈。"

第二天，在艾丽丝岛接受了调查局两个小时的特别审查后，伊莎多拉一行人被移民官员释放了。后来的官方声明说，扣留她是司法局的命令，因为她长期待在俄罗斯，传闻她与苏联当局有联系。官方怀疑她充当该国政府的友好信使，往美国夹带文件。

艾丽丝岛移民局局长罗伯特·E.托德声称："恐怕我不能告诉什么确切的罪名。这没证据。"移民局副局长 H. R. 兰德斯也参与了审查，说该罪名缺乏证据。

在这些铺天盖地的报道中，纽约《时代周刊》发表了安娜·费兹的一篇文章。文中说："伊莎多拉·邓肯被扣留在艾丽丝岛。众神也许要开怀大笑了。在他们看来，伊莎多拉·邓肯在美国的古典舞蹈学校有自己的基金，便视之为危险移民。这是第一流的美国艺术家，一个艺术精妙、出神入化的女人，一个不但把美妙的旋律、诗意般的动作糅进表演之中，而且栩栩如生，引人遐思的舞蹈家，其在舞蹈领域的成就是无人能及的。"

他们终于自由了，穿戴整齐地离开了艾丽丝岛。伊莎多拉说自己受到了礼貌对待，并将之视为一个天大的玩笑。她说："他们扣留我，是因为我来自莫斯科。"人们问她是否是个古典舞蹈家。她回答说："我不知道，因为我的舞蹈是独有的。"随后人们又问她自己跳舞时是什么样子。她说，这没法说，因为她从未见过自己跳的舞。

伊莎多拉说："去艾丽丝岛前，我绝没想到人脑会想出那么多的问题，机关枪似的向我开火。也可以说，我不赞同此次调查。我照顾俄国幼小的孤儿，但从来与政治无涉。"问她是否是名共产主义者时，她声明说："胡说！"然后转向她的经纪人说："好啦，他们发现我是无辜的，没罪。"

此时的报纸正盛传伊莎多拉在艾丽丝岛沦为阶下囚。到第二天中午，公众的想象已与整个事实相去甚远。

他们从穆里斯普尔港去了沃尔多夫阿斯顿拉的住处。这里准备了一个盛大的庆贺会。她的家人和数百名朋友都赶来看望她。伊莎多拉幸福洋溢，兴奋异常。但她有个重大消息要向朋友们和大众宣布，那就是她在俄罗斯学到的东西。她大谈特谈共产主义的俄罗斯。她第一次公开亮相，就格外引人注目。她的经纪人被她的发言吓得双脚直抖。

其实他用不着害怕，伊莎多拉在纽约的三次亮相都取得了巨大成功。演出票被抢购一空，人们还强烈要求增加。在由朗汉·弗朗科指挥的著名的俄罗斯交响乐团的伴奏下，她在卡内基音乐堂的演出精彩纷呈，喝彩不断。

尽管伊莎多拉成绩辉煌，大受欢迎，但由于她对俄罗斯的巨大热爱，一直搞得沸沸扬扬。不管她走到哪里，总有大群的记者蜂拥尾随，报道也千篇一律："共产主义是世界的唯一归属。"叶赛宁在喝了香槟后，也总是召集一大批人，发表关于自己祖国的措辞激烈的演讲。

伊莎多拉离开纽约，去了费城，在那里安静了一下，但并没保持多久。就在她离开纽约不久，她的经纪人弗洛克先生被接到先遣宣传人员从印第安纳波利斯打来的长话，说印第安纳波利斯的市长不准伊莎多拉第二天再露面了，害怕她像往常一样发表布尔什维克演讲。费洛克直接打电话给市长，保证不会出现麻烦。但第二天，演出结束后，她又就共产主义的俄罗斯发表了动人心魄的演说。随后，她被禁止在印第安纳波利斯露面。但她并不在乎，她做也做了，说也说了，就足够了。

她的第二站是密尔沃基。她的经纪人警告说,如果再惹麻烦,就取消她其余的行程,由她自己去安排。他把所有的记者拒之门外,叫旅馆服务员去回答伊莎多拉厌恶的电话,成功地维系了 24 小时。一时间一切都还顺利,但不久她便不时惹麻烦,因为跟别人谈论自己的想法,对于伊莎多拉来说,就像人要呼吸一样自然。尽管她没在演出的地方发表什么演讲,却在私人集会时,跟记者谈论不少。

伊莎多拉只在波士顿交响音乐厅演出了一场。她演出时,叶赛宁打开了大厅后面的窗子,聚集了一大群人,告诉人们说,波士顿以文化、艺术、教育中心而闻名世界,他们当然知道年轻的俄罗斯的理想和政治纲领。这对沉稳、拘谨的波士顿人来说真是太过分了。伊莎多拉和叶赛宁被勒令立即离开波士顿。可怜的伊莎多拉对这件事一直很是伤感。

她在布鲁克林的最后露面也轰动一时。她似乎被舞蹈的魔力所笼罩,随着演出的进行而渐入忘我境界。她全神贯注于自己的艺术,没留意到自己的演出服装慢慢地从肩上滑了下来。观众们打着口哨,一片哗然。

伊莎多拉并没被吓住。但她没重演,而是发表了热情洋溢的演讲,把一直被迫憋在心里的想法和盘托出,无所不谈。后来才知道,她之所以控制不住自己,是由于某人送给了她一瓶香槟,因为幕间休息时,她总是要喝一杯,并坚持要指挥和经纪人一起喝。他们都喝醉了,但这并没让伊莎多拉情绪低落,别人都放弃了,她却跳得更起劲。

伊莎多拉在美期间,叶赛宁的疯病不幸开始显现。他发觉美国并不如自己想象般接纳自己,为此而对伊莎多拉嫉妒不已,在各种场合侮辱攻击她和她的祖国。报纸上报道了许多有关丑闻,其中一些或多或少夸张了些,但还是足够真实的。

人们为欢迎俄罗斯犹太诗人叶赛宁,举办了一个晚会。晚会场面盛大,许多人发表了演说。但是,晚会正进行时,赛吉突然想到犹太人是对他们的一种侮辱,便把一切打了个粉碎。之后,当局坚持要把这些俄罗斯犹太人驱逐出境。在伊莎多拉的恳求下,他们才收回了命令。

叶赛宁看到什么便买什么,挥霍无度,很快花光了伊莎多拉的钱。他们身无分文。许多裁缝一天到晚来敲他们的门,威胁说要把他们投入监狱。伊莎多拉对这种生活厌烦透了。

伊莎多拉的挚友玛丽·方顿·罗伯特去布雷沃特跟伊莎多拉告别，目睹了一件动人心魄的事。此时的叶赛宁仍然手头拮据。但伊莎多拉最担心的是他找到了近来丢失了的左轮手枪。

当罗伯特夫人正准备帮伊莎多拉离开旅馆时，门慢慢地开了。叶赛宁挣脱了捆他的钢带，从看守他的人那里跑了出来。他挥舞着左轮手枪，慢慢地但却是疯狂地走了进来。一时间，谁也不知该怎么办。

当叶赛宁开口说话时，伊莎多拉逃了出来。他发现后，变得更加愤怒，冲到大厅去找她。罗伯特夫人紧跟着他走出房门，发现伊莎多拉藏在楼梯间。她们不敢等电梯，从楼梯向下飞跑。但叶赛宁又回到电梯，飞跑下来追赶她们。

她们拼命飞逃，乘上了一辆出租汽车。伊莎多拉泪流满面，罗伯特问她怎么回事，她回答说："这不是因为我，但我真害怕前来安慰我的朋友受到威胁或伤害。"

伊莎多拉没考虑自己的危险，担心的只是朋友的安危。赛吉在满不在乎地挥舞着手枪时，为什么不向她或自己开枪呢？但是，像往常一样，伊莎多拉原谅了他。

她决定把叶赛宁带回俄罗斯，却又身无分文。她不但没有挣到大量的钱回莫斯科，反而得向朋友们要求预付回程的路费。她去向洛亨格林求救。他给他们提供了去巴黎的路费。

伊莎多拉对这次旅程很少谈及。赛吉在船上从来就没清醒过，因为他可以毫不费劲地找到所要的酒。他们乘坐"乔治·华盛顿号"，于1923年2月12日身无分文地抵达切尔堡。

伊莎多拉宣称自己是被赶出美国的，因为她要求为莫斯科的饥饿儿童提供援助。她说，美国在布尔什维克主义等问题上近乎疯狂。这个自由的国度再也没有自由。旅美期间，报纸热衷于刊登她私生活的细节，她吃什么，喝什么，跟谁联系等等，却从不涉及她的艺术。美国奉行的是实用主义。

1923年2月13日，巴黎的报纸登载了如下文章："今天的马地格拉斯由于两个原因而萎靡不振。一个是下雨，另一个是伊莎多拉·邓肯失踪。她在切尔堡下了'乔治·华盛顿号'，在法国某地隐居。"

伊莎多拉乘船离开后，纽约的报纸刊载了许多她的言论：

"'如果我作为一个大金融家到这个国家借钱，一定会受到盛大欢迎，但作为一个艺术家，却被当成危险分子，当成一个危险的革命主义者送往艾丽丝岛。'

"'我不是无政府主义者，也不是布尔什维克分子。如果我丈夫和我是革命家。那所有的天才都值此称号。都说这里是自由的国度……'伊莎多拉一边愤怒地说，一边猛地挥动自己火红的围巾，'啊呀，又一天早上，我起床后在报上看到一则消息，说我挚爱的赛吉在布朗克斯一座公寓把我的一只眼睛打肿。这简直是胡说八道。我甚至都不知道布朗克斯在什么地方。我这辈子从未去过这地方。'"

第四章　叶赛宁病发

好友玛丽在伦敦过着安静的生活。一个天气晴朗的日子里，她收到了一封电报："如果你要救我的命，请到巴黎见我。我将乘坐'乔治·华盛顿号'到。爱你的伊莎多拉。"

玛丽立即带上所有的钱，动身去巴黎，住进了大旅馆。

火车于8点30分到达。第一个下车的就是魅力四射的伊莎多拉。她抱住玛丽，语无伦次地说："玛丽，玛丽，噢，玛丽，你到底来救我了。我知道你会来的。现在，不要想去弄清楚怎么回事，我以后再解释。只是，不管你做什么，忘了我是伟大的艺术家。我只是一名欣赏赛吉·叶赛宁伟大天才的漂亮优雅的女人。他是艺术家，伟大的诗人"。玛丽不由自主地被她逗得笑了起来。

"不，不，玛丽，看在上帝的分儿上，严肃点儿，照我的要求去做，否则我们全都完蛋。你以后会理解的，我保证。"

"好啦，亲爱的。"玛丽回答说，"介绍一下这位了不起的天才吧。他在哪儿？"

"等一下。"伊莎多拉回答说，"别急。你不能催一个俄罗斯人。他们正弄他出来。"

玛丽问："他病了？"

"也不全是。"伊莎多拉说，"可他很不情愿下车。你一定要记住，他是一个非常、非常伟大的天才。警卫正哄他下车哩。"伊莎多拉极力保持严肃。随后，怪异的事情发生了。车上出来四个警卫，一半抬着一半推着一个像毛皮包着的大包裹，近了才看出像个人形，加之他戴着高高的皮帽，显得高大而凶猛。

"赛吉，这是我最亲爱的朋友玛丽。"伊莎多拉说。

"噢，玛丽，玛丽。"这个皮包说着，把玛丽像小孩一样举起来，用粗野的俄罗斯方式抱住她，疯狂地抡了一圈，嚷着说："我的姐姐，玛丽，玛丽。"还有其他一些玛丽不懂的俄语。玛丽还注意到，这个包裹的两只小眼像要喷出火来。

伊莎多拉无精打采，因为她从来都不敢保证赛吉会接纳任何人。此时的情形有所不同。这一刻充满和睦与平静。克里龙旅馆的服务员碰巧就是她们上次遇到的那个，请伊莎多拉去克里龙下榻。这是欧洲最豪华的旅馆之一。伊莎多拉一向都被他们奉为最尊敬的客人，便欣然接受了。她拒绝了过去住的那套华丽的房间，要了两间相连的非常迷人的房间。声明其中一间是给玛丽的。玛丽告诉她自己已在另外一家旅馆订了房。但伊莎多拉坚持说，她们再也不会分开。陪同前来的女佣住进了同层楼不远的房间。

伊莎多拉要了一餐美味，还有一瓶清酒。这让玛丽惊讶不已，因为她一向都是喝香槟的。赛吉嚷着说："香槟，香槟。"但伊莎多拉非常坚决地拒绝了。随后两人用类似俄语的语言吵了起来。伊莎多拉的大部分话很像英语，玛丽都听懂了。

赛吉说："香槟——款待他的姐姐。"但伊莎多拉告诉他，玛丽讨厌香槟。玛丽心想：这简直是诽谤。赛吉还随身带着一个小箱子，除了睡觉时锁在衣橱里外，从不离身。

他的这种举动使伊莎多拉大感兴趣。她低声说："玛丽，你会崇拜他的。他只是一个孩子。他在这口箱子里有些玩具或其他东西，把它们当圣物一样保管着。"

"也许是他的钱吧。"玛丽说。伊莎多拉哈哈大笑起来，说："玛丽，这是你讲过的最逗人的话。为什么呢？亲爱的，我们在这世界上身无分文。如果不是洛亨格林，我们还在纽约码头徘徊哩。他付给我们路费，只是略有剩余，赛吉放在他的衣袋里哩。"

"可你的美国之行肯定挣了不少钱。"

"噢，是的，很多，但我不知道都花在哪里了。我只知道近两个星期我们连旅馆费和伙食费都付不出。我对自己倒不在乎，但我憎恨赛吉竟然对美国产生如此丑陋的印象。这对一个艺术家来说真是极大震撼。你瞧，除了钱他什么都不知道。"

饭终于吃完了，非常愉快，也让人兴奋。赛吉朗诵了自己的一些诗，看上去真像奥林匹斯来的年轻的天神，好似舞蹈的半人半兽的神唐纳特拉来到凡间。他一刻也不安静，忘我地四处蹦跳，最后跪在伊莎多拉面前，像个疲倦的孩子一样把他那满是卷发的头靠在她的膝上。她慈爱地抚摸着他，眼中发出像圣母玛丽亚一样的光辉。

"噢，我真幸福呀，玛丽。他英俊吗？如果你一直跟我在一起，从不离开我们，我们会在巴黎干出奇迹。答应我，玛丽，再也不要离开我。"

赛吉不时地冲到楼下的大厅，一会儿是买香烟，一会儿又是火柴。尽管伊莎多拉告诉他，这些都可以叫服务员去做，但他还是乐此不疲。玛丽注意到，他每去一次，回来时脸色就更苍白，伊莎多拉就更不安。最后一次他很长时间没有回来，伊莎多拉便叫来了女佣。

女佣告诉她们，他到她的房间里来过几次，要过香槟，但此时他出去了。伊莎多拉脸上顿时布满忧郁。这让玛丽的心都快碎了。她躺在一张床上，开始向玛丽讲述她的美国之行，对美国的印象、受到的待遇等等，滔滔不绝。玛丽一直认为，伊莎多拉是世界上谈话最优雅、最机智的人。她常常一次要跟她待上几个星期，甚至数月，却从未厌烦一秒。她从不缺乏话题。一件平常的事在她讲来便成了一个动听的故事，让人听不够。

"玛丽，也许我要告诉你实情。赛吉只是有点偏执。他待在外面的时间越长，就会越偏执。事实上，如果他不马上回来，也许我们要搬到旅馆的其他地方住，不让他找到我们。"

"天哪，伊莎多拉，你什么意思呀？我不相信他真敢伤害你。"

"好啦，你瞧，这就是他的反常之一。"伊莎多拉说，"不过，对不起，他并不是有意如此。他喝了酒就像个疯子，非常、非常疯狂，视我为最大的敌人。我毫不介意他喝酒。我不知道生活在如此糟糕的环境中的人是否也是如此。俄罗斯人做事一向执着。他们喝酒时，就只是喝酒。如果能使他高兴，就算他把整个城镇都砸了，我也不介意。我只是自己苦恼。"

玛丽顿时恐惧地想到任何人都可能伤害伊莎多拉。她不敢也不愿相信地问："为什么，为什么你要忍受这一切呢？"

"亲爱的玛丽,我不能理解。这种状况已出现很久了。这其中有我喜欢的东西,深深地埋藏于我的生命之中。你注意到赛吉和你曾认识的一个人有共同之处没有?好啦,别介意,也许这只是我的想象。此后我会全都告诉你的。如果赛吉到12点钟还不回来,玛丽呀,恐怕我们真得走了。"

"可这太可怕了,伊莎多拉。快穿好衣服,跟我去我的旅馆。"

"我会穿好衣服的。但没有赛吉的确切消息,我是不会走的。"她慢慢地换上一件休闲服。玛丽真被自己听到的事吓坏了,不停地催她快点儿。伊莎多拉突然之间好像筋疲力尽。她叫玛丽从旅行包中拿出白兰地,自己躺在床上,脸色苍白,像死人一样。"伊莎多拉,"玛丽说,"我绝不允许这样。要么跟我走,要么爆发一次丑闻,因为如果他想伤害或者侮辱你的话,我绝不容许此事发生。我忍无可忍。马上跟我走。"

"噢,玛丽,这会使事情变得更糟。我不愿伤他一根金发。你看出他们的相似之处了吗?他是我的儿子帕特里克的化身。某天帕特里克像这样子,我会允许他受到伤害吗?不,你一定要帮我救他,把他弄回俄罗斯。他在那里一切都会好的。他是个伟大的天才,伟大的诗人。他们知道如何照顾他们的艺术家。"

"明天再处理此事。伊莎多拉,现在只能跟我走。"

"不,听不到他回来,我不会离开的。我听得出他的声音。"

她话音刚落,楼下大厅便传来了一阵可怕的噪声,好像一个兵团的哥萨克骑兵,还有马和其他装备,一起开了进来。伊莎多拉跳了起来。玛丽一把抓住她的手,把她拖进自己的房间,锁上了门。赛吉走进伊莎多拉的房间,开始猛敲相连的门。玛丽拖着伊莎多拉跑向大厅,像魔鬼一般冲下五层楼梯。在门口,伊莎多拉告诉门卫,她的丈夫病了,她们去找医生的时候,请他们上楼去照顾一下他,要对他非常、非常温柔,因为他病得不轻。门卫答应了,她才与玛丽一起出了门。

她们坐上一辆出租车。伊莎多拉坚持要找一个医生,如有可能,最好找一个俄罗斯医生。但她们要找的人出城去了,不得不筋疲力尽地回到大旅馆。这里又有一件小事等着她们。门卫紧跟在她们后面,敲开了她们的房门,说这间房只能住一个人,不能再住别的人。玛丽竭力想让他悄悄走开，告诉他说自己的朋友病了，不想让伊莎多拉听到这残忍的话，但毫无作用。他大声嚷嚷。于是，玛丽叫他喊值夜经理来，自己跟他解释。

之后，伊莎多拉往克里龙旅馆打电话。女佣告诉她，六个警察刚破门而入，把先生带往警察局了。他威胁说要开枪打他们，打碎了这里的一切家具，还把梳妆台和一张沙发从窗子扔了出去。他想方设法想把相连的门砸开，相信伊莎多拉就在里面，又把前来阻止他的旅馆服务员打了一顿。幸运的是，他的左轮手枪放在了玛丽那间房里的手提箱中，否则，还真可能发生谋杀案。

伊莎多拉听到这个消息，差点儿昏了过去。"我们怎么办，玛丽？我身无分文。赛吉身上有洛亨格林送给我们余下的钱，只有几美元。"

她又坚持要找一个医生。她们在马切斯特旅馆里找到了正在就诊的医生，带他一起去警察局。这名医生竭尽全力给赛吉检查时，赛吉不停地提到那口手提箱子，说里面有他的诗。

医生诊断他得了癫病，非常危险，无论如何都不能释放他。这致命一击让伊莎多拉彻底垮了。她们回到克里龙旅馆时已是凌晨4点钟，个个像快要死去一样。

整个旅馆沸沸扬扬。几个旅客穿着睡衣跑出来，以为战争又开始了，结果遭到一通痛骂。伊莎多拉情不自禁歇斯底里地大笑起来，说想不到一个年轻的布尔什维克的俄罗斯人，竟会闹得平静的美国人生活乱了套。这笑声使旅馆经理非常不快。他本来十分同情，但此时却变得非常严厉，说如果她不赔偿损失，就得另找住处，因为她不能再在这里停留。其实，这房间也没法再住人了。床被打烂，弹簧散落一地，床单撕成了条，镜子和玻璃的碎片到处都是，看上去真像是遭到了炮轰。

玛丽把经理拉到一边，解释说邓肯小姐并不是对发生的一切感到好笑，而纯属是震惊。这话让他冷静了许多。玛丽告诉他说，明天一大早就离开。一切都会处理好的。他同意了，规定不准叶赛宁回来。她们再次保证，不会再发生任何危险。

她们又回到房间。伊莎多拉喝了一杯白兰地，不知道现在该怎么办。她绝不允许把赛吉关在收容所里，宁愿冒被他杀死的危险。她们打开衣橱，找到了那口手提箱。警察把赛吉的钥匙给了伊莎多拉，但提醒说这是私人的东西。她对是否介入他的私事而犹豫了好长时间。玛丽提议说，这里面也许有钱，但伊莎多拉认为没有，因为他身无分文。

最后，伊莎多拉还是打开了箱子。令她惊讶的是，里面装满了美元，全是小额的，甚至还有银币，大约有2000美元。"天哪，玛丽，我真是姑息养奸了吗？不，我不相信。可怜的小赛吉。我坚信他对此并不真正清楚。他这辈子从没有过多少钱。看到如此挥霍，他那农民的狡猾劲上来，无意识地藏了些。他的祖国真需要这些。现在想来，原来他一直有这笔钱，而我却被裁缝逼得无路可走。他们威胁说，要是付不出赛吉那两套衣服的钱，就要逮捕我。"

这真是够了，玛丽叫来了经理。她们赔偿了损失，提着伊莎多拉的大衣箱，离开了旅馆。伊莎多拉打开赛吉的衣箱，发现里面不但有一打衣服、衬衣、亚麻布制品，还有一半伊莎多拉的衣服，她还认为弄丢了哩。她们把这口衣箱留下了。

她们住进了雷舍沃夫旅馆。伊莎多拉发高烧病了，医生又去看了赛吉之后，来给她看病，问她是否愿遵守一项规定。警察可以放他，但要他立即离开这个国家。伊莎多拉把自己在这个世上的最后一点儿钱送给了女佣。她们订了两张票。女佣陪赛吉去柏林。他在那里有许多朋友。俄罗斯政府也在那里设有办事处。从女佣离开她们到9点钟火车启程去柏林这段时间里，伊莎多拉一直恐惧不安。赛吉带去了他所有的箱子，包括那口手提箱，身上的钱只够付去柏林的车费。

第五章　疯狂生活

几天后，伊莎多拉再也难以忍受在这国家中独居。于是，她们住进了雷恩旅馆。玛丽向旅馆经理解释说，也许要过几个星期才付账。经理认识她们有好几年了，说完全可以，只要叶赛宁不来这里，不发生丑闻，随便住多久都行。玛丽做了保证。

伊莎多拉仍然发烧，日夜躺在床上，不能离人半步。赛吉和他在柏林的朋友不断拍电报来，说伊莎多拉不回到他身边，他一定会自杀的。赛吉的电报通常都是这样的："伊莎多拉要射杀赛吉。亲爱的，快来，快来。"一天五六封。这使伊莎多拉的高烧更加恶化。

医生想尽一切办法，也无法让她睡上一觉，最后，她说："玛丽，亲爱的，如果你真是我的朋友，就想办法让我去赛吉那里。否则我会死去的。没有他，我活不了。我不在乎他过去做的一切。我爱他，他也爱我。想到他也许会受到伤害，我就要发疯。想办法找辆车，我们去柏林。"

天哪！玛丽心想，我们可是身无分文呀，而她竟然还想乘车去柏林。但在伊莎多拉看来，好像没什么不可能的。她还声称，绝不坐火车去。

第二天，她们去找一名老骗子。伊莎多拉以自己珍藏的价值连城的卡雷里的画作抵押，已向此人贷了一小笔款。经过一番争吵后，他同意说，如果伊莎多拉签署相关文件，他可以借给她一辆车，提供司机。所有这一切都非常非常便宜。另外，还贷给她六万法郎。

伊莎多拉欣喜若狂，立即拍电报给赛吉。她就要来了。

一切都好像安排得妥妥当当。但她们没料到她们的朋友——那个贷款人之奸诈。他的利率每天都在增加，给她的钱却日益减少。终于，最后一天，她们在中午时分打点停当，戴上帽子，坐等车来。他出现了，搓着双手，解释说三四天内，他没法凑到这么多钱。如果她愿等的话，他会如数凑齐的。否则，她只能拿到一部分。

无法可想，伊莎多拉不能再等下去了。此时此地记者云集，她只想悄悄离去。就在前一天的晚上，发生了一件非常有趣的事情。伊莎多拉、玛丽跟两个年轻的艺术家——王尔德·肖和墨菲一起吃晚饭。她们回旅馆时，一个记者跟她们乘上了同一电梯。伊莎多拉假装没看见他，转向墨菲说："赛吉。"然后说了一大堆俄语，同时挽住了墨菲的手，弄得他很不好意思。那个记者神采奕奕地说："噢，现在，邓肯小姐，恐怕你得承认赛吉在巴黎吧。"伊莎多拉坚决地摇了摇头，说："不，没有。"

"好啦，我们知道他在。既使你不愿告诉我们，我们也知道情况。我们知道他一到，就藏在这旅馆中了。我们希望你告诉真相，因为你也知道，警察已禁止他来巴黎。"

伊莎多拉假装被吓坏了，请他悄悄跟她去她的住处。她把墨菲推进浴室，低声对他说："装着害怕的样子。"

伊莎多拉坐下来说服记者，说如果人们发现赛吉在巴黎，那将是多么让人害怕，因为他是如此绝望的人。说着，开始制造起可怕的噪声来。墨菲把浴室里的餐盘扔了，又扔碎了几个瓶子、一个电灯泡，那声音听上去真像一支左轮手枪的声音。伊莎多拉抓住记者的手，求他不要报道此事。他答应对此只字不提。当墨菲冲出浴室时，那个记者也跑出了旅馆。逗得伊莎多拉开怀大笑。

当然，这件事第二天便登了出来。旅馆顿时记者云集，旅馆的经理愤怒地否认这里发生了丑闻，只有一个盘子失手摔碎了。但叶赛宁没在旅馆，也不曾来过旅馆。8点30分，她们在这一片喧闹中悄悄地溜出去，接受了那个骗子愿意给她们的钱。

于是，她们开始了陌生的旅程。在玛丽看来，伊莎多拉一定把自己想象成了飞侠，一举一动像个疯子，谁也阻止不住。那辆破车和司机把她们送到斯特里斯堡就不干了，使她们狼狈不堪。但伊莎多拉毫不气馁，立即又租了一辆，结果差点儿掉下桥去，车也摔坏了。她们不得不在斯特里斯堡过夜。

伊莎多拉连眼睛都没眨一下，对发生的灾祸兴奋不已。她没上床睡觉，而是一家餐厅接一家餐厅，一家夜总会接一家夜总会，还有别的什么地方寻求刺激。玛丽劝告她，她却可怜巴巴地说："为什么不让我按自己的愿望高兴高兴呢？我又没伤害谁。我的一生都在给别人幸福。为什么我就一定要像尊中国神像一样，总要让别人崇拜尊敬呢？"

玛丽哑口无言。于是，她们彻夜疯狂，等到斯特里斯堡最晚的地方都关门了，才回旅馆去。

玛丽刚迷迷糊糊入睡，伊莎多拉又嚷开了："快点儿，玛丽，起床了。我们继续进行伟大的历险。亲爱的，我们不能睡大觉，浪费光阴。"

她们又上路了。玛丽抱怨不已，但伊莎多拉喜欢阳光。她微笑着，让人觉得就算是去死，也是一种勇敢的行为。她总是让人感觉愉悦。那本领如同天赐。她并不对人曲意奉承，但有自己的办法，这是语言所无法形容的。在玛丽的眼中，她无疑是世界上最接近完美的人。

尽管她们在德国没见到什么，却遭遇不少事情。在一个小镇，她们停下来吃饭。人们聚集在餐馆，侮辱攻击她们。她们甚至得不到一杯啤酒，只有喝白酒。法国人到底来这里干什么？伊莎多拉对此闷闷不乐。店老板邀请她们去自己的私人餐厅。她们拒绝了。

一吃完饭，她们马上离开了餐馆。午夜时分，到达了高高的群山之中。汽车和司机都拒绝再往前行。她们只得住进一家阴暗沉闷的旅馆。玛丽筋疲力尽，想也不想就上床睡觉。伊莎多拉在房东的帮助下，在一小时内又租了一辆车来，停在了门口。她一手拿着一瓶香槟，一手拿着酒杯，走了进来。服务员跟在后面，端来了三明治。"起床，玛丽，起床。"她嚷着说，"我有种预感，赛吉要死了，他开枪自杀了。"玛丽疲倦极了，睡得迷迷糊糊的，真没把这事放在心里，心想：她可以忍受的话，那我也能忍受。

她们只开出 30 英里，发动机就开始出了毛病，在山中走走停停。不知什么原因，司机无精打采的。那就像一场可怕的噩梦。大雾弥漫，使一切都变得朦朦胧胧的。伊莎多拉催促司机一直全速前进。玛丽不停地提醒他小心点儿。

黎明时分，她们到达一所小村庄。玛丽说，就算全世界的诗人都死光了，自己也要去睡觉，哪里都行。伊莎多拉见她如此坚决，便同意了。她们睡到中午，才起程继续赶路。

伊莎多拉容光焕发。事实上，只要坐上汽车或飞机，她一向都是非常高兴的。奔波流离在她看来,就像呼吸一样必要。不过,人们也不得不承认,跟她一起旅行,总是让人其乐无穷。

在一家餐馆吃饭时,伊莎多拉与邻座的一位非常迷人的小伙子搭上了腔。他在门口停有一辆华丽的百马力跑车。结果,他愿意搭乘她们,并疯狂地爱上了伊莎多拉。

那个小伙子送她们去了家可爱的旅馆。吃过早饭,洗完澡,她们一直睡到中午,然后又租了一辆车,开始了最后一段路程,于上午10点顺利抵达柏林。

她们乘坐的汽车停在了柏林阿德龙旅馆前。赛吉飞也似的跳上了车,站在发动机盖上,从司机的头上投入了伊莎多拉的怀抱。两人站在车上,热烈拥抱。他的诗人朋友则跳到汽车的另一边,热情地问候玛丽,一边紧握住她的手,吻她的脸,一边嘴里叫嚷着自己创作的诗句。

自然而然地,立时聚集了一大堆德国人,围观欣赏这田园牧歌似的情景。但他们这一行人,除了司机外,都已不记得街道、围观的人群,还有汽车的车台,只记得赛吉得救了。他活生生地站在那里,一头金发在日光中飘飞。他一边跳起来,一边扔掉了帽子。这是一个昂贵但很优美的动作。他现在还需要什么帽子呢?他的爱,他的亲爱的,他的伊莎多拉就在这里,帽子算什么呢?接着,他飞快地扔掉了衣服和靴子。

这并非装腔作势。这两个兴奋的恋人对周围的一切恍若不见。最后,警察驱散了围观的人群,催他们快劝这对恋人下来。但是,她们没定好住宿的旅馆,这些诗人们也没给她们预订,甚至连间小房间都没有。她们只好去皇家旅馆。另外一个俄罗斯诗人、赛吉的好朋友陪着玛丽一起去。他几乎是推着玛丽在走,让人们以为他也许是她的保镖、秘书或别的什么人。玛丽问他们,既然伊莎多拉·邓肯小姐发了电报,为什么不为她预订房间。他们非常亲切而礼貌地说,根本没收到什么电报。尽管他们不知道会来三个人,但起码也要为邓肯小姐预订一套。

玛丽先进了旅馆。伊莎多拉和赛吉懒散地跟着走了进来,后面跟着那名司机,还有几个扛着行李的服务员。他们也不等弄明白有房间没有,以为走进旅馆就算住了进来,休想赶他们出去。

另外还有几个俄罗斯人,玛丽先前没留意,但显然是他们这一伙的,带着几样乐器跟在后面。他们走进电梯上楼时，这群人也争先恐后地从楼梯上去。旅馆经理的脸上满是惊讶。尽管他很礼貌地笑着，对这群人却有些不快。

经理带他们进了高级套房，问他们到底有多少人，要住多少房间。伊莎多拉潇洒地挥起手臂，指着全部人说："全都要住。他们跟我是一伙的。"

玛丽顿时喘不过气来，想起了她们那仅有的几千法郎。

"吃饭，吃饭。"塞吉嚷着说。伊莎多拉也随声附和："亲爱的，吃饭，吃饭。"

他们像变魔术一样分散到各个房间，去梳洗，换衣服。先前那个俄罗斯人赶忙去打电话通知那些不知道她们已到了的俄罗斯人。这些人都不想错过美餐。帝王般的宴席对于在柏林的俄罗斯艺术家圈子来说，并不是每日必备的。因此，还邀请了苏联部长。

他们都来了。玛丽想，这些人只是偶然听说过，根本上不了邀请名单。大客厅的正中摆放着桌子，恍若仙境。后来他们才知道，这客厅是最小的，却是最高级的，里面的一切全都是易碎品，却异常昂贵。

伊莎多拉决定把这办成俄罗斯之夜，只吃俄罗斯食品和酒。恐怕自开天辟地以来，世界上任何一个地方都没有如此丰盛的俄罗斯酒宴。餐桌上摆满了俄罗斯餐前小吃，许多都是尝所未尝的美味。伊莎多拉坚持按照俄罗斯风俗，餐前小吃前每人先连干三大杯伏特加酒。玛丽几乎喝不下去。她清醒地意识到，喝完这三杯酒，恐怕要大醉了。俄罗斯人边喝边唱。所有的人都难以自禁。那场景真是美极了。大家都欣喜若狂，而又有一丝淡淡的忧伤。因为这世界上没有什么东西比俄罗斯音乐更让人伤感了。

餐前小吃端上来了。吃了这些东西，就像把几个星期要吃的、喝的都提前吃喝了，但这还仅仅是正餐前的开胃菜。

此时，伊莎多拉像彩虹一样从房里出来了，前所未有的美丽。她兴奋得难以自持。塞吉跪在她的面前，泪流满面，千万次地呼喊她那美丽、温柔的俄罗斯名字。所有的人都依次跪在她面前，吻她的手。大家是多么幸福呀！一群狂野、自由、无家可归的人，这些移居国外的人指望什么，在乎什么，又管他世界会怎样呢！每个艺术家都会对最伟大的艺术家致敬。

赛吉非常满足，因为此时人们都在伊莎多拉面前低下了头。他们也崇拜他，他们的诗人，他们的叶赛宁，他们的赛吉。噢，是的，他们理解，就算他是个"惹是生非的人"，是个"小阿飞"，那又怎样呢？天才是自由的，随心所欲。哪个凡人敢说天才该做什么，或者该怎么做呢？

汤、鱼等陆续上来了，每次都伴以美酒。赛吉站起来朗诵自己的诗时，有几个客人已开始往地下滑。他朗诵诗时，人们如同遭到电击。他站到桌上，大声朗诵。尽管玛丽不懂俄语，但他声音中那份伤感与感染力，还有他的表情，却让她深深感动。

念完诗，伊莎多拉和他跳起了俄罗斯舞。其余的人不停地鼓掌喝彩。那名苏联部长坐在桌子的顶端，此时正靠在沙发上，显得坐卧不安，因为他和沙发都填塞过度了。

一切都好极了。伊莎多拉转而倾听赛吉和另外一个诗人热烈谈论"安娜"。"安娜"在俄语中意为"她"的意思。但伊莎多拉对俄语确实一知半解，以为他们在谈论赛吉新的恋人。她认定这个诗人是在逗赛吉，便责备那诗人说，她对安娜的一切全都清清楚楚。这迫使赛吉陷入了疯狂之中，于是闹剧开场了。要不是他们都深深地受到了伤害，那情景一定让他们开怀大笑的。

房中的东西开始四处横飞。赛吉总是第一个扔东西。他举手就掷，从不顾掷的是什么，掷向谁。不幸的是，他一掷就掷到了该国高官——部长的头上。部长很不走运，还没来得及滑下沙发，便率先迎头挨了一盘鱼。事情也不算太严重，但却激得部长暴跳如雷。玛丽哈哈大笑起来。结果，后来她想陪伊莎多拉去俄罗斯时，在护照的签证上遇到了麻烦。

玛丽的高兴并没持续多久。当他们意识到发生了什么事时，房里已是一无所有。赛吉对伊莎多拉和玛丽骂不绝口。三四个朋友竭力想拉他下来。他们越想阻止他，他似乎越来劲儿。后来，玛丽又看到了此类情景，每次发生的方式都是一样的。他坐在那里吃饭，或是平静地聊天，突然就脸色苍白，灰蓝的双眼的瞳仁开始放大，慢慢变得像燃烧的黑炭，让人看着心惊胆战。有时候，如果来得及转移他的注意力，叫他唱歌，这场危机也可化解。但这只是暂时的，不久以后还会再次爆发。这常可使伊莎多拉逃避危险，不过也造成另外一种可能，就是他的第一步动作总是锁上所有的门，把钥匙揣起来。这次在俄罗斯晚宴上，他也这样做了，动作敏捷而老练。等大家回过神来时，都已成了瓮中之鳖。

这位年轻体壮的俄罗斯人一阵乱扔，整个房间像下了一场冰雹，更像暴风雨过后甲板上散乱的行李。伊莎多拉首先对这混乱场面显出了极兴奋的神色。那个优雅高贵的伊莎多拉哪去了？俄罗斯一定改变了她，改变了她的个性。

经理和旅馆内半数以上的服务员蜂拥到门口，但没人去留意他们。后来，他们从浴室进来，给其他人打开了门，让他们进来。

经理情绪极坏。每个人都极力向他解释,这只不过发生了一点儿意外。他们飞快地把他拥出房门，害怕他看到损害的情况，但他已看得清清楚楚，全算在了她们的账上。

没人离开半步。此时的伊莎多拉和赛吉像一对好宝宝，乖乖地回了自己的房间。玛丽进了自己位于客厅另外一边的房间，锁上了门。其余的人又吃又唱，直至早晨。赛吉不时加入他们，因为他一夜未睡，四处溜达到早晨。第二天早上，他们接到经理处一份非常礼貌的通知，说这套房子下午已被人预订了，能否请12点钟前搬出去？玛丽去跟经理交涉，答应离开，但要等到下午5点钟。大家马上又喜笑颜开，欢乐无比。

他们坐了很长路程的车，去找新的旅馆。一群年轻的俄罗斯诗人和艺术家等着迎接他们，准备再举办一次晚会。但那位部长再也没来。一天，她们去看望他，但他病得很重，不能见她们。后来，玛丽请他签证，被拒绝了。当然，他无法拒绝伊莎多拉，因为她嫁给了赛吉。

又是一场盛大的宴会。大家快活地斟满了鸡尾酒，接着是餐前小吃和伏特加酒，然后是奢侈豪华的正餐。真不知道德国的旅馆从哪里弄来这么多俄罗斯美味。甚至在俄罗斯都难以找到如此新鲜的东西。吃饭间，赛吉开始狂野地歌唱，又跟伊莎多拉跳了一曲俄罗斯舞蹈。突然，他把她拉到一边，说只有俄罗斯人才能跳这种舞蹈。他拉过一位小伙子，像精力过剩的人一样跳舞，蹦得老高，几乎触到了天花板。这样的舞蹈在任何地方都会获得巨大成功的。随后，他那突然发怒的症状又开始显现出来。

伊莎多拉低声对玛丽说:"现在,玛丽,亲爱的,无论我做什么,你都不要吃惊。记住,不论我显得多么奇怪,还是做得过分,都只是假装的。"她开始的时候也许是这样,但一旦卷入,就难以自持。赛吉以责骂她跳舞开始。他借任何题目都可以引发危机,让人胆战心惊。尽管他才华横溢、头脑敏捷,在语言上占尽优势,因为他的话他们都听得懂,而伊莎多拉的话他们都一定不懂,但她还是以牙还牙。她的方法很简单,就是把她所知道的俄罗斯骂人的话一遍一遍地重复。由于这类话太少,她又加上了动物的名字,诸如猪、狗、鸡等等。起先,伊莎多拉动听的美式俄罗斯腔引得大家很是高兴,甚至赛吉也高声欢叫。一时间,暴风雨过去了,风平浪静。他跳过桌子,抱住伊莎多拉疯狂地吻她的眼睛、头发和手,甚至于她那优美漂亮的脚。但她后来叫他狗,他又开始发作。

与此同时,更多的香槟被喝光了。俄罗斯人从不停止饮酒,一旦开始,就阻止不住。赛吉暴跳如雷,连他最好的朋友也害怕了。攻击一旦开始,朋友和仇敌在他眼中都是一样的。

伊莎多拉低声对玛丽说:"记住我说过的话,今晚要给他一剂良药。他如此兴奋,我不能作壁上观。"

于是,她轻快地从餐桌上抓起一个盘子,向墙上的画扔去,发出一声巨响。这让优雅的伊莎多拉自己都非常震惊,比在场的任何人还要吃惊。一时间,赛吉还以为是自己扔的。但随后,一个圆酒瓶扔进壁炉中,像子弹一样爆炸,他才真正明白过来,"喔嗬,真是过瘾。"伊莎多拉大叫道,"要是知道你这样干如此快活,我早就加入了。"接着,一场龙卷风暴开始,直到房中再也无物可扔。

玛丽想让伊莎多拉安静下来。可她在停下来的间隙向她使了个眼色,低声说:"一切都好,别害怕。我知道自己在干什么。" 但她并非完全清醒,而是像赛吉一样疯狂。一旦扔了第一件东西,就变得歇斯底里,虽然迷迷糊糊地意识到自己在干什么,但就是情不自禁。经理和旅馆所有的服务员又赶了来。赛吉这个狡猾的疯子,马上变得非常安静,坚持要人去找医生。他不停地嚷道:"伊莎多拉,病了。医生。医生。"他们终于相信了他,派人去找医生。一个非常迷人的医生赶了来,不顾玛丽的反对，给尹莎多拉进行了皮下注射。玛丽建议给赛吉也来一针。但这聪明的小伙子有医生在场时，表现得非常安静和温柔。

玛丽关上了伊莎多拉房间的门，不准赛吉接近她。但他大吵大闹，声称玛丽在伤害伊莎多拉，要报警抓她。最后，玛丽不得不打开了房门。他坚持要叫醒伊莎多拉。玛丽阻止不住，真想杀了他。那天夜里，他每隔几分钟就要去叫伊莎多拉。一次，玛丽去客厅给伊莎多拉端水时，他锁上了门，还上了闩。玛丽真是苦恼极了。她听到伊莎多拉在哀求赛吉让她独自待一会儿。最后，玛丽以其人之道还治其人之身，说："如果你再不开门，我就叫警察来，破门而入。"

他只好打开了门，不停地诅咒玛丽，但不敢动她分毫。那晚余下的时间，他跟朋友们坐在一起，唱着忧伤的乡村歌曲，自娱自乐。他们想要更多的香槟，但没要到。玛丽在客厅的沙发上睡着了。第二天早上8点，赛吉跪在玛丽的面前，可怜巴巴地用俄英混杂的语言哭着说，伊莎多拉走了，永远走了，也许自杀了。

玛丽到处找寻，没见她的踪影。她回到自己的房间，叫来经理，问他邓肯小姐是否在旅馆别的地方订了房间，因为过去遇到这种事情，她常这样做，以逃避赛吉的威胁。他们告诉她说，邓肯小姐6点钟时离开了旅馆，并叫他们转告她，不必担心。这使玛丽稍许安心，但仍不知她去了哪里。

玛丽一直在绞尽脑汁地思索，想找出一个有效的办法来解决此事。她觉得，一定要说服伊莎多拉离开赛吉，即使他要自杀也在所不惜。这总比他杀了她好。但她担心她不会离开他。大约11点钟，女佣悄悄给玛丽送来了一张纸条，请她带一包必要的梳洗用具和衣服去，因为伊莎多拉离开时什么也没带，但绝不能让赛吉知道。赛吉从早上以来，一直在哭。玛丽叫他别哭，别担心，自己出去找伊莎多拉。他最好去睡上一觉。此时的赛吉就像个可怜的孩子，让人心痛。

玛丽乘出租车去波茨坦，在一家著名的餐馆找到了伊莎多拉。她刚叫了午餐，希望玛丽能去，因为她身上带着她们所有的钱。而伊莎多拉是没钱付账的。吃完饭，她们步行去找旅馆。伊莎多拉几乎迈不动脚步，显得茫然不知所措。此时，药物发生作用了。她问了赛吉的情况，说他对她的孩子说了许多粗话,让她忍无可忍,像疯女人一样冲出了旅馆。他也许是做自己喜欢做的事,说自己喜欢说的话,但对她滴血的心却无疑是痛上加伤。他不停地提到自己的三个孩子。一个是他18岁时的第一个妻子生的,另两个是第二个妻子生的。她现在住在弗洛·马耶霍尔德,是位著名的制片人的妻子。赛吉把两个孩子给了她。

玛丽请求伊莎多拉跟她一起回巴黎,重新开始正经的工作。不然,也应该马上去俄罗斯,回她自己的学校。但一定要离开赛吉。伊莎多拉回答说,这就像离开一个生病的孩子,她是永远、永远不会做的。她要带他回祖国,那里有许多像他一样的人。他们理解他,因为他的天才而热爱他。

洗过澡,伊莎多拉睡了一会儿。此时大约9点,她再也忍受不住,给赛吉打了个电话。他后悔不迭,完全赢得了她的心。她叫他跟两个朋友一起,带上所有的行李坐车来,那家旅馆的服务员肯定也会带着账单来,一到就叫她付钱。一旦付完账后,她们的钱会所剩无几的。

他们到后,玛丽说,不管愿不愿付账,都必须马上给钱。赛吉和他的诗人朋友说,他们可以弄到必需的钱。伊莎多拉告诉他们说,能再就去弄,她回巴黎时再付。

随后,举行了一次家庭会议。伊莎多拉决定,他们全都去俄罗斯。但首先得去巴黎,租出或售出房子、家具等,然后再带着她的衣服和书去莫斯科。不管多大困难,也要继续办学校。赛吉则可以写他那优美的诗。梦想,美丽的梦想呀!

现在,如何去巴黎呢?赛吉可是禁止去那里的,或者说,如何在他们红色的俄罗斯护照上得到签证呢?"没什么好气馁的。"伊莎多拉说,"噢,也许我们都通得过的。"

赛吉和他的朋友借来了4000法郎,并建议去柏林的吉卜赛餐馆,那里有个优秀的俄罗斯吉普赛歌手。他们不顾玛丽的劝告,全都去了那里。

他们预先付了车费,订了一辆车,第二天早上搭他们去斯特里斯堡。玛丽一再坚持这点,否则就不动步。她们还有1000法郎的支票和少许现金。但玛丽不小心给了伊莎多拉。玛丽吃得饱饱的,做好了远征的准备,并声明她不加入任何一伙,以后只作壁上观。

伊莎多拉请求她看在多年的友谊上，不要离开她。玛丽说："我会送你回巴黎，但我绝对会离开你，因为我的儿子从美国来了。"

他们去了吉卜赛餐馆，非常安静地吃饭。警察规定12点前必须关门。到时他们关了门，邀请伊莎多拉一行人去餐馆后面的一间大房子。所有的吉普赛人都围住他们。赛吉成了他们的首领，唱起了他们的乡村歌曲，直至凌晨3点钟。

赛吉曾告诉她们说，这次是吉卜赛人邀请她们的。但此时这群人却递给她们一张数目不小的需要支付的账单，让她们惊讶万分。伊莎多拉这辈子从未拒付过账单，便很礼貌地递过了那张1000法郎的支票。兑换成马克后，赛吉一把抓过，走到那群人中，四处散发了几百马克。但玛丽看到他留了一大卷，塞进了自己的衣兜里。当他去跟一名吉普赛人跳舞时，玛丽一言不发地拿出了这卷钞票，只对伊莎多拉一个人讲了此事。

第六章　回归巴黎

第二天一早，伊莎多拉一行人一片忙乱地登上了汽车，开始了行程。她和玛丽坐在后排，音乐教授和赛吉坐在两个加座上，另外一个诗人和司机坐在前排。这是一辆大敞篷车，堆满了行李，就像堆在她们头上一样。那位可怜的音乐教授完全被淹没在行李之中。人们只看得见他那稀松散乱的头发。

尽管气候温暖，诗人仍然穿着红色的俄罗斯罩衫，戴着皮帽，围着毯子、衣服等。这是伊莎多拉几年来辛苦积攒的。天气晴朗，风光宜人。凌晨1点钟，他们平安抵达利普兹格。值夜的服务员被惊醒了，看到这群乱嚷嚷的人进来，犹豫着不知道给他们开不开房间。一行人都穿着伊莎多拉的衣服，很是滑稽。玛丽情不自禁地笑了起来。最后，他们终于还是住了下来。

第二天一早，他们起了个早。要不是玛丽有先见之明，把赛吉余下的钱拿过来的话，他们也许只有坐在这里了。他们正要离开旅馆，赛吉突然宣称朋友们给他家人的一大笔钱丢了。

不过，他们很快又开始了行程，深夜时抵达了温馨可爱的故地温玛。伊莎多拉和玛丽对此地满怀深情，想将这种感情讲给俄罗斯人听。但似乎只有那位老教授能够理解。第二天，关于赛吉丢钱的事，又爆发了激烈的争吵。这次他把数额说成了几千美元。之后，他们参观了李斯特的故居。玛丽静静地坐在花园，向李斯特的灵魂祈祷，如果他在天有灵，快救救伊莎多拉。伊莎多拉对他的音乐崇拜得五体投地。

赛吉这天兴致很高，因为这一切正合他意。几个俄罗斯人之间进行了一次非常有趣的谈话。伊莎多拉回来时春风满面，笑得像个天使，说她那亲爱的被宠坏了的孩子赛吉非常愉快。她对这位27岁的小伙子的这种恋情，已让人无法理解。

快到斯特拉斯堡时，司机告诉他们说，他不能去边界，因为法国人会没收他的车。夜里8点，他们总不能下车步行10来英里路。况且，他们还没忘记签证的事。于是，司机又载他们回来，去最近一座有美国和法国领事的镇子。

伊莎多拉和玛丽商量着如何把这些人弄过边境。他们对老教授爱莫能助，只好与他道别。由于前一天晚上赛吉不幸发疯，打碎了教授心爱的巴拉拉伊卡琴，因此，大家认为他不会介意回去的。事实上，他热爱赛吉和他那优美动听的诗。领事认识伊莎多拉。他们向他解释说，伊莎多拉准备带丈夫去法国，找专家医治。因为他患有癫病，不能让他独处，因而需要一名年轻的俄罗斯保姆。于是，他们得到了签证。

伊莎多拉坚决不给司机付钱。事实上，她也不能付，因为他们没多少钱。除非他遵照诺言，送他们去斯特拉斯堡。但司机却把他们送到了警察局。警察认为司机是对的。法国当然会没收他的车，换言之，他们也会没收法国车。但另一方面，他不该骗他们说可以搭他们去斯持拉斯堡。警察答应帮助找辆车，安排他们一行人过境，并照看他们的行李，等他们付给司机钱后，再送到斯特拉斯堡去。

第二天，他们取到了行李。尽管已身无分文，仍租了辆车去巴黎。这辆车是辆有篷车，是信用租给他们的。夜里10点，他们动身时，天上下起了瓢泼大雨。他们艰难地说服伊莎多拉上了车，因为她讨厌这种车。开出不到两英里，她就说身体不适，得马上回旅馆。无论如何，她再也不坐有篷车了。

玛丽解释说，坐这辆车第二天一早绝对可以抵达巴黎，但毫无作用。她相信伊莎多拉坐这种车，确实会受不了。因为这会使她想起自己的孩子的死。他们就是在这种封闭的车中淹死的。她开始疯狂地敲打车窗。他们只好无可奈何地回了旅馆。

玛丽叫她自己选择一种高兴回巴黎的方法，最好是晚上坐火车走。如果他们同意，她保证叫服务员去买票，到巴黎后再给他钱。可是，无论怎么说，伊莎多拉就是不愿动身。她要坐自己的车回巴黎。绝不改变计划。

服务员给玛丽买了一张票。她叫伊莎多拉不要离开旅馆。她会给她送钱来。

一到巴黎，玛丽径直去雷恩旅馆，马上给伊莎多拉电汇了2000法郎。伊莎多拉很快收到了钱，立即决定，错过了参观这宏伟庄严的大教堂区，让赛吉见不到其恢宏气势和美丽动人之处，是一大遗憾，于是用这2000法郎坐车去朝圣了三天。玛丽第四天才听到他们的消息。她收到了一封电报："看在上帝的分儿上，快来救我们。"他们住在威斯敏斯特旅馆，经理不给他们供应食物，并叫他们马上离开。他们是头一天夜里住进去的，以叶赛宁先生和夫人的名字登记。值夜的服务员不知道她就是著名的伊莎多拉，她那疯狂的俄罗斯丈夫在欧洲的许多旅馆制造了不少丑闻。

玛丽立刻去旅馆找他们，看到他们正跟司机大吵。司机威胁说，如果不付他这四天旅游的车费，就告到警察局去。伊莎多拉打电话给秘书。秘书找了2000法郎，付给了司机。

玛丽极力跟经理交涉，邓肯小姐不可能离开旅馆。她正在等一大笔贷款，没收到这笔贷款前身无分文。但旅馆经理不为所动。他知道会发生丑闻的。事实上，之所以还未发生闹事事件，正是由于他拒不供应他们酒水，赛吉又没钱去别的地方弄到。这一切让神圣的伊莎多拉羞愧难当。

最后，经理接受了一条价值不菲的缎带。玛丽说，还会做出其他安排的。她打电话给马德雷德旅馆，订了邓肯小姐以前那套房。他们带着所有的行李，在大约7点钟时，乘出租车离开了这家旅馆。

前往马德里德时，伊莎多拉兴高采烈。她在卡尔顿停下来吃了顿饭，签了账单，因为她在这里的信用仍然很好。到达马德里德时，旅馆的大门已关。他们费了好大劲才叫醒了值夜的门卫。他说没有空房间了，拒不让他们卸下行李。"至少得让我打个电话。"玛丽说。其他的人凄凄惨惨地坐在外边。玛丽给欧满大陆旅馆打了个电话，问他们有没有空房间，以前是给邓肯小姐住的。她说邓肯刚到巴黎。旅馆回答说有空房间。于是，玛丽叫他们准备凉菜、鸡和香槟，她半小时内到。她把邓肯一行人留在欧洲大陆旅馆，自己回了自己的旅馆。

第二天上午10点钟，玛丽的儿子喊她到窗前，说："过街的一定是伊莎多拉和赛吉。他们刚在图勒里斯花园坐下。"玛丽一望，果然是他们，另外还有一个诗人。她冲向他们，递过了几支烟，觉得他们肯定需要。

伊莎多拉说她正准备安置好两个诗人，然后来看望她。她经常去玛丽的旅馆，但从不让赛吉去。这里发生的一切与威斯敏斯特发生的一样。值夜的门卫对丑闻一无所知，但白班经理告诉他们，他们住的房间已预订了，两点钟要来一批人。

于是，他们出来了。这次留下了行李。可怜的伊莎多拉，怎么办呢？恐怕是什么旅馆都一样的。他们坐上出租车，去找贷款人。职员告诉他们，他出门去了。但他们并不气馁，宣称一定要等到他回来。这似乎让职员很感为难，答应他一回来就给他们打电话。但他们坚持就在这里等，哪怕等上一整夜。此时，其他更受欢迎的客户进来了。在告诉他们他已出门后，那个职员不便说他就在里面。他想方设法想摆脱他们，但最终都徒劳无益。真是个可恶的坏蛋！伊莎多拉的境况已是如此绝望，他们只有铤而走险，宣称如不把余下的贷款给伊莎多拉，他就别想活着走出办公室。赛吉似乎大受鼓舞，劲头十足，显得非常凶暴，随时可杀死任何人。贷款人从办公桌的抽屉里拿出一把左轮手枪，说："谁敢动我一下，我就开枪。"这把手枪撩拨了赛吉。他一向都把这玩意儿当儿童玩具。他出人意料地猛冲上前一步，一把把手枪抓到了手，指着吓得半死的贷款人。最后，他终于签了一张支票。赛吉漫不经心地把手枪往桌上一扔，把那可怜的贷款人吓得要死。

从贷款人那里出来，他们去了一位画商处。这是一位迷人的男士。他们向他说明了情况，这个可恶的贷款人贷给伊莎多拉的钱根本不足，而且还扣着她三幅卡雷里的画。画商对伊莎多拉买下这些画表示钦佩，并答应随时可归还这些画。

能从可恶的贷款人那里取回画，伊莎多拉欣喜若狂。画商跟他们一起回到贷款人那里，给了他支票，还有他贷的款。此时的贷款人在这位绅士面前像个乖乖宝。他们乘坐出租车离开，路过一家挂满绚丽多彩的丝织和服和长袍的商店时，赛吉打手势示意司机停车。他极力想让伊莎多拉明白，他一定得马上买这些好东西。伊莎多拉望着玛丽，好像在说："你看他真是一个可爱的不切实际的小孩。"随后，他们下车出去了。等他们回到车上时，绝大多数的钱都用出去了。

他们到卡尔顿吃饭。伊莎多拉付了前几天晚上签的账单。她认为这是巴黎唯一值得她住的旅馆。他们对她总是彬彬有礼，热心殷勤。她去了一趟服务台，兴高采烈地回来说，订了一套漂亮的房间，其中给玛丽留了一间。但玛丽拒绝了邀请。

第二天，吃完午饭，玛丽去看望他们。旅馆经理问她，自己是否可以跟邓肯小姐说几句话。玛丽告诉经理，邓肯小姐身体不适，但她可以帮他转达。便问他有什么话要说。经理说，这天晚上要举办一个盛大的庆祝会，如能请到邓肯小姐及其一行人下楼参加宴会，那将是莫大荣幸。玛丽说："这恐怕不行。邓肯小姐一向都是在自己的房间里吃饭的。"

"噢，是的。"经理说，"我还记得。但我们已告诉新闻界，今晚要来许多著名人物。我们尤其希望邀请到邓肯小姐。"玛丽不好再说什么。她走进客厅，发现伊莎多拉脸色苍白。但当她把这个消息告诉她时，她悠闲地靠在沙发上，说她要去看看那经理。经理彬彬有礼，热情洋溢，终于说服她出席宴会。

伊莎多拉甜甜地说："记住。我只是为你破例。"可以想象，他们对这次邀请真是开怀大笑。从被赶出旅馆到经理热情相邀，这真是翻天覆地的变化。可是，这是怎样一个夜晚，怎样一个夜晚呀！伊莎多拉邀请了另外几个艺术家参加晚会。这是一件荣耀的事情。刚刚吃完饭时，一切都还顺利。也许这次他们可以安全了，避免了丑闻。一名职业舞蹈演员来到他们的桌前，请伊莎多拉跟他一起跳支探戈。玛丽的心几乎停止了跳动。她了解赛吉那莫名其妙的嫉妒心。就算他不嫉妒，伊莎多拉的舞蹈也足以引起圣人的嫉妒。尽管她有惊人的美丽和无尽的风度，但就个人而言，每当玛丽看到她跳这种舞时，总是情不自禁地想跑开。

当伊莎多拉得意扬扬地回到桌前时，赛吉大声喊道："再拿些香槟来。"每个人都为伊莎多拉而热烈喝彩。她和那个职业演员又跳了一曲。这次人们都挽留他们继续跳舞。虽然伊莎多拉和玛丽都告诫过服务员，不要给赛吉拿酒，但他还是拿了些香槟来。

赛吉开始显得粗暴起来。伊莎多拉请玛丽跟她上楼，希望赛吉也跟来，但他没有。离开餐厅前，伊莎多拉把领班叫到门口，叫他不要给她丈夫任何酒，因为他是个非常紧张的人。一旦见他表现有些兴奋，马上温和地带他到楼上来。

大约半个小时后,几个服务员想温和地带赛吉上楼时,爆发了激烈的吵闹。他大声喊叫:"香槟,香槟。"伊莎多拉说:"如他所愿,给他所有的香槟。这样也许可以让他安静下来。"接着开始了可怕的丑闻。他大骂她跳探戈舞,然后扔下外衣和帽子,在门卫那里拿了些钱走了。伊莎多拉说:"为了避免丑闻,我要睡在大厅那边的房中。"并坚持要玛丽陪她。在这种情况下,玛丽当然也不能丢下她不管。

随后,响起了一阵喧哗声,就像是在围攻巴黎一样。没有哪群人能奔出像这位疯狂的俄罗斯诗人所发出的声音。他回来找寻更多的钱。与此同时,伊莎多拉已告诫门卫不能再给他钱了。这激得这个暴怒的恶魔给了可怜的门卫一阵劈头盖脸的猛打。他砸碎了一路上和自己房间里的东西,把伊莎多拉衣橱中所有的衣服丢得到处都是,还想撞开她们房间的门。

伊莎多拉给楼下打电话,告诉他们最好派两个强壮的男人上来,因为有人想砸开她们的门。他们回答说没这样的服务员,但是,如果这个年轻人不马上下楼,或者上床睡觉,他们倒有办法可以让他安静下来。伊莎多拉隔着门把这话给赛吉讲了。他凶狠地踢了一脚,愤怒地下楼去了。

伊莎多拉非常激动,害怕有人伤害赛吉,便指责旅馆的门卫不该让他出去。她穿好衣服,说要出去找他。如果待在旅馆里,她会发疯的。玛丽还从未见她这样过。她似乎彻底垮了,孤独无助,因为他责骂了她。

此时是凌晨3点钟,她们出了门,几乎所有的地方都关着门,她们去了商业中心地带。伊莎多拉要了最昂贵的拿破仑白兰地,像水一样分发给在座的舞蹈女郎。市场上到处都是新鲜的鲜花、水果和蔬菜,琳琅满目,但伊莎多拉对此恍若不见,恍恍惚惚地回了旅馆。她们发现赛吉躺在客厅沙发背后的角落里,枕着一个枕头睡着了。看上去像是他去了一家俄罗斯夜宵餐厅,身无分文,辱骂店主。但现在的俄罗斯餐馆知道如何对付这种俄罗斯农民。他们摘下了他的手表、外套,脱下他的鞋,把他的脚底狠揍了一顿,然后把他扔进外面的街沟里。送他去餐馆的那辆出租车,又把他载回了旅馆。

伊莎多拉半死不活地上床睡觉。第二天早上,旅馆经理愉快地起了个早，通知他们必须离开。玛丽告诉他这不可能，邓肯小姐病得很重。他说没关系，他们可以把她从后门弄出去，那里有为病人和死人开辟的特别通道。伊莎多拉病得非常严重，玛丽真害怕她要死了。她躺在那里，睁着迷茫的眼睛，对一切不闻不问。

赛吉虽然非常害怕警察来铐走他，但对伊莎多拉却表现出无微不至的关心。玛丽总算没被此事逼疯，以为永远安全了。经理拒绝再谈及此事，只坚持要他们离开。

玛丽派人去找雷蒙德，请他马上找个好医生来。他找来了。医生明确地说，让邓肯小姐奔波折腾是绝对危险的。因为她中毒了。大家必须非常小心，中毒的诊断让旅馆服务人员很是惊恐，因为她是在这旅馆吃的饭。于是，他们大声宣称她是在前一天晚上中毒的。

这些人没再打扰他们。第二天，他们全都去了维萨勒斯的拉塞沃夫旅馆。这家旅馆有座可爱的小阁楼。他们在这里住了几天，然后回了巴黎，因为伊莎多拉可以保住她原来的房子。那里有辉煌的贝多芬大厅。巴黎的美女和艺术家经常在这里聚会。

由于没有钱，他们只好开始每天变卖家具、书、画、镜子及其他一切。伊莎多拉每天都要微笑着说："好啦，今天我们吃什么呢？沙发、书柜，还是旧椅子？"于是，二手家具商每天都要登门拜访，留下餐费。有件事让伊莎多拉甚觉有趣。几年前，洛亨格林送了她一套墙毡、沙发和四把椅子。她走时，花了很多钱把它们保存在商店里，小心异常。等到卖这些东西时，却被告知只值300美元，因为它们是仿制品，不过仿制得非常不错。这真是让她受够了。她不喜欢这些东西，但一直保留着，因为送这些东西的人的缘故。她常常说："我不能理解这种事情。这让我感觉很不舒服。"从此以后。她恨上了所有的家具。

房子在日渐变化，家具在逐渐减少，最后无物可卖。情况真的变得非常糟糕。赛吉仍然每隔三四天就要大闹一场。伊莎多拉再也不敢单独跟他一起，需要雷蒙德、玛丽或其他人陪伴过夜。她和雷蒙德、玛丽经常各占一张沙发，在宽大的工作室里睡觉。工作室里有许多这样的沙发，上面堆着枕头。赛吉整夜咆哮不停，到处惹是生非。一天晚上，他跑起来，头朝前地撞过窗户，撞碎了玻璃，但自己却丝毫无损。

有一天夜里，赛吉、伊莎多拉和玛丽一起跟加利兹女爵阿米·格雷德吃饭。吃完饭，伊莎多拉跳舞，阿米用一件民族乐器伴奏，唱起了神奇的夏威夷歌曲。这是她几年前访问夏威夷时，从一个年老的国王那里学来的，充满异国风情，引人怀思。但是，赛吉像往常一样开始了他闻名于世的闹剧。他们只好匆匆离开了。他们没有等车，步行回家。赛吉像在俄罗斯时一样，拼着嗓子唱歌，高声朗诵诗，惊得刚入梦乡的巴黎人惊奇万分。

玛丽请伊莎多拉跟她回家，留下赛吉一个人，说这是避免丑闻和危险的唯一办法。玛丽真是受够了，不愿再在那所房子里过夜。伊莎多拉跟巡警商谈，问他是否就只在附近巡逻，因为她的丈夫病得很重，随时会有危险。玛丽拒不踏进这所房子，离开了伊莎多拉。伊莎多拉责骂她胆小，是个懦夫。玛丽回了家。午夜时分，她被惊醒了。伊莎多拉走进来说，她再也受不了了，一定要想办法把房子租出或售出。她打算马上送赛吉回俄罗斯。

第二天，她们碰巧找到了一个俄罗斯人。此人对伊莎多拉的处境耸然动容，租下了房子，付了她一笔可观的租金，并答应以后每年付租。她们一整天都看住他，直到一切安排妥当。他去银行取了钱。玛丽坚持要他跟她们一起去美国快汇处，把2/3的钱换成美国快汇支票，给了伊莎多拉。赛吉以为这只是收条。他只知道伊莎多拉收入了25000法郎的现金。她们回家时，他去裁缝处取回了一周前预订的两套衣服，当场付了钱。尽管他有几打新衣服，事实上有好几大衣柜，但还是去做了这两套衣服。伊莎多拉又下结论说，他要什么东西时真是孩子气十足。

这天稍后，警察来询问赛吉的情况，因为伊莎多拉头天晚上跟警察谈过，这使她非常不安。他们又下通牒说，限赛吉24小时内离开法国。所以，这天晚上7点，赛吉收拾好行李，动身去柏林，在那里等伊莎多拉。她答应三天内去那里。就在他们坐进车里，准备送他去车站时，伊莎多拉注意到他行李中有个小箱子，里面全是她的私人信件和文件。

伊莎多拉叫司机把这个小箱子拿下了车，没让赛吉知道。她们终于送走了赛吉。回来时，伊莎多拉说："感谢上帝，总算结束了。"这天，她美美地睡了一觉。

第二天，她们去雷蒙德的工作室吃午饭。伊莎多拉突然说："我的神经肯定出问题了。我还在想象听到了赛吉的声音。"可是，天哪，这并不是想象。确实是赛吉。他到达比利时边境时，发现自己没有签证，那口装着伊莎多拉私人信件的小箱子也不见了，便立即返回来。他跪在伊莎多拉面前说，离开了自己敬慕的妻子，他活不了。他愿意跟她去俄罗斯或其他任何地方，再也不能离开她了。

这使伊莎多拉高兴万分，第二天便与他们动身去柏林。玛丽答应三天后去。雷蒙德和她又凑了4000法郎。当她赶到柏林时，他们已花光了除那张美国快汇支票以外的钱。

玛丽把这额外的4000法郎藏一个小包里面，要伊莎多拉答应不让赛吉看到。后来，伊莎多拉把快汇支票的钱都花在了自己的学校上面。当她孤身离开俄罗斯时，这几千法郎救了她的命。玛丽到达的当天晚上，他们启程去俄罗斯。玛丽答应伊莎多拉，陪她一起去俄罗斯帮她创办学校。但在赛吉和那位苏联部长的安排下，她没签到证，没法去了。

火车开动了。他们站在那里，脸色苍白，就像两个走失了的孩子。伊莎多拉挥手道再见，泪流满面。"玛丽，亲爱的，答应我要来。我会在莫斯科为你安排签证的事。我知道你答应了就会来的。如果你不来，就再也见不到伊莎多拉了。"玛丽回到巴黎，一周后，因严重车祸进了医院。

第七章　柏林惨景

　　伊莎多拉和叶赛宁抵达莫斯科，发现学校处境维艰。幸好她还有那张大约7万法郎的美国快汇支票。莫斯科的情况发生了极大变化。此时的商品已经开始丰富起来。人们可以买到想要买的东西。商店里供有各类商品，只是价格昂贵。商人是不准卖任何东西的。必须是政府开的商店才可以出售商品。只有食物便宜，而且品种丰富。还有各种酒类出售。

　　伊莎多拉把一切都奉献给了学校。这激怒了赛吉，因为他想把她的所有都分给自己的朋友们。他把几打衣服，还有鞋子、衬衫等，都散给了朋友们。对伊莎多拉的衣服却不置一言。这些衣服是伊莎多拉在巴黎陆陆续续丢失了的。当时她还曾归罪于用人。

　　回国没有几天，赛吉就失踪了几个星期。伊莎多拉吓坏了，相信他一定受到了什么伤害。她不断听到传言说，晚上有人在餐馆见过他，通常是跟一个女人在一起。这种情况持续了几个月。他只是回来骗她的钱，然后又出去放荡。

　　一个敏感而易受伤的女人想去挽救一个疯狂的酒鬼，这是一件多么悲哀而毫无意义的事呀。但尹莎多拉从未对他感到愤怒过。每次回来，他只需跪在她面前，她就会像圣母玛丽亚一般，把他那金色卷发的头按在自己的胸前，安慰他。这段日子，她病得相当严重，得了急性肺炎，但仍然挣扎着给学生们寻找食物，给她们保暖，每日还要向她们灌输精神食粮——舞蹈。她的一切所想就是给人幸福。

　　一个人时，伊莎多拉会坐上几个小时，翻看自己孩子的大相片簿。这是她从不离身的财富，很少拿与别人看。一天晚上，赛吉突然回家，看到伊莎多拉坐在那里，望着这本她死去孩子的相簿抽泣。他勃然大怒，一把抓过相簿，扔进了熊熊火炉中。伊莎多拉阻止不及，想从火中拿出相片簿,但他使出疯子超人般的力气抓住她,辱骂她的孩子。最后,她失去了知觉。这是她最后一次看到他。

为维持学校,伊莎多拉苦苦支撑,筋疲力尽,病情不断,加之担忧赛吉,天气也逐渐炎热,于是决定去乡村。她已有几个月没跟赛吉联系了。一天,她收到了一封电报,上面写道:"请不要等候或拍电报给赛吉·叶赛宁。他现在属于我,不想再听到你的任何消息——(签字)托尔斯泰[①]。"

她所有的梦想,她对年轻的诗人无私的奉献终于结束了。天哪!她的爱情生活真是充满苦恼,总是以大祸告终。

在乡村,伊莎多拉又想继续办校,奉献自己的全部力量。她跟共产党人中的许多优秀分子结成了朋友。她总是说:"这些伟大的人物把他们每一份精力、智慧和精神都奉献给了这伟大的目标。如今的俄罗斯会越来越受人尊敬。一个共产党人一定是高标准的,因为他属于这个党。人们的目光都在注视着他。他就像大家引为向导和榜样的大师,如果犯了错,上帝会帮助他的。"

许多这些人坚定不移地支持伊莎多拉,但他们确实也无能为力。没有钱,全俄罗斯的人民必须得吃饭。但是,对他们的同情,她是非常感激的。在经过多次努力争取政府的帮助之后,她最后决定在整个俄罗斯巡回演出。此时,一位年轻的钢琴师成了她执着的舞迷。于是,带着他和一名指挥,她开始出去挣钱,想按计划挣几百万卢布。可俄罗斯没钱消费奢侈品。伊莎多拉意识到这一点时,又决定免费为广大工人演出,获得了巨大成功。

返程途中,他们离开帕什科夫到列宁格勒时,汽车翻进沟里,伊莎多拉死里逃生。这位伟大的艺术家被撞得失去了知觉,指挥受了重伤,汽车完全摔坏了。

最后,他们终于回到了莫斯科,却发现政府有关主管部门因为他们没交款而断了他们的电和气。由于她到这个国家来总遭受到如此事情,万般无奈之下,她接受了一名狡猾的经纪人的建议,决定去德国巡回演出。

---

① 安娜·托尔斯泰,为列夫·托尔斯泰的孙女。

一个晴朗的秋日，她吻别了所有学生，答应她们把自己挣到的钱都送给她们，吩咐她们要坚定信心，便把她们留给了年长的学生艾玛照顾。她说："我很快就会带着许多钱回来的。不必担心。只要幸福欢乐，专注于自己的舞蹈就行了。"然后，她登上飞机，飞离莫斯科，飞往德国。

在经历了极其危险的旅程之后，伊莎多拉抵达了德国柏林，在这里获得了巨大成功，受到热烈欢迎。事实上，当她跳着严肃舞蹈时，给人们的感觉绝不是任何言语可以形容的。

此时，她的艺术更进了一步，更具有活力。她准备对《复活与生命》进行更新颖的创意。在经历了那些痛苦和焦虑的折磨后，她变得非常瘦弱，但德国那些吹毛求疵的评论家找不出她可指责的地方时，就挑剔说她肥胖而衰老，并断言她的演出无疑是失败的。可事实却是，她的许多老舞迷云集戏院，前所未有地为她疯狂喝彩。

伊莎多拉的一生都奉献给了艺术。她想让艺术发扬光大，想给人们带来幸福和欢乐，把自己的生命和财富都投入于教导一些孩子成为舞蹈家，以为这样她们也许可以挣钱糊口，摆脱贫困生活。这想起来就荒唐可笑。她把教育他们的时间用来挣钱，足够养活她们一辈子。但伊莎多拉忘了，她是在跟一群有自己的思想和个性的人打交道。尽管她们无限热爱她，但都觉得自己有权选择适合自己的生活方式。她们常常跟玛丽说："我们从未要求这样教育我们。四五岁时，我们当然没自己的主见。伊莎多拉以教我们为乐，但我们觉得自己有权发挥自己的特长，有权选择适合自己的最佳教育方法。"

谁能责备他们呢？伊莎多拉的想法只能是一个美好的梦想。伊莎多拉教他们毫不畏惧。他们不知责罚，只知幸福快乐。

伊莎多拉学校的这种问题并不是唯一的。几乎每位父母都遇到过同样的问题。年轻人只求索取，很少感激。伊莎多拉的想法纯属乌托邦。

伊莎多拉遭受了这么多的事情，还远未结束。她的柏林的遭遇更是令人心碎。这个曾经狂热欢迎她的地方，如今把她当作了敌人。这种令人吃惊的变化，源于战时伊莎多拉把义演的收入一国一半地分给了法国和德国。她相信艺术家是超越国界的。她憎恨德国战争巨头和他们的政策，但热爱德国人民。

那天演出结束后，她的俄罗斯经纪人席卷所有的收入潜逃了，留下她一贫如洗。演出之前，由这位经纪人出钱，她在中央旅馆订了一套房，邀请伊丽莎白与她一起住了几天。她总是希望与人分享豪华或是美好的东西。她兴奋地想，自己可以给伊丽莎白幸福，因为她热爱她。

在俄罗斯一段时间后，伊莎多拉学会了更放纵地饮酒。她喜欢酒精带来的刺激。这使她兴奋，感觉温暖。她喜欢交际，喜欢聚会上自由自在地饮酒。宴会上只供应冷水，在她看来，是不文明的象征。

酒精对伊莎多拉的影响比别人尤甚。她就像鲜花一样向整个世界撒播着爱。如果她幸福，那么整个世界就没有理由不幸福。她会与人分享所有的幸福，即使是最普通的朋友或碰巧进来的熟人，也毫不吝惜。她总是邀请他们分享最昂贵的食物和酒，给朋友们最美好的东西。

伊丽莎白回她的学校去了——伊丽莎白·邓肯学校。该校是德国最受人尊敬的学校。尽管她的观念与伊莎多拉一模一样，但她更喜欢选择适合自己的生活方式。

几个星期后，可怜的伊莎多拉满心绝望，身无分文，被迫离开了旅馆。她收拾行李，往波茨坦去。伊丽莎白的学校就坐落在那里。在这种悲惨的情况下，她自然要回到家人身边。学校的管理人是伊丽莎白的亲密朋友梅兹先生，几年前该校属于伊莎多拉时是她的秘书。他在门口见她，说："伊丽莎白去萨尔兹堡了。"接着又说，他们不可能把伊莎多拉留在学校里。伊莎多拉说自己没地方可去，身无分文，连吃饭的钱都没有。他咆哮着说："这是你自己的过错。反正你不能待在这里。"

伊莎多拉是由一个在柏林学习的年轻美国音乐家陪同去的。他听到此话后，转向伊莎多拉说："伊莎多拉，我每个月有些微薄的收入，如果能荣幸地与你分享，我会非常快活的。"

于是，几个月里，伊莎多拉一直过着一个贫困的艺术家的生活。一天，玛丽收到了伊莎多拉拍来的电报，向她讲述了自己的悲惨状况。奥古斯丁得知此事，通知自己银行每月寄给伊莎多拉一大笔钱，一直寄了很久，直到没钱可寄。

后来，那位年轻音乐家的后台老板听说他过着粗俗、放荡的生活，便停了他的工资。美好的事情常常被视为邪恶。有一次,玛丽、伊莎多拉和洛亨格林在乡下,听着美妙的音乐,谈起人生观时,伊莎多拉转向玛丽说:"玛丽,我敢打赌,你拿起任何一张报纸,都会看到关于我们生活邪恶放荡的报道——洛亨格林落入了放荡的舞蹈家的陷阱。"

最后,伊莎多拉悲伤地告别了德国。她收到了从美国寄来的钱,身心俱疲,伤心无奈地乘火车去了巴黎。

第八章　叶赛宁之死

伊沙多拉回到巴黎，由于自己的房子还租给别人，只得住进了旅馆。她去了勒提提亚。在那里，她至少还可以与艺术家们保持联系。此时，资产阶级对她而言，如同噩梦。

很快，许多朋友又聚集在她周围，一些人提供了帮助，另外一些人只是对宴会和鸡尾酒感兴趣。不久，她的账单便堆积如山。从美国寄来的钱常常只够她和朋友们一席豪华宴会。如此挥霍之后，情况又变得绝望。她的房子租金收不到一分钱，于是她问老朋友约瑟卡，能否提前预付3个月的租金。约瑟卡没能从佃户那里收到钱，便自己很慷慨地给了她四五千法郎，帮她过了一段时间。

1925年12月28日，伊莎多拉得到了可怜的赛吉猝然死亡的消息。赛吉过了一年极其放荡的生活，绝大部分时间都泡在低劣的酒吧里，穿着破烂，健康受到极大损害，被送进了疗养院，休养了几个月。但他没法从任何人那里弄到钱，对自己低层的生活状况深感厌恶和愤恨，便宣称死是唯一解脱。

赛吉被认为是俄罗斯最优秀的诗人之一，完全可以取得辉煌的成就。但他是个非常复杂的人，既有修道士般的温顺，又有两百年前俄罗斯的罗宾、弗德、普加乔夫的粗放，这使得他常常从温良走向兽性。他的欧洲和美国之行，不但没创造出什么，反而惹下了一连串的麻烦。他说："美国是个扼杀灵魂的地方。没有伟大诗人的立锥之地。"

在莫斯科，他狂热追求高级丝帽、别出心裁的皮鞋和华丽的衣服，引起大家的嘲笑。他相信自己非常优雅，但隐蔽在华丽服饰后面的农民气息仍然显现无遗。

伊莎多拉和他第一次见面时，他们的第一次爱情之旅是列宁格勒，住的是安格勒特里旅馆。一天早晨，赛告指着屋角的一个大吊钩说："这是个吊自己的好地方。"于是，1925年，当他身心俱毁时，来到了这房间，割腕写下最后一首诗后，在这吊钩上结束了自己的生命。

伊莎多拉听到这个消息，顿时垮了。她写信给玛丽说："可怜的小赛吉，我为他悲痛欲绝，却又欲哭无泪。"

俄罗斯为叶赛宁举行了隆重的葬礼。他们把他的尸体运到莫斯科，用敞开的棺材装着游行，给予了极高荣誉。他死后，他的书立即被抢购一空，卖了一大笔钱。由于伊莎多拉还未与他离婚，俄罗斯法院把这笔钱判给了她，专程到巴黎来要给她30万法郎。尽管她无钱付旅馆费，身无分文，但她仍然拒收这笔钱，说："你们把这笔钱给他的母亲和妹妹。她们比我更需要这笔钱。"

此事过后不久，伊莎多拉去了尼斯。她得知自己六个年长学生之一的小马格特病得非常严重，立即去看她。可是，她去晚了。这个美丽的孩子已经去了。

所有这些事情，使伊莎多拉的精神遭到严重打击。回到巴黎，经过几个月的苦苦挣扎，她想把自己在尼伊利的财产抵押出去。过去几年，她把兴趣都放在了第一笔抵押上，从这里只收到一些税。但像她这一生中其他交易一样，恶魔总是从中作梗。一天上午，她去公证处签文件时，发现一些债务人得到了对她财产不利的判决。第二天，这所房子要公开拍卖。这是伊莎多拉获得的全部消息。她记得曾收到过一些政府文件，但她从未看过，像往常一样顺手扔进了废纸篓。

她问公证人怎么办。公证人是她的舞迷，几年来为了她免遭麻烦而东奔西走。他大发雷霆，说她不该不把政府那些文件给他，由于第二天就要举行拍卖，实在无力回天，除非她能凑钱支付债务。即使这样，还得按法律程序进行，房子必须拍卖。如果她有钱的话，可以在五天内赎回。

伊莎多拉召集新闻界，向他们讲了自己窘迫的财政状况。现在，她最后的希望，她在尼伊利的工作室就要被抢走了。她把自己的一生都奉献给了艺术，给别人幸福，一定有办法可挽回的，一定有人可以帮她的。

每张报纸都对这凄惨的悲剧作了头版头条的报道。她甚至无立锥之地了。各个方面的朋友都来了。许多法国画家和雕塑家送来一些作品卖掉,资助伊莎多拉·邓肯。每位演员、音乐家和业主都慷慨解囊。这天结束前,筹集到了六万法郎。伊莎多拉的财产得救了。

一个委员会成立了。他们决定从今以后为伊莎多拉提供保障,筹集更多的钱。不久之后,她就可以永远拥有这工作室了。他们要在她的大花园建造艺术家工作室,租出去收取租金,用以维持她的学校。伊莎多拉得救了,再也不会有担忧和麻烦。

这次辉煌的委员会会议过后几天,伊莎多拉惊恐地发现,他们是不会动用这笔钱去支付她的旅馆费或伙食费的。事实上,他们已宣称自己无权这样做。这笔捐献的钱是用来维持她的学校,而不是给她生活用的。

自开天辟地以来,有比这更白痴的事吗?当他们对她学校的未来夸夸其谈时,却让伊莎多拉只想去死。可怜的伊莎多拉精神恍惚,对此莫名其妙。她只记得自己对这房子签过价值80万法郎的文件。而现在,她却没法用它换上一分钱。那些组成她的委员会的成员却坚信,他们救了她的命。

在此期间,许多伊莎多拉过去几乎每天都要见面的亲密朋友,现在却再也没来过。他们不忍心看到她的生活状况,讨厌她周围的一些人,但对她仍然深爱,从远处注视着她的情况。尽管他们没参加她疯狂的聚会,但只要一出现危机,就会伸出援助之手。她有三个最亲密的朋友,一个是著名的作家乔治·丹尼斯,一个是法国诗人费兰德·迪沃尔。他在诗中写道:"当我死时,有件事情应该记住,我热爱并赞赏伊莎多拉·邓肯。"还有一个是著名的雕塑家约瑟·克拉里,他20年来从未错过伊莎多拉一场舞蹈演出,保存有她的每一动作的许多精美的素描。伊莎多拉死后,他出了一本素描书。这是对一个艺术家最大的纪念。

一天晚上,委员会成员之一的赛德斯打来电话,告诉伊莎多拉说,如果第二天不付给政府12000法郎,尽管已付清所有债务,她仍会失去工作室。可怜的伊莎多拉回答说,她连12便士都没有,绝对无法可想。她急得团团转。临近午夜,她挚爱的朋友萨托里斯来说,她几个月未见面的乔治·丹尼斯自己拿钱出来了结了此事。听到这个特大消息,伊莎多拉像孩子一样哭了。

"为什么他们仍然爱着我，我的三骑士，可又为什么不来看我呢？我不久就会死去的，那他们都会来看我的。"她跳起来哭着说，"我知道，费兰德·迪沃尔已准备好了我葬礼上的演讲。可我不能死，要让他高兴。现在房子得救了。让我们重又欢乐、幸福吧。"

伊莎多拉说得不错。后来，费兰德·迪沃尔宣读了她的葬礼演讲。那是一篇从未听到过的优美悼文。

1926年6月，美国年轻剧作家墨舍迪丝来到巴黎。她15岁时曾见过伊莎多拉一面。伊莎多拉为她跳舞，给她留下了深刻印象。尽管只见过一次面，她却从未忘记她。一天，她的一个朋友问她是否知道伊莎多拉·邓肯穷困潦倒的境况，说她住在塞纳河左岸一家破败的小旅馆里，没有钱，也没了朋友，窘迫不堪。

墨舍迪丝回到住处，无法入睡。大约1点半，她起床穿好衣服，乘出租车找遍了塞纳河左岸所有的小旅馆，但没发现伊莎多拉的踪影。一小时后，她回旅馆路过勒提提亚时，心想：伊莎多拉会不会住在这里。但我还是要问问门卫。出乎她的意料，门卫说："是的，邓肯小姐住在这里。"

她从门卫那里打听到伊莎多拉房间的号码，悄悄地爬上二楼，轻轻地敲门。一个文雅的声音轻声说："请进。"她走进门去，看到伊莎多拉坐在床上，一副悲惨忧郁的样子。伊莎多拉立即认出了这个12年未见面的女孩，大声嚷道："你真是个天使长。我以为没有女天使长哩。"

墨舍迪丝跑向伊莎多拉，紧抓住她的双手。伊莎多拉向她讲述了自己的悲惨状况，朋友分离，没人来看望她。她穷困潦倒，这天还没吃东西。墨舍迪丝说："我马上打电话。他们会拿东西来。"伊莎多拉说不必打电话，他们肯定不会给她送什么来的。"你瞧，我来这里五六个月了，还没付他们一分钱哩。"墨舍迪丝离开了，不一会儿带了一个服务员来。服务员端来了一瓶香槟和一只美味鸡。享受过一顿美餐后，伊莎多拉感到非常兴奋，说："现在，我们该去乡下遛一遛了。"墨舍迪丝的车就停在门口。破晓时分，她们下楼上车，驶向圣特捷梅。

她们度过了欢乐幸福的一天。回到旅馆，墨舍迪丝付清了伊莎多拉的账单。第二天，她又找到伊莎多拉的朋友们，把她的悲惨状况告诉了她们。

墨舍迪丝回美国的前几天，伊莎多拉收到一封电报，说她亲爱的朋友露丝·米切尔就要来了。这是一个令人高兴的消息，因为露丝不止一次地充当美好使者。伊莎多拉很高兴见到她，因为她真诚地热爱她。

露丝终于来了。伊莎多拉的烦恼结束了。她们仍住在勒提提亚。天气逐渐炎热，令人气闷。伊莎多拉建议说，不住在这种昂贵的旅馆里了，用同样的钱，露丝可以买辆车，她们可以周游法国。她补充说，她想让露丝看看自己所知道的所有地方——可爱的乡村小餐馆，还有著名的威廉姆斯征服者餐馆。

露丝听说可以住便宜的地方，又被伊莎多拉描述的美景所打动，便欣然同意，马上买了一辆迷人的灰色敞篷车。她们启程了。露丝发现事情与她想象的相差甚远。那所乡村小餐馆昂贵得令人咋舌。伊莎多拉只喝最好的酒。账单已达极限。露丝决定停止此事。她支付不起。

伊莎多拉对露丝的教育大笑不止。她觉得她已打破了她的资产阶级观点，过着真正放荡不羁的生活。不过，公平地说，伊莎多拉相信露丝非常富有，只是十分节俭。露丝应该付得起她的消费。

随后，伊莎多拉又建议去尼斯。她可以在那里租间工作室，开始跳舞。也许可以让一些经纪人去接她的俄罗斯学生。露丝如听仙乐，与她去了尼斯。但是，她们到了犹恩时，伊莎多拉却再也不肯前进一步。于是，她们游了几天泳。为了让伊莎多拉能尽情享受欢乐，露丝出乎大方，把午饭叫到海滩上吃。大海对于伊莎多拉来说如同灵丹妙药。她完全变成了另外一个人，优雅、温柔，在大海的影响下，对艺术彻底领悟。她真正开始想跳舞了。

几天后的一个清晨，她们乘车去尼斯，在一个叫加利福尼亚的地方停下车，在大海前偶然看到一块写有"出租工作室"的牌子。这个海滩名叫圣·阿古斯汀。伊莎多拉马上想起了马里·布什克尔乔夫的自传，觉得这是个让人心醉的地方。她要在加利福尼亚建自己的工作室。

她们走进一条狭窄的小巷，在小旅馆的背后，咖啡馆的前面看到了一座宽大的工作室，实际上是座小剧院。业主就住在剧院隔壁。他是个著名的小提琴手。其妻是位著名的歌唱家。她到这里来本是因为健康的缘故，但却长得非常健壮。她辞去了所有的工作，只是坐在阳台上眺望大海，因自己体重的增加而咒骂不止。

找到这座宽大的大教堂似的工作室，露丝和伊莎多拉都非常高兴。伊莎多拉不知从何处弄到了一些钱，露丝也出了些钱。她们把工作室装饰了一番。

不久，伊莎多拉举办了几场舞蹈表演。其中一次，法国年轻作家杰恩·科克托夫前来祝贺，朗诵了一些自己的诗。这些演出获得了巨大成功。

由于露丝要回美国，她们打算坐车回巴黎。但是，露丝没想到伊莎多拉邀请了她的两个朋友王尔德·肖和马舍尔·伊兰特陪她们。事实上，是伊莎多拉想参观一路上的葡萄园。

到了巴黎，露丝把车送给了伊莎多拉，与她道别，并答应不久后回来，便回美国去了。

不久，伊莎多拉迷恋上了一位年轻的俄罗斯钢琴家维达。在随后的岁月里，他成了一位执着而迷人的伴侣。人类的爱对伊莎多拉而言，比食物或音乐更重要，离开了会忧郁不乐，难以鼓起劲来。

出于强烈需要，伊莎多拉又向约瑟卡发出请求。约瑟卡是委员会中最努力的工作人员。她向所有的报纸都寄了一封信，赞扬伊莎多拉的艺术和她对世界的贡献。

约瑟卡好心地向伊莎多拉建议，叫她来跟自己生活在一起，答应让她过上非常豪华的生活，中饭和晚饭各提供一瓶香槟。约瑟卡一向都是慷慨大方的人。她认为这样的话，他们可以一起演出精彩节目。伊莎多拉跳舞，约瑟卡朗诵。但有一个条件，伊莎多拉必须放弃她那身无分文的俄罗斯年轻恋人。但她拒绝了。

露丝留了一些钱。但伊莎多拉发现巴黎相当缺乏同情心，便决定回尼斯去。她希望说服自己的经纪人，派人去接俄罗斯学生。

她写信恳求艾玛把学生带来给她，但却徒劳无获。艾玛另有计划。事实上，她已把学生带往中国。伊莎多拉想阻止她，写信给艾玛说，去中国和印度跳舞是自己这辈子最大梦想。她回去之前请艾玛不要去，或者至少等她一起去。孩子们应以舞蹈为生，因为她们没从苏联政府那里得到资助。艾玛拒绝了。于是，伊莎多拉愤怒地写信给她，禁止她在这次中国之行中用她的名字。艾玛把所有的广告都改成了"艾玛·邓肯和学生"。学校获得了巨大成功。尽管布尔什维克分子给了孩子们许多漂亮的礼物,俄罗斯政府付了她们返程的路费。所有这一切使伊莎多拉深感厌恶。

这事过后不久,一天晚上,一个住在巴黎的美国年轻画家艾丽丝来拜望伊莎多拉。她是维达的老朋友,一个非常漂亮和迷人的女孩。英国官员帕特森上尉和女伯爵碰巧住在隔壁的旅馆。他们一起在伊莎多拉和维达住的小咖啡馆高兴地吃饭。这位美国女孩不胜酒力,喝得醉醺醺的。伊莎多拉还在不停地劝她喝酒。维达知道酒精会对她产生何种作用,对伊莎多拉频频劝酒非常愤恨。

但这只能引起一场争执,激怒了伊莎多拉。她猛地站起来,拍着艾丽丝的手臂说:"维达没资格对你指手画脚的。来吧,跟我喝酒。"

维达跑回自己的房间,锁上了门。伊莎多拉急忙追过去。但不管她怎样敲门,威胁说要淹死自己,维达毫无回应。

伊莎多拉心灰意懒,拿起紫红色的披风,紧紧地裹住自己,以防自己挣扎求助,然后庄严地走进了大海。帕特森上尉发现后,救起了她。

她真想了结此生。她对生活感到极度疲惫和厌倦。他们把她从海中救出时,她已失去了知觉。这一切让维达很是激动,帮他们把伊莎多拉抬到相连的房间。

几天后,维达得去巴黎一段时间。于是,雷蒙德建议伊莎多拉去跟他住,认为坚持吃小扁豆、米饭和饮水,对她会有好处。伊莎多拉答应愿做任何事情。

她搬到了雷蒙德的工作室。这里的每个人都睡木头凳子,一天编织或绘一些绸缎,以换取食物。工人们轮流做饭。伊莎多拉尽自己的最大努力,来适应睡坚硬的木板,盖山羊皮毯。但有一天,她的一个老朋友乔治·莫里维特问她想要张床不,她欣然接受了一张弹簧黄铜床。

几天后,她收到了出版商寄来的预付金。她觉得自己穿得够了,便叫了辆出租车去工作室,收拾好大衣箱,直奔尼古拉斯科旅馆。这是世界上最高级和最昂贵的旅馆之一。维达回来后,跟她住在一起。她开始认真写自传。

几个月过去了，由于缺钱，伊莎多拉叫维达去巴黎，看看能否高价租出旧车。

就在这一年，玛丽从美国来了巴黎，因为一天晚上，她做了个梦，梦见伊莎多拉的母亲来对她说："玛丽，玛丽，快去伊莎多拉那里。她需要你。"

梦后几天，玛丽的一个亲密朋友慷慨地提供了她去欧洲的路费。4月23日，玛丽乘船前往欧洲，于1927年5月1日抵达了巴黎。

第九章　巴黎岁月

五月的巴黎，阴沉多云，不似过去阳光灿烂。玛丽抵达巴黎，打听到伊莎多拉住在拉丁区。她住在这种地方，让玛丽深感惊讶，因为她知道伊莎多拉从不进大众餐馆或咖啡馆。她一向避免到这种地方。5月1日，巴黎禁止任何出租车或马车漫游街区。玛丽碰巧遇到了一辆私车。司机以高于平常车费十倍的价格答应送她过塞纳河。下午4点钟，她赶到了拉丁区。她给伊莎多拉的公寓打电话，一个忧伤的声音接了电话。玛丽从未听过如此悲伤的声音，几乎听不出来了。

"是的。我是伊莎多拉·邓肯。"

"我是玛丽。"玛丽说着，听到了一声抽泣。

"玛丽，玛丽，你在哪里？你在哪里？噢，天哪，上帝派你来了。马上到我这里来。"

玛丽回答说，自己就在楼下。伊莎多拉叫她马上上楼去。

玛丽刚按响29号房的门铃，伊莎多拉就打开了门，一把抱住她，泪如泉涌。她放开双手，有些不好意思地说："噢，亲爱的玛丽，只是增加了一丁点儿、一丁点儿体重。没关系的。"这纯属自我辩护，因为玛丽惊恐地发现伊莎多拉胖得出乎意外，连她那张漂亮的脸也变胖了。事实上，这完全是一种让人无法理解的膨胀。这太不像伊莎多拉了。玛丽环顾房间，看到杯子、柠檬、酒瓶等乱七八糟地扔得到处都是，心不由得猛然下沉，冷彻心肺。昔日优雅、美丽而可爱的伊莎多拉，竟生活在如此可怕的环境里。

尽管玛丽竭力装出微笑，伊莎多拉还是感觉到了她的想法。她装出一副耶稣殉道的表情说："今天是5月1日，亲爱的玛丽。"这就是了。玛丽马上想到5月1日是伊莎多拉孩子帕特里克的生日。

伊莎多拉取来木柴，在壁炉中生起熊熊炉火，把房间照得通明。她们无所不谈。

几天后，玛丽把自己做的梦告诉了伊莎多拉。

她们谈得正畅时，进来了几个人。其中一个是非常年轻漂亮的意大利公主，他们称之为咪咪。除了穿着一条格子花裙外，打扮得像个年轻小伙。他们都要找维达，问他哪去了，是否还好。伊莎多拉显得非常腼腆，忸怩地对玛丽说："玛丽，老让你惊讶。"就在这时，楼上传来了一个俄罗斯声音："伊莎多拉，吃饭，吃饭。"玛丽惊得跳到半空，因为她知道赛吉已经死了。但这明明是他的声音，说着相同的话——"吃饭，伊莎多拉，吃饭。"

伊莎多拉望着玛丽惊恐的脸，情不自禁地笑了起来。"哈哈，维达，等一会儿。玛丽来了。玛丽从美国来了。"

"噢，玛丽。"赛吉的声音说，"等一下，我马上下来。"他走下楼来，身穿一件宽大的长袍，颈上围着丝绸围巾，只是细小的地方与赛吉不一样。他有一双细小的黑眼睛，一头蓬松的黑色长卷发，一张东方和犹太人的脸，脸上的微笑堪称世界上最快乐的微笑。他热情洋溢地吻着玛丽的双手，说："玛丽，玛丽，我们很高兴见到你。"

"又有丑闻了？"玛丽一边问伊莎多拉，一边奔向门边。

"噢，不，玛丽，这是维达，我的钢琴师。他是世上最甜的男孩，绝不会发生任何丑闻。"玛丽后来发现，这是真的。但奇怪的是，她总想称这个22岁的小伙子为赛吉。不过，他与赛吉毫无共通之处。他彬彬有礼，从未有可怜的赛吉那般放荡和奢侈。

其他的朋友也来了，绝大多数是艺术家。气氛变得活跃起来。维达弹奏了几曲动听的俄罗斯进行曲，深深打动了众人的心。伊莎多拉准备去参加宴会和她学校委员会的会议。她邀请玛丽同去，但玛丽这天实在是累坏了。

就在她准备告辞时，一个非常漂亮的年轻姑娘进来了。她答应伊莎多拉陪维达吃饭，因为他病了，不能留下他独自一人。玛丽后来发现，这个迷人的姑娘是维达以前的朋友。她是在伊莎多拉在尼斯跳海前几个月认识她的。维达从未被邀请去参加伊莎多拉委员会的宴会。

凭自己敏锐的判断，伊莎多拉没单独留下他一人，而是邀请这个女孩与他一起进餐，并告诫他们要忠于自己。玛丽和她一道离开了。5月1日的巴黎，在太阳下山之后，可以随意拦到出租车和马车。玛丽把伊莎多拉送到塞纳河边一座优美的旧式石头房子，这是她委员会开会的地方，便回了自己的旅馆。

11点刚过，玛丽还未收拾好行李，电话铃响了，是伊莎多拉打来的，说她和维达就在楼下，马上上来。于是，他们上楼来了。伊莎多拉进了门，对玛丽那些绘画衣服看得入了迷。玛丽对她说，可以选一些自己喜欢的。可怜的伊莎多拉，她几乎没有自己的东西。玛丽真想不出她怎么会弄成这样。唯一的解释是她把大衣箱留在尼斯，抵了旅馆的账单。玛丽告诉她说，一群俄罗斯艺术家洛马·卡托夫、鲍勃里特斯基和阿列捷洛夫等，设计开发了这种在丝绸上绘画的新方法，希望通过这个来支持她的学校。

她挑选了一件鲜红的衣服。这件衣服成了识别她的标志，在尼斯非常有名。死的那天，她穿的也是这件衣服。玛丽说："伊莎多拉，这一件我可不给你。这种样式我就只有这一件。"

伊莎多拉回答说："你可以借给我。你需要时我再还给你。"

玛丽从衣箱中拿出一个棉纸包说："伊莎多拉，这才是送给你的礼物。这是年轻的天才洛马·卡托夫专门为你设计的。我们工作室的每一个人都在上面绘画了。我也亲自在围巾上绘画。瞧，这张照片就是他们完成绘画后照的。"说着，她把这条围巾送给了伊莎多拉。这条围巾后来导致了伊莎多拉之死。

伊莎多拉接过围巾，高兴得差点儿疯了。"噢，玛丽，这像新生活，是希望和幸福。我从来见过这类东西，噢，这简直栩栩如生。你瞧，这金穗就像活的一样。玛丽，亲爱的，这条围巾将永远、永远不会离开我。它将会温暖我可怜的忧伤的心。"她用了一百种不同的方式系上围巾，在镜前舞蹈。"这条围巾真是魔力无穷，亲爱的。我感觉得到它发出的电波。快，戴上你的帽子。你一定要跟我们回家去。没有你我不会走的。维达弹奏音乐，我系上新围巾，为你跳舞。这鲜红的颜色呀，就像心里流淌的鲜血。"于是，他们回到工作室，伊莎多拉跳舞，维达弹奏了天使一样的音乐，直至黎明。

不久，伊莎多拉和玛丽应邀与女伯爵一起吃午饭。女伯爵刚在因帕斯·维格朗租了一间非常漂亮的工作室。出席午宴的一共有八人。大家吃得非常高兴和快活。她们认识了传记作家爱德华·希列德尔。他是一个非常机智、健谈的人。整个工作室的人好像都被他魅力无穷、激动人心的话语所吸引。

伊莎多拉马上喜欢上了他。她兴高采烈，从不会让谈话变得慢条斯理，或是偏离她感兴趣的话题。大家围坐在爱德华周围，完全被他的谈话迷住。谁也没留意桌子是什么时候收拾干净的。他们一个个坐到舒适椅或长沙发上，一刻也没耽误谈话。6点钟了，还没人想离开。随时有甜露酒、咖啡、水果等端上来。由于整天都点着蜡烛，大家都没留意到天黑了。

几个客人由于晚餐有约，准备离开。伊莎多拉坚持说，自己不能打破下午这迷人的气氛，希列德尔应跟他们一起回家吃饭。他答应了。这场谈话一直持续到第二天清晨。

伊莎多拉问了他一个问题："在你的传记里，为什么把她描写成一个沉着冷静、一本正经的人？你知道，她可是一个非常活泼可爱、多情的女人。"

"家庭，亲爱的。"他回答说，"家庭。"

伊莎多拉又说："你不应该写她的传记。对重大事件的描述，你的真实度不及一半。传记最大的价值在于绝对真实地讲述她性格的方方面面，好的或坏的，这才会构成完整的画面。甚至她的思想和感情，如果你知道的话，也应该清清楚楚地写下来。感谢上帝，我既无子女也无家庭可以口述我的传记该写些什么。我死后，如有足够的兴趣，可以写写我。我希望它绝对真实，全面反映出我的感情和观点。"

玛丽赞同说："我会试试的。"

"噢，天哪，玛丽，我相信你会的。好啦，"她继续笑着说，"你答应我了。"

伊莎多拉问爱德华，是否愿意把她正在写的传记译成法文。他说很荣幸做这事，但自己对英语不甚了了。不过，他答应会到尼斯去，看看他们能一起对此事做些什么。

但他从未来过尼斯。这使伊莎多拉深感失望。

几天后，玛丽觉得继续住在斯克里博旅馆简直是疯了。伊莎多拉每天都要来吃午饭和晚饭，到处搜寻自己渴望的奢侈东西、美容理发、修指甲等。但不幸的是，玛丽无力负担这种消费，于是想找一个便宜一点儿的地方住。

她找到了一套装修过的迷人的小公寓，就在奥林匹亚旁边，在六楼。不知什么原因，伊莎多拉对这个地方心怀愤恨，连住上一晚都难以忍受。她常常和维达在午夜时跑来，把玛丽拉出去，说自己一想到玛丽住在这种黑暗的地方，就无法入睡。她不能理解玛丽为什么不住旅馆，对她解释的离开旅馆的理由也莫名其妙。

小公寓有客厅、寝室、浴室和厨房，还有一个宽大的阳台。由于在六楼，可以俯瞰全巴黎。玛丽就是冲着阳台租下此房的。

房东住在公寓余下的房间，养有一条黑色小狗。狗特别不喜欢伊莎多拉，一见到她就猛扑过去，咆哮不已，让她感到非常害怕。玛丽还从未见过如此丑陋的小动物。

安顿好后，玛丽不再考虑公寓的事，转而思考别的事情。伊莎多拉仍然穿着一件深灰色毛皮大衣，几乎拖到脚下。玛丽给她买了一条漂亮的棕黄色披肩和其他一些必需的小东西。可怜的伊莎多拉此时已一无所有。她一向都是慷慨地送礼物给身边的人，从未考虑自己连必要的东西都没有了。只要能有愉快的午饭和晚饭吃，外加一瓶好酒就够了。

伊莎多拉把自己的行李都留在了尼斯的尼古拉斯科旅馆。她欠那里8000法郎。要不是好心的门卫自己掏腰包给她买了张去巴黎的卧铺票，天知道她现在是什么样子呢？伊莎多拉对这些事情只字未提。但后来玛丽去尼斯时，发现了整个事情的真相。事实上，她过去对这类事情是从来不提的。她一向的口号是："别在乎过去，只想着如何为今天争取就行了。"如果有100法郎、1000法郎或者更多的钱，她会当天用光，管他明天怎样。她宣称世界赋予她生命，她就要努力索取。也许永远不会有明天，那何必为了未知的将来而影响今天呢？

她每天的费用惊人，旅馆的账单突飞猛进。

于是，为了每餐几百法郎的消费，得想法凑钱，因为伊莎多拉拒绝到便宜的地方吃饭，宁愿饿死也不改规矩。她也应邀出席一些宴会，但她的朋友中连每顿能提供二三十法郎的都不多，更别说三四百法郎了。不过，她总能弄到钱。一些几年不见的朋友会帮她，或是卖几篇文章给报社，或是卖掉余下的东西。玛丽回到家里，常常直哭到早晨，为自己无法阻止伊莎多拉滑向深渊而焦急万分。

此时的伊莎多拉还自以为自己仍拥有在尼伊利的工作室。这所未来的学校真是一个好主意。但伊莎多拉每天都要说："这是个好主意，可他们为什么就没想到这是在给我建造坟墓呢？我需要的是食物和酒，还有一个我能生存的生活之地。"

事情变得如此可怕。她们呼吁那些救下了尼伊利工作室的朋友们召开委员会，请他们卖掉房子，每月发给伊莎多拉足够的生活费。但这个委员会真是独特，无论如何都无法改变他们的态度。伊莎多拉威胁说要卖掉工作室。尽管人们否认，但伊莎多拉毫无疑问是穷人中的穷人，因为她不知道如何处理自己的财产。一方面，她是一座价值不菲的房子的主人，用这所房子作抵押，可以舒舒服服过上一年，另一方面，她却又欠下一大笔旅馆费，连必需的东西都没有。委员会是由一些好心的人组成的。他们诚心诚意热爱伊莎多拉，相信自己能把她未来的生活安排稳妥。这不由得使人想起了一句古话："养活了马，得到的却只有青草。"

伊莎多拉捧着疲倦迷茫的头，竭力想弄明白这财源问题。委员会开会时，她打电话叫服务员送来鸡尾酒。维达坐在钢琴前，弹起了美妙动听的音乐，让她仿佛回到了不需金钱，没有规定或委员会，只有和睦和关爱的地方。

委员会召开会议的那天晚上，大家团团坐着，无精打采。玛丽愤怒声讨委员会，说他们就像白痴，竟没看到他们不但没帮到伊莎多拉，而且他们错误的好心使她不能用自己的财产作抵押，去换得金钱。突然，门铃响了，伴随而来的还有重重的敲门声。门开了，伊娃·加林和一大群朋友拥了进来。附近一家餐馆的服务员送来了烤肉叉、羔羊和冰冻香槟。伊莎多拉大笑着说："玛丽，亲爱的，你还坐在那里想什么心事，来瞧瞧上帝的回答吧。"

"这是我漂亮的精神女儿。"她一向称伊娃·加林为她的精神女儿。

伊娃得知委员会召开的会议后，把他们大骂了一通，说："别着急，亲爱的伊莎多拉。我把你的苦境跟 D 小姐讲了。她要来看望你。不管怎样，你别着急。"

几天后，事情变得更加糟糕。这时，伊娃挥舞着 500 美元胜利归来，扔到伊莎多拉怀中，说："我就弄到这些。这该死的委员会顽固不化，寄了 1000 美元给你的学校。"这么一点儿钱是不能让伊莎多拉此后的日子幸福的。

大约就在这时，艾玛到了巴黎。伊莎多拉得知此事，非常悲伤，说艾玛竟不让自己知道她来了。可怜的小艾玛只是从德国路经此地。前一天她回德国埋葬了自己的母亲。不过，第二天，艾玛来了。听到关于学校的消息，伊莎多拉非常高兴。她请求艾玛把孩子们带到法国，她们可以在此重建校园，因为她一个人是没勇气干这事的。艾玛严肃地说，俄罗斯政府是不会让她们出国的，除非伊莎多拉能保障她们的路费，包括返回莫斯科和其他费用。她相信第二年可以安排此事，但未如愿。

那次中国之行后，伊莎多拉总是怀疑艾玛。她认为艾玛来巴黎，是为自己和孩子们联系经纪人，或是带她们去美国。她对此焦急万分，去大使馆找托洛茨基的妹妹卡梅列娃夫人。这位迷人、有修养的人向伊莎多拉保证说，艾玛说的都是真的。如果有靠得住的人肯出钱的话，可以允许孩子们跟伊莎多拉一起巡回演出，但也就只限于伊莎多拉，别的人不行。

不久，伊莎多拉的老朋友罗纳切尔斯基碰巧来了巴黎。她去看望他，把自己的担忧跟他讲了。他一本正经地说，没有她的允许，孩子们绝不会离开俄罗斯。这所学校是她的，而且永远是她的。没有她的允许，这些孩子们再也不会被允许带出国。

艾玛回俄罗斯的前一天夜里，一位小伙子按响了伊莎多拉的门铃。他进门时，显得非常激动和尴尬。他请求单独跟艾玛谈谈。玛丽和伊莎多拉走到了一边。但不几分钟，艾玛就喊伊莎多拉，向她解释说，这位小伙子是请她给中国拍封电报，并给了她 1000 法郎电报费。她说她认识博洛汀夫人好几年了。一天，博洛汀夫人在船上以间谍罪被捕。而她确实只是去那地方看望自己的孩子。她的孩子是伊莎多拉·邓肯学校的学生，跟她们一起在中国跳舞。由于艾玛得马上动身，伊莎多拉答应去发电报，并严格保密。

第二天，她们愉快地起了个早，驱车去中国大使馆。大使不在，她们见到了一秘。听了她们的说明，一秘说他自己认为这电报太迟了，起不了多大作用，因为此时的中国有好几个政府，他不大清楚该送给谁。不过，他还是盖上官印，写下了自己知道的地址，由她们自己去电报馆发电。办完此事不久，伊莎多拉陷入了极度惊恐之中。她认为自己也许被牵连进了什么可怕的阴谋之中。也许这封电报意味着别的事情。谁知道那送电报来的小伙子要干什么呢？为什么她甚至连他的名字都不知道？最后，她们去了俄罗斯领事馆，向领事说明了她们的问题。领事给俄国大使馆打电话，回答说没人送过这电报。她们又疲惫地去俄罗斯大使馆。伊莎多拉此时深信，一件可怕的阴谋正在进行当中。她被利用了。

经过几个小时的痛苦折磨，她们终于发现这只不过是那小伙子自己一手策划的。他向她们再三保证，不必再为此事担心。几个月后，玛丽在莫斯科遇到了博洛汀夫人。她告诉玛丽说，正是这封电报救了她的命。中国的法官从几千封电报中选出了这封，大声说道："这封电报来自一位艺术家。艺术家是不会干预政治的。"于是，他相信博洛汀夫人真是在中国看望自己的孩子的。她被释放了。

邓肯总有亲近大海的渴望

第十章　重返舞台

　　好几年来，玛丽一直都竭力鼓励伊莎多拉写自传。甚至早在她们在布宜诺斯时，就开始搜集资料和照片。1923年玛丽回美国时，伊莎多拉授权她全权负责自传的销售事宜。她一直珍藏着这份文件，至今犹存。

　　一天，玛丽在罗伯特·温斯洛普先生家吃饭。她讲起了自己跟伊莎多拉经历的一些事情。其中一位客人T.R.史密斯先生说："迪丝汀小姐，希望你能给我写下这些。这一定可以写成一本非常有趣的书。"

　　"我会做得比这还好。"玛丽回答说："我让伊莎多拉来写，那样才真正具有重大价值。"说着，她跟他约定了第二天再谈。

　　史密斯同意，如果一切都像玛丽讲的那样，他将出版此书。后来，他叫玛丽跟《自由杂志》编辑约翰·威勒尔先生联系。威勒尔先生正着力编著一套丛书，答应为此书提供1万美元费用。玛丽约定，他们必须预付一些钱，以保证伊莎多拉写书期间的生活。然后，她给伊莎多拉拍了封电报。

　　伊莎多拉马上回了电报，要求再多几千美元。但与此同时，威勒尔先生跟几名认识伊莎多拉的报界人士谈话，他们都认为预付给她钱是绝对不明智的，因为他们觉得她绝不会专心干这项工作。不过，威勒尔还是同意，如果她能给他1/4或1/3的材料，他可以预付给她完成此书的必需费用。玛丽知道这不可能，因为伊莎多拉的财政状况实在太糟糕了。但是，她还是写信给伊莎多拉，把详细情况跟她讲了。除了收到她雪片似的要钱的电报外，玛丽再也没听到关于自传的任何消息。她还叫玛丽去找洛亨格林。玛丽去了，但一无所获。七八个月后，博尼和利维里特跟她商定出版自传，并预付了一大笔钱，以保证她写书期间的费用。当玛丽去巴黎时，钱已花光了，自传却没写成。

　　玛丽竭尽所能去鼓励伊莎多拉，催促她尽快完成自传。

每天，不管她们情况如何，或有何事情要做，玛丽都坚持要伊莎多拉写上一两页。许多时候，她坐在那里，花上几个小时去帮伊莎多拉回忆各种细节，谈论往事。她希望自传由伊莎多拉·邓肯本人亲自写，自己只是从旁协助。她与朱丽特·巴雷特·鲁博利一起整理手稿。这些手稿绝大部分是伊莎多拉亲笔，少部分由她口述，她的秘书执笔。鲁博利夫人花2400法郎雇了一名速记员，抄了六份。许多人暗示这本自传是合著，或是别人帮忙写的，这是不真实的。玛丽再三声明，每个字都是伊莎多拉写的。

要想安排伊莎多拉的事情，真是一件毫无希望的工作。伊莎多拉决定自己不能再在巴黎住上哪怕一天。她的好友及崇拜者、托洛卡迪诺剧院的经理把剧院的一间工作室交给她，任由她使用。但这剧院地处市中心，所有的房子都经常被占用，伊莎多拉并不能专有。

伊莎多拉希望挂上自己的窗帘，铺上地毯，以自己的方式来布置，否则是不可能用来工作的。她计划招一群法国小孩，又开始办自己的舞蹈学校，并希望政府赞同这个计划，提供资助。

由于没法按自己的方式布置房间，她决定离开巴黎。她们站在托洛卡迪诺剧院工作室的窗前往外望，恍如置身狱中。她们没钱坐出租车，维达也不能回来载她们，一时不知道如何回家。

最后，伊莎多拉终于想出了个绝妙的主意。她给自己住的旅馆的服务员打电话，告诉他说，自己不想再坐出租车，问他是否知道哪家公司出租汽车。服务员说知道许多租车的公司，但不知哪家会信用租给她们。伊莎多拉保证说，每月一日，她都会收到一大笔钱。他说既然如此，自己去找个朋友租车。不一会儿，一辆汽车停在了托洛卡迪诺剧院前。伊莎多拉马上忘记了所有的焦虑和担心。现在她有辆汽车了。

她们回到旅馆。伊莎多拉打了一包行李。她们一起去了圣特捷梅。那里的小楼阁是伊莎多拉喜爱的地方。玛丽一路上牢骚满腹，声称要直接回巴黎。

又看到伊莎多拉，亨利四世旅馆的经理非常高兴。他还记得她是最美丽又喜欢寻根问底的客人。吃饭时，玛丽注意到伊莎多拉眼中有一抹顽皮的神色，似乎被什么东西逗起了兴趣。维达也显得同样的兴奋。玛丽绞尽脑汁,也没想出是怎么回事。但她知道,伊莎多拉是保不了多久的秘密的。

不管玛丽怎么说,最后还是同意在旅馆住了一夜。然后大家一起乘车回了巴黎。那以后,伊莎多拉和维达每晚都要回圣特捷梅住。玛丽拒绝前往。一周后,玛丽惊讶地得知伊莎多拉的密友露丝从美国来了。她通知玛丽说,她已结清了她们在亨利四世旅馆欠下的债。这时,玛丽才明白了伊莎多拉兴奋的原因。

玛丽猜测,伊莎多拉由于没钱付账,或是想放弃她在旅馆的房间,便假意说玛丽邀请她去圣特捷梅,以她的名义订了一套房。后来露丝告诉玛丽,这只是故意逗她的,因为她结的账单是伊莎多拉的,而不是她的。

玛丽认为,拯救伊莎多拉唯一的办法是迫使她减肥,恢复跳舞。除了在尼斯的工作室举办过几次表演外,她已有三年没跳过舞了。起先,她不愿听到减肥,每次一提到这个问题就勃然大怒:"给我一间可以跳舞的大工作室。你会看到我在你眼前像蜡烛一样熔化。"

尽管巴黎的工作室像麻雀的牙齿一样缺乏,她们认真寻找,仍然找到了一间。然后,玛丽跟伊莎多拉的经纪人赛舍尔·萨托雷斯商谈。玛丽同意,如果赛舍尔能为伊莎多拉安排演出,她会督促她尽快适应舞台演出的。她对伊莎多拉的舞蹈一向充满信心,因为她相信她那伟大的艺术。在玛丽看来,作为一个艺术家,她是一个超人,是世界上任何东西都无法比拟的。说到舞蹈这个问题,玛丽总是让她避开个人琐事。尽管她几次宣称自己的舞蹈生涯结束了,今生不再跳舞,但玛丽总是鼓励她。不管别人怎么说,她都坚定不移地相信伊莎多拉能跳,而且还会跳得跟过去一样好。

玛丽不停地谈论舞蹈,谈论艺术和减肥,只气得伊莎多拉直想把她从窗口扔出去,但她还是完成了玛丽想要她做的事情。无论天晴,还是下雨,她们都要匆匆赶往奥赛尔浴场。亲爱的老奥赛尔,他使伊莎多拉恢复得比以前还好。他自己也非常高兴,再一次向巴黎展示了自己的能力。

淋浴完,她们中午吃的是一块羔羊肉和一片菠萝。但伊莎多拉从不放弃喝鸡尾酒。她说自己如果不喝上一杯，就难以下咽。但她真是个优秀人物，如果需要，只吃饼干也行。一旦开始，就不屈不挠。她知道现在自己可以跳得跟过去一样好，也向往着这一天。但她却差点儿把可怜的萨托雷斯逼疯了。

伊莎多拉要是看到哪个广告牌上没她的名字，就会认为没给她做广告，这也意味着没人看她跳舞，相信大家安排她跳舞是犯了大错。萨托雷斯每天给她300法郎，还要保证她必需的食物。结果，可怜的赛舍尔·萨托雷斯瘦得比伊莎多拉还快。这马上又让伊莎多拉高兴起来。

她喜欢使每个人处于疯狂的边缘，这也许是伟大的艺术家释放能量的方法吧。

演出的日子终于来临了。伊莎多拉和玛丽独自去剧院。由于没有女佣，整个上午她都在收拾必需的小东西，如别针、松紧带等等。她每场演出都需要的。当她们冒着倾盆大雨赶到剧场时，伊莎多拉突然发现把这些东西都忘在家里了。

此时距演出时间只有几分钟了。玛丽叫一名舞台管理员赶紧去拿。这时，伊莎多拉又发现忘了小紧身衣，只有几英寸长，但绝对是必需的。她叫了起来："没有这些我可跳不了舞。即使我可以跳，但一些观众缺乏教养，他们关心的不是欣赏我的艺术精髓，而是看我是否穿戴整齐。还记得波士顿剧院的警察吗？"

就在大家不知道拿这紧身衣怎么办时，启幕铃声响了。伊莎多拉兴奋起来。没有这些，她也能演出。此时她已不考虑自己穿什么，而是一心沉浸在艺术之中。相信别的人并不知道这一疏忽。

一件意想不到的事差点儿毁了这一天。伊莎多拉的化妆室在大厅外面，舞台的后面。这里堆满了鲜花，几乎没有活动的余地。尽管她不停地说："我活着时送我香槟是最好不过了。死时再送我鲜花。要是再不给我找个地方跳舞，我真快要死了。"

就在演出的前一天，她们到处找大厅排练。一个朋友打来电话说，梅捷斯提克旅馆的经理好心地把舞厅借给伊莎多拉·邓肯用。她们赶去梅捷斯提克，发现这里没有地毯，要到剧场去拿又来不及了。她不可能在光光的地上练习跳舞的。

她们垂头丧气地站在旅馆的门厅，跟经理交谈。伊莎多拉突然看到了自己几年未见的天使长。他正在服务台取钥匙。但她没看到他的妻子和岳母就站在她们的背后等他。当他走过来时，伊莎多拉一边迎上去，一边伸出了手。他拉着她的手，非常尴尬地吻了一下。

　　伊莎多拉说："你不认为这正是时候吗？经历了这么多事，我们成了朋友。"

　　他回答说："噢，是的，是的，我们当然是朋友。"

　　她说："今天我要跳舞。希望你能来。很高兴送你票。"他结结巴巴地咕哝说第二天要走，便行了个礼，加入了他家庭的行列。一家人高高兴兴地向电梯走去。

　　伊莎多拉温柔得像只羔羊，目不转睛地目送着这个她真心爱过的人。事实上，伊莎多拉一旦爱上哪个人，就永远爱着，无论环境如何变化，永远不会改变。

　　演出那天，就在她走上舞台前，有人往化妆室送来了一大束白色的百合花。卡片上写道："献给最诚挚的爱，天使长。"

　　玛丽正站在她的背后，看到她那圣母般的脸上露出了神圣的爱意和宽恕的神情。和谐的音乐响了起来，她要上台演出了。伊莎多拉从不在没有集中精力、做好准备的情况下上台。她相信所有的动作都来自心灵深处。她站在那里，让这种感觉弥漫全身。只有这时，她才开始跳舞。

　　"他是多么英俊呀，玛丽。"伊莎多拉说。此时的玛丽像个多愁善感的傻瓜，早已泪流满面。她一向都认为他是一个英俊的人，从没责怪过他爱上了伊莎多拉的一个学生。伊莎多拉一向鼓吹自由，但这场重大危机来临时，却承受不住。

　　她满怀着对天使长的祝福，相信他能坐在观众席中，走上台去演出上半场。玛丽飞快地跑到前厅。这里簇拥着最好的观众，全是巴黎有名的艺术家，都是伊莎多拉的崇拜者。他们屏住呼吸，又来观赏神圣非凡的伊莎多拉，精彩卓越的伊莎多拉。

　　黑色的幕帘开启，伊莎多拉出场了。美妙的音乐，超凡的舞姿，赢得观众一阵又一阵热烈的喝彩。噢，天哪，她的最后一次成功演出，向巴黎、向舞台和舞蹈道再见的演出，是多么精彩呀。玛丽马上飞跑回后厅，发现伊莎多拉早已激动得泪流满面。她的乐队指挥阿尔伯特·沃尔夫吻着她的手，脸上也淌满了泪水。

伊莎多拉必须飞快地换衣服。她总是要在演出的间隙里，在化妆室喝瓶香槟和一小扁瓶白兰地，因为她的心脏很不好，演出之前要喝上一杯。就在第二场落幕后的几秒，玛丽没有回后厅，悲剧便发生了。

不知为什么，伊莎多拉发现那束百合花不是她的天使长送的，而是她的漂亮朋友墨舍迪丝送的。她一向称她为女天使长。她是特意从美国赶来观看伊莎多拉演出的。玛丽从前面看出有些不对，因为她看到伊莎多拉落入了死角。幸好观众没留意，但玛丽注意到她几乎站不起来了。此时幕已落下，她冲向后厅，发现伊莎多拉是如此衰弱，简直无法再上台了。

伊莎多拉从不想让人知道自己受伤。她手捧那束百合花，悲伤地说："玛丽，亲爱的，我不忍心破坏你对天使长的印象。我以为他还记得我，显得那么高兴。可这不是王尔德送的，而是最甜的天使长墨舍迪丝送的。"亲爱的伊莎多拉，谁有这么勇敢呢？

此时舞台挤满了人，水泄不通。他们都想拥抱她，一睹她绝世的风采。但她对此已无动于衷。

玛丽扶她去化妆室，然后挤出人群，乘车回家。旅馆的整个过道和她房间的每一寸地方，都堆满了昂贵的鲜花，价值好几千法郎。但是，尽管这次精彩绝伦的演出的戏票被抢购一空，但花费如此巨大，伊莎多拉没得到一分钱，甚至连饭钱都没有。

令人伤心的是，这场演出日推一日，现在要再举办演出挣钱已太迟了。伊莎多拉自责不已，但玛丽觉得就像在责骂自己。尽管已接近季节末期，但她原本可以轻松地演出几场的，戏票绝对脱销。

伊莎多拉下了极大决心减肥，恢复了状态，却只演出了一场。这让她伤心欲绝。一旦开始跳舞，她想继续下去。这是她在世上真正想做的事——跳舞，跳舞，不停地跳舞。

那天晚上，在萨托雷斯那里吃完饭，她演出了一整场，跳了《复活与生命》，决定去尼斯准备新节目《但丁交响曲》。

临去尼斯，一天，发生了一件不幸的事，但最终以愉快而结束。事情起因于她们一个朋友的孩子行洗礼。伊莎多拉自然地被排除在邀请者之列，因为每个人都觉得让她看到这个场面，会引她伤心的。她似乎对此心怀愤恨，一反常态，想方设法阻止玛丽去。玛丽还从未见她如此发过脾气。

她们一起吃午饭。伊莎多拉尽可能地拖延时间。吃完饭后回到家里，玛丽换衣服时，她不停地请求玛丽陪她一起去乡下，说她不能单独相处。玛丽说："伊莎多拉，亲爱的，如果你喜欢，可以跟我一起去。你知道的，你去了每个人都会非常高兴的。"

伊莎多拉对玛丽大发雷霆。玛丽说："我不知道怎么办，伊莎多拉。你好像脾气极坏。"她们开车去一家珠宝店。玛丽定做了一个带链的十字架，上面刻有孩子的名字和生日。在孩子过生日时戴上这种礼物，是俄罗斯的美好风俗。一般都是由教母送的。孩子会保存终生。

她们行驶在街上，这个时候玛丽本该在洗礼仪式上的。玛丽开始不安起来，因为伊莎多拉别有用心地耽搁她。伊莎多拉坚持要用她们最后的一点儿钱去买昂贵的白兰地。两人发生了争执。玛丽骂了几句粗话，说："要是你再不放弃这种昂贵的酒，我要跟你一起去世界末路。"伊莎多拉暴跳如雷，说："噢，这么说，那个人告诉我的全是真的。你说我是个放荡的酒鬼。"玛丽大吃一惊，说："伊莎多拉你怎么说这种话呢？除了说你像天使，我再也没说过别的什么呀。""好啦。"伊莎多拉继续嚷道："现在我相信从别人那里听说的你关于我和我饮酒之事发表的评论。你走吧，离我远远的。"

听到伊莎多拉真相信自己向别人批评过她饮酒的事，玛丽愤怒了。她跳下车，说："伊莎多拉，你竟相信这种事情，真让我受够了。这辈子我再也不见你，也不会跟你讲话了。"

伊莎多拉泪流满面，意识到自己把玛丽伤得太重了，于是说："噢，玛丽，要是你置我们27年的友谊于不顾而抛下我，那这世界上我就没什么可信赖的了。当然，我不相信这些事情。我今天中了邪了，就只想伤害你。"

她伸出手，恳求玛丽回来，说："这就是我在书中很少提及你的原因，玛丽，应该每页都写你的。"

她们都哭了起来。玛丽回到了车上。她们一路哭到尼伊利,一直哭到朋友的家。伊莎多拉一边开车离去,一边喊:"向她和她的孩子转达我的爱,无尽的爱。"

玛丽走进屋去,已迟了半个小时。她两眼哭得红红的,一副悲惨的样子。大家都以为她出了事。等她洗完脸,大家便动身去教堂,给孩子行洗礼。

第十一章　尼斯之行

在财政危机期间，尽管伊莎多拉在自传的出版权方面得到日常的费用，但再也没从别处弄到一分钱。这些版权费对于她们的国家来说还相当公平，但对美国来说，就远远不够了。

最后，伊莎多拉以 400 英镑把英国版权卖给了伦敦《星期日新闻》。收到手稿后，他们给了她 100 英镑，其余的六个星期后再给。这笔钱如同天堂来的礼物，是她们的救命稻草。但要安排伊莎多拉的事情，真是一件毫无希望的工作。她的朋友墨舍迪丝·科斯塔要回美国了。伊莎多拉送她去赶 10 点钟的火车时，决定再送一程，送她到哈维利上船。于是，她把租来的车停在工作室门口，与维达一起陪墨舍迪丝去哈维利。上船后，伊莎多拉想让墨舍迪丝把她和维达藏起来，带他们去美国。

墨舍迪丝非常愿意为伊莎多拉冒任何危险，但对维达就不一样了。她拒绝带维达去。伊莎多拉认为这太无情，声称自己不会离开他的。下船时，墨舍迪丝交给他们一个信封，说："小心保管。这足够你们回巴黎的。"

船开动了。伊莎多拉像个年轻的运动员，沿码头直跑到尽头。然后，他们乘小船去特洛维尔，准备在迪维尔停留一天，再坐火车回巴黎。他们去了一家餐馆。在点菜前，伊莎多拉打开了信封，发现里面有张纸条写道："亲爱的伊莎多拉，我真希望给你十倍于此的钱。但这几千法郎是我最后一点儿钱。爱你的墨舍迪丝。"可是，信封里根本没有这几千法郎钱。

他们到处寻找，但什么也没找到。显然，他们在四处走时给弄丢了。他们急忙离开餐馆，用仅剩的一点儿钱给玛丽拍了封电报，请她去工作室门口找到那辆车，看在上帝的分上，马上赶去救他们。玛丽带上所有的钱，背上行李，赶往迪维尔。她找了车站和几家旅馆，但没发现伊莎多拉和维达的踪影。

大约 8 点钟,天刚刚黑,玛丽看到他们迎面走来,显得无精打采,疲惫不堪。伊莎多拉又看到了自己的车,心想不必再徒步在街上跋涉了。马上变得高兴起来。"你有钱吗?"她说,"我们饿坏了。"

"好的。我有足够的钱请你们吃顿美餐。"

"噢,维达,我们终于可以吃饭了。我们奔波了一天,只吃了一块三明治,喝了一杯啤酒。我们甚至没坐过,因为一坐下去,一个背着袋子的女人就大嚷大叫要钱。我们只得一直走个不停,害怕坐在椅子上会错过你。噢,我真想在这美丽的大海里畅游呀!但没有钱,即使这个愿望都没法实现。我终于,开始意识到钱是世界上最重要的东西。如果能重新来过,我不会花掉它们。我要收起来,保存起来,藏起来。我是说真的,有了钱,一切都好了。拥有大量钱的人领略不到与人分享的乐趣。他们只会愚蠢地想着超过邻居,比别人拥有更昂贵的东西。在我看来,这是一个遗憾。我活着时,他们没有一个人给我钱,去创办我的学校。想起来真是冷酷无情。不久我就要死去了,事情会怎样呢?我想,用不了多少美元就可以支持一百个孩子过好几年,取得辉煌成绩。想象跟像小仙女般的孩子们庆祝假日,恢复昔日希腊的辉煌的情景,就让人兴奋。

"我总觉得,如果我能去美国拜访福特先生,跟他谈论自己关于年轻的美国舞蹈的想法,他会理解、支持我的学校。我观察过他多年来的行为。他是唯一的对孩子的未来感兴趣的百万富翁。"

这时,他们到了特洛维尔,走进了一家温馨的小餐馆。餐馆是雷兹夫人开的,就建在沙滩上,几年前是欧洲美女云集的度夏胜地。这些人后来把他们的社交兴趣转向迪维尔了。他们吃了一顿美餐。由于玛丽有足够的钱,临回巴黎时,伊莎多拉决定在海边停留几天。她认为到了海边却不游泳,或者打湿一下脚,真是一种极大的浪费。不,她是绝不会做这种事的。大海从没忘记她。但是,她太疲劳了。

她告诉维达,一定要在这里停留几天,现在玛丽带着钱哩。"我们住进旅馆,维达开车回巴黎,去把那 100 英镑的支票拿来。这时支票也该到了。我要好好享受几天世界。我渴望大海的空气。"

他们去皇家旅馆，订了每天300法郎的房间，房间豪华，可以俯瞰大海。维达则开车去取那100英镑的支票去了。

伊莎多拉马上面貌大变，又变得自我保护和幸福欢乐，根本忘了身无分文地在街上漫步，或没地方睡觉的事了。她说："现在休息一下，叫些好东西来。如今我绝对拒绝贫穷。我会第一个死的。我憎恨穷困潦倒。"

她叫了一顿国王似的用餐，简单但很精美，还有一瓶美味可口的香槟，来庆贺这一时刻。总是有一些时刻可以庆祝的，所以生活变得欢乐。伊莎多拉一向都在为周围的人创造幸福，忘了自己。

第二天、第三天、第四天过去了。她们急坏了，特别是她们在电话上没联系上巴黎的维达时，更是如同热锅上的蚂蚁。第四天晚上，她们终于联系上了他。他说已拿到了支票。以他独特的俄罗斯行事方式来看，这没必要担心的。她们竭力说明必要性，因为她们还坐在这里，身无分文。此时大约凌晨1点半，他没法兑现支票。支票上是伊莎多拉的名字。她们叫他起床，找到司机，早上就可到达迪维尔。他照做了，于星期天早晨8点钟抵达。

再也没有其他男人比维达更受欢迎的了。由于是星期天，伊莎多拉觉得她们马上回巴黎，不带维达去参观卡西诺和迪维尔美丽的浴场，实在是无比的遗憾。于是，她穿上玛丽的绘画衣服，与维达和玛丽一起游览迪维尔，度过了愉快的一天。在玛丽的连催带哄下，她们才在星期一上午离开。

此时，她们的旅馆账单是4个500法郎，还不包括4天旅游的租车费和从巴黎来的路费。等到抵达巴黎，她们发现自己又一无所有了。经过1个月的努力得来的100英镑，4天就花光了。她们全都开始意志消沉。

巴黎的天气越来越炎热沉闷，再也没什么好待的，伊莎多拉的稿子也完成了不少，于是，她决定去尼斯的工作室，并声称玛丽一定会羡慕那地方的。"你想想，玛丽，门正对着大海，如此安静，如此宁静，墙上挂着蓝色的幕帘，屋中摆放着玫瑰红的沙发，上面散着几百个垫子，从雪花石膏灯射出的柔和光线照着一切。这是地球上的小天堂。维达为我们弹奏仙乐，亦复何求？现在只有一个问题，我们得找钱去那里。"

这似乎是解决她们目前窘况的唯一办法。玛丽说，如果伊莎多拉答应去准备新节目，她可以去找钱。"是的。"伊莎多拉说，"我会的。这意味着救我的命。这是我唯一热爱的地方。看到它，你会高兴得发疯的。"

维达的朋友艾丽丝说，如果她们马上走，她可以用自己的车载她们去。这其中只有一个小问题：艾丽丝必须在三天内返回巴黎。如果不在两天内把她们送到，回来时她就得日夜兼程了。但是，一定要伊莎多拉答应不一路上闲游。只要能乘车离开巴黎，前往大海，伊莎多拉一切都答应了。大海一直不停地在召唤她。不靠近大海，感受它的影响，她是不会快乐的。

玛丽找到旅馆经理，告诉他说，如果他接受三个月后再付旅馆账单的建议，她们就马上离开，10月份再回来。那时会从伦敦寄来300英镑。这是400英镑的英国版权的余下部分。

伊莎多拉坚持要玛丽跟她一起过夜。第二天早上，她们发现实在没什么好收拾的。如果她们想享用年轻朋友的车，就得在那天下午前动身。但直到5点钟，伊莎多拉跟那位姑娘就行李问题吵了一架后，她们才终于出发了。车子很小，没多大空间。伊莎多拉想把行李堆在车里，自己坐行李上，无论如何也要一起带走。最后，他们总算说服她用船运这些行李。但等赶到奥林斯港时，她又不同意了，因为行李主要是手稿，她不能离身的。又过了一个小时，他们把行李高高地堆在车上，终于出发了。

他们在方顿尼博利过夜，维达没赶来，伊莎多拉非常不安。维达是坐火车走的，说好了在这里会合。大约11点钟，在同一餐厅吃饭的一些年轻学生邀请他们去参观美国音乐学校。那里有个民俗舞会正在举行，他们去了，伊莎多拉发现他们的舞姿非常粗陋和庸俗。

第二天早晨，他们高兴地上了路。天气晴朗，一切都平安无事。大约下午4点钟，天空下起了瓢泼大雨。他们停下来喝茶。此时，伊莎多拉疲惫不堪，决定留下来过夜。艾丽丝不同意，说如果不连夜赶路，她就不能照计划及时赶回去了。这对长期习惯于自作主张的伊莎多拉来说，真是一件苦事。不过，他们仍然在倾盆大雨中行驶到晚上10点钟。那女孩疯狂地开着车，以追回失去的时间。

他们停在一家美味小餐馆吃饭。餐馆的主人是个有名的厨师，有一个法国最好的酒客，伊莎多拉再也不愿前进一步。她不顾酒精的危害，坚持品尝各种酒类。艾丽丝不胜酒力，酒精的作用飞快地发作，加之在大雨中开了一天的车，此时勃然大怒，突然歇斯底里地冲了出去。这一夜真是如同梦魇，玛丽一半时间里都在想那女孩会死的，但伊莎多拉毫不在意，安静地睡了。

第二天早晨，那个女孩脸色苍白，露出一副断然决然的表情，说："我准备动身了，愿意载你们走，但不会再作停留。如果现在就走的话，要走一天一夜。"这个打算当然不合伊莎多拉之意，但艾丽丝说了，也就只有这样了。

午饭时分，他们停在了一家最不希望遇到的餐馆前。遇到这种餐馆，真是不走运。车中还有一名乘客叫伊凡，就坐在艾丽丝身边，是个非常英俊迷人的俄罗斯小伙。

出于某种原因，伊莎多拉看不得恋爱中的一对也看不得恋爱中的人，看不得任何一对，结婚的或未结婚的。她常对此大发脾气，实在难以忍受。她解释说，这是多么粗俗呀！两个人都相互阻碍对方的发展道路。

他们走进餐馆。伊凡问那傲慢的店主有什么好吃的。他回答说，只要付得起钱，店里的一切都很好吃。这是一个恢复精神的好地方。伊莎多拉进来时，玛丽竭力装出诙谐的样子，喜笑颜开。店主一躬身带他们进去。

接待他们的服务员建议他们吃普通的午餐。伊莎多拉一如既往地要了冷烤牛排和莴苣色拉。服务员说这些都很好吃，都是些普遍菜。俄罗斯小伙子饿坏了，宣称伊莎多拉没吃的菜他都要吃。他们跟服务员发生了争执，因为他们已点了黄油，还要另外收费。

餐桌前的任何争执总令伊莎多拉不安。她确实难以忍受这点，脸色顿时变得苍白，再也没有任何胃口。她一言不发地站起来，离开了餐馆，走到礁石上，坐在水边。直到他们吃完了饭，她也没再吃上一口。

玛丽没理会店主，只顾吃自己的饭，因为反正得付钱。他们听到店主说他们是"不懂事"的美国人,正对店里其他一些美国人大发雷霆。艾丽丝也加入了争吵。

他们找到伊莎多拉,告辞法国餐馆里的德国店主,又开始了行程。伊莎多拉对众人不发一言。但一会儿后,她要求停下来喝茶,休息一下。艾丽丝劝她不要停下来,两人之间聚集已久的风暴终于爆发了。伊莎多拉完全失去了理智,大骂艾丽丝不该同意让维达独自坐火车走,本来可以轻松挤下他的。

艾丽丝勃然大怒,说:"我还是愿意载你。但如果你只是想用我的钱享乐的话,那情况就完全不同了。"伊莎多拉说自己从未听到过如此蛮不讲理的话。艾丽丝开车像发了疯似的,完全违背了她的意愿。艾丽丝解释说,只有这样,才能及时赶到。

伊莎多拉说,真正重要的事情是送她到尼斯。如果艾丽丝到了那里,回来的事应该并不是什么要事。艾丽丝提出建议说,如果伊莎多拉不喜欢这辆车,不喜欢她开车的方式,可以下车去另外坐一辆。如果要坐火车,她可以拿钱买两张到尼斯的二等票。

要是不提二等票的事,事情也许好说得多。现在情况大变。伊莎多拉气得脸色苍白,说自己多年以来都没坐过二等座位,简直无法理解艾丽丝为什么会提这种建议。艾丽丝说这对她有好处,对任何人都有好处,接着又说了一些令人很不愉快的话。玛丽说:"好啦,伊莎多拉,够啦。我们下车。"她请艾丽丝继续前行一程,因为她们总不能站在路中央。尽快把她们送到利恩斯就行了。艾丽丝一言不发,疯了似的发动了汽车。

到达利恩斯,艾丽丝冲进车站,很快买了两张二等票回来,扔到伊莎多拉怀中,说:"这是你们去尼斯的车票。我再也不载你们了。"

伊莎多拉气急败坏地站起来,下了车,没接车票。艾丽丝捡起票,跑进车站,退了票,然后给了玛丽 500 法郎。她们手持这 500 法郎站在那里,行李散了一地。去尼斯的火车已开走了,但没关系,因为伊莎多拉不会再前行一步。两个服务员扛起她们的行李,带她们去特米尼斯旅馆。两人又起了争执。

伊莎多拉说她感觉身体严重不适,必须找辆车子,因为强迫她去坐火车,她一定会死的。她请求玛丽开张支票取钱。这笔钱月初会从美国寄来。只要她们一到尼斯，雷蒙德肯定会预付这笔钱的。

玛丽花了好大力气，才说服自己去做这相当冒险的事情。天气炎热。伊莎多拉真像死了一样。玛丽找了一辆又一辆车。司机开价4000法郎、3000法郎、3500法郎不等。最后，她终于找到一个司机，答应只收1500法郎，送她们去尼斯。6点钟，伊莎多拉吃了点儿东西后，她们出发了。

车行不到1英里，伊莎多拉又快乐如入天堂。现在，她还是去尼斯，但坐的是"自己"的宽敞的豪华汽车。只要高兴，随时可以停下，可以走。司机也恭敬从命。这真是值得花钱。

她日益增长的对贫穷的恐惧和生活中的吝啬真是可怜。她们高兴、快乐，幸福无比。她把帽子扔向空中，"玛丽，你是世界上我唯一可以忍受的人。我不知道是为什么，但其他的一切事情总是令我勃然大怒。他们不理解的。"她们像假日里的孩子一样放声歌唱，开怀大笑。即使坐车到午夜也没关系。伊莎多拉兴高采烈。没什么会使她不舒服或生气。她们在一家可爱的旅馆里过夜，第二天早上7点钟起床，继续前行。

第二天晚上，她们停在了奥瑞吉的一家旅馆。伊莎多拉以前曾在这里住过，但那时的情形显然迥然不同。她非常高兴，一切都让她感到安慰。一切都是那么和睦和宁静，但是，她突然发现自己随身携带的红色包裹不见了。里面装有她的护照、其他文件和一些钱，大约有100法郎。

丢了包裹，让伊莎多拉情绪低落。她对服务员说，她所有的珠宝都在那个包里。玛丽听了此话，顿时脸色发青。服务员飞奔下楼，去告诉经理说，著名而富有的邓肯的珠宝，全部的珠宝，都在那包裹里哩。

"看在上帝的分儿上，伊莎多拉，为什么要这样说呢？难道你还想让他们以为找到你的珠宝后可以得到一笔酬劳吗？"

"好啦，玛丽，这是真的。我所有的珠宝都在那个包里。还有我的烟嘴，我的蝴蝶。"每个人都知道伊莎多拉取回过这个蝴蝶十次以上。那是一件精巧的小东西，最多只值100美元。每次手头拮据时，伊莎多拉总想把它卖掉或典当掉，但从未得到过100法郎以上的钱。一些人常常把它借去，假装是拿去给她换钱。有好几次，玛丽给了她300法郎，假装已典当掉了这玩意儿，但后来总是还给了她。

不久，女服务员喜笑颜开地跑上楼来，告诉她说，包裹找到了。她们是如何离开旅馆，没按规矩付给服务员10%的小费的，已经不记得了。但关于珠宝这件事情，常逗得大家开心不已。余下的旅途一路平安，幸福欢乐，直至她们遇到了森林大火。这让伊莎多拉深感不安。她不敢看着这些可爱的风景和森林被大火吞噬。

到达尼斯后，伊莎多拉说自己知道一家温馨简朴的旅馆。她在那里有极好信誉。可以第二天再去工作室。于是，她们去了皇家旅馆，大约6点钟赶到那里。两人都筋疲力尽，给雷蒙德发了一封电报，叫他马上赶来商量重要事情后，马上就进入了梦乡。玛丽给了司机支票，等他回利恩斯两天后才能兑现。不到1日，她的银号账户上没钱。

9点钟，雷蒙德在秘书阿伊的陪同下来了，同行的还有维达。他刚刚赶到，雷蒙德拒不对支票做任何事情，阿伊也声明不会付一分钱。这早在玛丽预料之中，但她犹豫再三，还是带伊莎多拉从利恩斯到尼斯，一路上让她尽情快活，因为她已不能再承受任何事情了。

玛丽马上打电话回巴黎。一个朋友凭她的信誉在银行存入了一笔必需的钱。第二天平安无事，气氛和谐，但没有钱。伊莎多拉、维达和玛丽出去散步。他们去了海滨，但身无分文，不能游泳，甚至不能到沙滩上坐坐。于是，他们在赤日炎炎下不停地散步，走得很慢，但烤得难受。他们没有阳伞，也没钱买上一把。毒辣的阳光直射伊莎多拉的肩膀。但她欢快地走着，告诉他们说，靠近海边真是一件快事。几天后有了钱，就租一幢别墅，享受几天。

"可工作室怎么办呢？"玛丽说，"我们去工作室好吗？"

"噢，是的，工作室。"伊莎多拉说着，跟维达一起哈哈大笑起来，"噢，是的，你会喜爱这工作室的，玛丽，尽管有些不方便，例如，那里没有水。事实上，根本不是住人的地方。但我们会安排好一切的。也许我们可以在隔壁的旅馆订套房间。好啦，光想是没用的。它距此只有25英里。我们离开巴黎，来到美丽的蓝色大海边，住在温馨的旅馆，还有美味的食物，上等的好酒等等，只要高兴和快乐就行了。我们现在要做的，就是找辆车，就可以天天去工作室排练，回到这里游泳，睡觉。"

"你是说一天25英里，伊莎多拉？那来回就是50英里了。"

"是的。"伊莎多拉说,"以前我们都是这样的。"玛丽的心顿时下沉。又中圈套了。伊莎多拉继续说:"没什么好气馁的。现在我们来了这里,要忘了过去的一切。我们一定不要去想昨天。而是要为今天找钱。不要去想花费过什么,而是要怎样去找到钱付账。我们只关心得到。花费这东西自己会照顾自己的。"

就在这时,他们刚好路过一家商店。伊莎多拉和维达去买了游泳衣。她抓住玛丽的手,拉她进去。开店的小个子女人认识伊莎多拉,因为她以前曾在这里买过些东西。她给大家买了游泳衣、帽子、披肩和鞋。蓝色的给自己,玫瑰红的给玛丽。还给维达买了些东西。"如果旅馆付账,明天我还要买把太阳伞。然后我们就可以坐在海滨,游泳。"

当然,旅馆预付了这笔钱。第二天,他们高兴地来到海滨。伊莎多拉觉得自己是世上最幸福的人。

周末来临,美国连载版权的钱还没有踪影。旅馆的账单却像气球一样膨胀。伊莎多拉发现旅馆还能预支她一点儿现金,便在周末租了一辆车,在尼斯疯狂地穿来穿去。事实上,她们每天要跑两趟。有了车,伊莎多拉就想去更多的地方。她一刻也不想休息,不想停留,弄得可怜的司机也别想睡觉。他们还不能进入工作室。由于某种原因。伊莎多拉送给律师租房的支票没兑现。他们却说已给了钱,但晚了几天,被拒绝了。

一想到交易,伊莎多拉就害怕。这总是让她感到沮丧。她建议玛丽去找业主,安排一切。但玛丽直截了当地拒绝了,说这又不是自己的工作室。但她还是愿陪伊莎多拉一起去找业主,不过,一定得要她亲自去。别看伊莎多拉挥霍无度,真要让她到业主做生意的地方,她就骨头发酥。最后,玛丽决定勇闯狮穴。狮子,或者说业主,确实胖得出奇。"我不怪邓肯小姐不来这里。"她说,"瞧瞧我,瞧瞧这里的风水对我的影响。"

这位夫人及丈夫都很高兴伊莎多拉回来。能拿到那笔被律师扣住的租金,他们更是兴高采烈。她说,如果邓肯小姐愿意签署10月1日后放弃这工作室的文件,马上就可以住进来。这正合伊莎多拉之意。她原来就打算10月份回巴黎的。玛丽带着这位夫人的丈夫,把藏在街上车中的伊莎多拉揪出来,一起高兴地去律师那里,安排好了工作室的一切。

第十二章 尼斯窘况

半小时后,玛丽第一次见到了这间工作室。真的,这间工作室非常漂亮,像一座旧教堂,给人非常独特的感觉。墙上挂的幕帘是伊莎多拉一直在舞台上用的那种。地上铺满了绿色的地毯。房子的一端是舞台,长长的台阶一直伸到地上。演出时,舞台和台阶都可以坐人,就像一个圆形阶式剧场。房子的另一端是伊莎多拉用来跳舞的。

玛丽从不单独待在工作室里。如果只有她一个人,就会飞跑出门。伊莎多拉似乎也感觉到了这点,怎么也说服不了她在这里睡觉。但是,每天下午,伊莎多拉喜欢到这里,跳上两三个小时的舞。这里有她喜爱的幕帘、音乐和画。所有一切都是她的。但还是有什么不对劲。

她们待了大约一个小时。伊莎多拉亲自打开窗户,布置家具,然后雇了一名妇女打扫清洁,摆放整齐。之后,她们去了尼古拉斯科旅馆的车库。玛丽终于说服他们把那辆在车库里放了六个月的车子卖掉了,换了9000法郎。玛丽的钱也从美国寄来了。

她们重又得到了上帝的青睐。接着是只有百万富翁才支付得起的盛宴、参观、餐馆、夜总会等。著名画家罗伯特·温斯洛普来到尼斯,租了一幢可爱的别墅。还有玛丽的朋友兰德尔菲,伊莎多拉的崇拜者之一,法国著名画家皮卡比亚,以及其他许多令人愉快、志同道合的名人。

伊莎多拉每天都要抽出几个小时,去工作室工作,余下的时间就尽情娱乐。这从未见过她如此快活过。她相信未来,相信自己,相信自己的艺术,尽情享受生活,身上焕发出快乐的光辉。她就像一个从严格的学校解脱出来的孩子,狂放自在,随心所欲。感谢上帝给了她这最后几周的快乐!可惜这种快乐不会持续多久。

有了卖车的9000法郎,伊莎多拉决定租幢别墅,以便能跟朋友们欢聚。她宣称要找一个长久的地方,一定要靠近海边。她会从自己的自传和跳舞中挣得足够的钱，在海边建造一所学校，因为她觉得工作室有种不祥的感觉。

她们找到了一幢可爱的玫瑰色的小别墅。但房东把住在这里的可怜的意大利人赶了出去，这让伊莎多拉感到很不舒服，对房东及这个地方顿感厌恶。他们原打算签五年合约的，此时毫不犹豫地离开了公证人办公室。伊莎多拉说："快，玛丽，快点儿，我们快离开这毫无人性的地方，你是对的，这只是为百万富翁和闲人们造的。我们走吧，去工作室旁边的小旅馆住，既经济又实惠。我要整天练习和跳舞。见到过那意大利妇女跟房东说话时脸上悲惨的神色，我再也不能在这别墅里住上一天。"

于是，她们回去收拾行李。伊莎多拉把自己的演出服装全装进一口大衣箱里。结了账，她们跳上汽车，在玛丽的朋友布洛恩的陪同下，离开了旅馆。

她们向工作室飞驶而去，高兴得大喊大叫，为自己的潜逃而兴奋。一路上，他们高唱着"再见，再见，画眉"，肯定那房东正在为她们的潜逃而愤恨不已。

来到工作室旁边的小旅馆，走进新的房间，她们又吃了一惊。房东坚持要他们预付一个星期的费用。幸运的是，这次他们有钱。但这深深伤了伊莎多拉的心。她说："还记得吗，玛丽？我告诉过你不要走近便宜旅馆的。真是令人发疯呀。"

就在她们离开旅馆的前一天，维达去了巴黎。玛丽不知其中原因，但相信是她敏感地意识到自己这种状况已无力帮助伊莎多拉了。伊莎多拉告诉玛丽说，如果没有维达的音乐和他的挚爱，在玛丽来之前的六个月里，她真不知道怎么过，因为那时她简直一贫如洗。对他的出走，她非常敏感，也相当愤恨。但是，她们对此没有争论，因为玛丽知道她心里怎么想的。维达走的那天晚上，她们长久地散步。伊莎多拉说要带玛丽去一个只有渔民和海员去的最有趣的小地方。在那里可以吃到最奇特的鱼宴。玛丽知道这只不过是想出门去的借口，便跟着她沿海边漫步。

她们在黑色的沥青路上走了几个小时。玛丽开始怀疑伊莎多拉究竟是否知道自己去哪里。伊莎多拉只是不停地说她们非常正确，去她们要去的地方是有非常特别的原因的，显得非常热心。但玛丽知道，她正忍受着维达离去的痛苦。这样做,也算是忘记他的一种方法吧。到了10点钟,她们还没走到。玛丽便想拦过路车回去,但没拦到。她们继续在海边的礁石堆中往前走去。

最后,她们来到了犹恩港。这里有间小屋。小屋的一端有间厨房,权作餐馆。玛丽真想象不出伊莎多拉是怎么知道这个地方的。她相信伊莎多拉这辈子从未来过这地方,最多只是路过时望了一眼,但这却让她找到借口,出来溜上一圈。

伊莎多拉走上台阶,坐在靠墙的桌前,眺望大海。玛丽坐在她对面,背对着另外的桌子。伊莎多拉来到这里,仿佛来到梦中向往已久的地方,显得异常的美丽。店主为她们做饭,端来了红色的酒。

玛丽说这酒看起来就像红宝石。伊莎多拉说:"不,像血。"说着,把酒杯举到光线下。突然,她看到一位小伙子坐在玛丽的背后,正跟另外三个人吃饭。玛丽看见她微笑起来,向某人点头示意喝酒。

玛丽转过身,说:"天哪,你要与之喝酒的人是个司机。"

"噢,玛丽,你真是庸俗呀!他不是那类人。你没长眼睛吗?他是乔装的希腊天神。他的车子就停在外面。"她指着外面一辆漂亮的赛车说。几分钟后,那人开车离去时,伊莎多拉向他挥手示意。他也点了点头。伊莎多拉微笑着对玛丽说:"你瞧,我仍然还有魅力。"这时,玛丽才知道,维达的离去给她造成了多么深的伤害。

那人走后,伊莎多拉问店主,哪里可以找到像这样的车。聪明的店主回答说,那位小伙子每天都要来餐馆。他是这辆车的代理,住在尼斯。此地距犹恩有五六英里之遥,她们不可能走回去。店主的弟弟便用渔船送她们回去。一路上伊莎多拉很少说话,精神恍惚。

第二天,她们又去这家餐馆吃饭。这次是坐自己的车去。没有看到那位希腊天神,伊莎多拉显得有些失望。当天下午,她们去卡尔顿拜访弗朗西斯·皮卡比亚。会面地点是在酒吧。

皮卡比亚坐在角落,正等着她们。他跑过来迎接伊莎多拉。伊莎多拉抱住他,说:"弗朗西斯,你还爱我吗?"

"当然还爱。"他一边回答,一边淘气地望着自己的妻子。这天下午,她确实显得魅力四射。他们愉快地喝着茶、咖啡和鸡尾酒,过了一个下午。

皮卡比亚邀请她们待到吃晚饭。

第二天晚上有个儿童晚会。他们邀请她们参加，并说，举办这次晚会的朋友要把自己的车送给她们。第二天晚上，来自加利福尼亚的百万富翁卡本特先生派他的洛尔斯洛斯大轿车来接他们。晚宴仍然在小餐馆举行。

伊莎多拉对店主说，看到布吉提，就把她的地址给他，因为她很想买一辆像他那样的车。这位老夫人脸上露出机智的微笑，说布吉提第二天肯定要来这里。他今天没来的原因是有人偷了他的车，他得跟去利恩斯。

宴会非常盛大。大家都打扮得像孩子。

每个人都非常高兴见到伊莎多拉。她只简单地围着一条绘画丝巾，像孩子中的护卫天使。这恐怕是她一生中最幸福的夜晚之一了。她兴高采烈，转头对玛丽说："我为什么要苛求圣母，说人们不喜欢我呢？瞧，他们全都是多么爱我呀。噢，我太幸福，太幸福了。"直到凌晨4点，她们才回了家。

在这之前的星期六，罗伯特在一座古老的海滨小镇安提贝斯，为伊莎多拉举办了一次午餐聚会。出席聚会的大约有20名客人，几乎全是美国人，都是知名的艺术家。午餐非常愉快。鲍博宣称自己离开美国前，有位夫人想嫁给他。伊莎多拉说："我相信我最好嫁给你，以便帮你解除麻烦。"

他殷勤地站起来，吻她的手，说自己非常高兴。这逗得大家哈哈大笑，举杯祝福他们健康幸福。此时，大家坐在外面大街上的凉篷下，喝着咖啡和酒。街对面一位迷人的男子正在一艘游艇上忙活。鲍博喊他过来，为健康干一杯。他来了，伊莎多拉说，要用他的这艘游艇跟他一起去希腊度蜜月。

喝过许多甘露酒后，大家认为这对纽约来说一定是条好消息，希望鲍博和伊莎多拉各出5法郎作电报费，把这好消息发往纽约《镜报》。这则消息刊登在了9月12日星期一的报纸上。

那天，甜蜜的伊莎多拉是多么幸福，多么欢乐呀！玛丽和她认识了27年，还从未见过她像这次海滨午餐这样全身心地快活过。

也许这是由于她经历了在俄罗斯的艰苦岁月和在柏林遭受的不幸之后,突然找回了失去的青春和活力。

旅馆预付一周的期限星期天到期了。她们接到通知,必须预付下一周的旅馆费。但她们已无钱可付。伊莎多拉请求玛丽去找洛亨格林。此时他就住在距她们不到15英里的豪华大别墅里。伊莎多拉认为他肯定会想办法解救她的财政危机的。

玛丽不愿去,但又不忍看到伊莎多拉悲伤。于是,星期天上午11点,她怀着沉重的心情动了身。由于她们已没有信用再租到车,她拦了一辆过路车,还不知道到时怎么付钱哩。正午前,她赶到了这幢漂亮豪华的大别墅。这里环境幽雅,是个居家的好地方。但伊莎多拉抛弃了这一切,弄得现在甚至连饭都没吃的。

洛亨格林走进来,深情地问候了玛丽,说:"噢,玛丽,希望你来吃午饭。"

"不,亲爱的。"玛丽回答说:"我是奉了自己并不赞成的使命而来。它也与午饭有关。"尽管洛亨格林在她面前一向都像兄长一样,她还受过他的不少影响,但她从来没向别人要过钱,心跳得飞快,好像要憋过气去。她宁愿死去,也不愿向他寻求帮助。洛亨格林一向都慷慨大方。可玛丽知道,他自己也正在经受一次巨大的财政危机,需要保存每一分钱来避免危机。但她还是不得不这样做。

他回答说,在目前这种状况下,自己无能为力。如果他出钱,纯属是浪费。他相信,没有什么可以阻止伊莎多拉滑向深渊。不管玛丽如何劝说,泪流满面,他却毫不心动,并坚持叫她留下来吃午饭。玛丽回答说,在伊莎多拉没饭可吃的时候,自己是不可能留下来吃饭的。但如果拿条手帕给她,她倒乐于接受。洛亨格林上楼去拿了一条手帕来。

洛亨格林送她到门口,说:"噢,我看你可以租辆车子。不过,现在只拿点儿钱坐电车就行。"

"我一点儿钱都没有。"车子开启时玛丽冲着身后喊。到达旅馆,给她充当夜间服务员的英国小伙子借给她75法郎,付了车费。他是个优秀的小伙子。后来玛丽帮他找了份非常好的工作。

玛丽走进工作室前面的小酒吧,问刚买下酒吧的慈祥的老夫妇,能否马上烤只鸡，拿瓶香槟来，等到星期二或星期三，她下一次工资从美国寄来时再付他们钱。

老夫妇俩好心地答应了。然后，玛丽才有面对伊莎多拉的勇气，把发生的一切都给她讲了。除了脸色苍白，鼻孔抽紧，没人会看出伊莎多拉伤心。她从不像其他妇女一样哭喊或抱怨。当敬爱的老人端着热气腾腾的烤鸡、加冰的冷饮和一瓶可口的香槟进来时，玛丽还看得见她脸上这种神情。

"我一向都知道你是伟大的，玛丽。"她说。不管怎样，她们吃了一顿非常愉快的午餐。老人拿着盘子离去时，她们开始讨论起叔本华的《意愿和理想世界》。

第十三章　洛亨格林

一天，房门突然被推开，洛亨格林走了进来。看上去就像从天堂来的伟大天神。

玛丽猜想他是在自己离开之后感到内疚了。他一向都感到对不起伊莎多拉，但无人负担得起她的奢侈。没有辩解，没有问题，只有爱和温柔的问候。这次见面对伊莎多拉的意义是别人所不知道的。她开始感到不想再活在世上了。如果自己去了，每个人都会感觉好过一些，轻松一些。她经常说："我正成为最令人讨厌的人，已无可救药。本性难移呀。"这次，她崇拜的人带着爱意来问候她，特别是他是在拒绝为她做任何事情后来的。

"我想顺便来看看你吃了午饭没有。"洛亨格林说。

"噢，请不要提午饭。"伊莎多拉优雅地说着，突然一脚踢向香槟瓶子，把瓶子踢到了沙发底下。

这天对玛丽来说，真是太多回忆了。她走出门，回到自己的旅馆，站在阳台上，眺望着浩瀚的蓝色大海，感谢上帝给自己亲爱的朋友伊莎多拉极大的恩惠。她确实需要有人帮她承受生活的巨大压力。这压力也实在太沉重了。作为她死去的儿子的父亲，洛亨格林应该知道该对她说些什么。

这次重聚没有热烈的爱或渴望，双方只有遗憾和温柔，还有仍然爱着对方的幸福。大约6点钟，玛丽回工作室时，听到留声机里正在播放《万福玛丽亚》。伊莎多拉正在跳《未有人见过的舞蹈》。

"玛丽。"她问，"你感觉到这房里的生命了吗？这里充满了美丽的灵魂。太美丽，太精彩了。"

她继续说："可是，亲爱的，你为什么要走呢？我希望你能听到他所说的一切。他是一个非常可爱、非常可爱的人。我爱他。我相信，他是我唯一真爱的人。"

"你怎么这么说呢，伊莎多拉？现在告诉我真相。你到底真爱哪一个？你会选择哪一个？"

"好啦，告诉你真话吧，玛丽。我不知道。我好像对他们每个人都是至爱。如果泰德、洛亨格林、天使长和赛吉站在我面前，我不知道选择哪个。我爱，而且仍爱着他们全部。"

后来来了一些朋友，带她们去犹恩的卡西诺。第二天上午，伊莎多拉和玛丽去工作室前游泳。这里的海滩糟透了，到处是鹅卵石，根本不可能在上面赤足行走。即使在水中，玛丽也只得穿上网球鞋，但又总不能穿着鞋游泳吧，于是便脱下来，想把鞋扔到沙滩上，结果没成功，海浪卷起鞋子，一会儿便不见了。

但伊莎多拉不愿丢了鞋子，还想潜水去找回来。玛丽没了鞋子，只得手脚并用地爬行，被鹅卵石磨破了脚。她在沙滩上等伊莎多拉去工作室又拿了一双鞋来，才得以回去。由于这个原因，不管伊莎多拉如何坚持，她都拒绝再去沙滩上游泳了。

大约12点半，洛亨格林开车来接她们去吃午饭。正要离开工作室时，伊莎多拉以前经纪人的妻子、著名歌唱家乔治·哈托伊斯来通知她们，第二天晚上跟她一起吃饭。随同来的还有她那一头金发的三岁半的儿子。伊莎多拉只是摸了摸孩子金色的头发，便飞快地走向等候着的车子。洛亨格林停下来，跟小孩亲切地交谈了几句。然后，他们道声再见，开车走了。

伊莎多拉说知道一个吃午饭的可爱地方，位于高高的山巅，叫兰登。洛亨格林从未听说过这个地方，对发现一个新的地方感到高兴。于是，这三个幸福的创造者手牵着手，一路愉快地交谈着出发了。赶到餐馆时，他们发现一块牌子上写道：本餐馆开放三天。

"噢，我们三天都到这里来吃午饭。"洛亨格林说。他和伊莎多拉都是讲究吃的人。伊莎多拉要了普通的25法郎的午餐。午餐确实很糟糕。她常说，自己在跟百万富翁吃饭时要的是简单的饭菜，跟贫穷的艺术家一起时，要的是最昂贵的，她自己付钱。

他们没在乎难吃的午餐，因为他们坐的阳台刚好在大海之上，就像停泊的轮船。伊莎多拉说:"如果我要份鸡尾酒,不会当我是酒鬼吧?"事实上,不喝上一两杯鸡尾酒,她是一口也吃不下的。

洛亨格林说:"当然不会。我们全都来一杯。"

"好的,但不给玛丽。"伊莎多拉说,"这会让她变得唠唠叨叨的。而且玛丽也正在热恋中。她的恋人是最出色的年轻法国人。"

洛亨格林"噢"了一声,非常惊奇地盯着玛丽。

玛丽茫然地盯着她,刚要回答,伊莎多拉在桌子底下狠狠踢了她一脚。几天后她的脚背还青紫一片。离开前,她们去化妆室,玛丽问她为什么要编造法国情人的浪漫故事。她说,这创造了一种轻松愉快的气氛。让洛亨格林认为她们是两个孤独的女人,没有一个恋人,她无法忍受。她显然了解这种事情的心理。

洛亨格林魅力依旧。他们在这里又度过了幸福愉快的一天。开车回家时,他说:"天哪,那次你来给了我一张纸条,说你诅咒我会失去一切,我是多么伤心呀。顺便提一句,这咒语几乎应验了。"

"噢,那纯粹是胡说八道。"伊莎多拉回答说,"但是,如果我给你施了诅咒。现在我要解咒。我保证,从今天起,你不会再有任何事情,只有好运、幸福和繁荣昌盛。"到这天快过去时,他给伊莎多拉安排了足够的开支,包括一名钢琴师,以便让她专心致志去准备自己的新节目。他对这些新节目真的非常感兴趣。他说第二天——星期二不能来看她。但是星期三4点钟会来的。

玛丽知道,伊莎多拉并没考虑财政问题。她最开心的是与自己深爱的男人又成了朋友。事实上,出于某种原因,她似乎想把自己曾经爱过的人,自己最挚爱的人都聚集一起。这其中不是原不原谅的问题。她从来没有,或者说从未想过对任何人发牢骚。

她们回到旅馆时,发现每人的小盒子里都有一张纸条,通知她们必须24小时内付清旅馆费。从个人来讲,她们并不介意,因为星期三是财政危机大解救的一天。但这却给了伊莎多拉一个阐明自己人生观的大好机会。她对玛丽本着节约的目的住进这家旅馆进行了反击。

"现在你瞧瞧,他们是怎样对待我们的。缺乏起码的尊敬。我们也许成门卫的女儿了,什么事都要他知道,都要管。我向你发誓,玛丽,这是我这辈子最后一次被介绍住进这种二流旅馆。我宁愿睡街上。"

她们没钱坐车,或去别处,便回了工作室。伊莎多拉说:"我们不能出去吃饭,那就只有排练才会让人忘掉饥饿。"于是,她们练习舞蹈,沿工作室跑了几英里。大约11点钟,她们回到旅馆。此时伊莎多拉陷入了极度不安之中。没有车子,不能到处奔忙时,她总是这样。

她站在阳台上,指着天上的星星说:"看到那颗星星了吗,玛丽?那是阿芙罗狄蒂。她完全规定了我的生活。我要升上天去,与她一起。阿芙罗狄蒂和大海是对我影响最大的两样东西。我是她们的奴隶。"

临近午夜,她宣称说,生活中没有车子或飞机是绝不可能的。她忍受不了待在家里,绝不会再在家里过上一夜。出去,出去,信步闲走,无论何处,无论何种方式。她是多么希望知道在哪里找到布吉提呀。

最后,她建议玛丽去散步,其实是想搭车兜风,直至早晨,因为她无法入睡。现在,白天的兴奋已渐渐消失,过去的热望又充满她心头。为了给她鼓励,玛丽问她:"伊莎多拉,你这辈子最幸福的时期是什么时候?"

"俄罗斯,俄罗斯,只有俄罗斯。"她大声嚷着说,"我在俄罗斯三年的经历,是抵得上我这辈子其余时间的总和。在那里,我达到了人生的巅峰。在这伟大神圣的国度,没什么是不可能的。不,玛丽,你一定要跟我去俄罗斯。我们不久后就去。如果他们支持我的学校,我会在此度过余生。"

"但是,伊莎多拉,你并不是个布尔什维克。"

"我不知道自己是什么。有时我想,我是贵族中最复杂的人。但是,艺术家是不分阶级的,他们是游离于这些之上的。"

"可你在那里并没得到多少同情。"

"我对政治或政治家一无所知,对现行的一些政策也不了解。但是,为了那种理想,我愿流尽最后一滴血。为了实现世界和睦的伟大理想,即使粉身碎骨,我也在所不惜。"

这就是她,真正的伊莎多拉。

星期二早晨,她来到玛丽的房间,说:"现在,谁是懒虫呀?我已练习几个小时了。你说我越来越懒,不工作,我却是工作得胳膊都要断了,

第十三章 洛亨格林

比一半以上的男人都还要勤奋。"

但玛丽拒不起床,宣称不能熬了一夜,早晨还要起床。另外,她感到非常不适。"你一定要起来,亲爱的,难道你忘了旅馆的条子,要我们 24 小时内交钱吗?"

"好,那他们得用床抬我出去,我下定决心,决不让步。"

"那你半小时后来游泳吧?"伊莎多拉恳求说。

"不。"玛丽说,"那里把我的脚都弄伤了。而且,我还要把我们的午餐叫到这里来吃,看他们敢不敢拒绝。"

伊莎多拉无可奈何。被迫住在这种旅馆里确实太糟糕了,但总可以不吃他们的东西。她在玛丽的钱包里发现了一张美元支票,说:"你好好地在这里待着,我要给你一个意外的惊喜。"说着,走了出去。

玛丽走到阳台上,看到伊莎多拉上了大街。她穿着玛丽的红色的绘画服,围着围巾,一路走去。世上没人像伊莎多拉这样走路的。简单的步伐表现出无尽的诗意。她走路就像鸟儿歌唱,和谐悦耳,衣服上鲜红和金黄色的玫瑰就像一座花园。整个人显得魅力无穷。

不到一小时,玛丽看到她从海那边走来。她真开始紧张起来,因为她拿不准伊莎多拉每天到底要干什么。突然,她房间的门开了。门口站着伊莎多拉和一个高挑瘦削的小伙子。小伙子拿着一包东西和一瓶酒。伊莎多拉说:"当你的朋友病了,拒绝起床时,不要唠叨,也不要责备。噢,就像一个天使,去拿来冷火腿、西红柿、无花果和酒,还有一位英俊的小伙子。"

她把这些东西放在床边的小桌子上。三人一起高兴地吃午饭。灵巧的伊莎多拉,从一无所有中变出了一顿盛宴。

小伙子跟玛丽讲了自己是如何在路上跟伊莎多拉偶然相遇的。他收到纽约报纸发来的电报,去查明她跟罗伯特·温斯洛普婚约的真相。玛丽顿时哈哈大笑起来。等有机会单独跟伊莎多拉一起时,她把电报的事向她讲了,并恳求伊莎多拉不要去破坏。

这时,一名女服务员每隔几分钟都要跑上楼来,说:"又有一个小伙子要见邓肯小姐。"旅馆前三五成群地站了一大帮记者,在旅馆和工作室之间走来跑去。小伙子在阳台上向他们致意,说邓肯小姐接受了他精彩的采访后，刚走了。

过了一会儿，他们下楼去邀请大家到工作室去。伊莎多拉对报道既没否认，也没肯定，说让大家自己去判断。但温斯洛普先生却在家中撕碎了他过去所有的情书。

他们同她谈及的那艘游艇叫什么名字。伊莎多拉毫不犹豫地回答说："鲍博多亚·温斯洛普先生会告诉你们这一切的。星期四，你们可都要来跟我们一起吃饭呀。"

之后是音乐和舞蹈。伊莎多拉说要让大家看看布宜诺斯艾利斯的人是如何跳探戈的。说着，便跳了起来。从个人来讲，玛丽从来就忍受不了看她跳这类舞。当所有的男人都开怀大笑时，她却坐在那里，泪流满面。

她常常是一怒之下，跑回家中，声称再也不跟伊莎多拉说话了。跳这种舞时，伊莎多拉采用的是一种如此现实的方式，只不过是为了刺激最低级的情感。大约6点钟，记者们离去了。伊莎多拉躺在沙发上，马上进入了梦乡。15分钟后，传来了轻微的敲门声。玛丽打开门，发现门口站着一位英俊小伙子。他满怀歉意地说，那家小餐馆的店主把伊莎多拉的地址给了他，说她想买一辆布吉提。玛丽尖声说，自己并不是邓肯小姐，但如果他留下名片的话，可以帮他转交。小伙子非常客气地告辞了。

由于7点半要到尼斯跟哈托伊斯一起吃饭，半小时后，玛丽叫醒了伊莎多拉。

"伊莎多拉，你睡觉时布吉提来过这里。"玛丽说。

伊莎多拉像老虎一样从沙发上蹦了起来，说："我才不信哩，玛丽。这不过是个无聊的玩笑罢了。你该叫醒我。没告诉我，你不该打发他走的。"

"噢，是的，我已做了。"玛丽说。

"噢，那我永远不会原谅你。天哪，难道你不理解这是多么重要吗？我不能解释这其中的原因，你不会理解的。我自己也不理解，但我一定要去看那小伙子。"

"好吧，这是他的名片。"玛丽说。但伊莎多拉显得非常不安。

"玛丽，你都干什么了？我一定要找到他。早上第一件事就是去找他。"

"伊莎多拉，我相信你疯了。这个司机能跟你干什么呢？"

"我告诉过你，他不是司机，而是上帝的信使。他是神。"

玛丽并没太注意那人，只看到他穿得像个年轻的工人，当然还十分英俊，仅此而已。

"好啦，现在该考虑怎么去尼斯。"玛丽说，"我们回来时，也许会发现旅馆的房间关门了。不过，我想，这对我们来说并不紧要，我们可以睡在工作室。"

伊莎多拉说："今夜过后，我再也不会再在这旅馆睡觉。我不能受这些人的侮辱。明天，我们要离开。"她们去了旅馆，叫旅馆第二天准备好账单，因为她们要走了。在对她们采取这种粗暴的方式前，也许该先打听打听她们是谁。

事实上，伊莎多拉从不赖账。她穿上了晚礼服，围上红色围巾。这时，女服务员上楼来，给了玛丽一封信。这是鲁比利先生寄来的支票，请玛丽给伊莎多拉买些花。

肯定是好心的上帝来照顾她们了。现在，她们有了坐几次出租车的钱，明天又充满了希望。于是，她们愉快地去吃饭。这些崇拜者亲自准备了这顿饭，全是伊莎多拉喜欢吃的。他们的剧院坐落在一座旧教堂里。宴会安排在别致的旧花园里。

她们刚坐到桌边，女主人把自己优雅的三岁的小儿子带到桌边，以为这也许会让伊莎多拉高兴一下。伊莎多拉的脸色顿时变得死亡般苍白，竭尽全力控制住自己的感情。但是，突然，她把头靠在了邻座小伙子的肩上。这个小伙子是一名新闻记者，是她们半路上遇到的。伊莎多拉坚持要带他一起来吃饭。她的一大特色就是，别人邀请她吃饭，她总要带上四五个朋友一同前往。

男主人慌忙拿来了鸡尾酒。伊莎多拉喝了一两杯。男主人问："你对我们的孩子有什么想法吗？"伊莎多拉没有回答，眼中泪花盈盈。那个可爱的孩子指着伊莎多拉，问："这位漂亮的夫人怎么啦？"

伊莎多拉尖叫一声，冲出了花园。男主人急忙追了出去。玛丽极力平息事态，也跟在他们后面追上去，但没看到他们，便又折了回来。大约一小时后，伊莎多拉跟男主人一起回来了。她去了隔壁的咖啡馆。这时，小孩已上床睡觉了。

伊莎多拉对自己的离去表示歉意，热情地吻了大家。大家也不再提这件事。艺术家就是艺术家，经常难以理解，难怪他们与其他人合不来。他们的语言与世界上其他人是不一样的，但能互相理解。伊莎多拉比玛丽先回去了。玛丽等约好的车来接自己回去。那个记者送伊莎多拉回的家。

玛丽回去后，去了伊莎多拉的房间。但她睡着了，或者是昏迷了，因为她根本没听到玛丽开门。玛丽只得回了自己的房间。

邓肯在咖啡馆

第十四章　邓肯之死

第二天早上大约 7 点钟，伊莎多拉走进玛丽的房间，惊醒了她。她非常平静地说："玛丽，如果你对我还有一点儿感情的话，帮我想办法离开这该死的世界。在这个充满了金发小孩的世界，我再也活不了一天。这不是人所能承受的。酗酒、刺激，所有这一切都不能减轻我这 30 年来承受的可怕痛苦。现在，你告诉我你要回巴黎。可以肯定，玛丽，只要你走上 10 英里，我就会走入海中。这次我会在脖子上绑上钢块，以防再被人救起。"

她显得如此的无助。玛丽起了床，抱住她说："伊莎多拉，我答应你，不管发生什么，我永远不会再离开你，永远，永远。我不知道你遭受的痛苦如此可怕。如果有时我显得好像冷酷无情，极力阻止你做那些在我看来愚不可及的事情，请原谅我。"

"噢，好了，玛丽。你就一心待在我身边，观看事情的发展吧。相信我，我知道自己会创建起自己的学校的。我们要去俄罗斯，找到孩子们，我们会以辉煌而告终的。你真伟大，玛丽，你就是伟大。为什么我要这么说呢？我说什么来着？走，我们出门去。把工作室的一切都卖掉，一切，不管任何价钱。我们把所有的沙发都捐献给医院里的孩子。明天洛亨格林要给我支票。我们去买辆车，再次穿行于葡萄园。喝刚榨出来的鲜葡萄汁真是太美妙了。然后我们去巴黎，去俄罗斯。只再等两天，玛丽，我发誓，我会陪你去巴黎的。"

她实现了诺言，但却是躺在沉重的棺材里。

她们去了工作室。一个男人来见她们，看看能买些什么。他开始出价，炉子开价 250 法郎。但伊莎多拉告诉玛丽，这个炉子要值 8000。玛丽想，她的意思恐怕是 800 吧。然后是每张沙发开价 150 法郎，共 18 张沙发。这让伊莎多拉很不高兴，而且她已决定捐给医院了。她没廉价卖掉沙发，把那人赶了出去。

之后，她们马上去了尼斯。

伊莎多拉告诉司机去哈尔维提亚·加里吉。这是布吉提交给玛丽的名片上的地址。她打听布吉提先生是否住在这里，被告之出去工作了，但下午会回来。她说自己想买辆车，叫他下午5点到她的工作室来。洛亨格林预计是4点钟到。接着，她去了咖啡馆，然后去找女帽头饰商，留下一些帽子让他处理。她们要了一盒蛋糕，送去雷蒙德工作室给那个孩子，因为雷蒙德回巴黎去了，只留下母子二人。之后，伊莎多拉说："现在我们去美美地吃顿午餐。玛丽，一些你没吃过的，庆祝我们一起为学校而工作。"

菜品很丰盛。能让伊莎多拉就此忘掉前一天晚上的事，玛丽非常高兴。这天，伊莎多拉显得尤其漂亮。她们来到海边，在老式的西班牙建筑中，找到了一家著名的餐馆。

她们走上几步台阶，来到正位于街上的阳台上，品尝到了从未吃到过的妙不可言的鱼，跟世上其他任何鱼都不一样。另外还有色拉、甜瓜和美酒。一上午就这样过去了。

伊莎多拉声称，希望这天尽展自己的风采。吃完午饭，她去了美发店。给她美发的男人目不转睛地盯着她，一刻也没转移过视线。这真是她最风光的一天。她的头发闪闪发亮，宛如提香的名画。她已年近50，但美得惊人，甚至连玛丽都相信她比这年龄要年轻得多。她能迷住世界上任何一个人的心。

光阴对生命的影响微乎其微。一个人是不能从她的年龄来衡量是否年轻的。她就是年轻和美丽。"我不知道这是什么，伊莎多拉，但你今天真是美丽绝伦。"玛丽说。

"你瞧，这就是幸福的作用。"伊莎多拉说，"努力工作，玛丽，我们会走向辉煌的，我向你保证。"

她们回工作室去，途中停下来去银行看玛丽的钱到了没有。这笔钱第二天上午才到，但玛丽已不再关心，或者说不需要它了。回到工作室，伊莎多拉重新布置了一下家具，关上了所有的窗子。她一向害怕工作室外的噪声。墙壁上挂满深蓝色幕帘，把外界隔绝，给人一种广阔、宁静的感觉。

洛亨格林4点钟时没来。伊莎多拉容光焕发，似乎有什么秘密要迸发出来，但又不能告诉任何人。"噢，玛丽，玛丽。"每隔一会儿她就要说上一句，然后又继续跳舞。

临近5时，传来了轻轻的敲门声。不知什么原因，玛丽打了个冷战。她打开门，来人正是满脸孩子气笑容的布吉提。她请他进来，但并不赞成这桩买卖，于是拿了本书，对伊莎多拉说："布吉提来了，我要去旅馆。"伊莎多拉想喊住她，但她还是走了。

大约6点半，玛丽坐在房间里跟伊凡说话。伊凡是来请求她调解伊莎多拉跟他的年轻朋友艾丽丝之间小小的争执的。突然，伊莎多拉哈哈大笑着走了进来。她躺在玛丽的床上，边笑边歇斯底里地叫嚷。"我把他们都失去了，玛丽。我失去了布吉提，失去了洛亨格林，也失去了支票。这不正像我吗？我得不到成功或幸福。这没用的。我总是落入陷阱。"

她边笑边解释说，洛亨格林是5点半来的。她正坐在布吉提旁边，跟他谈自己的艺术、舞蹈等。她发现他是个飞行勇士。这正是她一直寻求的———一个毫不畏惧的人。她要找架飞机。他们一起飞往美国。

洛亨格林进来，盯着她身边的年轻技师说："我看你没变。"

"噢，这位小伙子是来给玛丽介绍布吉提的。她想买一辆。"可怜的伊莎多拉！她撒的谎可真是蹩脚。洛亨格林说："玛丽在星期天对我说过那些话后，还准备买辆车，真是让我吃惊。我敢肯定，如果她有钱买车的话，一定会花在更需要的地方。"

"噢，她是这样的。"伊莎多拉说，"也许她只是想试一下车。"她转向非常尴尬的小伙子说："今晚9点，你开辆小赛车来。"

他答应了，在英俊庄严的洛亨格林面前似乎显得非常羞怯，起身离去了。

洛亨格林告诉她，自己被耽误了，必须得马上离开，但第二天上午会来接她吃午饭，把自己许诺过的支票给她。他没法在这天把所有的事情办妥。

伊莎多拉说："我跟玛丽在晚上10点钟要去听一名钢琴师的音乐会。他打算为我伴奏。"洛亨格林答应，如果感觉好的话，很愿意来跟她们一起听音乐会。这时,他的家人路过,接他走了,去犹恩吃饭。他挥手道再见,说自己如果感觉好些,就马上回来。

洛亨格林走后,伊莎多拉来到了旅馆。"现在我们将看到我们会看到的。"她说,"我相信他或布吉提,他们谁都不会来的。"

她们一直谈到 7 点半。伊莎多拉穿上褶裙,围上玛丽给她绘的鲜红的围巾。这条围巾有两码长,60 英寸宽,是用沉甸甸的绉绸做的,上面绘有一只几乎跟围巾一样大的大黄鸟、蓝色的翠菊和黑色的中国文字——一件美妙、可爱的东西,伊莎多拉的生命之光。无论走到哪里,她都要围着它。不用的时候,就挂在巴黎工作室的阳台上,她让自己一直看着它。她被上面的图画迷住了。

她说:"我们到街对面的亨利去喝鸡尾酒。"她们去亨利坐了一会儿。伊莎多拉和伊凡喝了一杯鸡尾酒。玛丽喝了一杯红葡萄酒。随后,伊凡邀请她们一起去吃饭。伊莎多拉答应了,说就在这里吃。她们先回街对面的旅馆。伊莎多拉写了张纸条留给布吉提。

她们去了工作室。伊莎多拉把纸条别在工作室的门上。这是她写的最后一句话:"到亨利餐馆见面。"在去餐馆的路上,她一直蹦蹦跳跳,兴高采烈。她说:"如果你看到洛亨格林见到布吉提时的脸色,就知道他仍然爱我。噢,我是多么高兴呀。等布吉提来时,我要去月球。所以,如果你们再也见不到我,千万别惊讶。"

她们简单地吃了顿晚饭。这时,伊莎多拉和玛丽之间的桌上似乎乌云密布。玛丽感到透不过气来,说:"噢,天哪,伊莎多拉,可怕的事情要发生了。"

伊莎多拉尖叫起来:"玛丽,看在上帝的分儿上,怎么啦?我从未见过如此悲惨的脸。怎么回事?你为什么发抖?服务员,拿杯白兰地来。"玛丽说不想要白兰地,一会儿就会好的。服务员拿来了白兰地。伊莎多拉坚持要玛丽喝下。这时恰好是 9 点整。

伊莎多拉说:"刚好 9 点,我们得快点儿。"她抓住玛丽的手臂,说:"噢,玛丽,怎么回事?"

玛丽回答说:"伊莎多拉,请不要坐那辆车。我的神经非常不安。我害怕你会出事。"

"天哪，即使肯定这是我最后一次坐车，今晚我也要去看这辆车。而且还要快点儿。不过，别担心，布吉提是不会来的。"

她们走进工作室。伊莎多拉打开了所有的灯，然后打开留声机，狂野地舞蹈。突然，她从窗口看到布吉提正开着车来，便向门口走去。玛丽哀求说："伊莎多拉，你披上我的黑色披肩，天气太冷了。"

"不，不，亲爱的，我只围自己的红色围巾。"

玛丽先出去了。伊凡跟在伊莎多拉的后面，不顾她的反对，用她自己的红色羊毛披肩裹住她。玛丽跑在她前面，对布吉提说："我相信你并不知道自己今晚开车是多么的重要。我求你小心些。如果她叫你开快些，我求你不要。今晚我非常不安。"

"夫人，你不必害怕。"他回答说，"我这辈子还没出过事。"

伊莎多拉出来了。看到她的红色围巾，布吉提把自己的毛皮外衣给了她。她把红色绘画围巾围在脖子上，摇着头说："再见，一路平安。"

这是伊莎多拉·邓肯说的最后一句话。一分钟后，她死了。

汽车慢慢地开动了。开出不到10码，玛丽注意到伊莎多拉围巾的穗边像飞溅的鲜血披散下来，在灰尘中飘扬。她喊了起来："伊莎多拉，小心围巾！小心围巾！"突然，车停了。玛丽对伊凡说："快跑去伊莎多拉那里，告诉她围巾掉下来了，会弄坏的。"

玛丽以为他们停下来是因为自己喊叫的缘故。她跑向车子，听到布吉提大叫起来。她跑到伊莎多拉面前，看到她跟两秒前离开时一样坐着，只是她那美丽的头垂下来靠在车边，被围巾紧紧地缠住。

这辆强马力的赛车是双座车，座位很低。司机的座位在另一个座位稍前的位置，所以布吉提不能转头看她。汽车没有挡泥板。当伊莎多拉往脖子上围上围巾，甩向肩上时，沉甸甸的穗边掉下来，缠上了这边的后轮。旋转的车轮把她那可怜的美丽的头直往前拉，把她的脸撞在车的一侧上，像老虎钳一样拉住了。车轮转了一转，就已拉断了她的脖子，如她一直希望的那样割断了她的颈静脉，没有一丝痛苦，或明白怎么回事，当时就杀死了她。

玛丽还没意识到她已死了，以为只是围巾勒住了她，便马上想去解开。她跑到餐馆的阳台上，拿了一把刀子来，但没有用，于是又喊拿剪刀来。有人递了把剪刀给她。伊凡剪断了穗边和缠在车轮上那段围巾。

玛丽疯狂地喊找外科医生来，喊救命，但大家似乎全都茫然不知所措、一辆车停在了他们旁边。玛丽请求两三个男人把伊莎多拉抬进车里，也不管这车是谁的。她坐在后座，抱着伊莎多拉。司机和他的妻子坐在前座。

玛丽不停地催他们开快些，同时提醒自己千万别失去理智。她明白伊莎多拉唯一的希望就是自己的镇静。他们开了大约五分钟，警察截住了他们。玛丽求警察不要耽搁，先跟着他们走。警察一边踏板站了一个。车子又发疯似的往医院开。玛丽一直想帮伊莎多拉呼吸，但她发现伊莎多拉的眼睛由于撞在车侧板上而遭到了重击，她那引为骄傲的小巧鼻子被撞得不成形了。玛丽摸了摸她的脉搏，早已停止了跳动，但她仍然不愿相信她已死了。

他们终于赶到了医院。医护人员不让他们进去，认定她已死了，不允许死人进去。但玛丽坚持要进去，甚至亲自抬起了伊莎多拉躺的帆布床的一端，根本没意识到让值班员帮她。最后，他们终于把伊莎多拉抬了进去。玛丽求他们马上去找最好的外科医生和医生来，不管付多少钱都愿意。早已跪在她旁边检查的一个医生说："夫人，镇静些。无能为力了。她当时就死了。"

噢，天哪！噢，天哪！玛丽悲痛欲绝，竭力使自己勇敢些。警察头头抓住她的手臂，向她询问事故经过，同时叫人把伊莎多拉抬进停尸房。玛丽说："如果你允许我待在伊莎多拉身边，我愿照你的要求，回答所有的问题。"

警察头头说这不行，必须把她送到停尸间。玛丽顿时发起疯来，说："不，千万别，除非从我的尸体上踏过去。我绝不允许你把她送到停尸间去。我无法忍受这个。把伊莎多拉送进停尸间，简直是一种亵渎。但是，如果你允许我把她抬回工作室，我一定遵照你的吩咐。看在上帝的分儿上，就这样吧。难道你没看到我孤单单的一个人，一定要跟她在一起吗？"

警察头头好心地说："如果房东允许把她放在工作室，我会亲自为你安排。"

"那你得答应我，在我们得到房东的许诺前，不得把她从这里抬走。"

玛丽茫茫然上了车。他们先去了警察局。警察问了无数的问题。前一天的那些新闻朋友们也都来了，给家人拍电报，用各种方式帮助玛丽。

警察头头和玛丽回了工作室，找到了房东。房东一口答应了。属于伊莎多拉的东西都被警察头头封存起来，然后又带她去旅馆，锁上她们的房间，按法律程序分法封存。之后，他把玛丽留在小咖啡馆的阳台上。说："在这里等，我会送她回来的。你可以信我。"

大约两小时后，玛丽听到马蹄声响，马车载着伊莎多拉回家了。他们把她放在她心爱的沙发上。但不管玛丽如何坚持，他们还是把她拉出去，关上了门。在晚上的绝大部分时间里，玛丽都站在窗前，往里望着。

第二天上午9点，玛丽去警察局认领那条该死的围巾，还有那条羊毛围巾。回到工作室时，消息已在美国传开，不断有电报拍来。其中一封电报是贝尔·圣迪卡特拍来的，说他们接受了伊莎多拉的版权合约，钱已电汇巴黎银行。生活真是愚弄人呀！这笔钱她等得心焦，从犹恩到尼斯，一直等到工作室。但现在却用不上了。

伊莎多拉的棺材中堆满了鲜花。有伊丽莎白、雷蒙德送的，有大洋彼岸的玛丽·万顿·罗伯特、露丝·米切尔、墨舍迪丝等人的，还有一小束玫瑰是她的学校、她挚爱的学生送的。他们庄重地合上棺材，飞快地焊上了。玛丽把伊莎多拉紫红色的披风盖在了棺材上。这件披风是她在跳《复活》舞蹈时必穿之物。之后，她的遗体被送到巴黎。

雷蒙德和维达从巴黎赶来，跟他们一起坐火车回去。出事之后到这天上午，洛亨格林一直陪在玛丽左右。火车开走时，他脸带沉重的微笑，递给她一个枕头，说："想法休息一会儿，玛丽。"

就在火车临开之时，一件不寻常的事发生了。天空已下了一整天的瓢泼大雨。但就在火车开时，整个天色黑暗下来，一阵飓风吹得车站的人几乎站不住脚。大家都说，以前尼斯从未有过这种事情。

巴黎所有的重要人物——画家、雕塑家、音乐家、演员、外交官、部长、编辑等都来悼念伊莎多拉。正带领学生在俄罗斯巡回演出的伊莎多拉的学生艾玛·邓肯拍来电报说："等等我。我正在路上。"不幸的是，这是不能等的。

这天，巴黎正是美国军团日，举行了盛大的庆祝活动。送葬的队伍只好绕道前行,几乎走遍了巴黎。伊莎多拉对此该是多么高兴呀。人们知道她,热爱她。数千人站在街边,绝大多数人都看过她的舞蹈。巴黎的公众都崇拜她,一路上很少见到没哭的。

巴黎到处都飘扬着美国国旗。美国人在为这伟大的美国人致哀。她把自己的美国艺术传播到欧洲各地。所有的欧洲人都在为这位伟大的艺术家低头默哀。美国国旗在挥手向她告别。

送葬的队伍赶到火葬场。此地已被一万多人挤得水泄不通。警察组成警戒线,为送葬队伍开道。20年前就看过她舞蹈的老人蹒跚近前。母亲们抱着自己的孩子,告诉他们要记住,他们看到过伟大的舞蹈家伊莎多拉·邓肯的葬礼。每个人都低声诅咒这该死的事故。

布鲁克斯艺校的学生大声哭了。年轻的士兵低下了头。经过一段长长的时间,他们到达了火葬场。玛丽还记得,自己最后一次到这个地方,是陪伊莎多拉及其母亲火化她的两个小孩和可怜的保姆。

他们终于踏上了通往火葬场的台阶。警戒的警察恳求汹涌的人群让出一条路来,让家人通过。

著名指挥阿尔伯特·沃尔夫曾是伊莎多拉在巴黎最后一次演出时的指挥。他答应玛丽,一定要实现伊莎多拉的愿望。她常常说:"我的灵魂不会离开地球的,除非听到彼方的伟大的咏叹调。"埃多阿德·莫赛林满怀深情地唱起了《万福玛丽亚》,让在场的人无不心碎。外面水泄不通的人群看到一缕白烟冉冉升起,化为白色,融进白云之中。在举行仪式时,雷蒙德向外面的群众致辞。

等他致辞完毕,伊丽莎白和玛丽陪他走上了火葬场的台阶。在沉重的幕帘后,在大家的眼前,他们从耀眼的火炉中拉出了装着伊莎多拉骨灰的石棉床。噢,天哪!这是多么奇异呀!她的骨灰刚好形成了一种舞姿,就像是白描一样。唯一剩下的是她那优美的小头盖骨。玛丽立即想到了布莱恩捧起谢莉的心的动作。但就在同时,一切都化为了灰烬。

后来,玛丽在文章中写道:"我希望自己能形容出当时看到这几捧骨灰时的感觉。悲痛如衣服一样从我们身上渐渐消退,不会再为伊莎多拉这些骨灰而悲哀。我们幡然醒悟,肉体不算什么。伊莎多拉不是,也从来不是这种肉体。她一直是种精神,现在又回归了自己。外面看到过烟气腾腾的人群，比我们这些捧着她骨灰的人更看到了真实的伊莎多拉。

"如果所有的人都勇敢无畏，有勇气火化自己心爱的人，之后又看着他们的骨灰，那么，死亡的恐惧也就消失了。确实，什么也无法弥补他们离去后生活中的空白，但他们的目光和心会升向天空，而不会为关于冰冷的肉体和蛆虫的可怕残忍的想法而瑟瑟发抖。"

他们把伊莎多拉的骨灰埋葬在了她的孩子和母亲旁边。但伊莎多拉要玛丽答应过，有一天，要把这些骨灰撒向大海。

这个伟大而勇敢无畏的灵魂去了，但她留下的一切将永垂不朽。